"Kunst schmückt den Raum, Musik schmückt die Zeit".
- Jean-Michel Basquiat

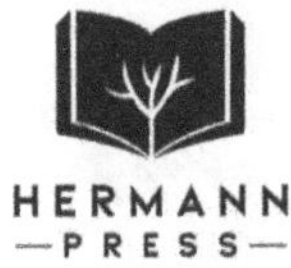

HERMANN
—PRESS—

WILKOMMEN

Zu: 'PIANO LEITERN AKKORDE'.
Der Klavier Lehrer: Buch 2

Aufbauend auf den erfolgreichen Prinzipien von
'MOLL & DUR SKALA: DER KLAVIER LEHRER BUCH 1'

Bietet dir dieser Schritt für Schritt Leitfaden ein
Erweitertes, sehr wertvolles musikalisches Fundament über
Harmonische und melodische Moll Tonleitern, Akkorden sowie
Kandenzen um dein bestehendes Wissen zu erweitern.

Dranbleiben ist auch hier wieder der Schlüssel zum Erfolg und
Verhilft dir deine Ziele zu erreichen.

Jetzt geht es auf...

DAS NÄCHSTE LEVEL

INHALTSVERZEICHNIS

EINFÜHRUNG

Jede Tonleiter in diesem Buch folgt einer bestimmten Abfolge und Struktur.
Man hat die Möglichkeit entweder mit der linken oder der rechten Hand zu beginnen. Eine gut ausgebaute Basis ist essentiel und dient daher als der erste Schritt.

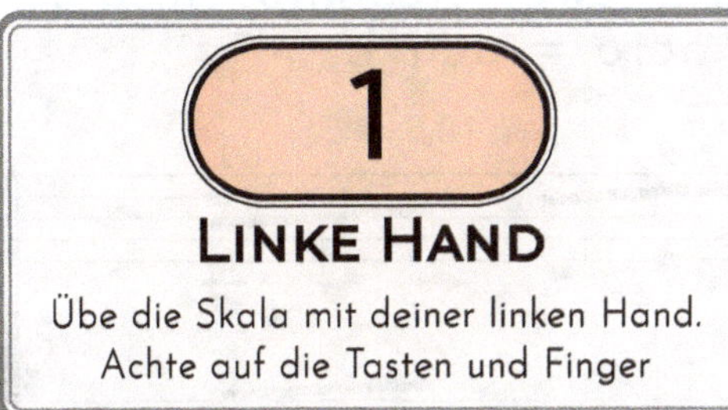

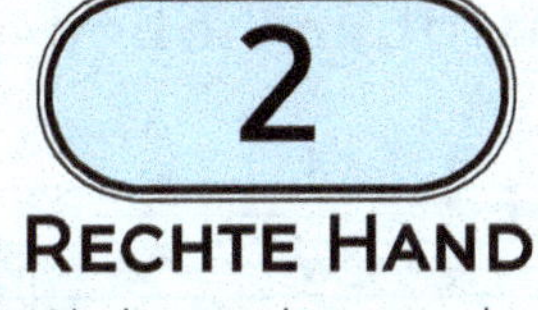

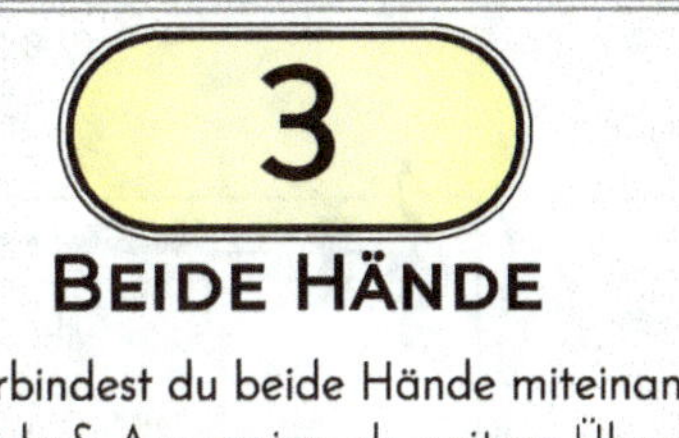

NOTEN DER TONLEITER

Diese sieben Noten bilden die Tonleiter.
Harmonische Tonleitern haben eine erhöhte siebte Note, enthalten in der Gesamtzahl auch sieben Noten. Melodische Tonleitern haben beim Aufsteigen zwei erhöhte Noten, diese ändern sich beim Absteigen wieder in die natürliche Skalenform, d.h. diese Tonleitern bestehen aus 9 Noten (Aufsteigend + Absteigend) -> *siehe S.9*

THEORIE: NOTEN & NOTENSYSTEM

Der Violinschlüssel zeigt dir, dass die Note um den Kringel herum ein 'G' ist. Die Note zwischen den Punkten im Bassschlüssel ist ein 'F'. Die Noten haben die gleiche Anordnung, aber die Reihenfolge im Notenschlüssel ist unterschiedlich.

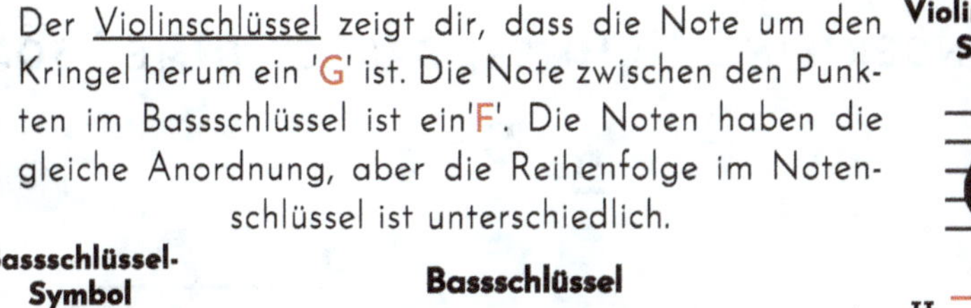

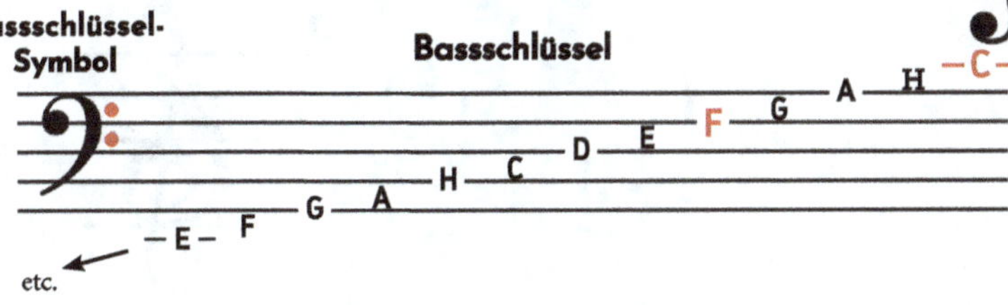

Hilfslinien werden verwendet um Noten ausserhalb der fünf Haptlinien darzustellen.

Das eingestrichene C (Mittel C) liegt oberhalb des Bassschlüssels und unterhalb des Violinschlüssels; daher decken diese beiden Notenschlüssel zusammen einen grossen Teil de Tonumfangs der meisten Instrumente ab.

TONART DER MUSIKNOTIERUNG

Wieviele "Vorzeichen" (Kreuze oder Bs) hat die Tonart. Diese Vorzeichen verändern die Tonhöhe einer Note, indem diese entweder durch ein "Kreuz" um einen Halbton erhöht oder durch ein "B" um einen Halbston gesenkt wird. Eine Vorzeichnung enthält entweder Kreuze oder Bs, niemals beide.

REIHENFOLGE DER KREUZE UND BS

Dies ist die Reihenfolge in der die Vorzeichen auf dem Notensystem stehem. Als Beispiel hat ein Notenbild mit fünf Kreuzen die Vorzeichen (Fis - Cis - Gis - Dis - Ais (sprich: A-is), immer in dieser Folge stehen. Wenn gespielt kann diese Abfolge jedoch anders sein.

TIPPS ZUM ÜBEN

Übe mit einem Metronom um dein Tempo zu verbessern.
Legato: Die Noten werden weich und möglichst ohne Pausen verbunden gespielt.
Staccato: Noten kurz und präzise und so getrennt wie möglich spielen. (Maschinengwehr-Klang).

DIE LINKE & RECHTE HAND FOLGEN DIESEN SCHRITTEN UND DEFINITIONEN DURCH ALLE TONLEITERN IN DIESEM BUCH

Noten der Tonleiter:	**A -Moll** *(harm.)* 1 Oktave Beide Hände	Tonart:
A, H, C, D, E, F, Gis		**Kein B / Kein Kreuz**

In der Musik ist eine Oktave der Abstand zwischen zwei Musiknoten, die denselben Buchstaben haben (Latein octo = acht).

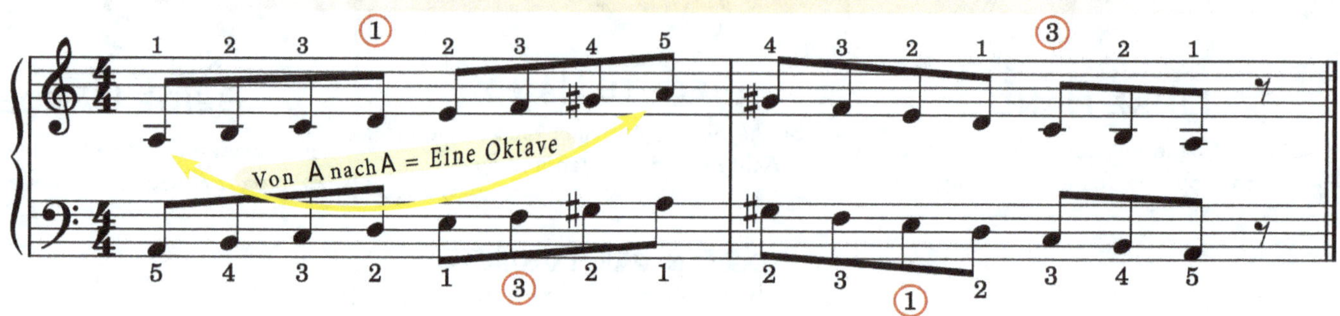

Hier oben siehst du die Noten im Notensystem. Note 8 verfollständigt die Oktave, imn diesem Beispiel ein 'C'. Das Feld 'Noten der Tonleiter' folgt der schriftlichen Reihenfolge im Schlüssel (wiederholt sich nach 7).

WIE UNTEN GEZEIGT HAT JEDER FINGER EINE NUMMER, DAS IST IMMER SO.

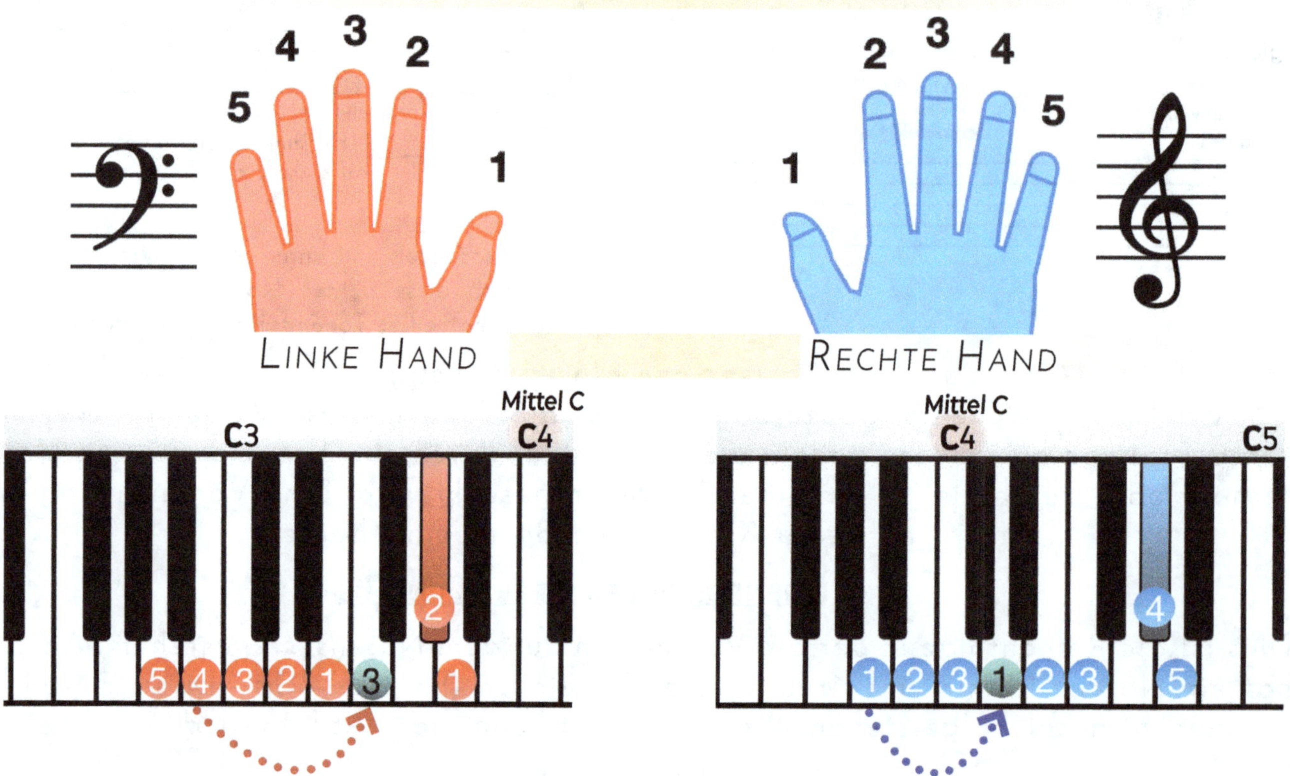

Die Tonleiter wird mit der zugehörigen Fingerzahl gespielt. Die Pfeile (gestrichelte Linie) zeigen an, wann die Finger Sprünge machen bzw. gewechselt werden. Verwende Finger '3' um die Skala fortzuführen. Finger '1' macht das 'Daumenunterschlagen' (eine Technik bei der der Daumen unter der Handfläche weitergeführt wird um die nächste Note zu spielen.)

AUFSTEIGEND (VON LINKS NACH RECHTS),   ABSTEIGEND (VON RECHTS NACH LINKS)

NATÜRLICHE-, HARMONISCHE-, MELODISCHE MOLL TONLEITERN

Tonleitermuster -Dur und -Moll Vergleich

Moll- Skala Muster (natürlich):   G   H   G   G   H   G   G

Dur- Skala Muster (natürlich):   G   G   H   G   G   G   H

G = Ganzton- Schritt   **H** = Halbton- Schritt

Beispiel

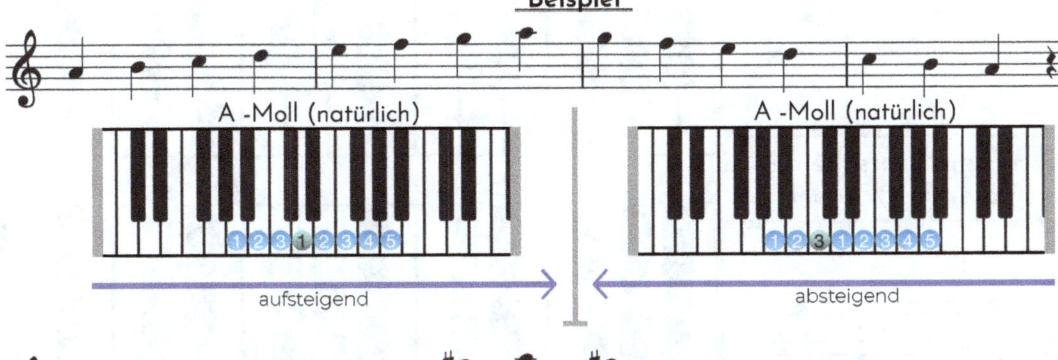

NATÜRLICHE MOLL SKALA

- *siehe* Grafik oben:
Moll- Tonleiter Muster (natürlich)

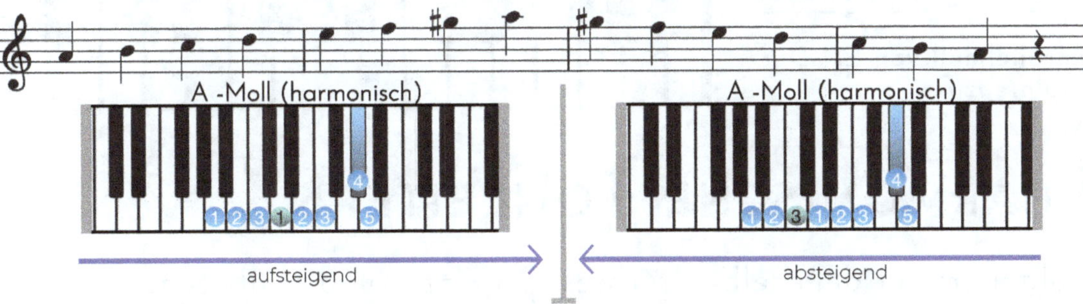

HARMONISCHE MOLL SKALA

Erhöhe die 7. Note der Tonleiter um einen Halbton- schritt, aufsteigend und absteigend identisch.

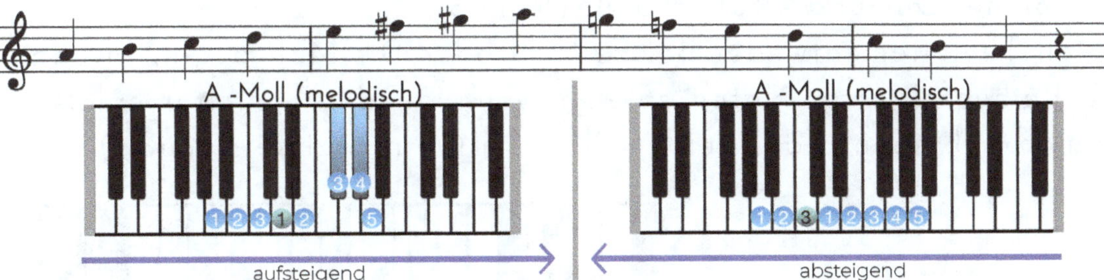

MELODISCHE MOLL SKALA

Erhöhe die 6. & 7. Note der Skala um einen Halbton- schritt **beim Aufsteigen**. **Absteigend** ist die Tonleiter eine **natürliche Moll-Skala**.

Übung I

Schreibe jede Tonleiter aus dem Bild als <u>aufsteigende</u> und <u>absteigende</u>, *melodische* Moll- Skala.

Großes Notensystem auf Seite 123
(Lösung zu Übung S. 125)

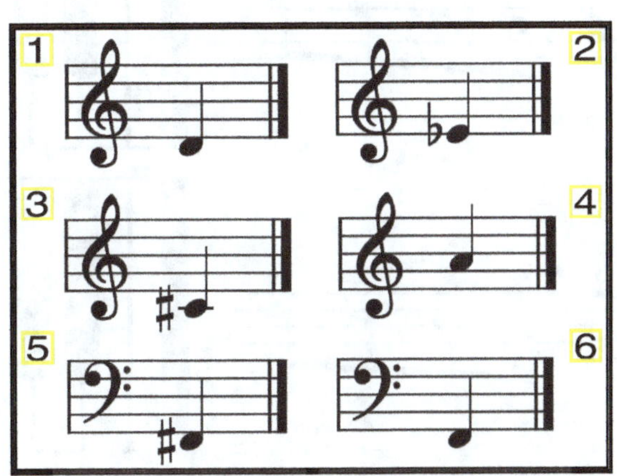

Übung II

Schreibe jede Tonleiter aus dem Bild als <u>aufsteigende</u>, *harmonische* Moll- Tonleiter.

Großes Notensystem auf Seite 123
(Lösung zu Übung S. 125)

Eine natürliche und harmonische Moll- Tonleiter besteht aus 7 Noten, eine melodische enthält 9 Noten.

PARALLELTONART

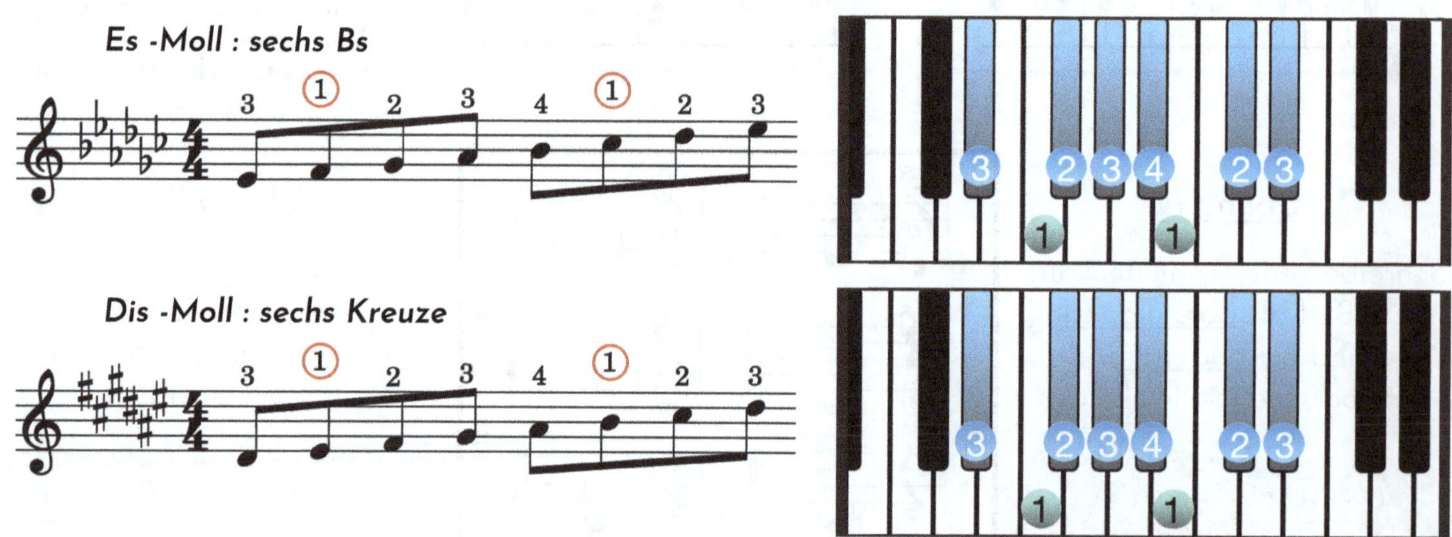

C -Dur: keine Kreuze oder Bs

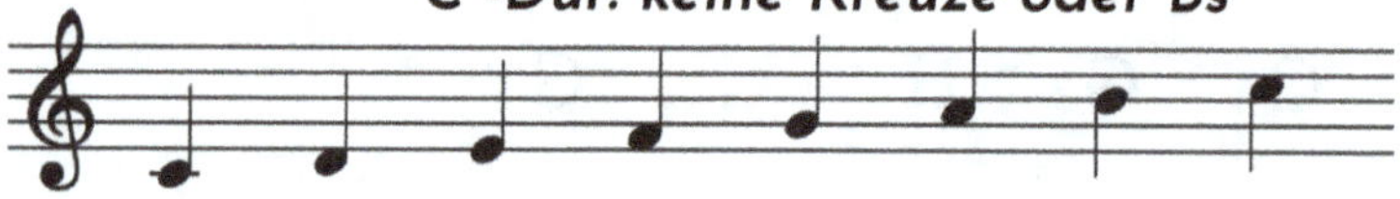

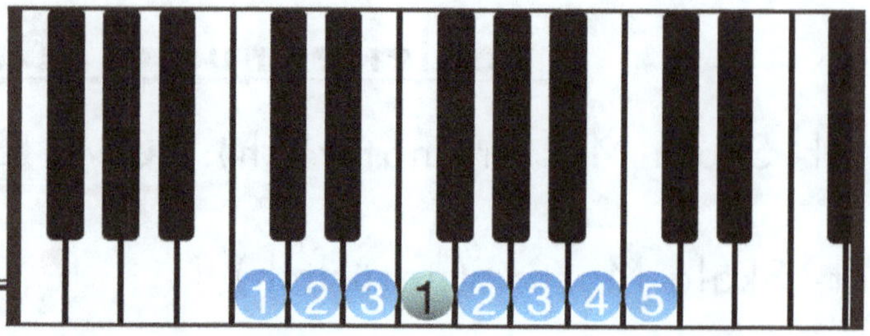

C -Dur und C -Moll beginnen mit der selben Note, haben jedoch eine andere Tonart.

C -Moll: drei Bs

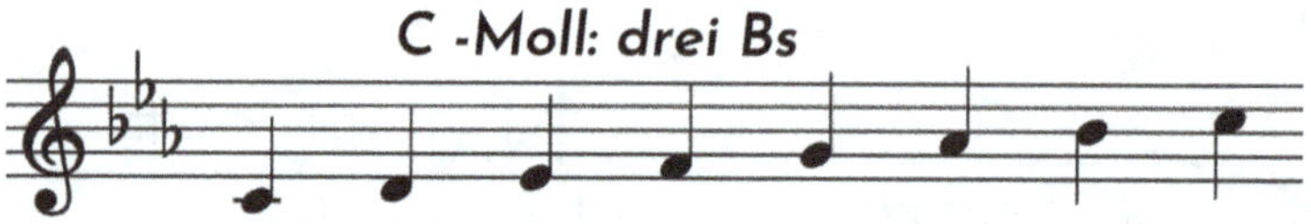

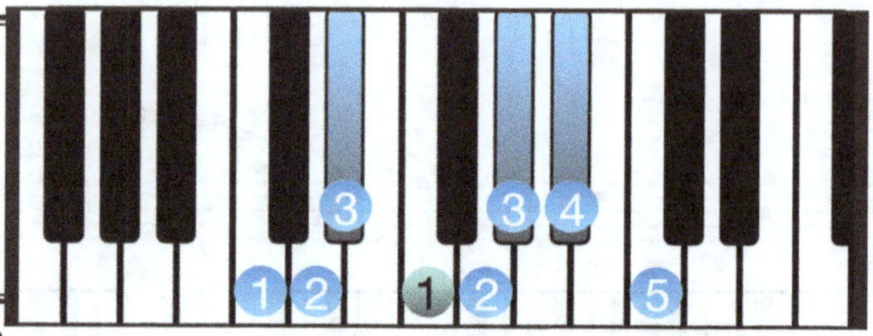

C -Moll und Es -Dur beginnen mit verscheidenen Noten, haben jedoch dieselbe Tonart.

Es -Dur: drei Bs

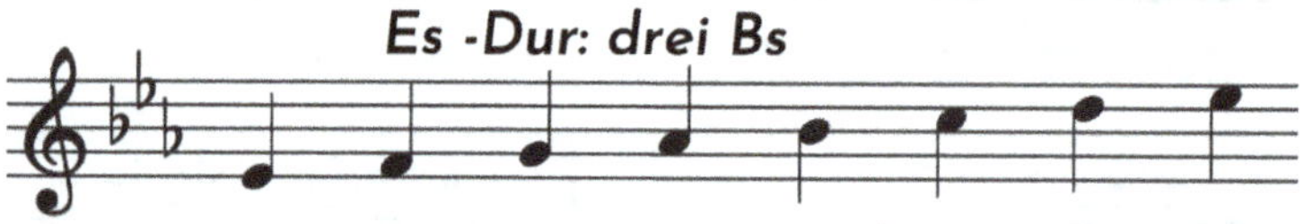

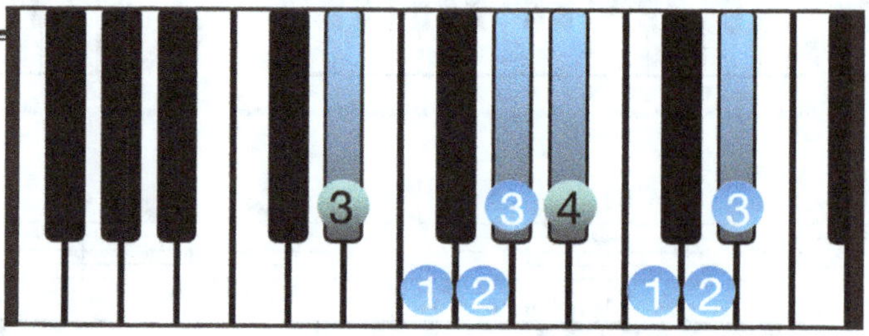

C -Moll ist die Parallelmoll von Es -Dur.
siehe - Quintenzirkel s.7

ENHARMONISCHE TONLEITERN

Dur und Moll Skalen folgen immer dem selben Muster von Ganz- und Halbtonscrhitten.
Siehe -Dur und -Moll Skalen (*Seite 5*).
Du kannst also eine Moll Tonleiter entweder bei Es-Moll oder Dis-Moll beginnen und
wirst immer die selbe Reihenfolge an Noten spielen wenn du die Tonleiter spielst.
Diese Tonleitern teilen sich ebenso den selben Platz im Quintenzirkel (*Seite 7*).

Es -Moll : sechs Bs

Dis -Moll : sechs Kreuze

Beide Skalen haben die selbe Anordnung auf den Tasten, welche sie zu enharmonischen
Tonleitern macht. Die Schreibweise und Notennamen unterscheiden sich jedoch.

QUINTENZIRKEL

Der Quintenzirkel zeigt in einer grafischen Weise die Beziehungen zwischen den 12 Dur- und Molltonarten. Zu <u>jeder Durtonart gibt es eine entsprechende verwandte Molltonart</u>. Nach rechts fügt jeder Schritt ein Kreuz hinzu, was bedeutet, dass jede folgende Tonart um eine *Quinte höher* liegt. Nach links fügt jeder Schritt ein B hinzu, wodurch jede folgende Tonart um eine *Quarte niedriger* liegt.

Diese Dur- und Molltonarten teilen <u>denselben Satz von Noten</u> miteinander, nur in einer anderen Reihenfolge.

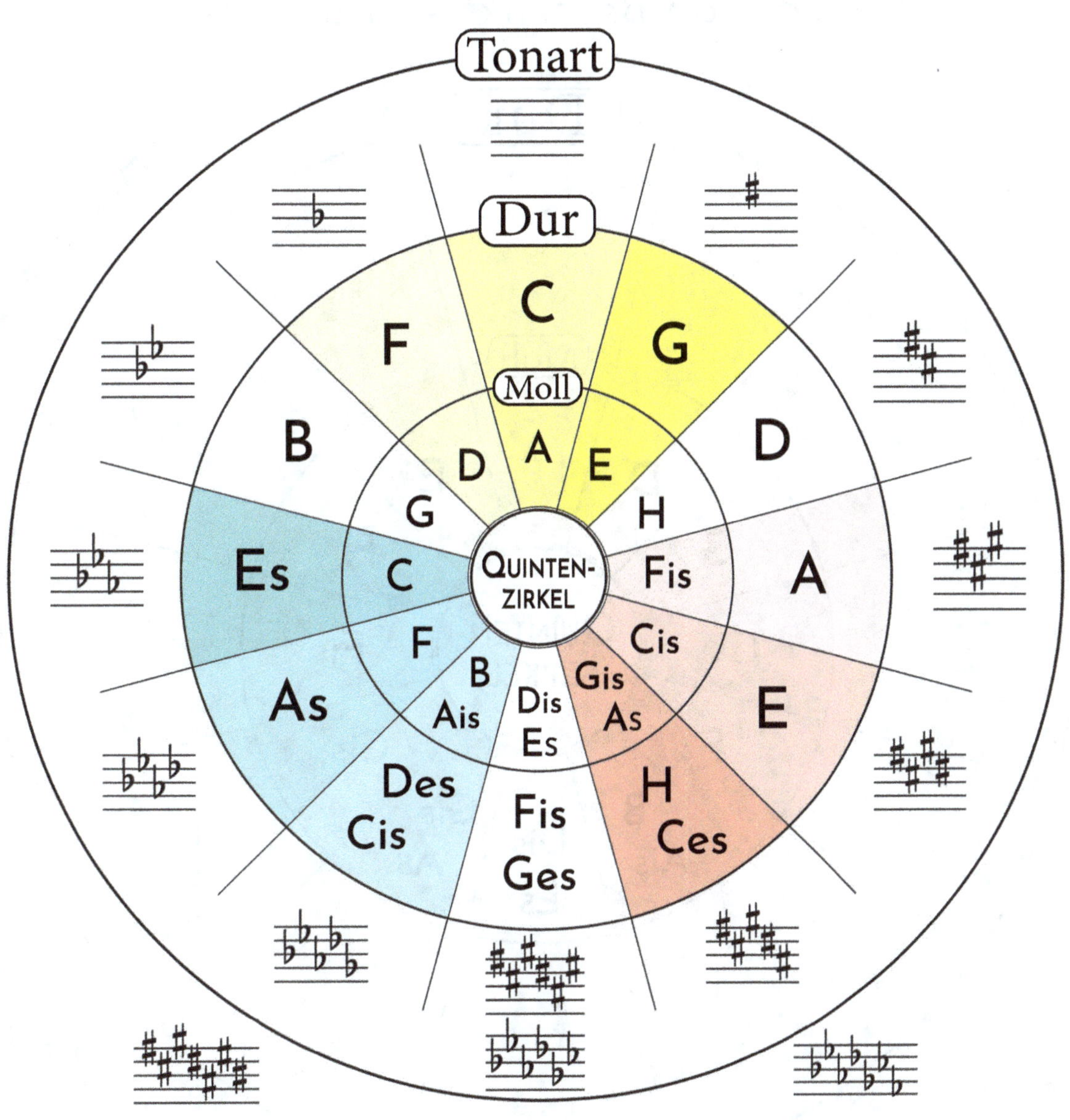

HARMONISCHE
MOLL - TONLEITERN

MIT DEM UHRZEIGERSINN

A-Moll harmonisch ---> Dis-Moll harmonisch
(kein Kreuz)   (6 Kreuze)

VORZEICHEN TONART

(Anzahl Kreuze, erhöht sich um # +1)
(Anzahl an Bs, senkt sich um ♭ -1)

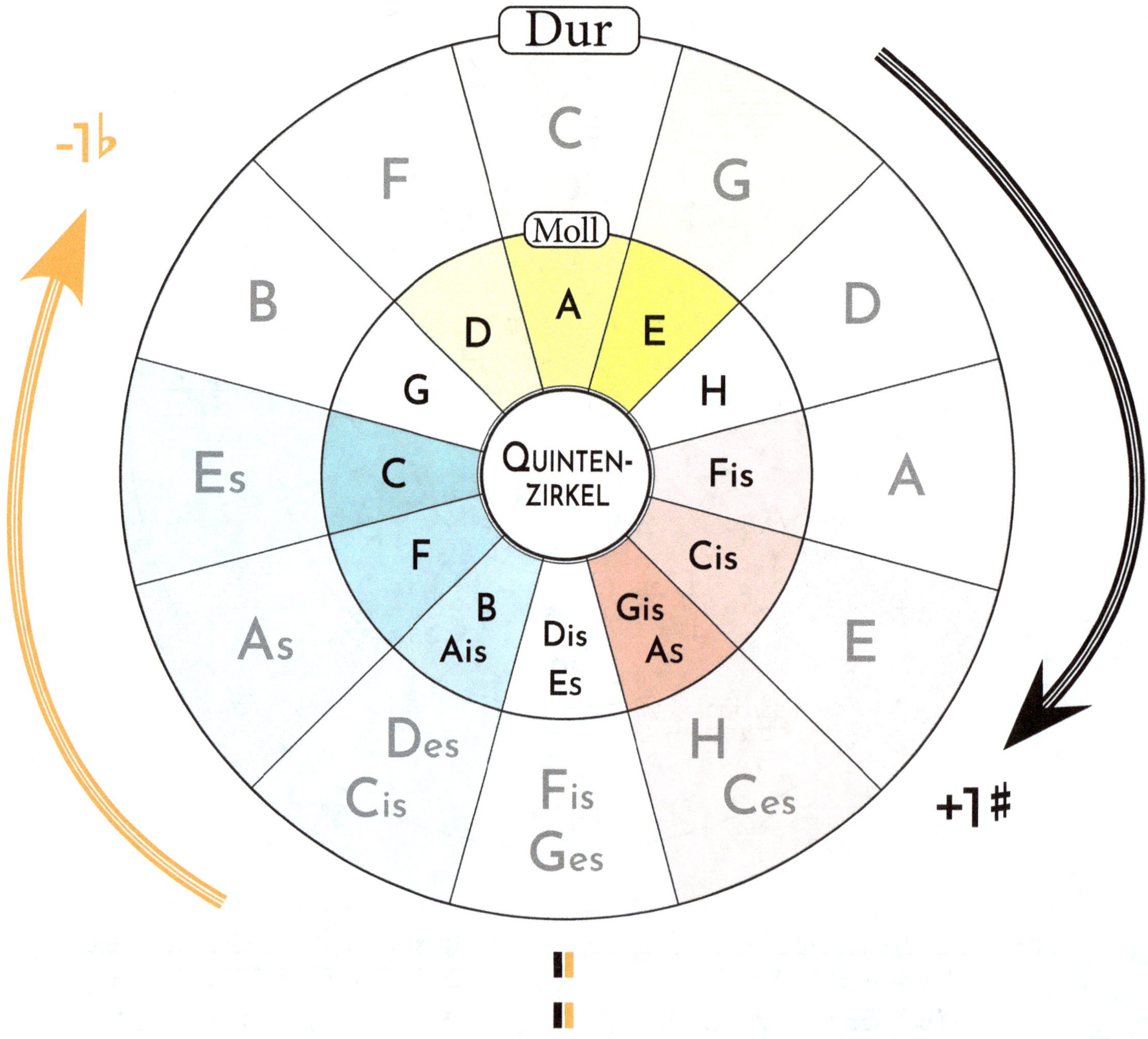

Zu enharmonischen Tonleitern (s.S.6). Hier verwenden wir Gis-Moll und Dis-Moll.

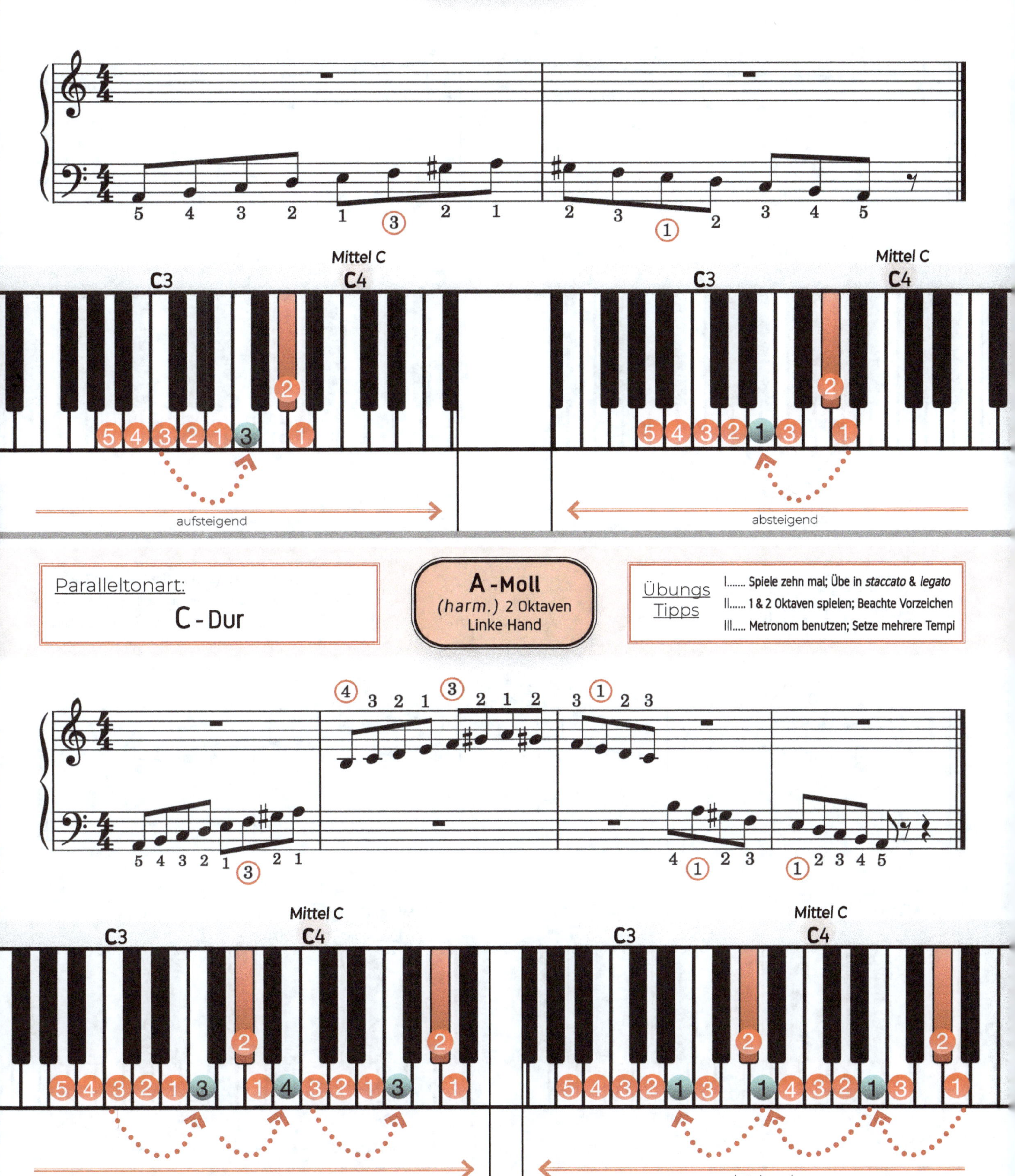

Noten der Tonleiter:
A, H, C, D, E, F, Gis

A -Moll
(harm.) 1 Oktave
Linke Hand

Tonart:
Kein B / Kein Kreuz

5 4 3 2 1 3 2 1
2 3 1 2 3 4 5

Mittel C
C3
C4

5 4 3 2 1 3 1
2
1

aufsteigend

Mittel C
C3
C4

5 4 3 2 1 3
2
1

absteigend

Paralleltonart:
C - Dur

A -Moll
(harm.) 2 Oktaven
Linke Hand

Übungs Tipps
I....... Spiele zehn mal; Übe in staccato & legato
II...... 1 & 2 Oktaven spielen; Beachte Vorzeichen
III..... Metronom benutzen; Setze mehrere Tempi

4 3 2 1 3 2 1 2 3 1 2 3
5 4 3 2 1 3 2 1
4 1 2 3 1 2 3 4 5

Mittel C
C3
C4

5 4 3 2 1 3 1 4 3 2 1 3 1
2 2

Mittel C
C3
C4

5 4 3 2 1 3 1 4 3 2 1 3 1
2 2

aufsteigend

absteigend

Noten der Tonleiter:
A, H, C, D, E, F, Gis
A -Moll
(harm.) 1 Oktave
Rechte Hand
Tonart:
Kein B / Kein Kreuz

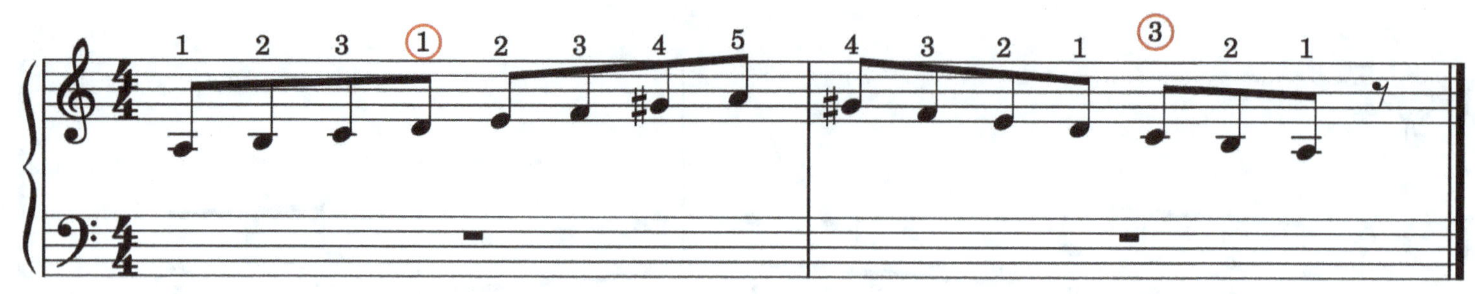

1 2 3 1 2 3 4 5 4 3 2 1 3 2 1

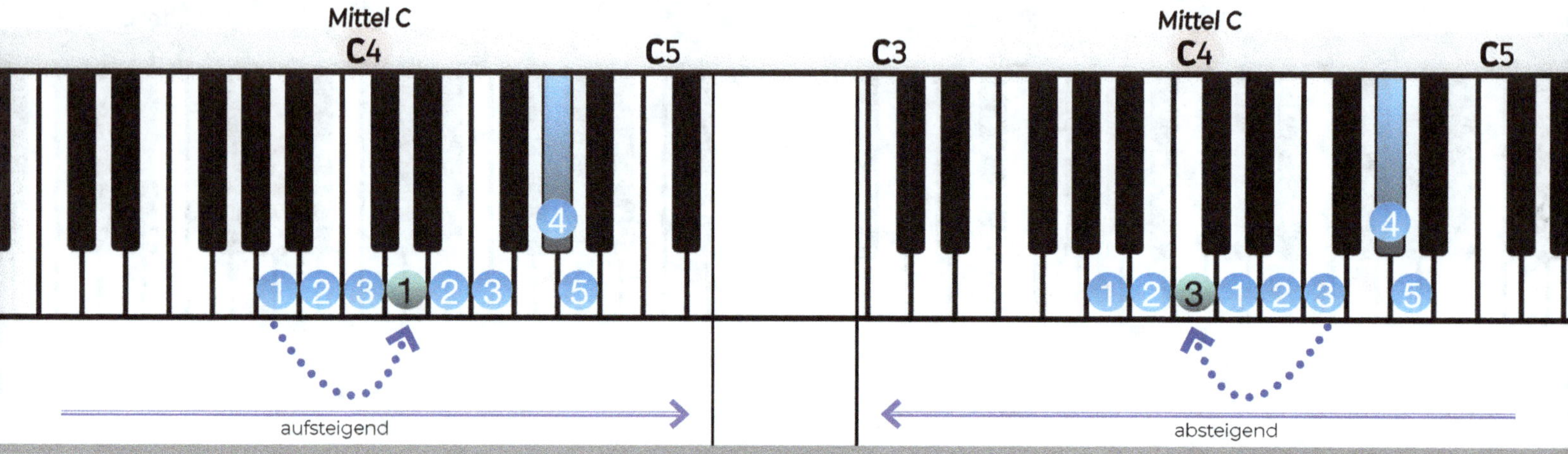

Mittel C
C4
C5
C3
Mittel C
C4
C5
1 2 3 1 2 3 4 5
1 2 3 1 2 3 4 5
aufsteigend
absteigend

Paralleltonart:
C - Dur
A -Moll
(harm.) 2 Oktaven
Rechte Hand
Übungs Tipps
I....... Spiele zehn mal; Übe in staccato & legato
II...... 1 & 2 Oktaven spielen; Beachte Vorzeichen
III..... Metronom benutzen; Setze mehrere Tempi

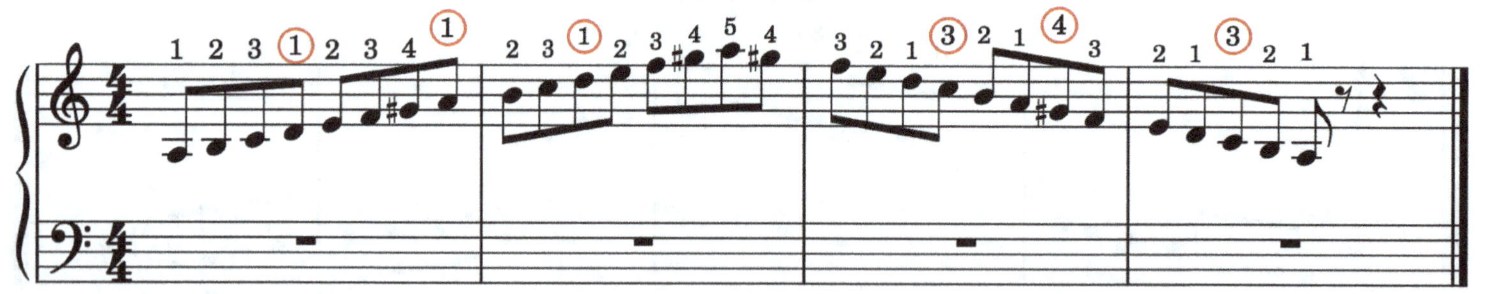

1 2 3 1 2 3 4 1 2 3 1 2 3 4 5 4 3 2 1 3 2 1 4 3 2 1 3 2 1

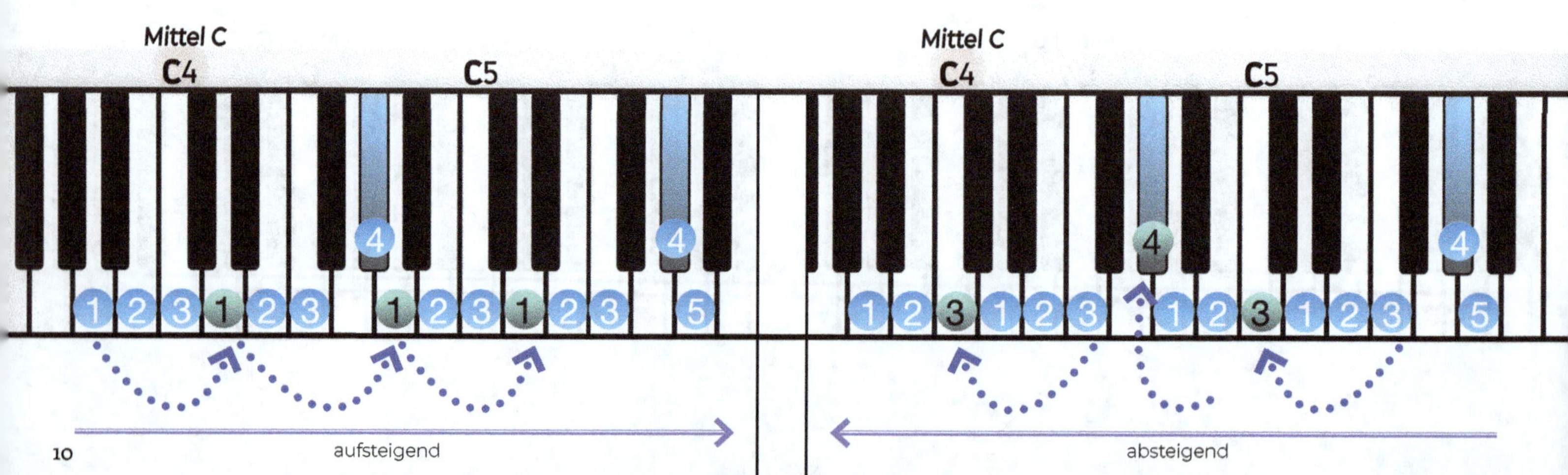

Mittel C
C4
C5
Mittel C
C4
C5
1 2 3 1 2 3 1 2 3 1 2 3 1 2 3 5
1 2 3 1 2 3 4 1 2 3 1 2 3 5
aufsteigend
absteigend

Noten der Tonleiter:
A, H, C, D, E, F, Gis

A -Moll
(harm.) 1 Oktave
Beide Hände

Tonart:
Kein B / Kein Kreuz

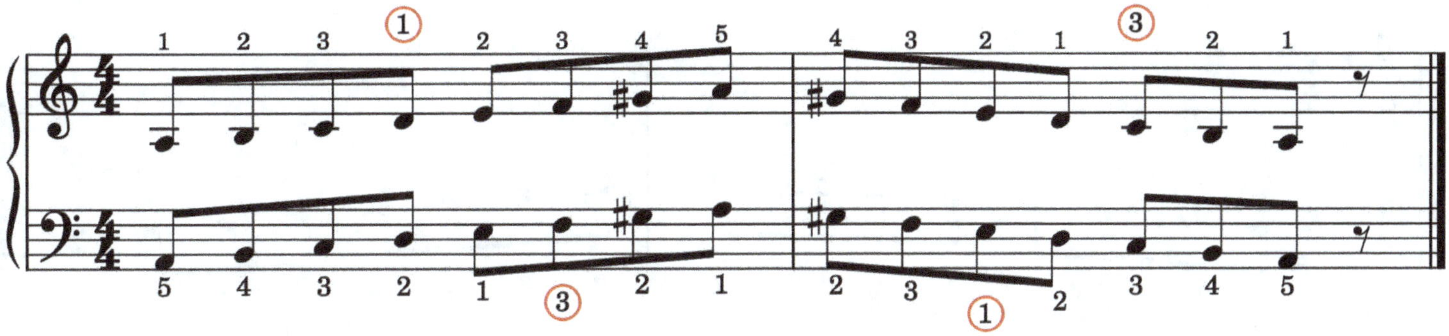

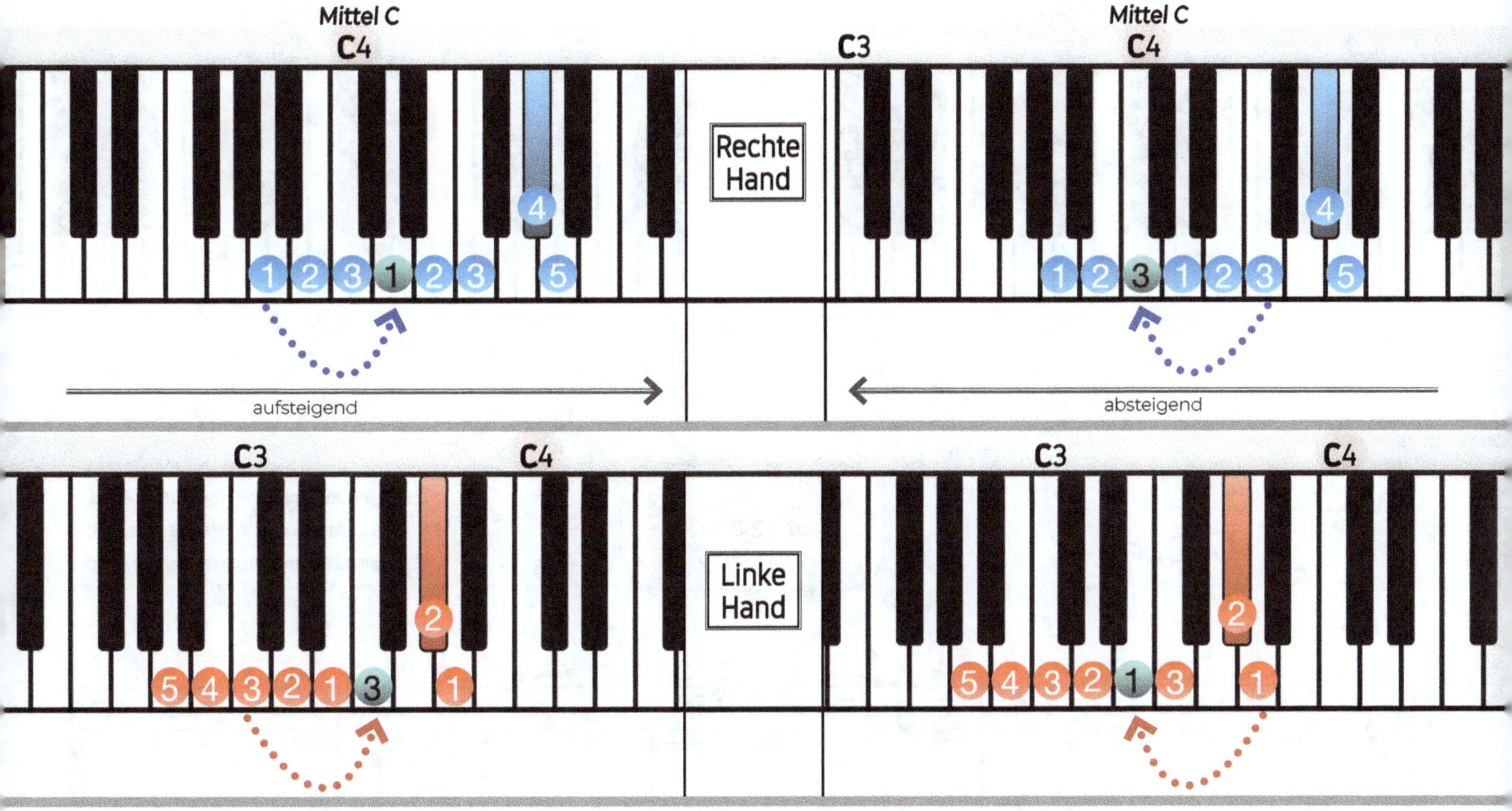

Mittel C
C4
C3
Mittel C
C4
Rechte Hand
aufsteigend
absteigend

C3
C4
C3
C4
Linke Hand

Akkord mit Oktave:
A-Moll Akkord harmon.
---> (A, C, E, A)

Der Grundton des 1. Akkords ist A

A -Moll
(harm.) Akkorde & Umkehrungen

Umkehrung: (andere Note im Bass des Akkords)
1. Umkehrung --- > C als tiefster Ton
2.Umkehrung --- > E als tiefster Ton

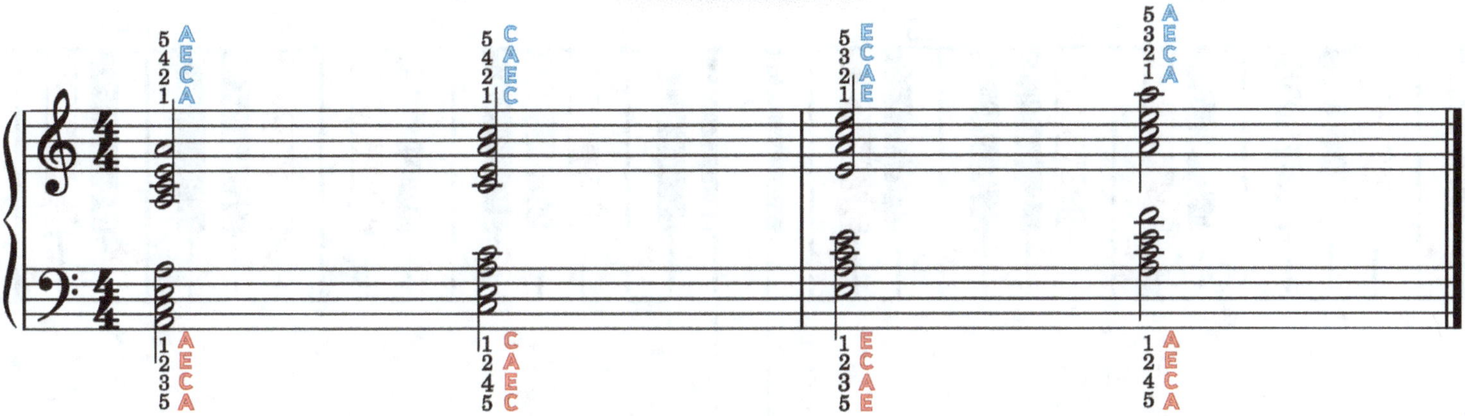

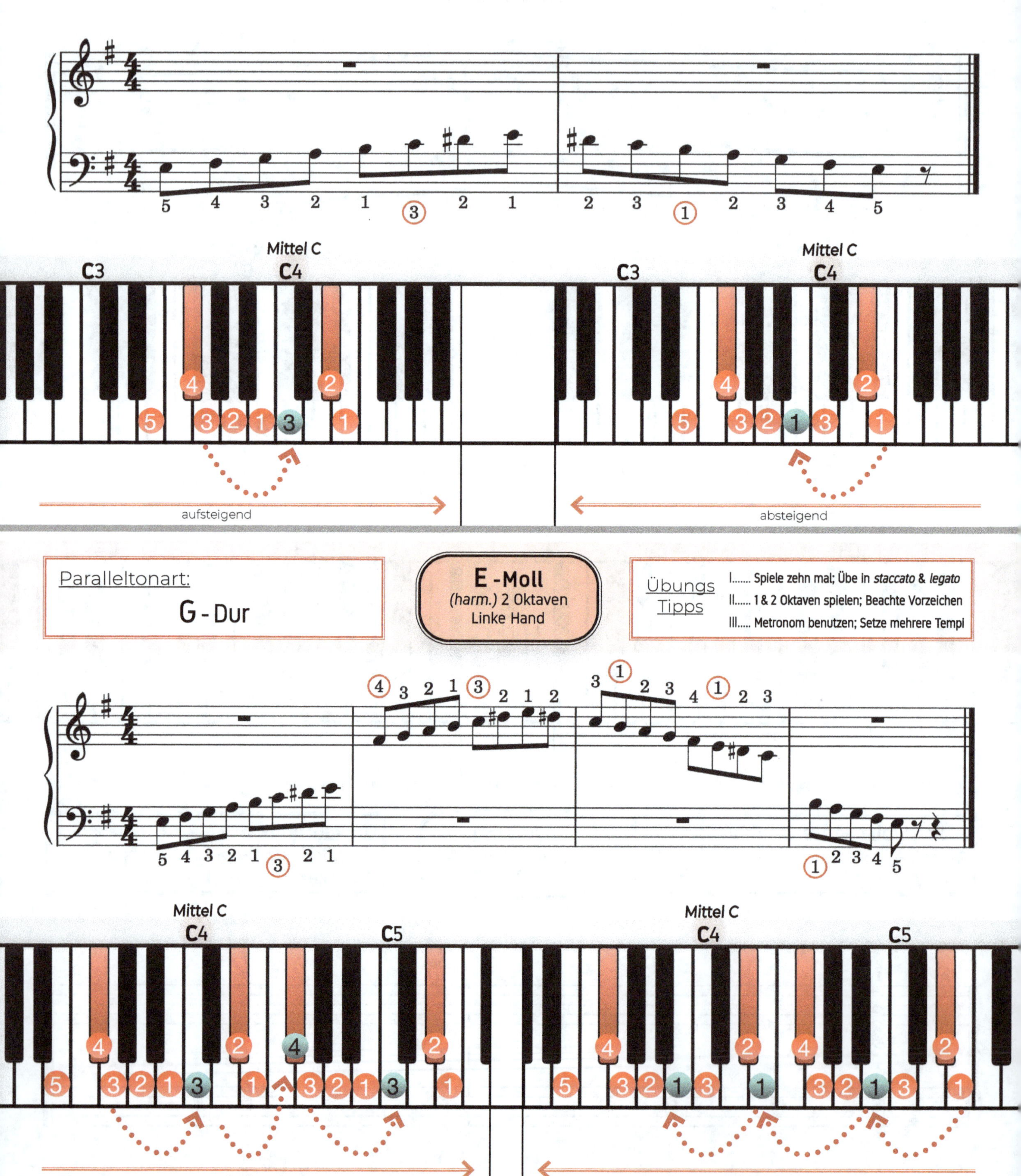

Noten der Tonleiter:
E, Fis, G, A, H, C, Dis
E -Moll
(harm.) 1 Oktave
Linke Hand
Tonart:
1 Kreuz (Fis)
Mittel C
C3
C4
5 4 3 2 1 3 2 1
2 3 1 2 3 4 5
4 3 2 1 3 2 1
4 2 1
5 3 2 1 3 1
aufsteigend
absteigend
Paralleltonart:
G - Dur
E -Moll
(harm.) 2 Oktaven
Linke Hand
Übungs Tipps
I....... Spiele zehn mal; Übe in staccato & legato
II...... 1 & 2 Oktaven spielen; Beachte Vorzeichen
III..... Metronom benutzen; Setze mehrere Tempi
Mittel C
C4
C5
5 4 3 2 1 3 2 1
4 3 2 1 3 2 1 2
3 1 2 3 4 1 2 3
1 2 3 4 5
aufsteigend
absteigend

Noten der Tonleiter:
E, Fis, G, A, H, C, Dis

E -Moll
(harm.) 1 Oktave
Rechte Hand

Tonart:
1 Kreuz (Fis)

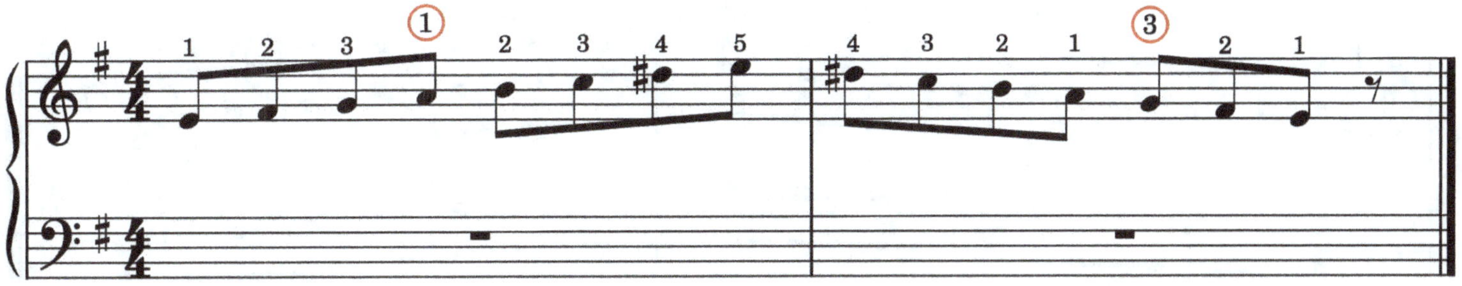

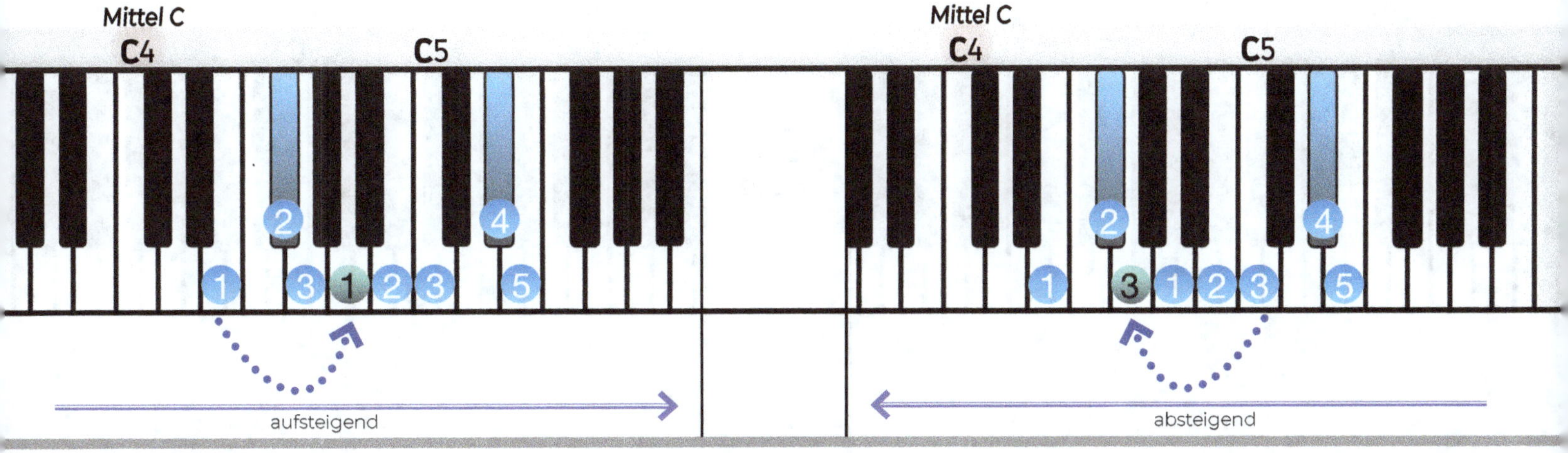

Mittel C
C4
C5
aufsteigend
absteigend

Paralleltonart:
G - Dur

E -Moll
(harm.) 2 Oktaven
Rechte Hand

Übungs Tipps
I....... Spiele zehn mal; Übe in staccato & legato
II...... 1 & 2 Oktaven spielen; Beachte Vorzeichen
III..... Metronom benutzen; Setze mehrere Tempi

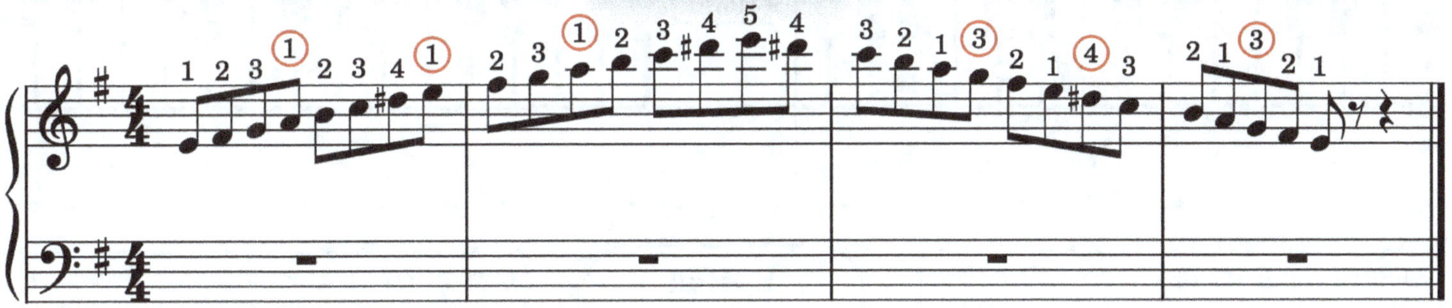

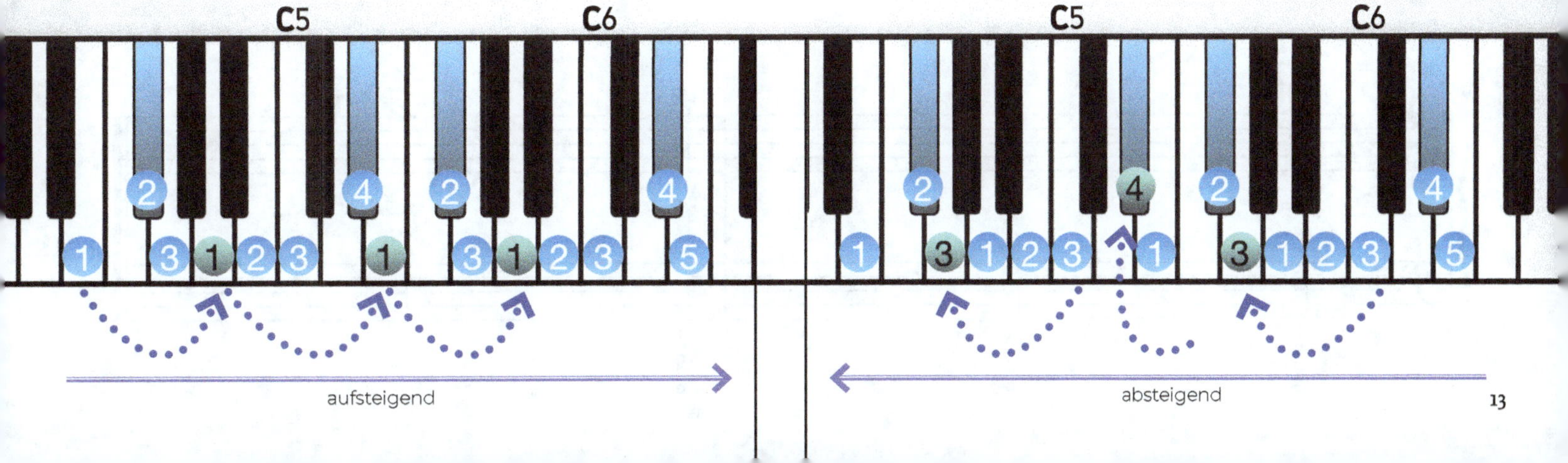

C5
C6
aufsteigend
absteigend

Noten der Tonleiter:
E, Fis, G, A, H, C, Dis
E -Moll
(harm.) 1 Oktave
Beide Hände
Tonart:
1 Kreuz (Fis)

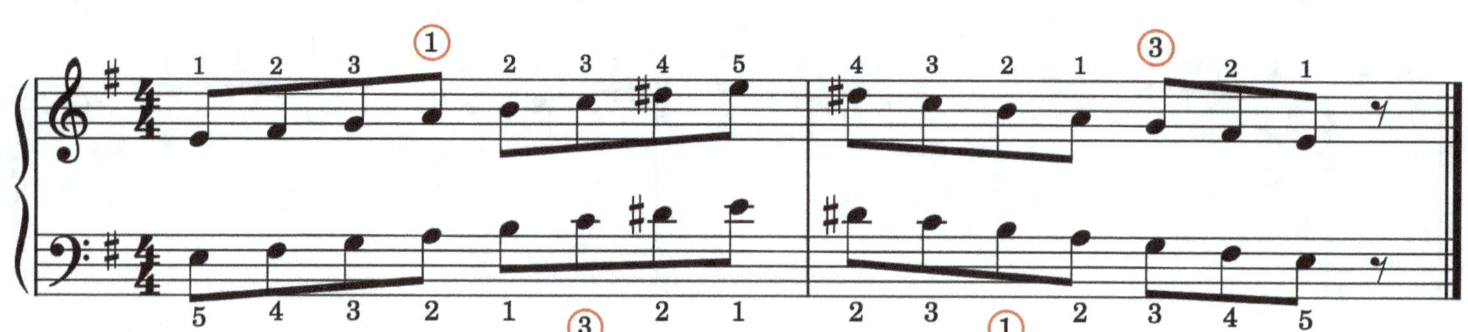

1 2 3 ① 2 3 4 5 4 3 2 1 ③ 2 1
5 4 3 2 1 ③ 2 1 2 3 ① 2 3 4 5

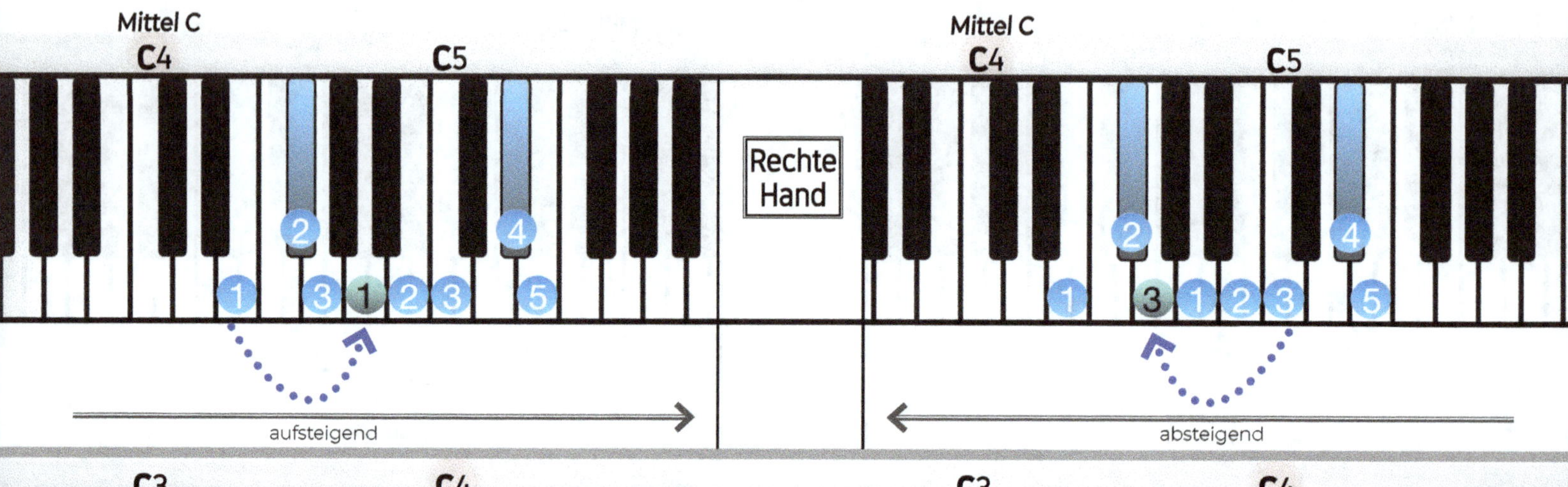

Mittel C
C4
C5
Rechte Hand
aufsteigend
absteigend
2 4 1 3 1 2 3 5

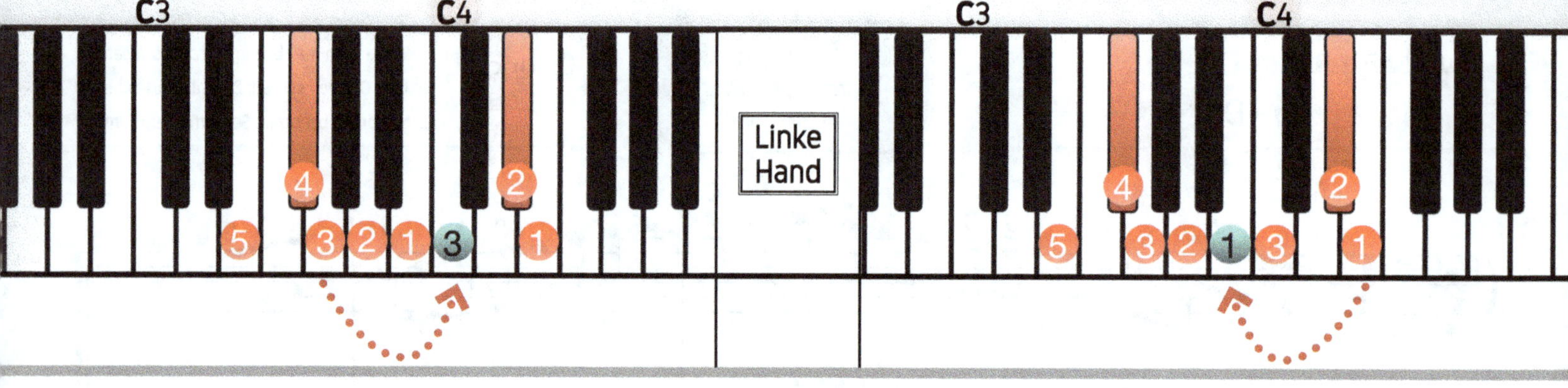

C3
C4
Linke Hand
4 2 5 3 2 1 3 1

Akkord mit Oktave:
E -Moll Akkord harmon.
---> (E, G, H, E)
Der Grundton des 1. Akkords ist E
E -Moll
(harm.) Akkorde & Umkehrungen
Umkehrung: (andere Note im Bass des Akkords)
1. Umkehrung --- > G als tiefster Ton
2. Umkehrung --- > H als tiefster Ton

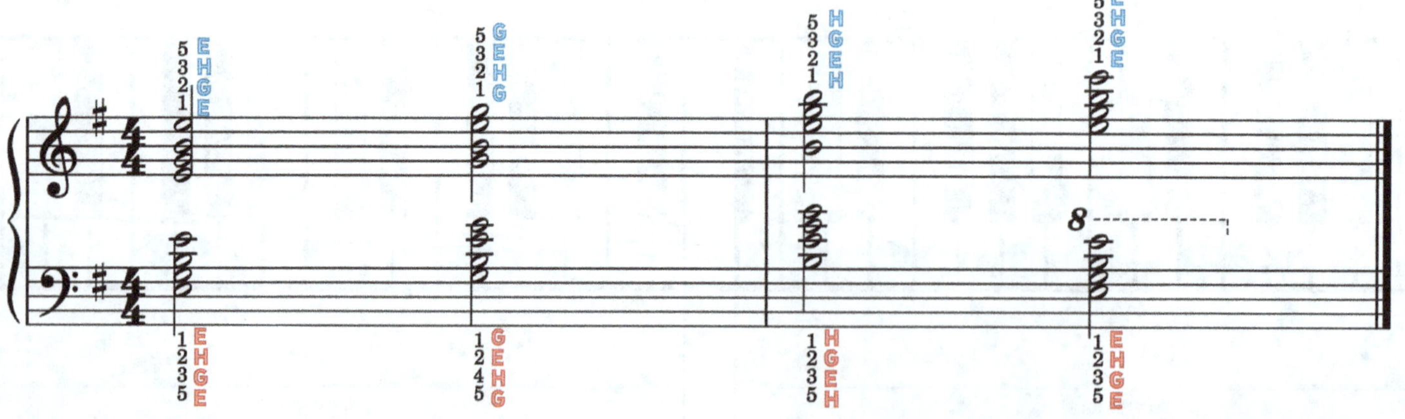

5 3 2 1 EHGE
5 3 2 1 GEHG
5 3 2 1 HGEH
5 3 2 1 EHGE
1 2 3 5 EHGE
1 2 4 5 GEHG
1 2 3 5 HGEH
1 2 3 5 EHGE
8

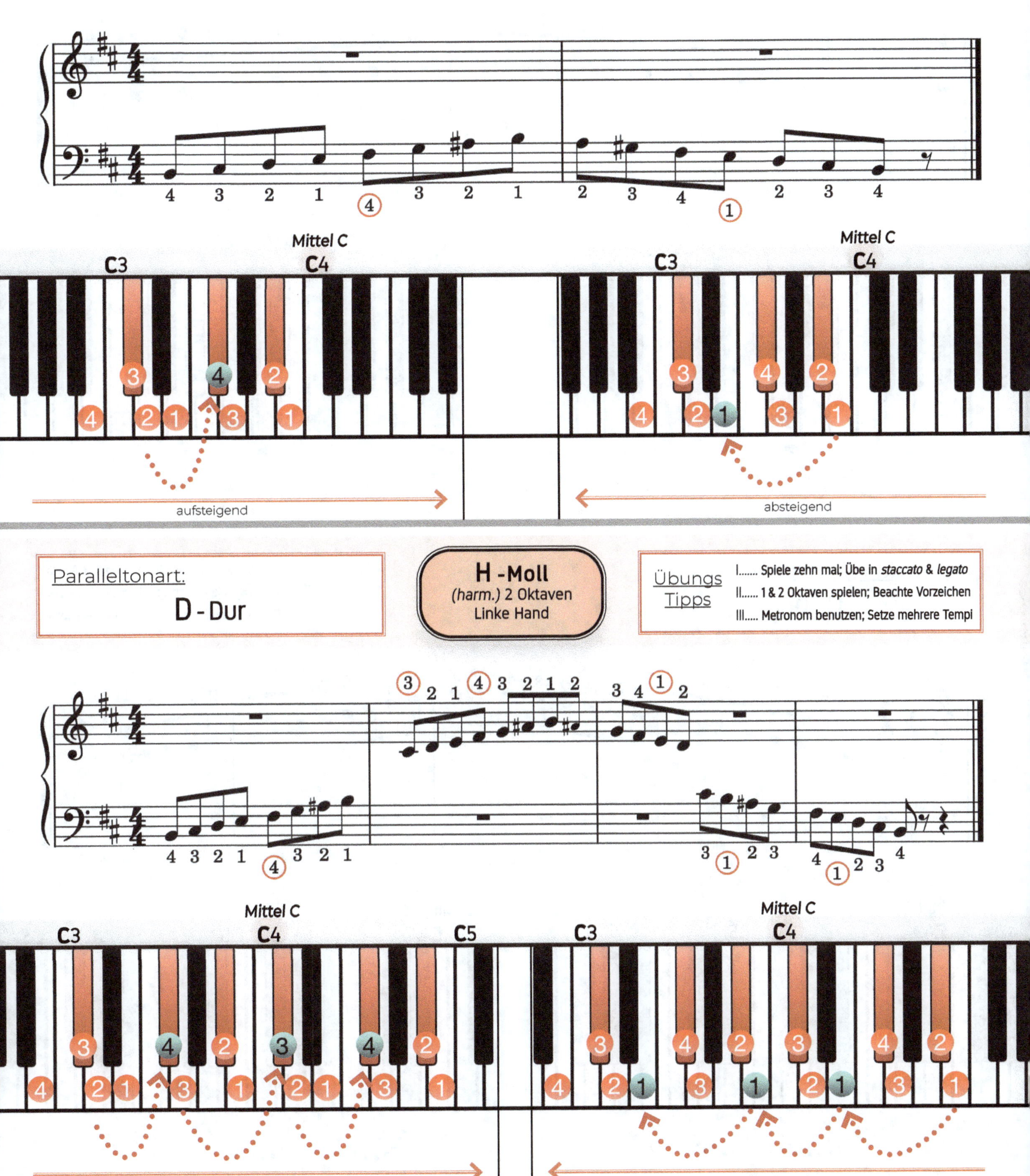

Noten der Tonleiter:
H, Cis, D, E, Fis, G, Ais

H -Moll
(harm.) 1 Oktave
Linke Hand

Tonart
2 Kreuze (Fis, Cis)

Mittel C
C3
C4
3 4 2
4 2 1 3 1
aufsteigend

Mittel C
C3
C4
3 4 2
4 2 1 3 1
absteigend

Paralleltonart:
D - Dur

H -Moll
(harm.) 2 Oktaven
Linke Hand

Übungs Tipps
I....... Spiele zehn mal; Übe in staccato & legato
II...... 1 & 2 Oktaven spielen; Beachte Vorzeichen
III..... Metronom benutzen; Setze mehrere Tempi

3 2 1 4 3 2 1 2   3 4 1 2
4 3 2 1 4 3 2 1
3 1 2 3   4 1 2 3

Mittel C
C3
C4
C5
C3
C4
3 4 2 3 4 2
4 2 1 3 2 1 3 1
aufsteigend

Mittel C
3 4 2 3 4 2
4 2 1 3 1 2 1 3 1
absteigend

Noten der Tonleiter:
H, Cis, D, E, Fis, G, Ais

H -Moll
(harm.) 1 Oktave
Rechte Hand

Tonart
2 Kreuze (Fis, Cis)

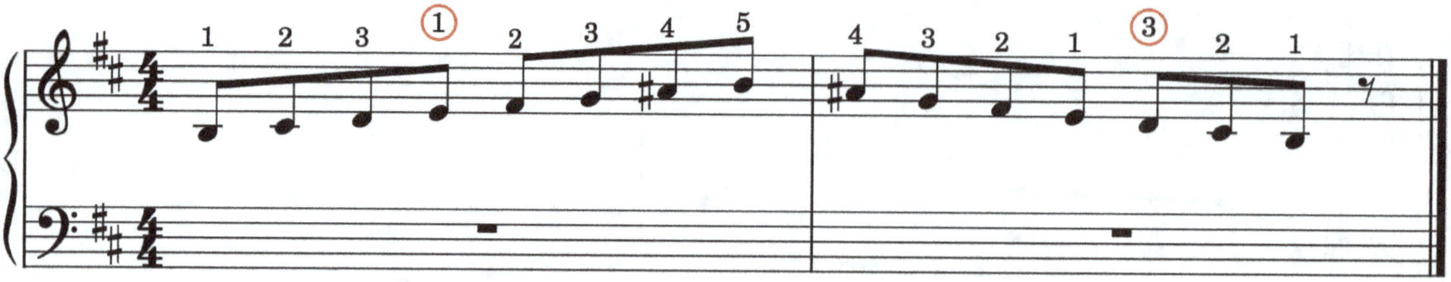

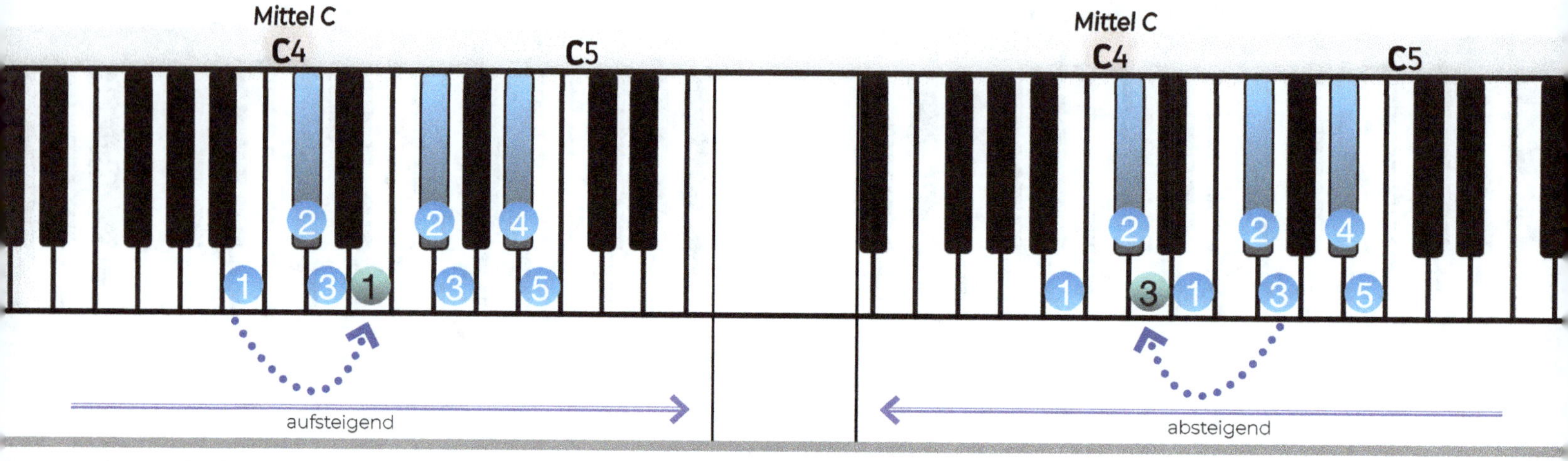

Mittel C
C4
C5

2
1 3 1 3 5

aufsteigend

Mittel C
C4
C5

2
1 3 1 3 5

absteigend

Paralleltonart:
D - Dur

H -Moll
(harm.) 2 Oktaven
Rechte Hand

Übungs
Tipps
I....... Spiele zehn mal; Übe in staccato & legato
II...... 1 & 2 Oktaven spielen; Beachte Vorzeichen
III..... Metronom benutzen; Setze mehrere Tempi

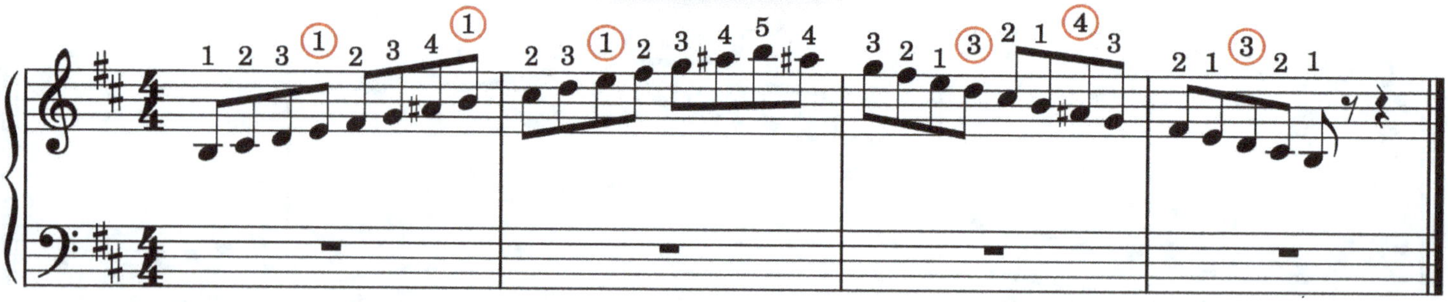

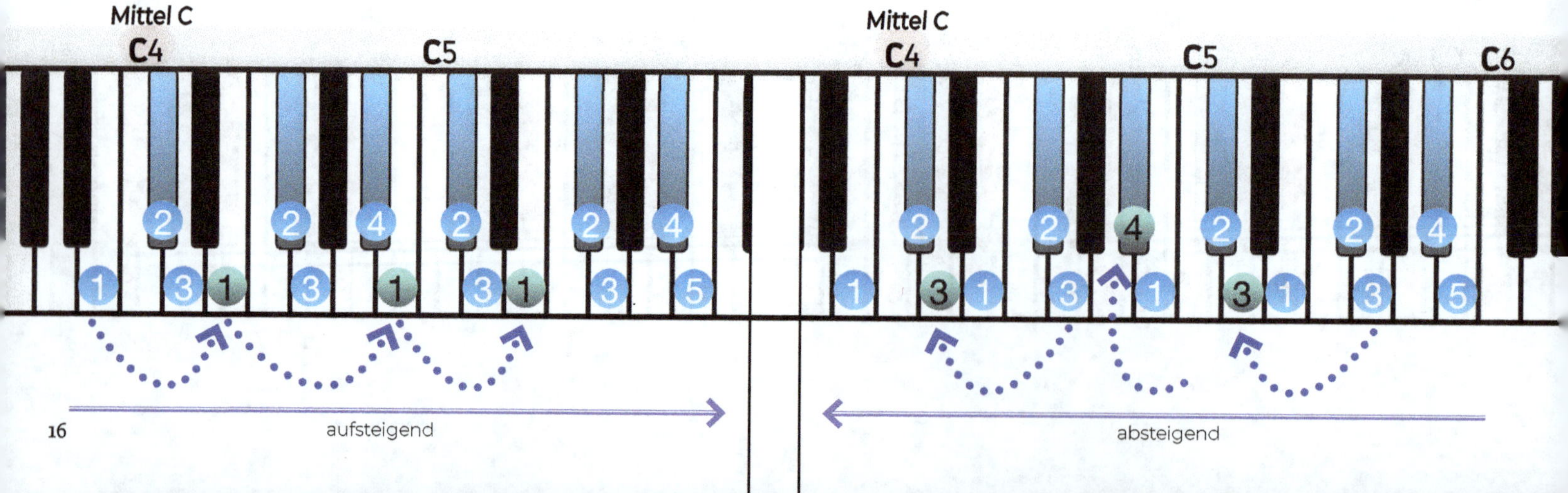

Mittel C
C4
C5
C6

2
1 3 1 3 1 3 1 3 5

aufsteigend

Mittel C
C4
C5

2 4
1 3 1 3 1 3 1 3 5

absteigend

Noten der Tonleiter:
H, Cis, D, E, Fis, G, Ais

H -Moll
(harm.) 1 Oktave
Beide Hände

Tonart
2 Kreuze (Fis, Cis)

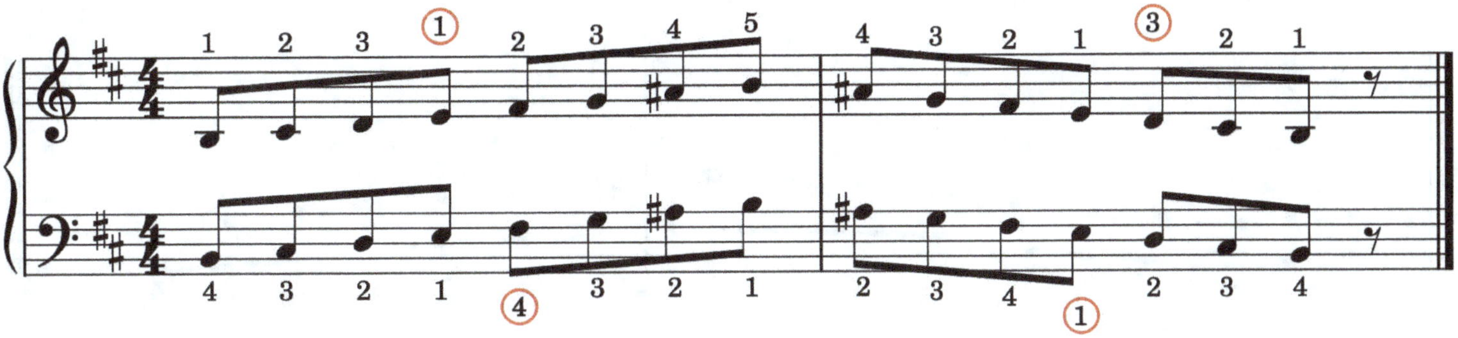

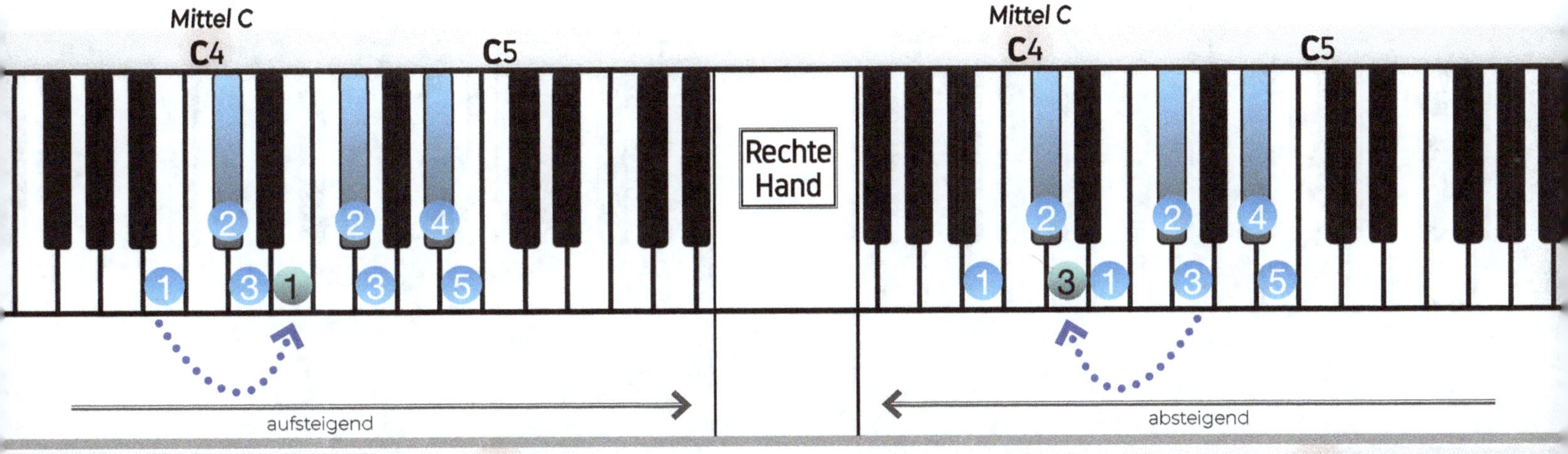

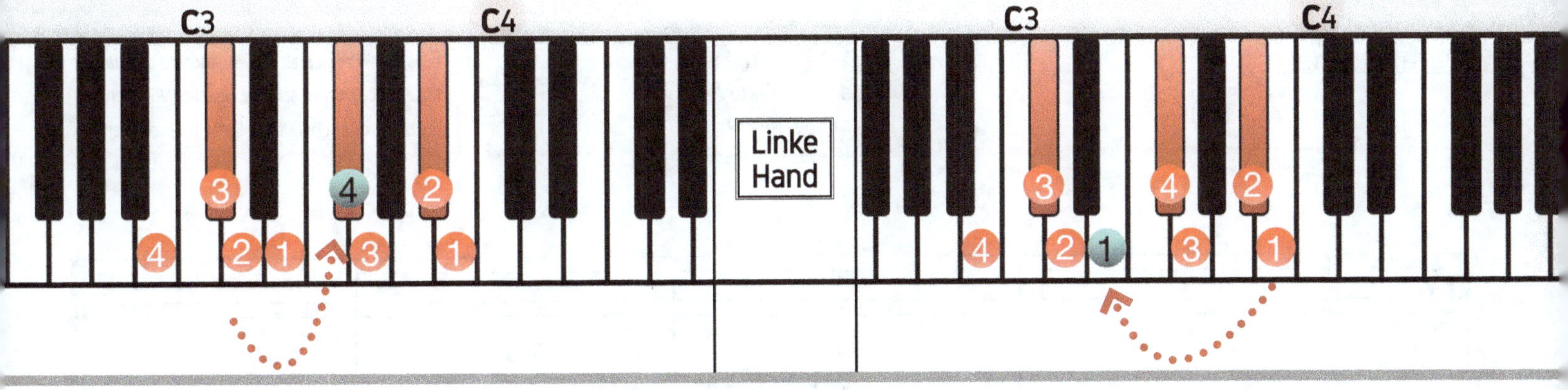

Mittel C
C4
C5
Rechte Hand
aufsteigend
absteigend

Mittel C
C4
C5

C3
C4
Linke Hand

C3
C4

Akkord mit Oktave:
H -Moll Akkord harmon.
---> (H, D, Fis, H)

Der Grundton des 1. Akkords ist H

H -Moll
(harm.) Akkorde &
Umkehrungen

Umkehrung: (andere Note im Bass des Akkords)
1. Umkehrung --- > D als tiefster Ton
2. Umkehrung --- > Fis als tiefster Ton

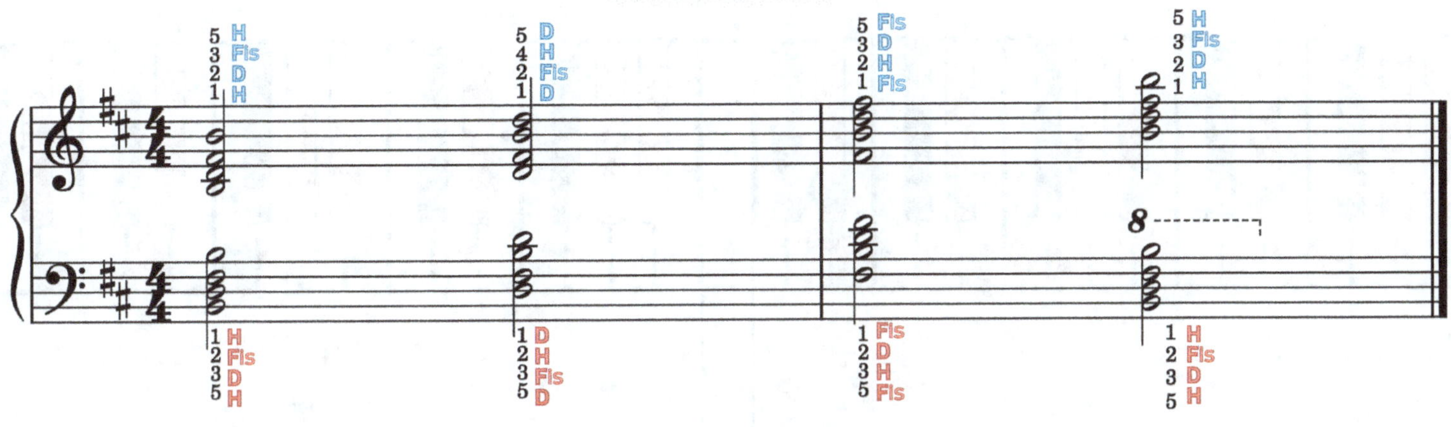

5 H
3 Fis
2 D
1 H

5 D
3 H
4 Fis
1 D

5 Fis
3 D
2 H
1 Fis

5 H
3 Fis
2 D
1 H

8

1 H
2 Fis
3 D
5 H

1 D
2 H
3 Fis
5 D

1 Fis
2 D
3 H
5 Fis

1 H
2 Fis
3 D
5 H

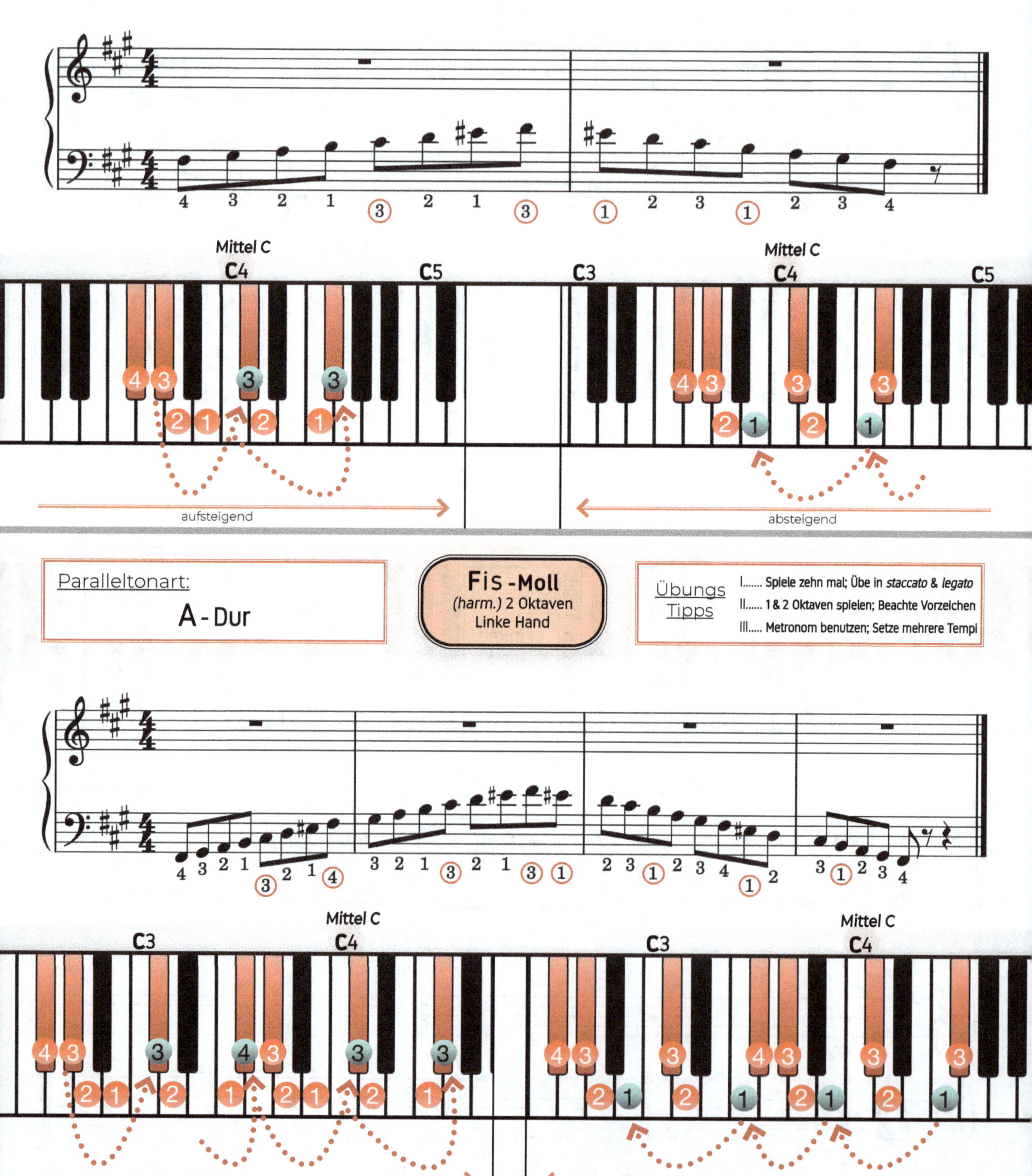
Noten der Tonleiter:
Fis, Gis, A, H, Cis, D, Eis
Fis -Moll
(harm.) 1 Oktave
Linke Hand
Tonart:
3 Kreuze (Fis, Cis, Gis)
Mittel C
C4
C5
C3
Mittel C
C4
C5
aufsteigend
absteigend
Parallaltonart:
A - Dur
Fis -Moll
(harm.) 2 Oktaven
Linke Hand
Übungs Tipps
I....... Spiele zehn mal; Übe in staccato & legato
II...... 1 & 2 Oktaven spielen; Beachte Vorzeichen
III..... Metronom benutzen; Setze mehrere Tempi
Mittel C
C3
C4
C3
Mittel C
C4
aufsteigend
absteigend

Noten der Tonleiter:
Fis, Gis, A, H, Cis, D, Eis

Fis-Moll
(harm.) 1 Oktave
Rechte Hand

Tonart:
3 Kreuze (Fis, Cis, Gis)

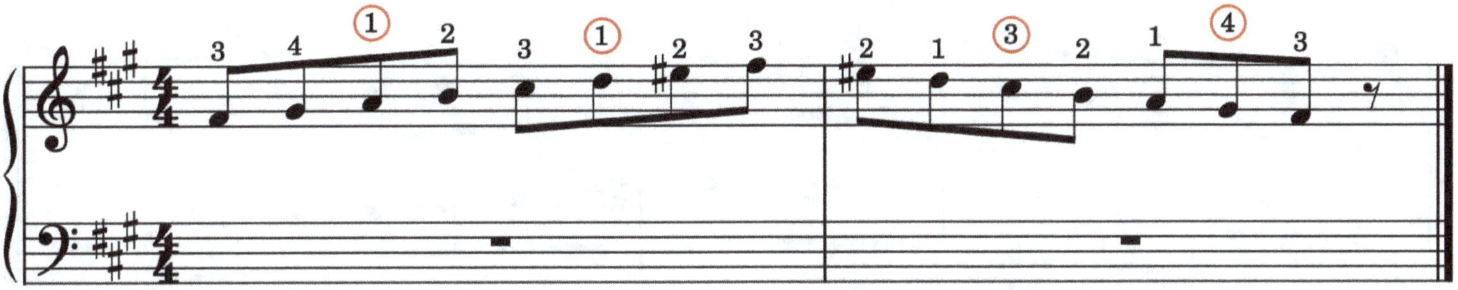

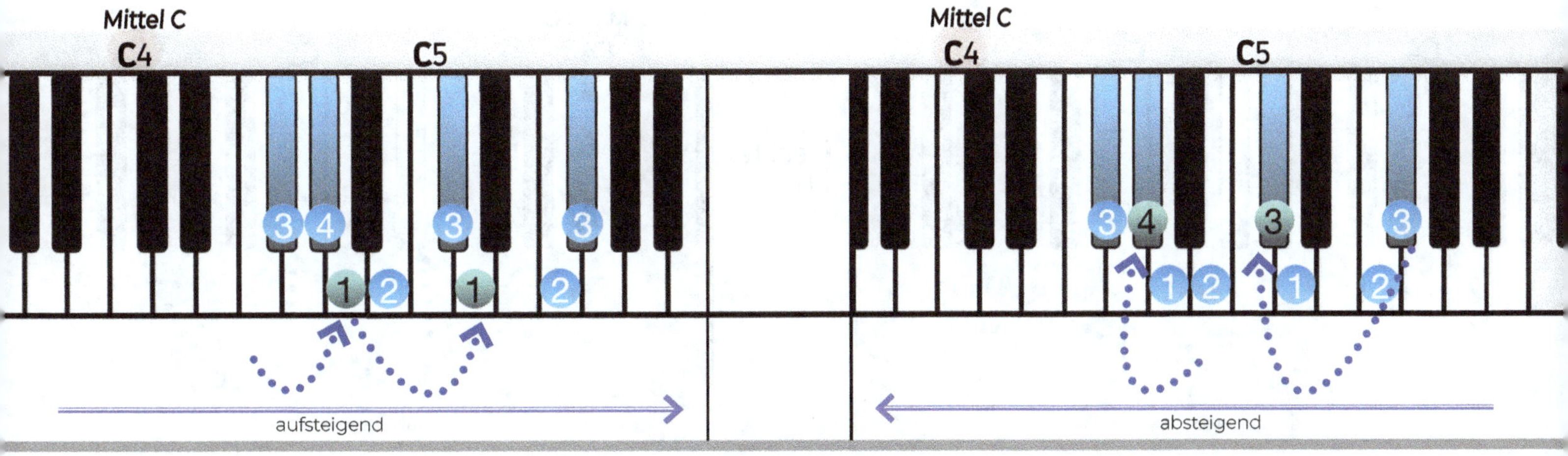

Mittel C
C4
C5

aufsteigend

Mittel C
C4
C5

absteigend

Paralleltonart:
A-Dur

Fis-Moll
(harm.) 2 Oktaven
Rechte Hand

Übungs Tipps
I....... Spiele zehn mal; Übe in staccato & legato
II...... 1 & 2 Oktaven spielen; Beachte Vorzeichen
III..... Metronom benutzen; Setze mehrere Tempi

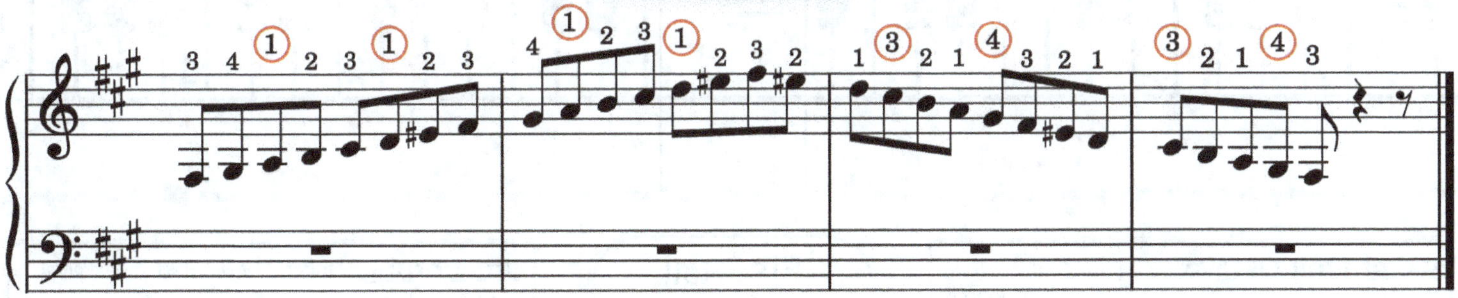

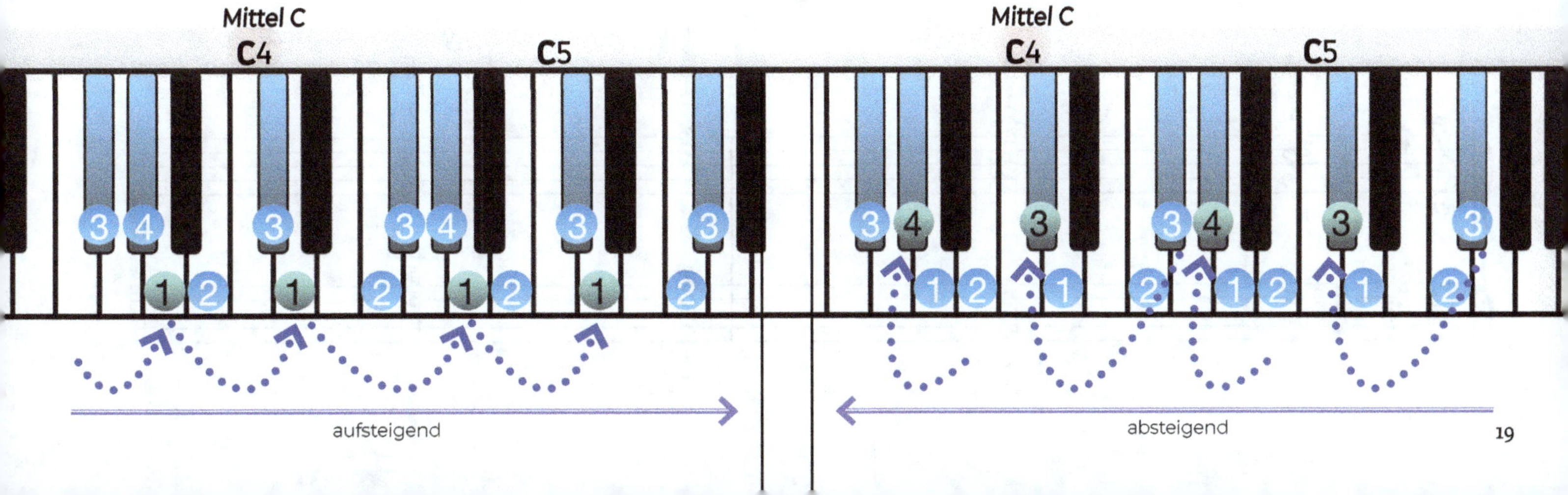

Mittel C
C4
C5

aufsteigend

Mittel C
C4
C5

absteigend

Fis -Moll
(harm.) 1 Oktave
Beide Hände

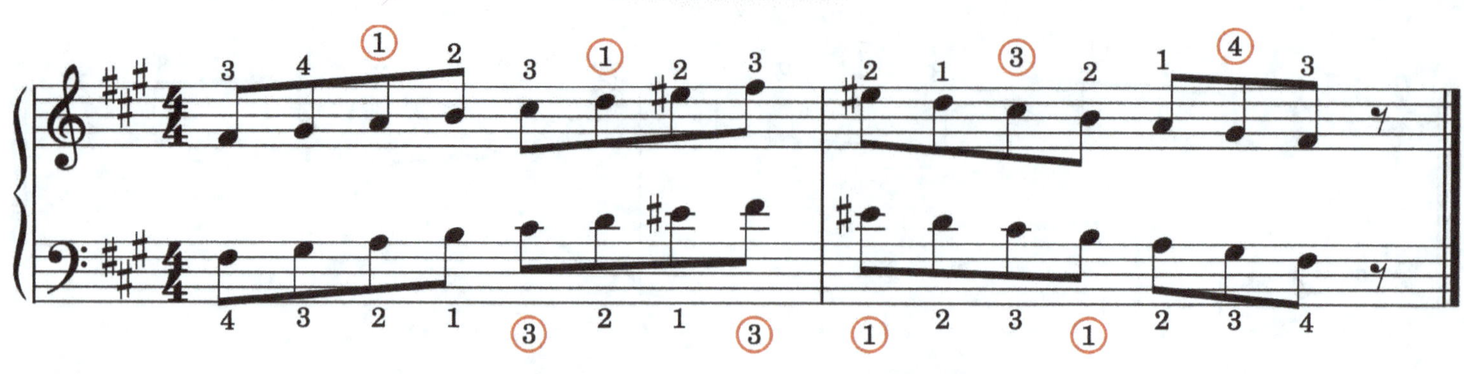

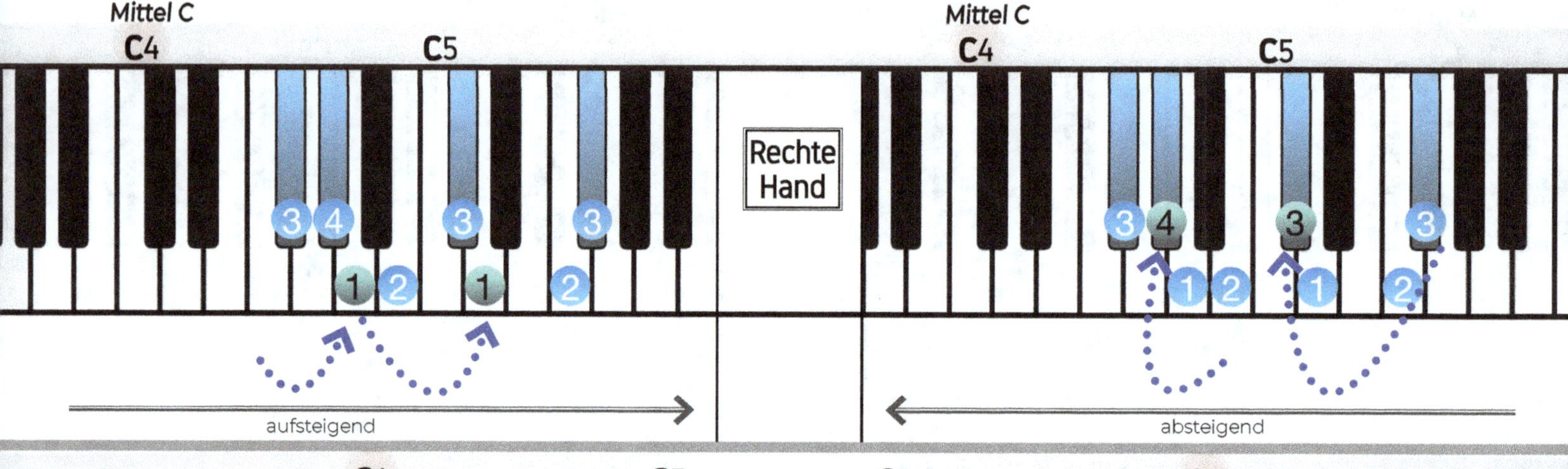

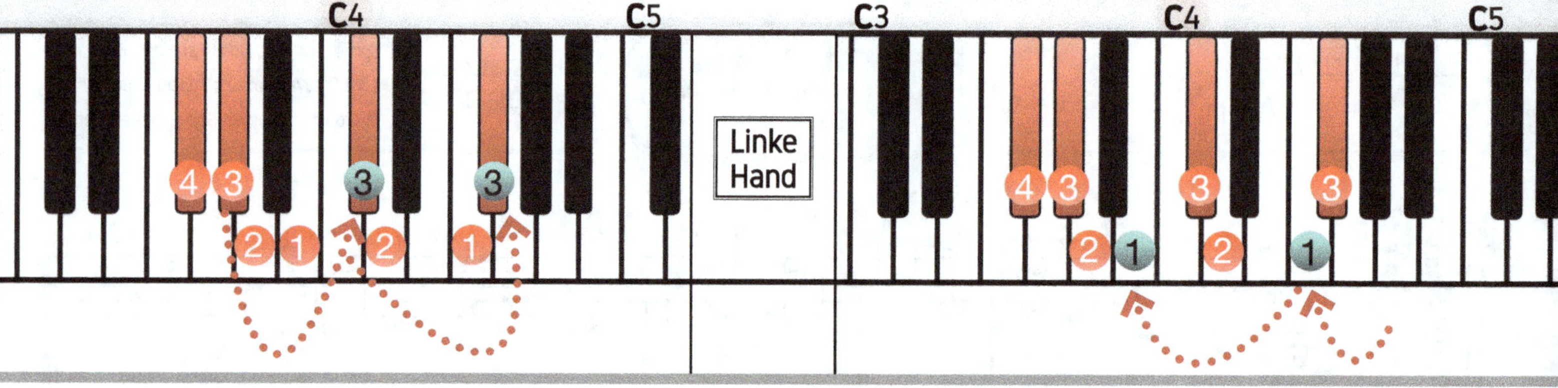

Akkord mit Oktave:
Fis -Moll Akkord harmon.
---> (Fis, A, Cis, Fis)

Der Grundton des 1. Akkords ist Fis

Fis -Moll
(harm.) Akkorde &
Umkehrungen

Umkehrung: *(andere Note im Bass des Akkords)*
1. Umkehrung --- > A als tiefster Ton
2. Umkehrung --- > Cis als tiefster Ton

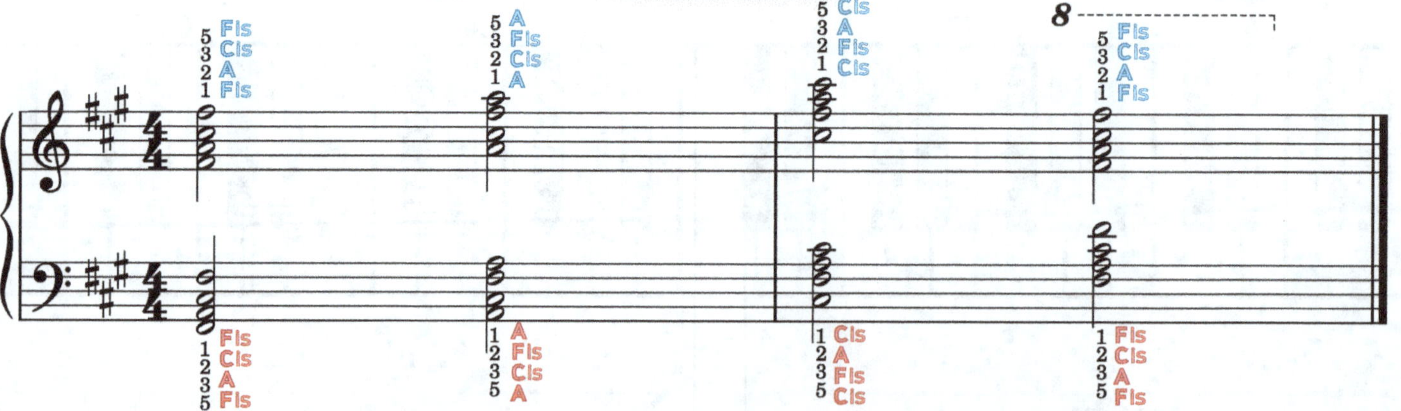

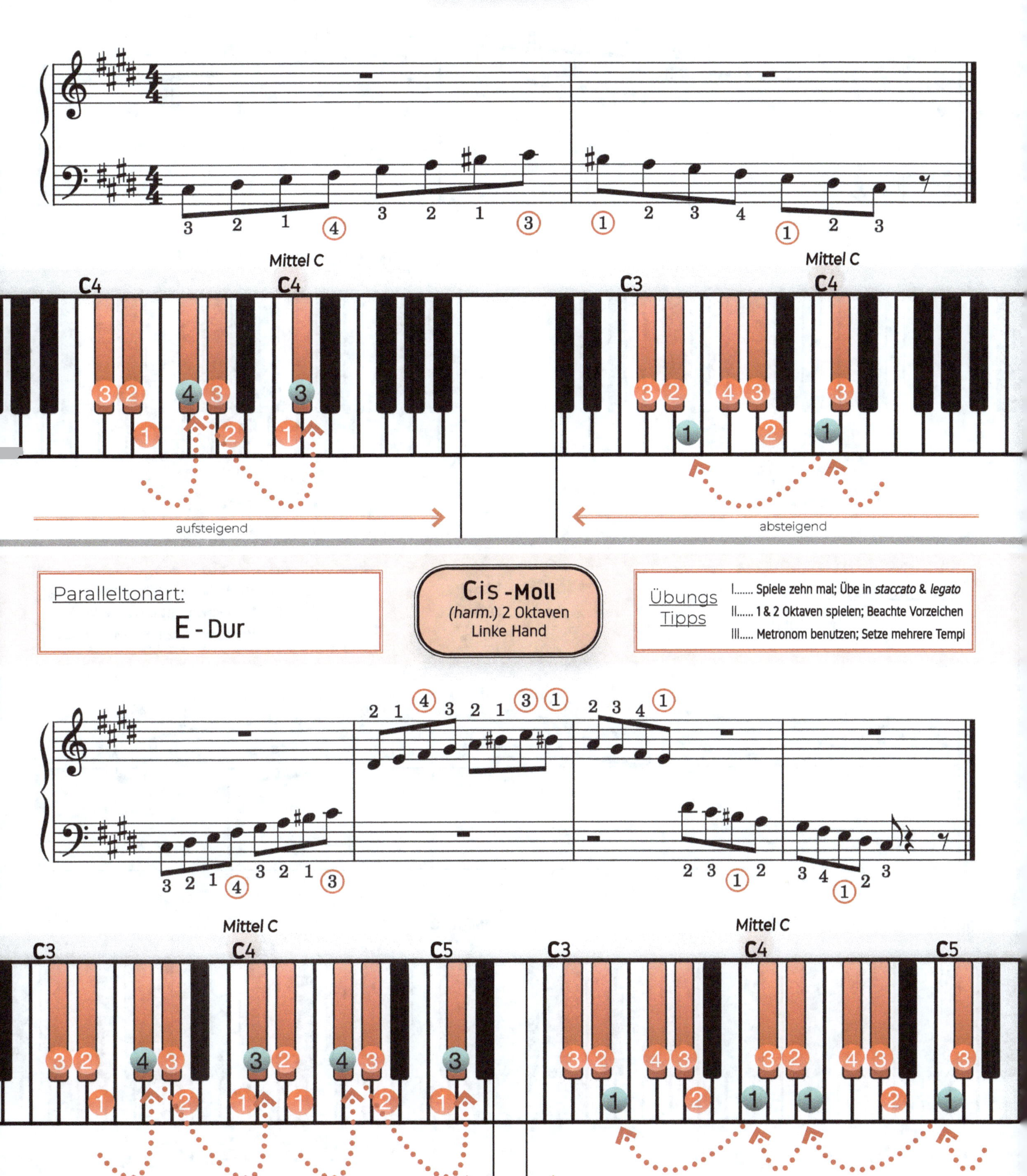

Noten der Tonleiter:
Cis, Dis, E, Fis, Gis, A, His
Cis -Moll
(harm.) 1 Oktave
Linke Hand
Tonart:
4 Kreuze (Fis, Cis, Gis, Dis)
Mittel C
C4
C4
C3
C4
aufsteigend
absteigend
Paralleltonart:
E - Dur
Cis -Moll
(harm.) 2 Oktaven
Linke Hand
Übungs Tipps
I....... Spiele zehn mal; Übe in staccato & legato
II...... 1 & 2 Oktaven spielen; Beachte Vorzeichen
III..... Metronom benutzen; Setze mehrere Tempi
Mittel C
C3
C4
C5
C3
C4
C5
aufsteigend
absteigend
21

Noten der Tonleiter:
Cis, Dis, E, Fis, Gis, A, His

Cis -Moll
(harm.) 1 Oktave
Rechte Hand

Tonart:
4 Kreuze (Fis, Cis, Gis, Dis)

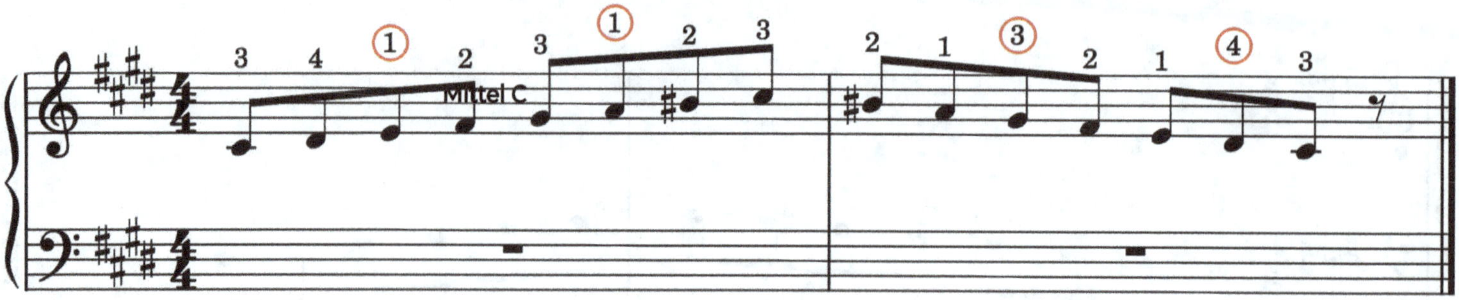

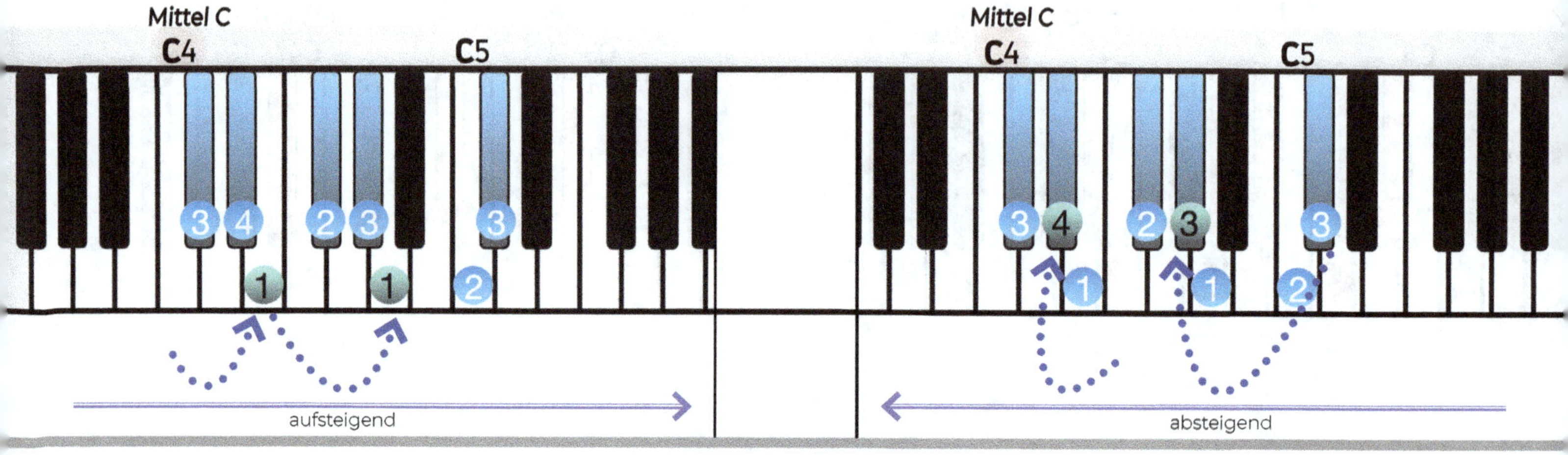

Mittel C
C4
C5
Mittel C
C4
C5
aufsteigend
absteigend

Paralleltonart:
E - Dur

Cis -Moll
(harm.) 2 Oktaven
Rechte Hand

Übungs
Tipps
I....... Spiele zehn mal; Übe in *staccato* & *legato*
II...... 1 & 2 Oktaven spielen; Beachte Vorzeichen
III..... Metronom benutzen; Setze mehrere Tempi

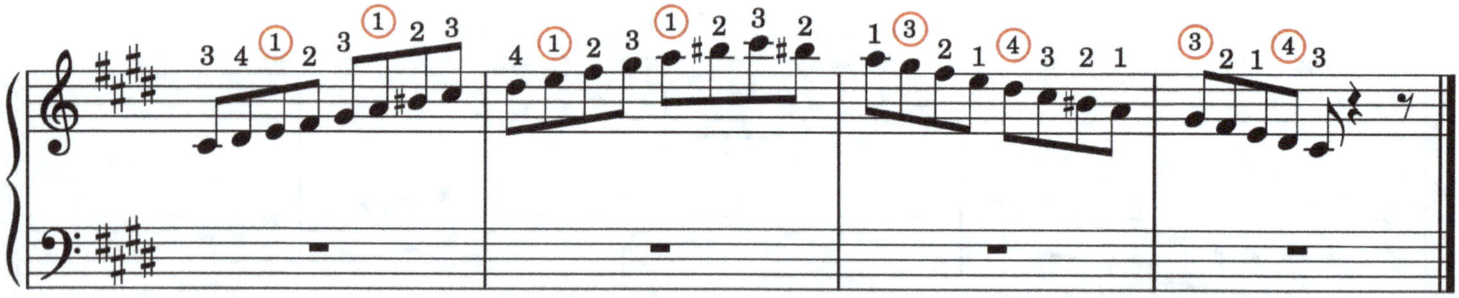

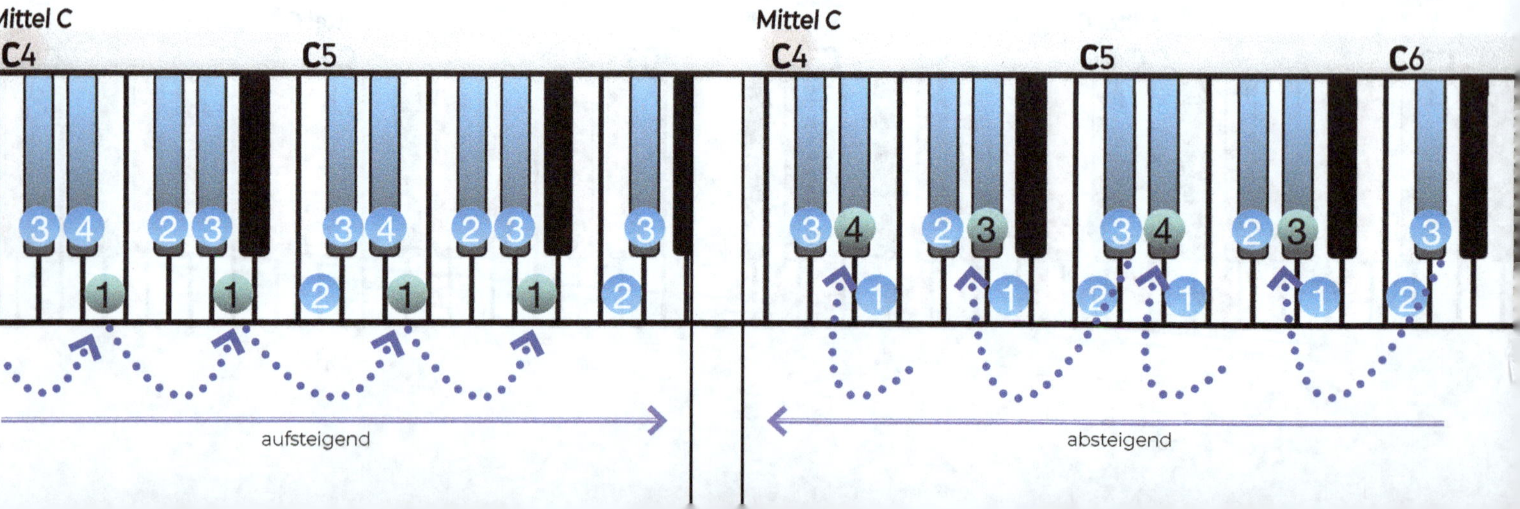

Mittel C
C4
C5
Mittel C
C4
C5
C6
aufsteigend
absteigend

Noten der Tonleiter:
Cis, Dis, E, Fis, Gis, A, His

Cis -Moll
(harm.) 1 Oktave
Beide Hände

Tonart:
4 Kreuze (Fis, Cis, Gis, Dis)

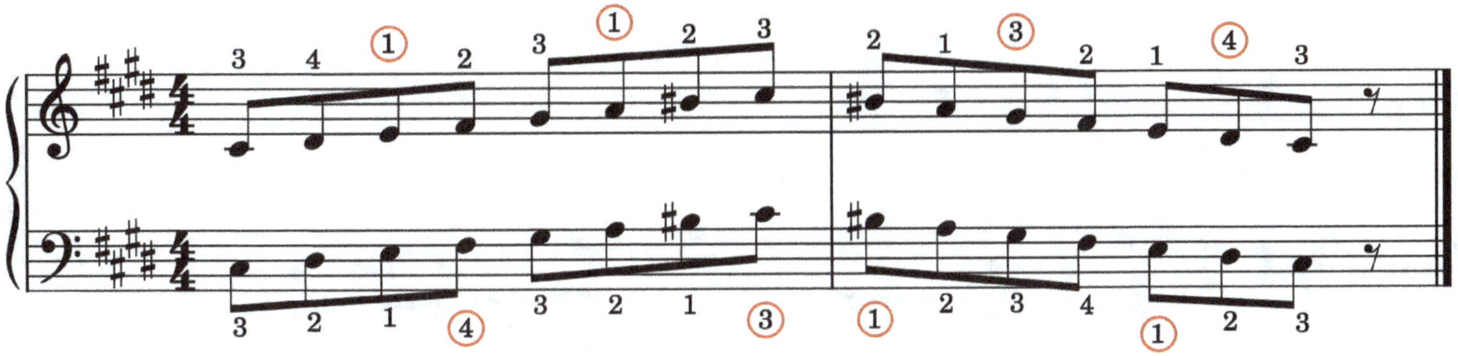

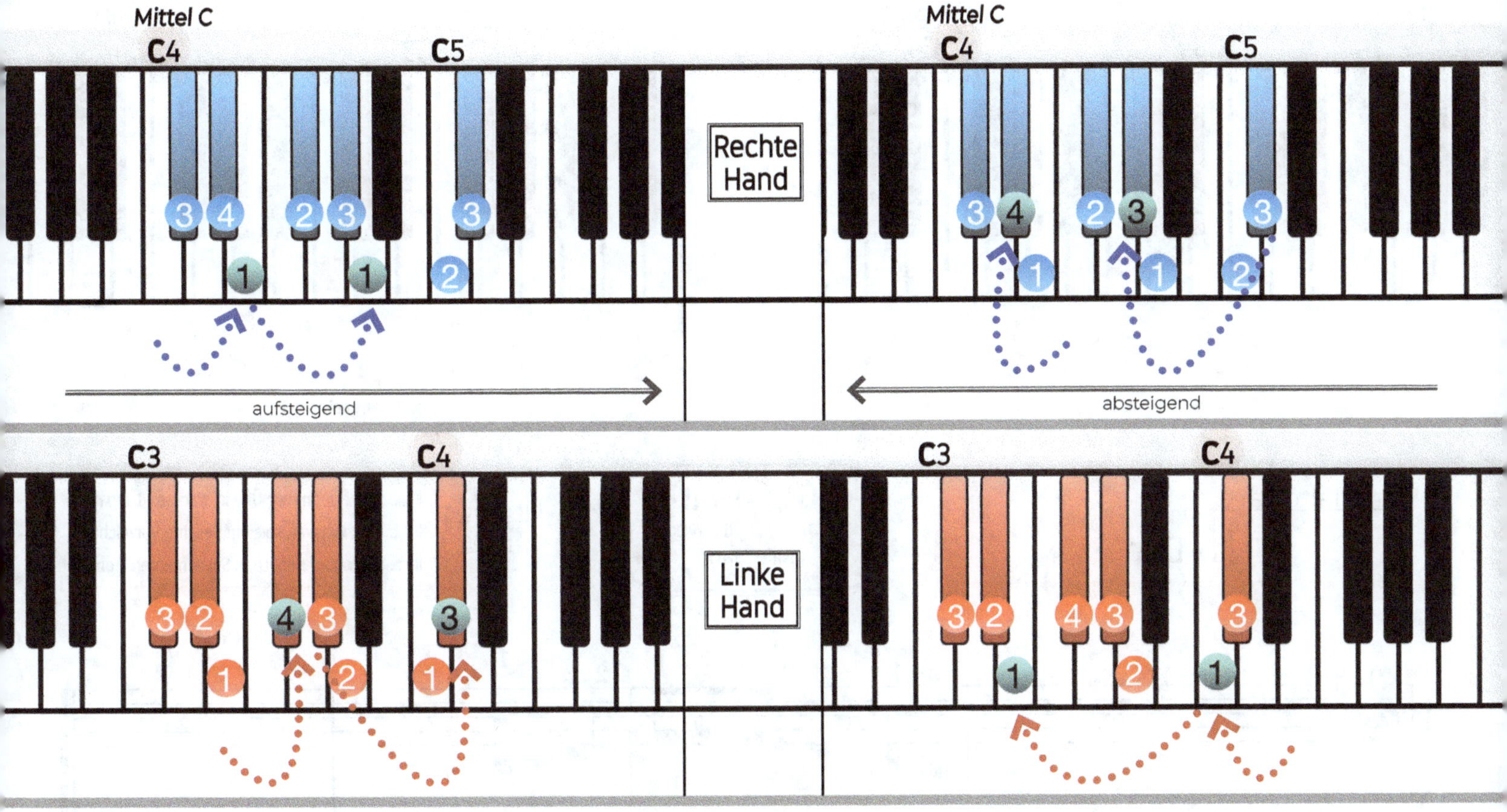

Mittel C
C4
C5
Rechte Hand
3 4 2 3 3
1 1 2
aufsteigend

Mittel C
C4
C5
3 4 2 3 3
1 1 2
absteigend

C3
C4
Linke Hand
3 2 4 3 3
1 2 1
C3
C4
3 2 4 3 3
1 2 1

Akkord mit Oktave:
Cis-Moll Akkord harmon
--> (Cis, E, Gis, Cis)

Der Grundton
des 1. Akkords
ist Cis

Cis -Moll
(harm.) Akkorde &
Umkehrungen

Umkehrung: (andere Note im Bass des Akkords)
1. Umkehrung --- > E   als tiefster Ton
2. Umkehrung --- > Gis als tiefster Ton

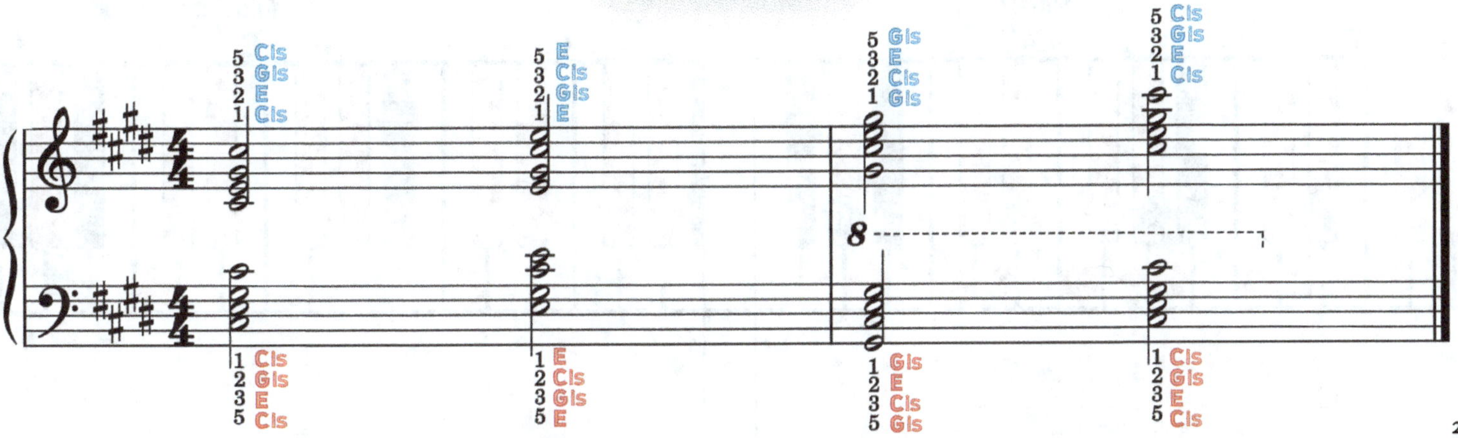

5 Cis
3 Gis
2 E
1 Cis

5 E
3 Cis
2 Gis
1 E

5 Gis
3 E
2 Cis
1 Gis

5 Cis
3 Gis
2 E
1 Cis

8

1 Cis
2 Gis
3 E
5 Cis

1 E
2 Cis
3 Gis
5 E

1 Gis
2 E
3 Cis
5 Gis

1 Cis
2 Gis
3 E
5 Cis

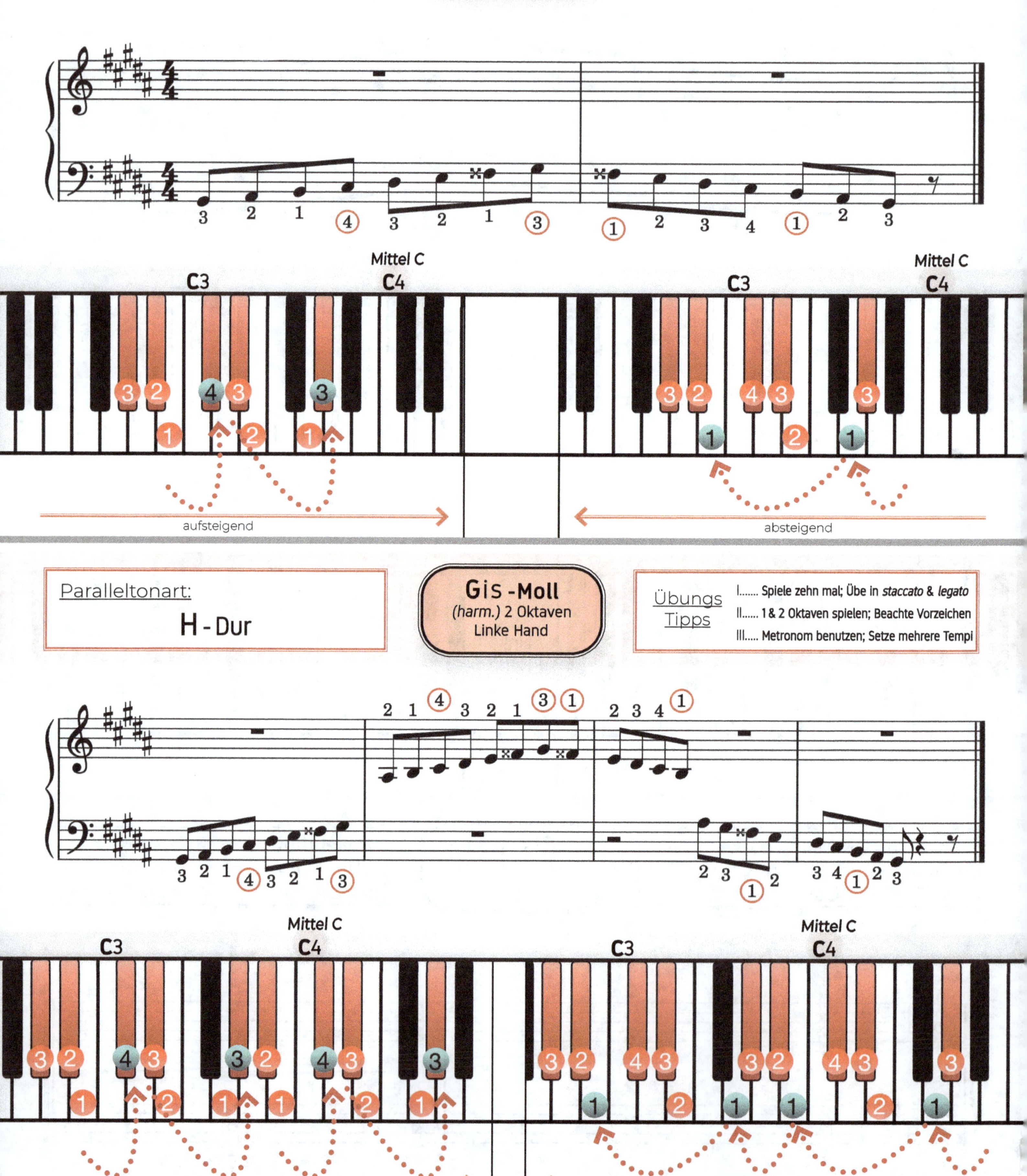

Noten der Tonleiter:
Gis, Ais, H, Cis, Dis, E, Fisis
Gis -Moll
(harm.) 1 Oktave
Linke Hand
Tonart:
5 Kreuze (Fis, Cis, Gis, Dis, Ais)
Mittel C
C3
C4
C3
Mittel C
C4
aufsteigend
absteigend
Paralleltonart:
H - Dur
Gis -Moll
(harm.) 2 Oktaven
Linke Hand
Übungs Tipps
I....... Spiele zehn mal; Übe in staccato & legato
II...... 1 & 2 Oktaven spielen; Beachte Vorzeichen
III..... Metronom benutzen; Setze mehrere Tempi
Mittel C
C3
C4
C3
Mittel C
C4
aufsteigend
absteigend
24

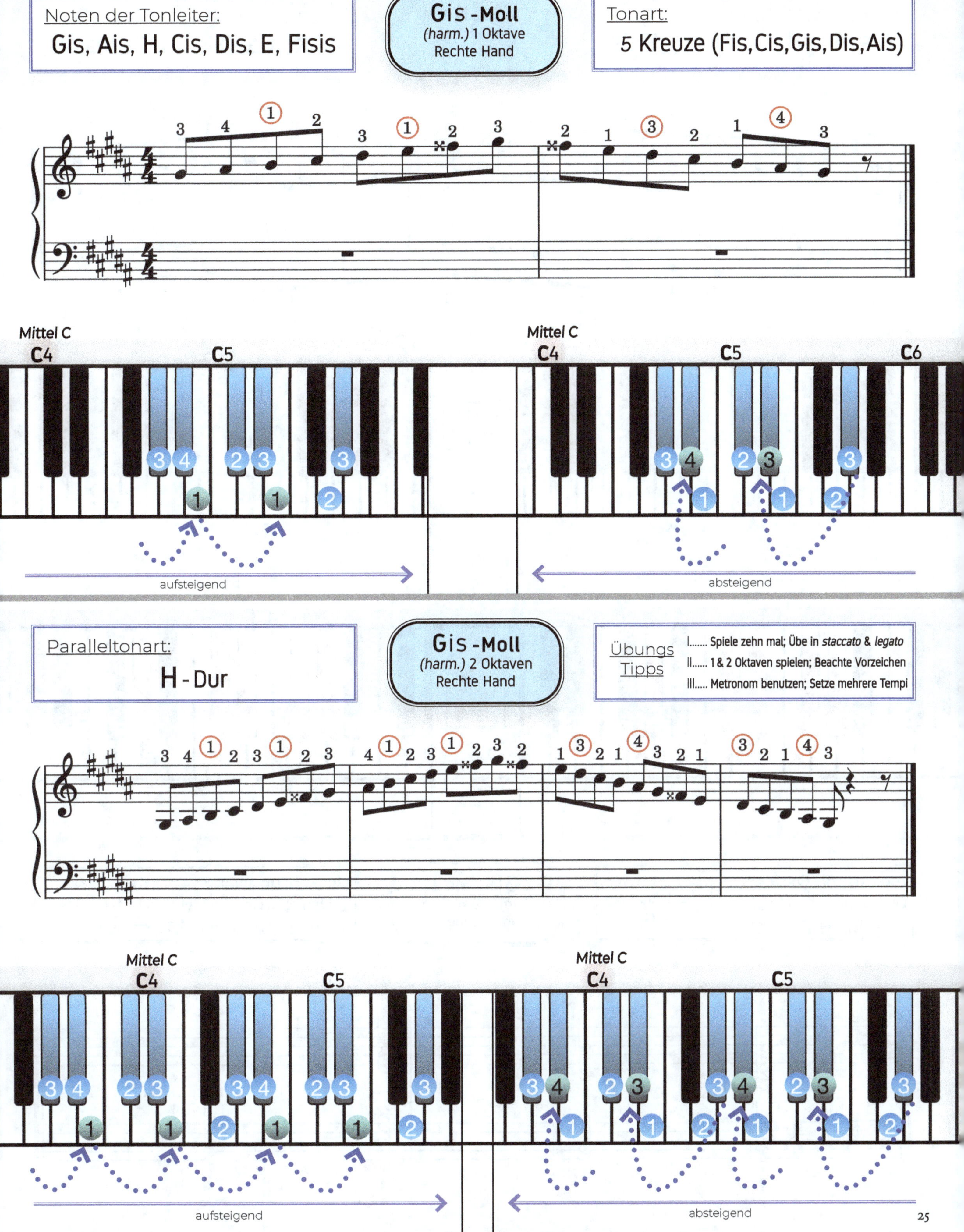

Noten der Tonleiter:
Gis, Ais, H, Cis, Dis, E, Fisis
Gis-Moll
(harm.) 1 Oktave
Rechte Hand
Tonart:
5 Kreuze (Fis, Cis, Gis, Dis, Ais)
Mittel C
C4
C5
C6
3 4 2 3 3
1 1 2
aufsteigend
3 4 2 3 3
1 1 2
absteigend
Paralleltonart:
H-Dur
Gis-Moll
(harm.) 2 Oktaven
Rechte Hand
Übungs Tipps
I....... Spiele zehn mal; Übe in staccato & legato
II....... 1 & 2 Oktaven spielen; Beachte Vorzeichen
III..... Metronom benutzen; Setze mehrere Tempi
Mittel C
C4
C5
3 4 1 2 3 1 2 3 4 1 2 3 1 2 3 2 1 3 2 1 4 3 2 1 3 2 1 4 3
Mittel C
C4
C5
3 4 2 3 3 4 2 3 3
1 1 2 1 1 2
aufsteigend
3 4 2 3 3 4 2 3 3
1 1 2 1 1 2
absteigend

Noten der Tonleiter:
Gis, Ais, H, Cis, Dis, E, Fisis

Gis -Moll
(harm.) 1 Oktave
Beide Hände

Tonart:
5 Kreuze (Fis, Cis, Gis, Dis, Ais)

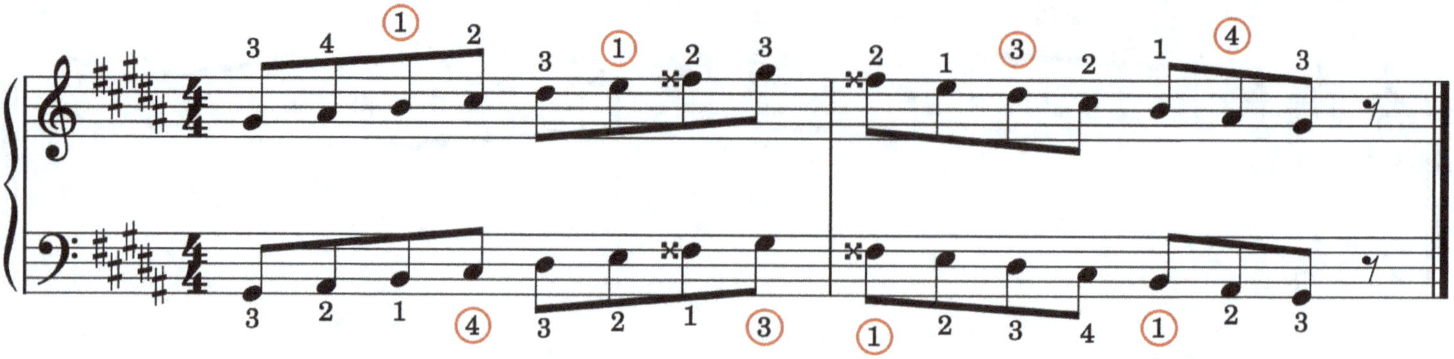

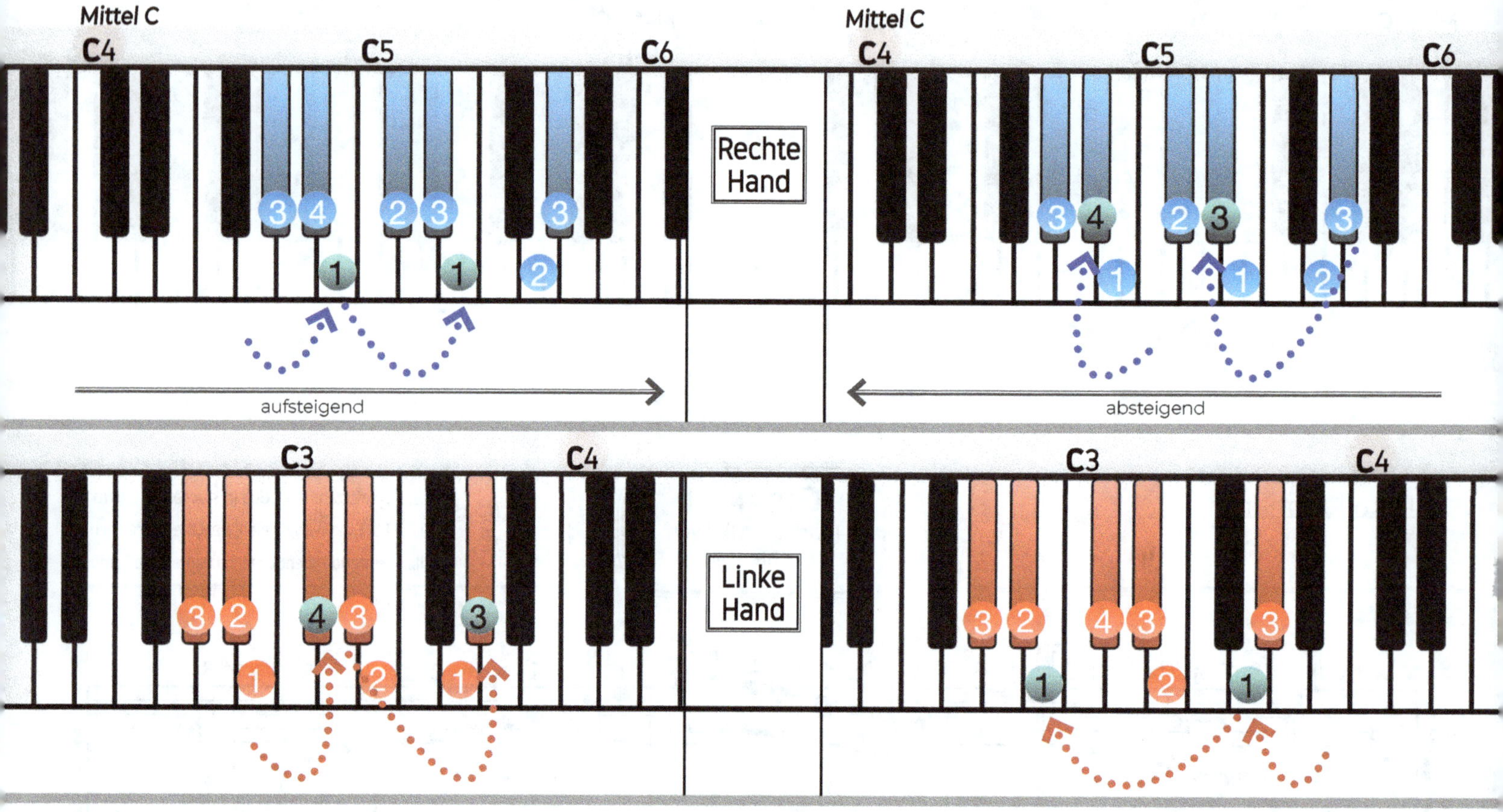

Mittel C
C4   C5   C6
Mittel C
C4   C5   C6
Rechte Hand
aufsteigend
absteigend
C3   C4
C3   C4
Linke Hand

Akkord mit Oktave:
Gis -Moll Akkord harmon.
---> (Gis, H, Dis, Gis)
Der Grundton des 1. Akkords ist Gis

Gis -Moll
(harm.) Akkorde &
Umkehrungen

Umkehrung: (andere Note im Bass des Akkords)
1. Umkehrung --- > H als tiefster Ton
2. Umkehrung --- > Dis als tiefster Ton

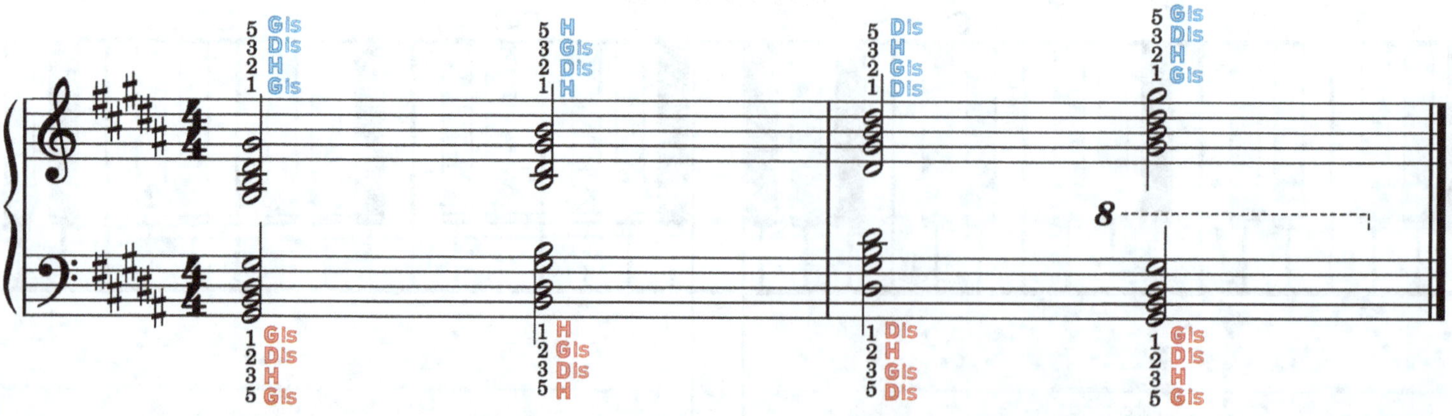

5 Gis
3 Dis
2 H
1 Gis

5 H
3 Gis
2 Dis
1 H

5 Dis
3 H
2 Gis
1 Dis

5 Gis
3 Dis
2 H
1 Gis

8

1 Gis
2 Dis
3 H
5 Gis

1 H
2 Gis
3 Dis
5 H

1 Dis
2 H
3 Gis
5 Dis

1 Gis
2 Dis
3 H
5 Gis

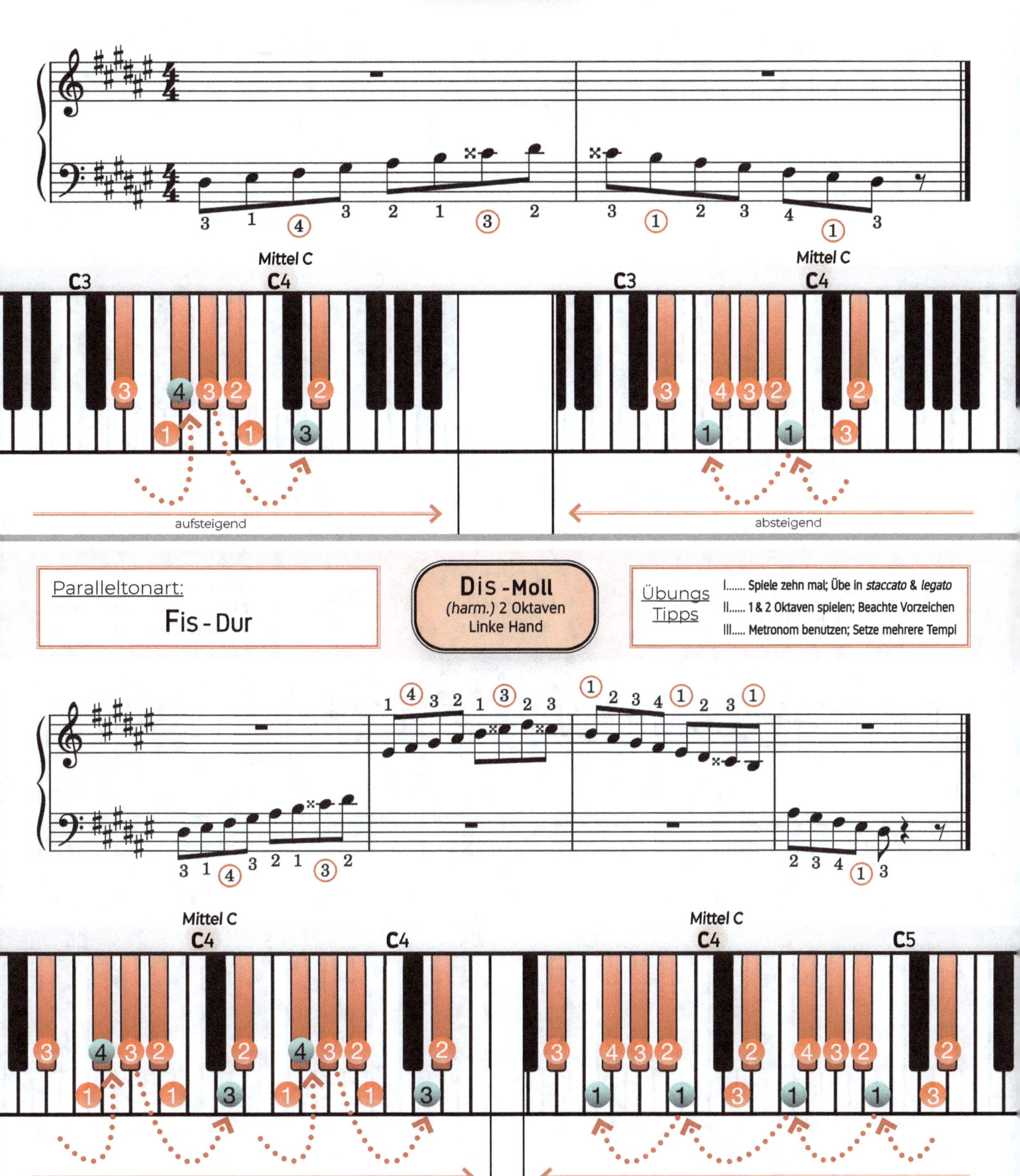

Noten der Tonleiter:
Dis, Eis, Fis, Gis, Ais, H, Cisis
Dis -Moll
(harm.) 1 Oktave
Linke Hand
Tonart:
6 Kreuze (Fis, Cis, Gis, Dis, Ais, Eis)
Mittel C
C3
C4
Mittel C
C3
C4
aufsteigend
absteigend
Paralleltonart:
Fis - Dur
Dis -Moll
(harm.) 2 Oktaven
Linke Hand
Übungs Tipps
I....... Spiele zehn mal; Übe in staccato & legato
II...... 1 & 2 Oktaven spielen; Beachte Vorzeichen
III..... Metronom benutzen; Setze mehrere Tempi
Mittel C
C4
C4
Mittel C
C4
C5
aufsteigend
absteigend

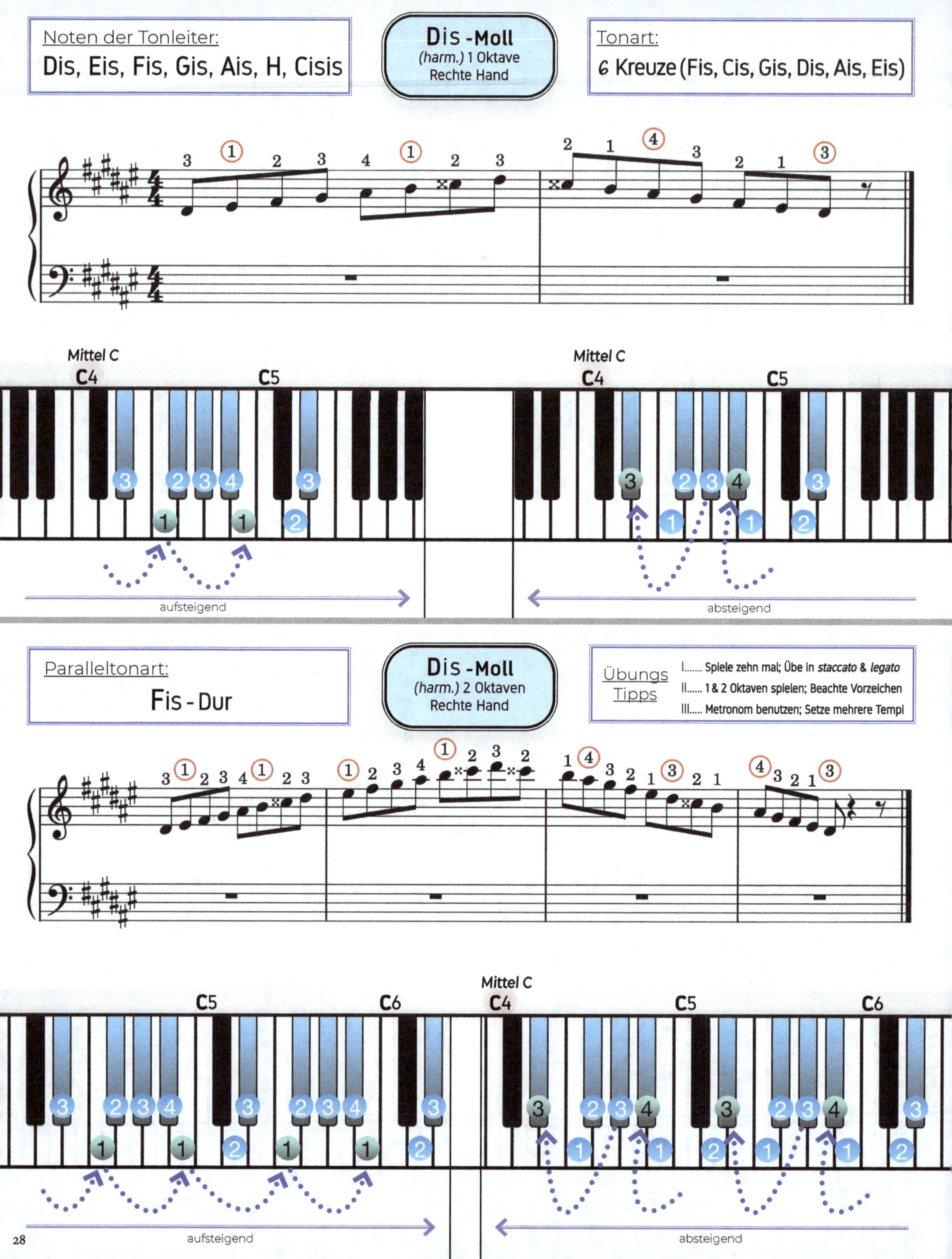

Noten der Tonleiter:
Dis, Eis, Fis, Gis, Ais, H, Cisis
Dis -Moll
(harm.) 1 Oktave
Rechte Hand
Tonart:
6 Kreuze (Fis, Cis, Gis, Dis, Ais, Eis)
Mittel C
C4
C5
aufsteigend
Mittel C
C4
C5
absteigend
Paralleltonart:
Fis - Dur
Dis -Moll
(harm.) 2 Oktaven
Rechte Hand
Übungs Tipps
I....... Spiele zehn mal; Übe in staccato & legato
II...... 1 & 2 Oktaven spielen; Beachte Vorzeichen
III..... Metronom benutzen; Setze mehrere Tempi
C5
C6
Mittel C
C4
C5
C6
aufsteigend
absteigend

Noten der Tonleiter:
Dis, Eis, Fis, Gis, Ais, H, Cisis

Dis -Moll
(harm.) 1 Oktave
Beide Hände

Tonart:
6 Kreuze (Fis, Cis, Gis, Dis, Ais, Eis)

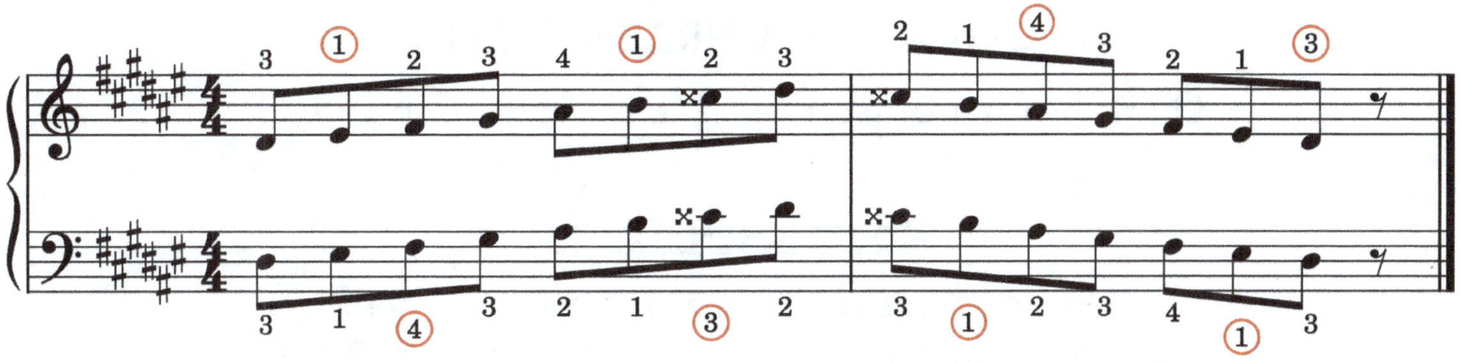

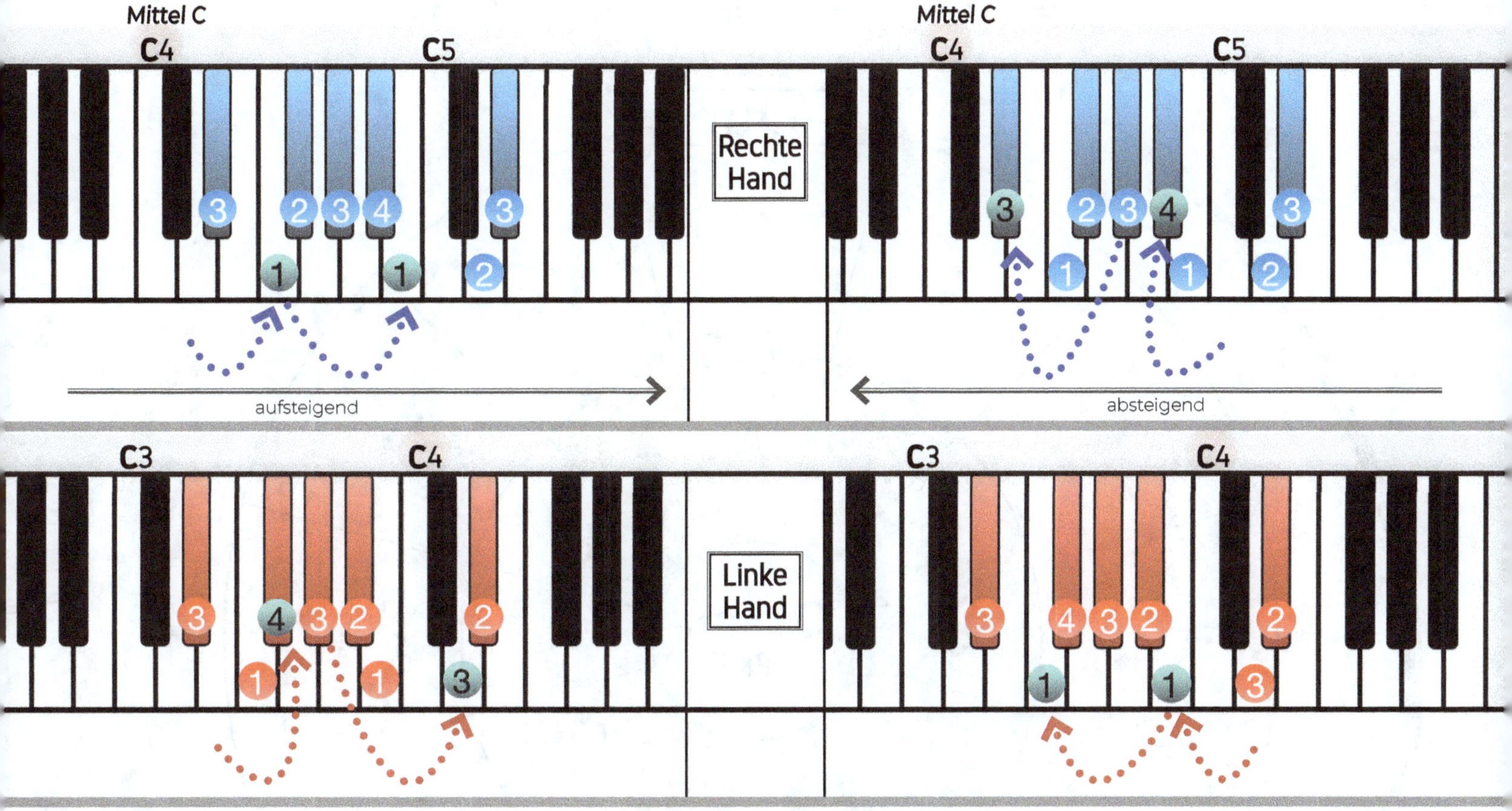

Mittel C
C4
C5
Mittel C
C4
C5

Rechte Hand

aufsteigend
absteigend

C3
C4
C3
C4

Linke Hand

Akkord mit Oktave:
Dis -Moll Akkord harmon.
---> (Dis, Fis, Ais, Dis)
Der Grundton des 1. Akkords ist Dis

Dis -Moll
(harm.) Akkorde & Umkehrungen

Umkehrung: (andere Note im Bass des Akkords)
1. Umkehrung --- > Fis als tiefster Ton
2. Umkehrung --- > Ais als tiefster Ton

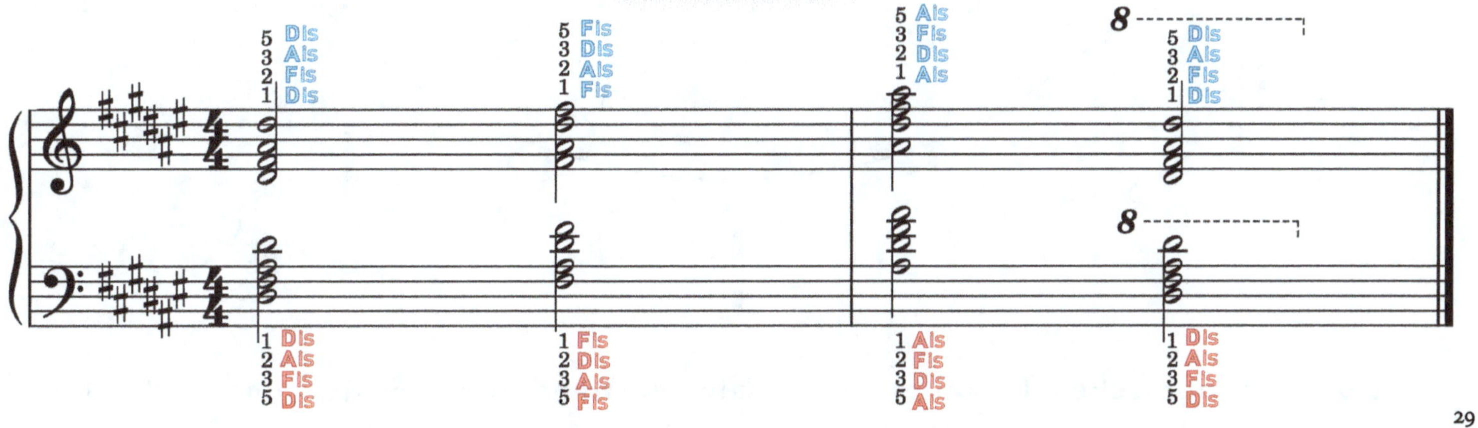

5 Dis
3 Ais
2 Fis
1 Dis

5 Fis
3 Dis
2 Ais
1 Fis

5 Ais
3 Fis
2 Dis
1 Ais

8
5 Dis
3 Ais
2 Fis
1 Dis

8

1 Dis
2 Ais
3 Fis
5 Dis

1 Fis
2 Dis
3 Ais
5 Fis

1 Ais
2 Fis
3 Dis
5 Ais

1 Dis
2 Ais
3 Fis
5 Dis

HARMONISCHE
MOLL - TONLEITERN

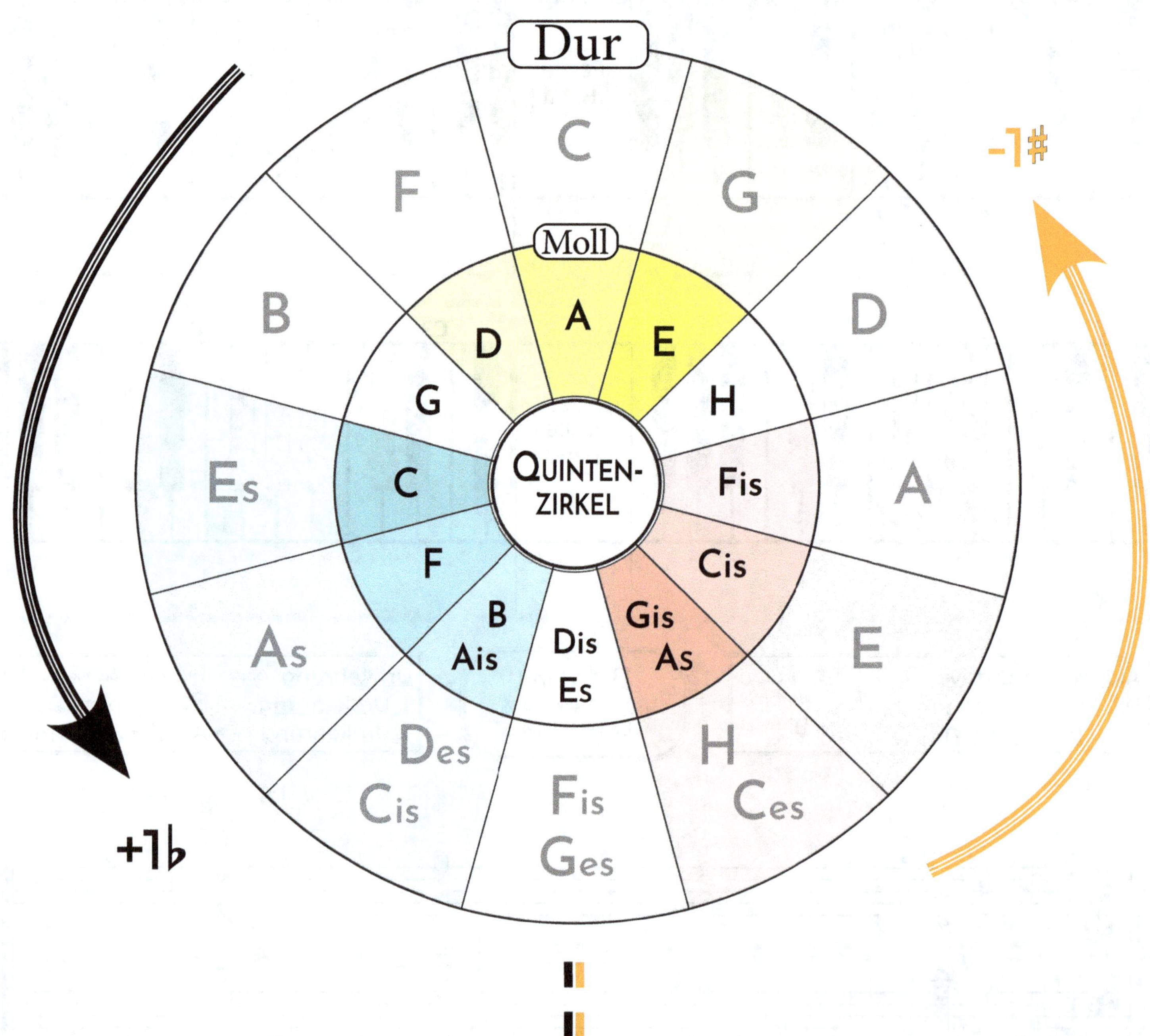

Zu enharmonischen Tonleitern (s.S.6). Hier verwenden wir B-Moll und Es-Moll.

Noten der Tonleiter:
D, E, F, G, A, B, Cis

D - Moll
(harm.) 1 Oktave
Linke Hand

Tonart:
1 B (B)

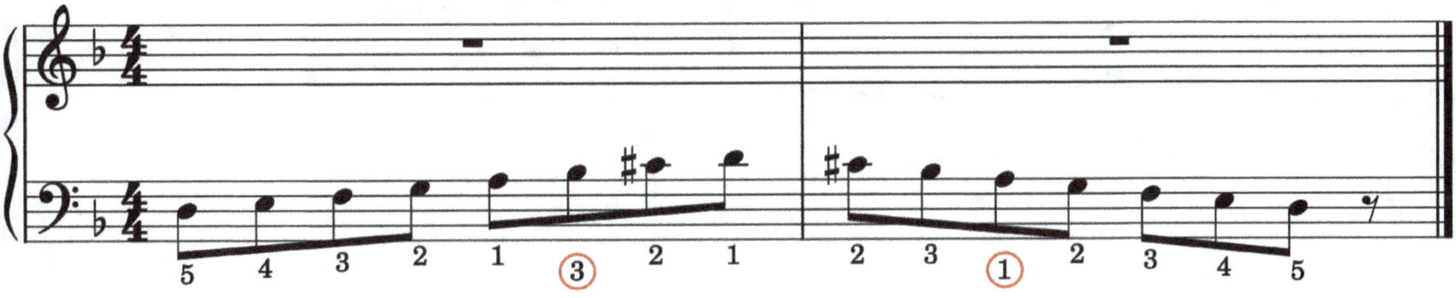

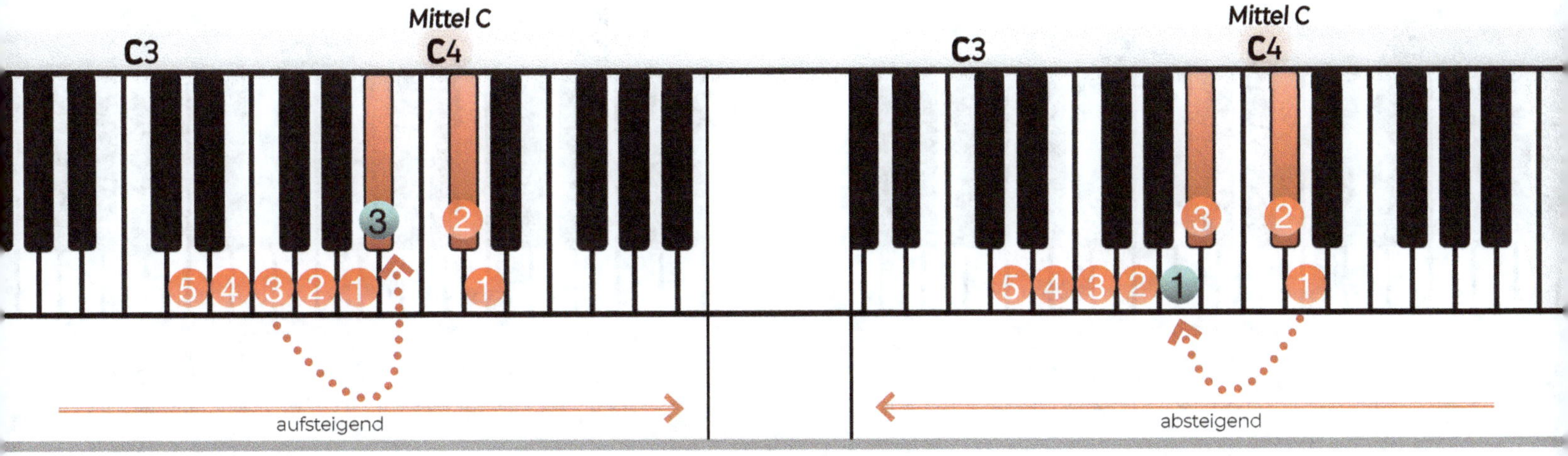

5 4 3 2 1 ③ 2 1   2 3 ① 2 3 4 5

C3   Mittel C   C4   C3   Mittel C   C4

5 4 3 2 1   3   2   1
5 4 3 2 1   3   2   1

aufsteigend   absteigend

Paralleltonart:
F - Dur

D - Moll
(harm.) 2 Oktaven
Linke Hand

Übungs Tipps
I...... Spiele zehn mal; Übe in staccato & legato
II..... 1 & 2 Oktaven spielen; Beachte Vorzeichen
III.... Metronom benutzen; Setze mehrere Tempi

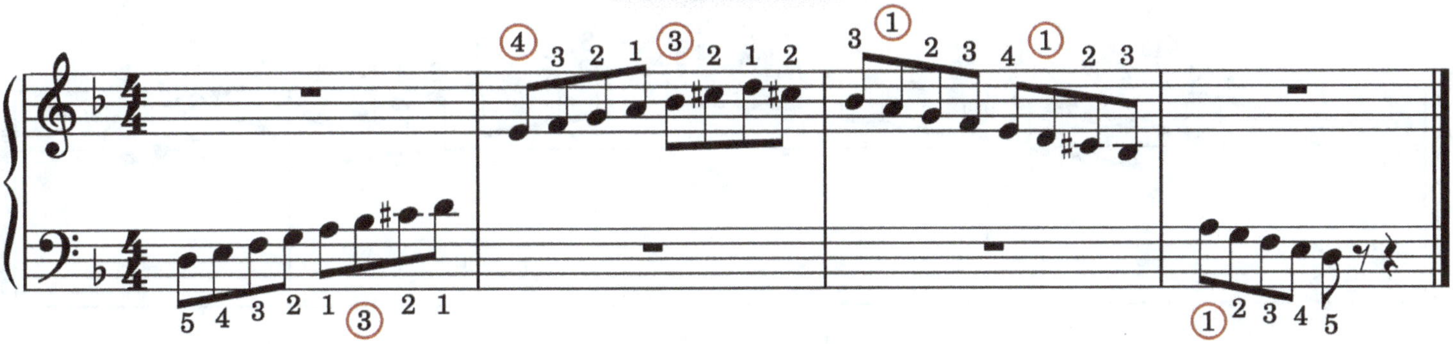

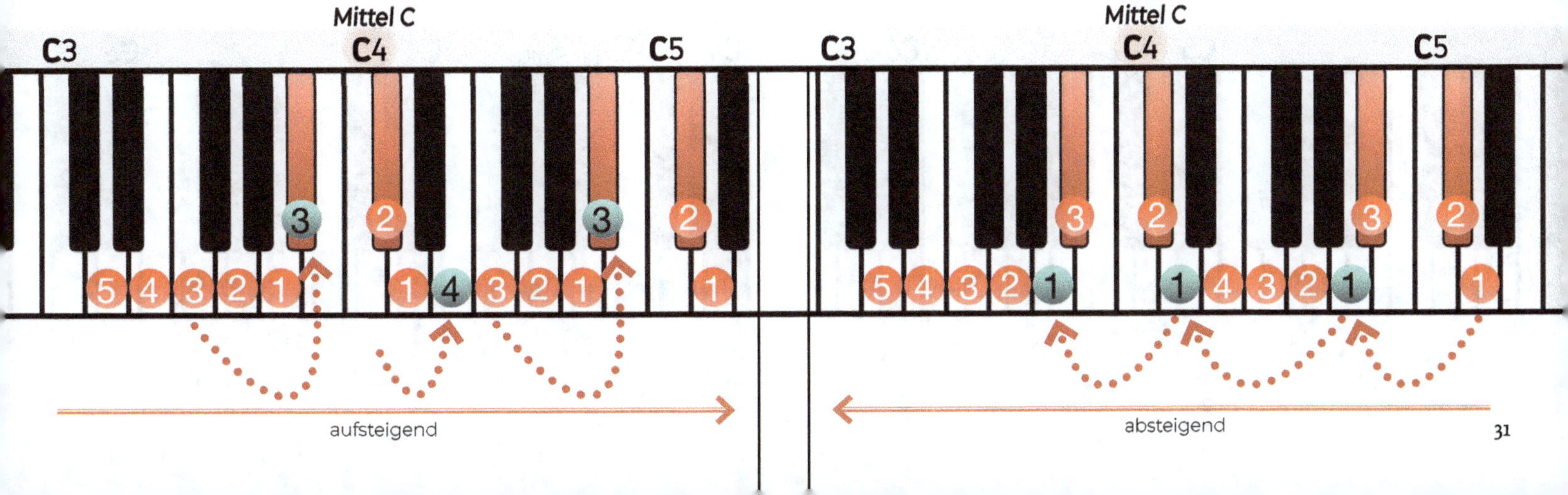

④ 3 2 1 ③ 2 1 2   3 ① 2 3 4 ① 2 3

5 4 3 2 1 ③ 2 1   ① 2 3 4 5

C3   Mittel C   C4   C5   C3   Mittel C   C4   C5

5 4 3 2 1 3   2   1   4 3 2 1 3   2   1   4 3 2 1   2   1
5 4 3 2 1 3   2   1   1 4 3 2 1 3   2   1

aufsteigend   absteigend

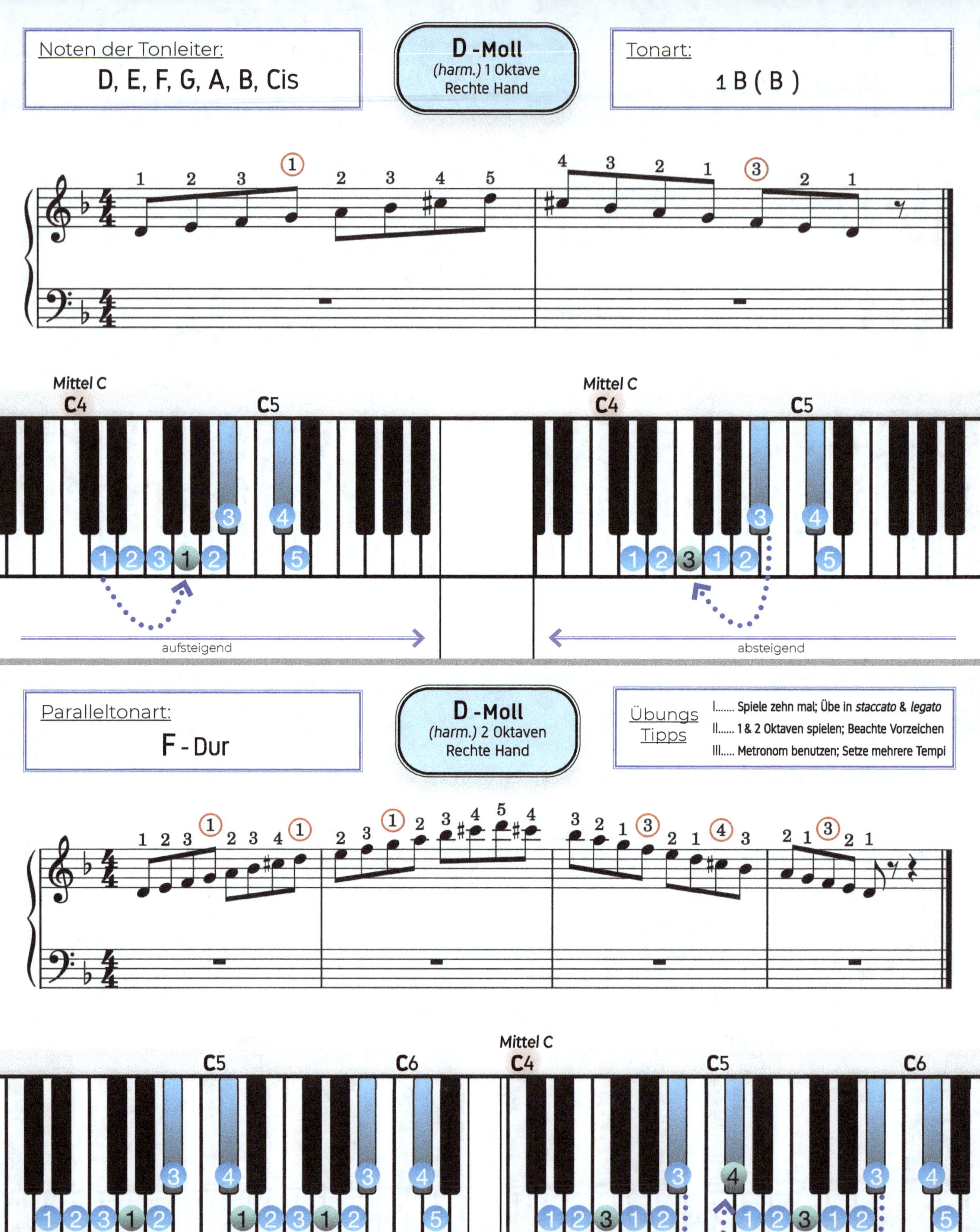

Noten der Tonleiter:
D, E, F, G, A, B, Cis

D -Moll
(harm.) 1 Oktave
Rechte Hand

Tonart:
1 B (B)

Mittel C
C4
C5
1 2 3 1 2 3 4 5
aufsteigend

Mittel C
C4
C5
4 3 2 1 3 2 1
absteigend

Paralleltonart:
F - Dur

D -Moll
(harm.) 2 Oktaven
Rechte Hand

Übungs Tipps
I....... Spiele zehn mal; Übe in staccato & legato
II...... 1 & 2 Oktaven spielen; Beachte Vorzeichen
III..... Metronom benutzen; Setze mehrere Tempi

C5
C6
Mittel C
C4
C5
C6
aufsteigend
absteigend

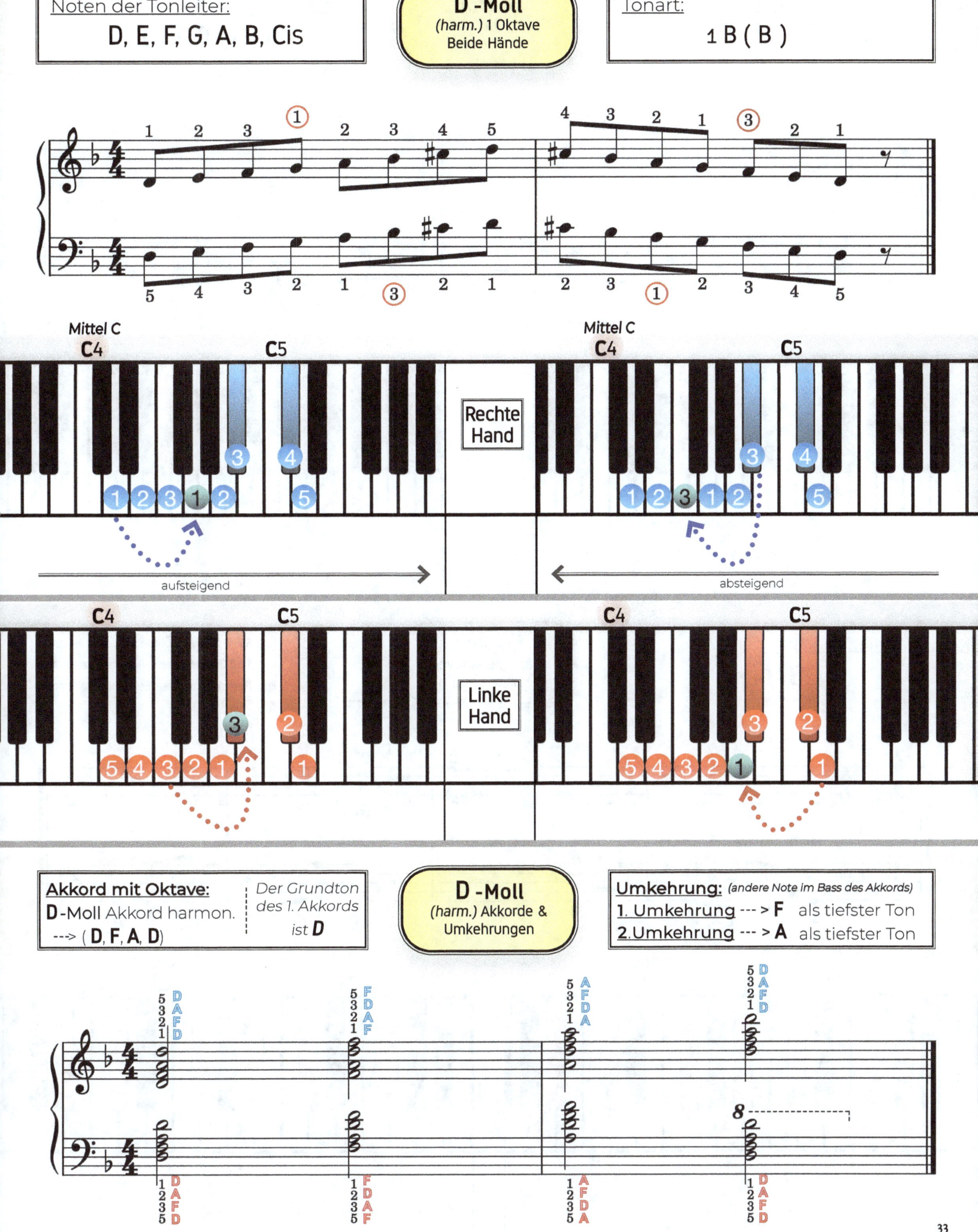

Noten der Tonleiter:
D, E, F, G, A, B, Cis
D -Moll
(harm.) 1 Oktave
Beide Hände
Tonart:
1 B (B)
1 2 3 2 3 4 5
4 3 2 1 3 2 1
5 4 3 2 1 3 2 1
2 3 1 2 3 4 5
Mittel C
C4
C5
Rechte Hand
3 4
1 2 3 1 2 5
aufsteigend
absteigend
C4
C5
Linke Hand
3 2
5 4 3 2 1 1
Akkord mit Oktave:
D-Moll Akkord harmon.
--> (D, F, A, D)
Der Grundton
des 1. Akkords
ist D
D -Moll
(harm.) Akkorde &
Umkehrungen
Umkehrung: (andere Note im Bass des Akkords)
1. Umkehrung --- > F als tiefster Ton
2. Umkehrung --- > A als tiefster Ton
5 D
3 A
2 F
1 D
5 F
3 D
2 A
1 F
5 A
3 F
2 D
1 A
5 D
3 A
2 F
1 D
D A F D
D A F D
F D A F
F D A F
A F D A
A F D A
D A F D
D A F D

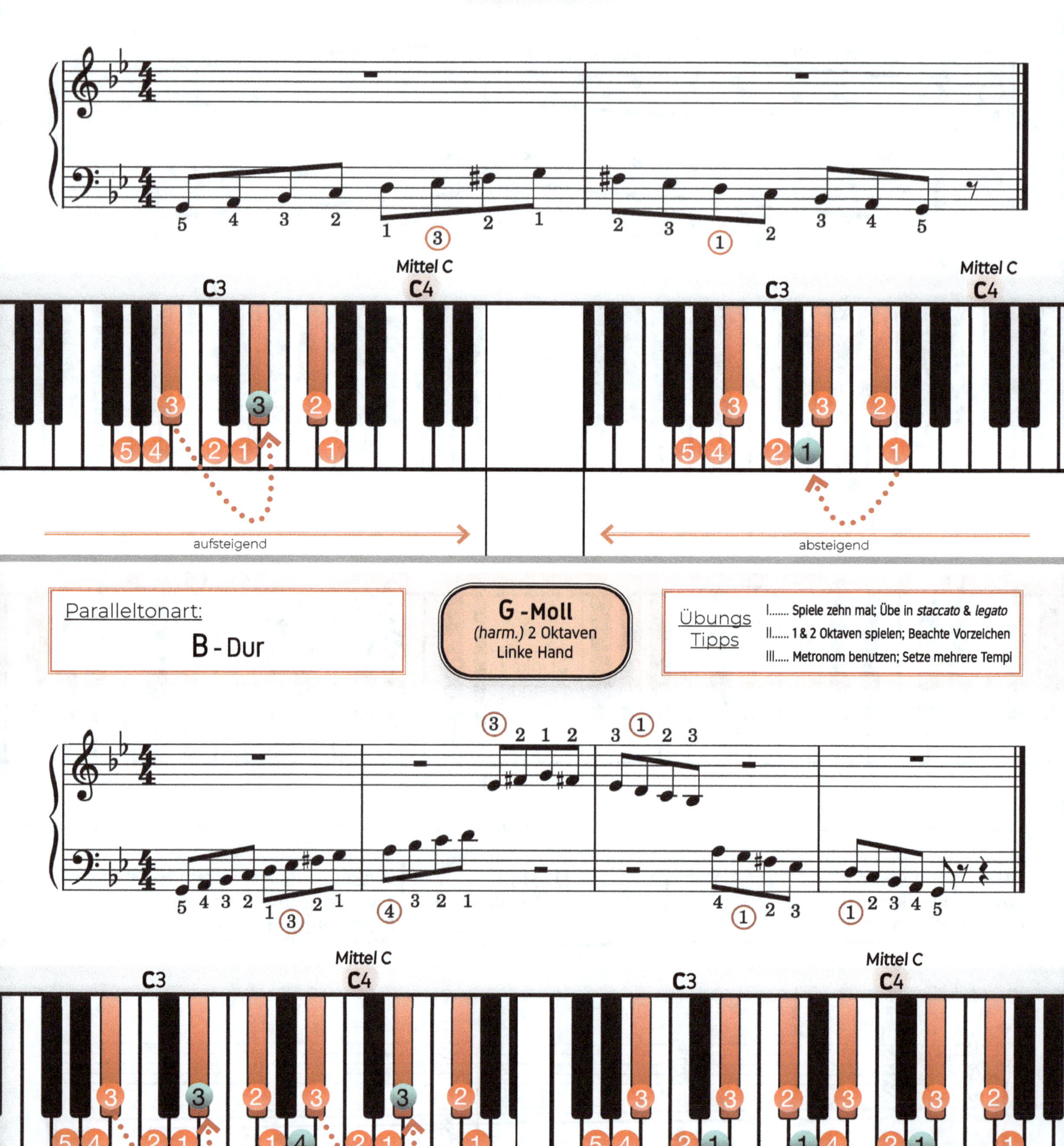
Noten der Tonleiter:
G, A, B, C, D, Es, Fis
G -Moll
(harm.) 1 Oktave
Linke Hand
Tonart:
2 Bs (B ,Es)
C3
Mittel C
C4
C3
Mittel C
C4
aufsteigend
absteigend
Paralleltonart:
B - Dur
G -Moll
(harm.) 2 Oktaven
Linke Hand
Übungs Tipps
I....... Spiele zehn mal; Übe in staccato & legato
II...... 1 & 2 Oktaven spielen; Beachte Vorzeichen
III..... Metronom benutzen; Setze mehrere Tempi
C3
Mittel C
C4
Mittel C
C3
C4
aufsteigend
absteigend

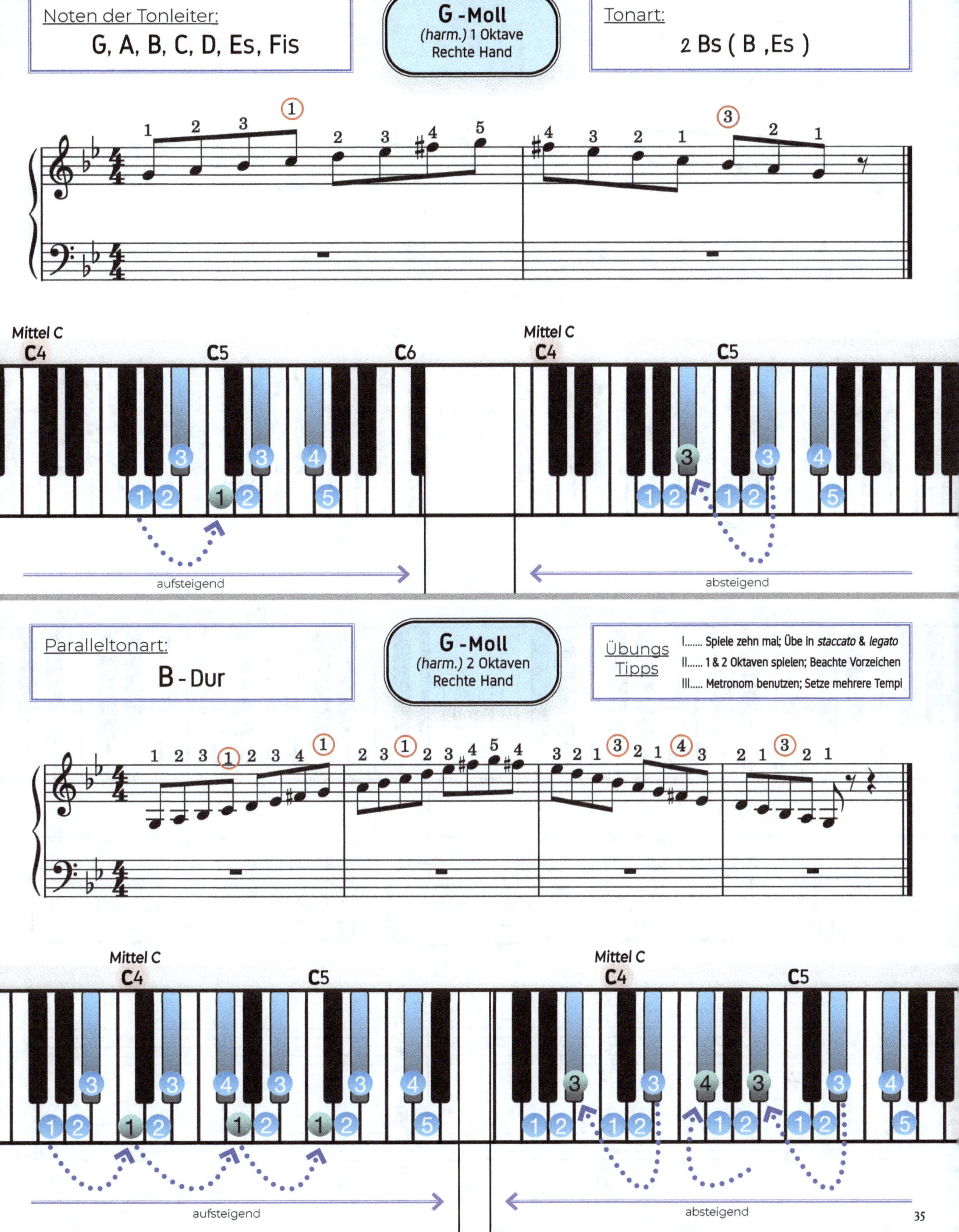

Noten der Tonleiter:
G, A, B, C, D, Es, Fis
G -Moll
(harm.) 1 Oktave
Rechte Hand
Tonart:
2 Bs (B ,Es)
Mittel C
C4
C5
C6
aufsteigend
absteigend
Paralleltonart:
B - Dur
G -Moll
(harm.) 2 Oktaven
Rechte Hand
Übungs Tipps
I....... Spiele zehn mal; Übe in staccato & legato
II...... 1 & 2 Oktaven spielen; Beachte Vorzeichen
III..... Metronom benutzen; Setze mehrere Tempi
Mittel C
C4
C5
aufsteigend
absteigend
35

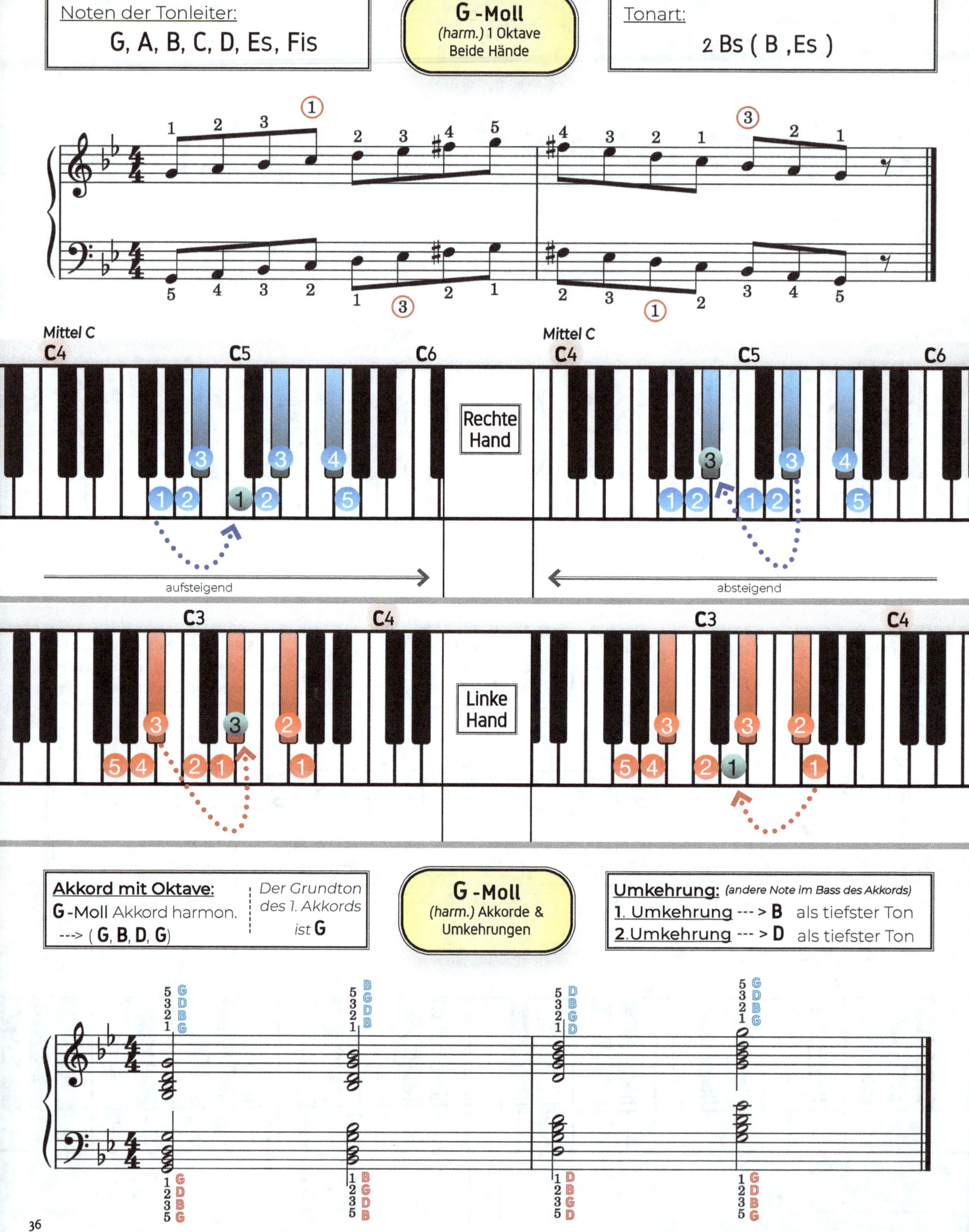

Noten der Tonleiter:
G, A, B, C, D, Es, Fis
G -Moll
(harm.) 1 Oktave
Beide Hände
Tonart:
2 Bs (B , Es)
Mittel C
C4
C5
C6
Rechte Hand
aufsteigend
absteigend
Mittel C
C4
C5
C6
C3
C4
Linke Hand
C3
C4
Akkord mit Oktave:
G -Moll Akkord harmon.
---> (G , B , D , G)
Der Grundton
des 1. Akkords
ist G
G -Moll
(harm.) Akkorde &
Umkehrungen
Umkehrung: (andere Note im Bass des Akkords)
1. Umkehrung --- > B   als tiefster Ton
2. Umkehrung --- > D   als tiefster Ton

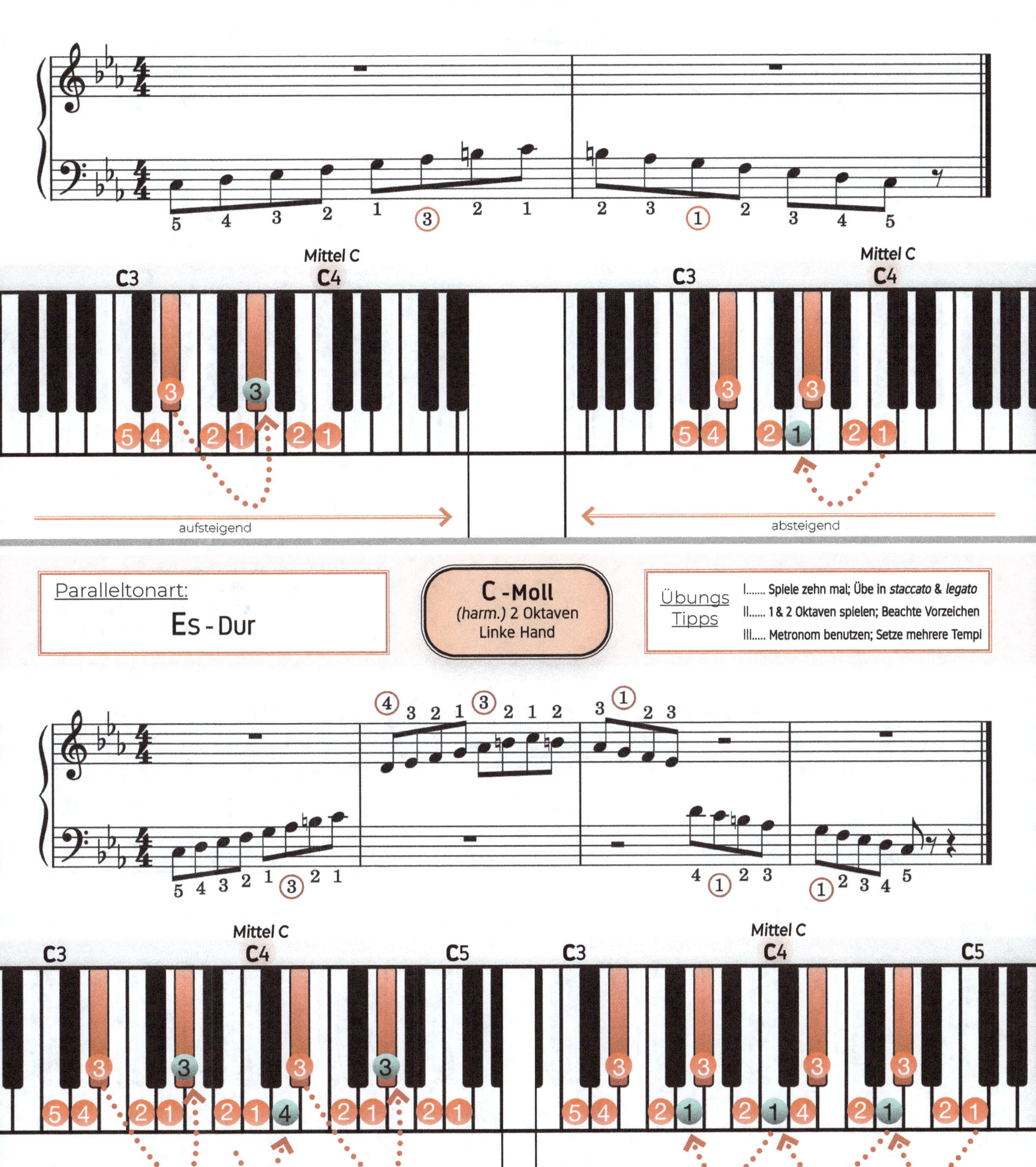

Noten der Tonleiter:
C, D, Es, F, G, As, H
C -Moll
(harm.) 1 Oktave
Linke Hand
Tonart:
3 Bs (B, Es, As)
Mittel C
C4
C3
C3
Mittel C
C4
aufsteigend
absteigend
Paralleltonart:
Es - Dur
C -Moll
(harm.) 2 Oktaven
Linke Hand
Übungs Tipps
I....... Spiele zehn mal; Übe in staccato & legato
II...... 1 & 2 Oktaven spielen; Beachte Vorzeichen
III..... Metronom benutzen; Setze mehrere Tempi
Mittel C
C4
C3
C5
C3
Mittel C
C4
C5
aufsteigend
absteigend
37

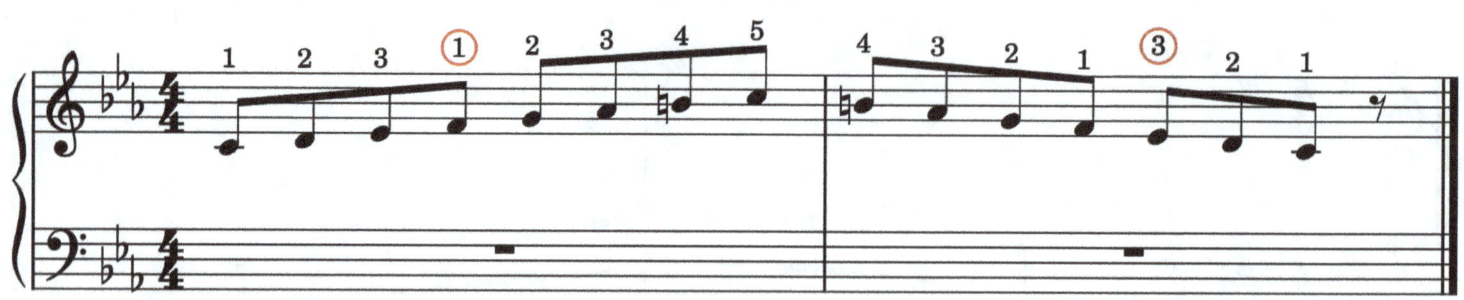

Noten der Tonleiter:
C, D, Es, F, G, As, H
C -Moll
(harm.) 1 Oktave
Rechte Hand
Tonart:
3 Bs (B, Es, As)

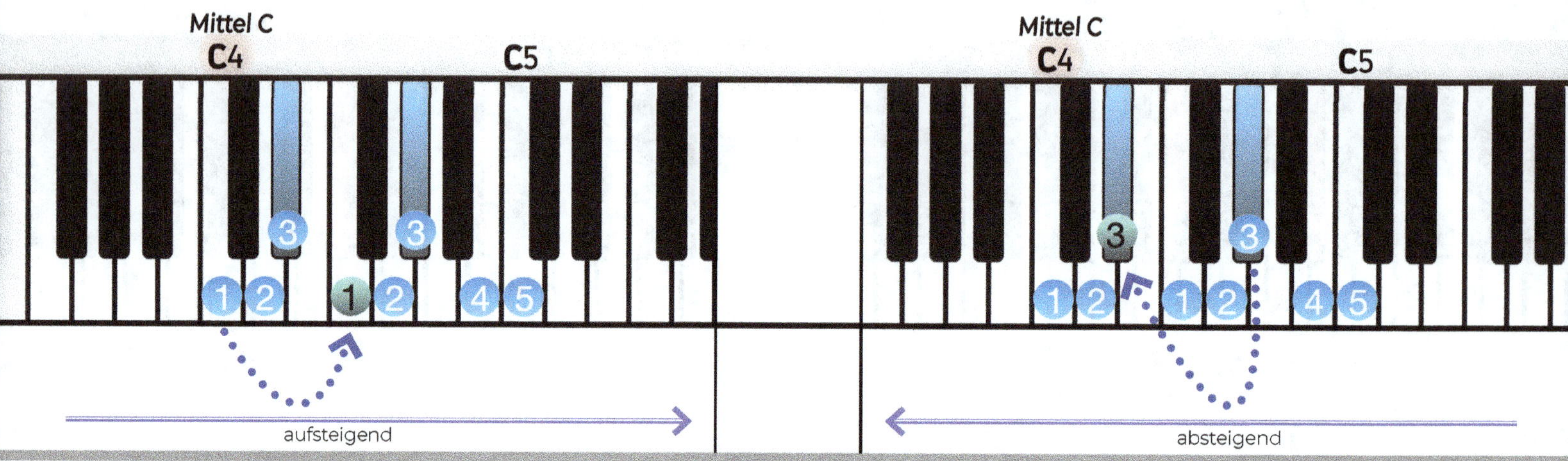

Mittel C
C4
C5
Mittel C
C4
C5
aufsteigend
absteigend

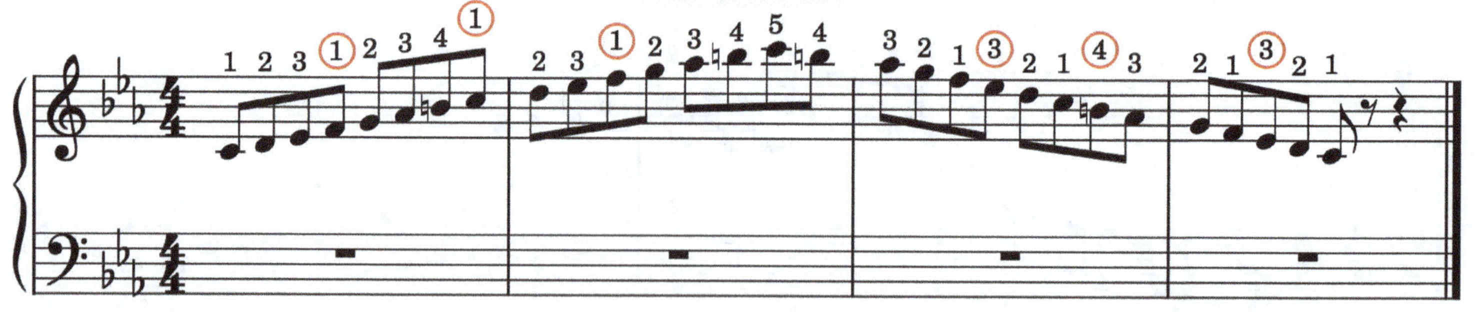

Paralleltonart:
Es - Dur
C -Moll
(harm.) 2 Oktaven
Rechte Hand
Übungs Tipps
I....... Spiele zehn mal; Übe in staccato & legato
II...... 1 & 2 Oktaven spielen; Beachte Vorzeichen
III..... Metronom benutzen; Setze mehrere Tempi

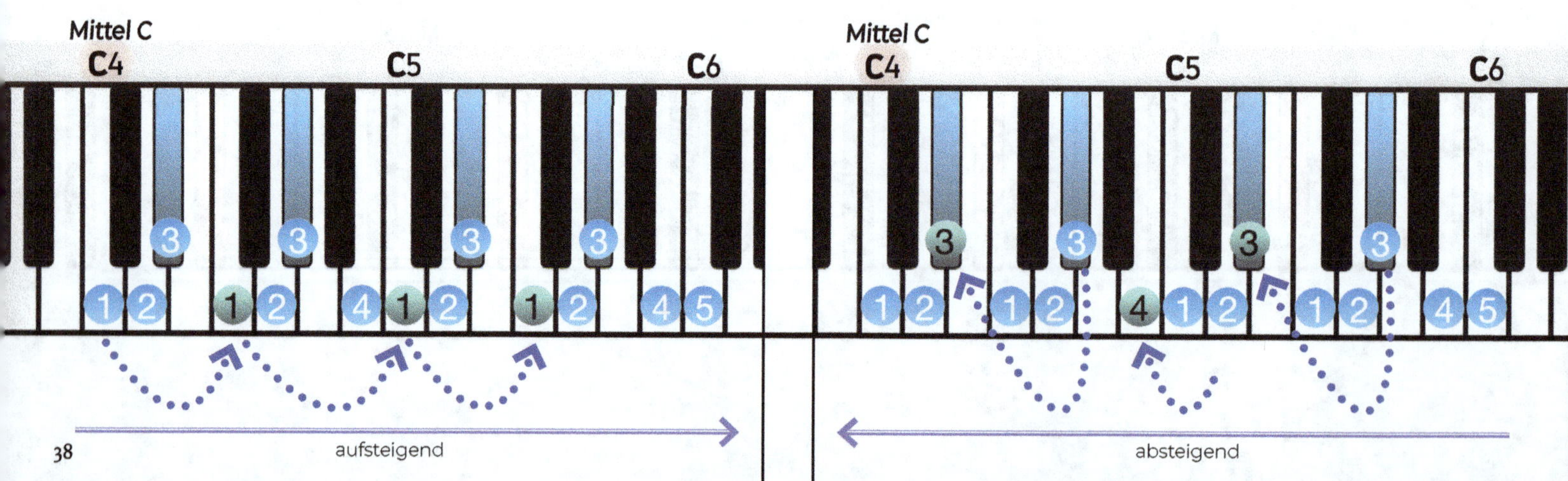

Mittel C
C4
C5
C6
Mittel C
C4
C5
C6
aufsteigend
absteigend

Noten der Tonleiter:
C, D, Es, F, G, As, H

C -Moll
(harm.) 1 Oktave
Beide Hände

Tonart:
3 Bs (B, Es, As)

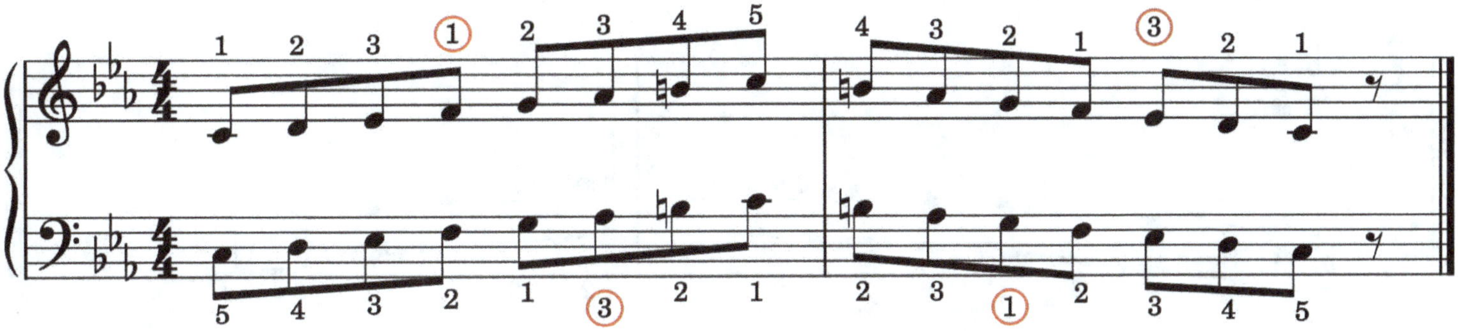

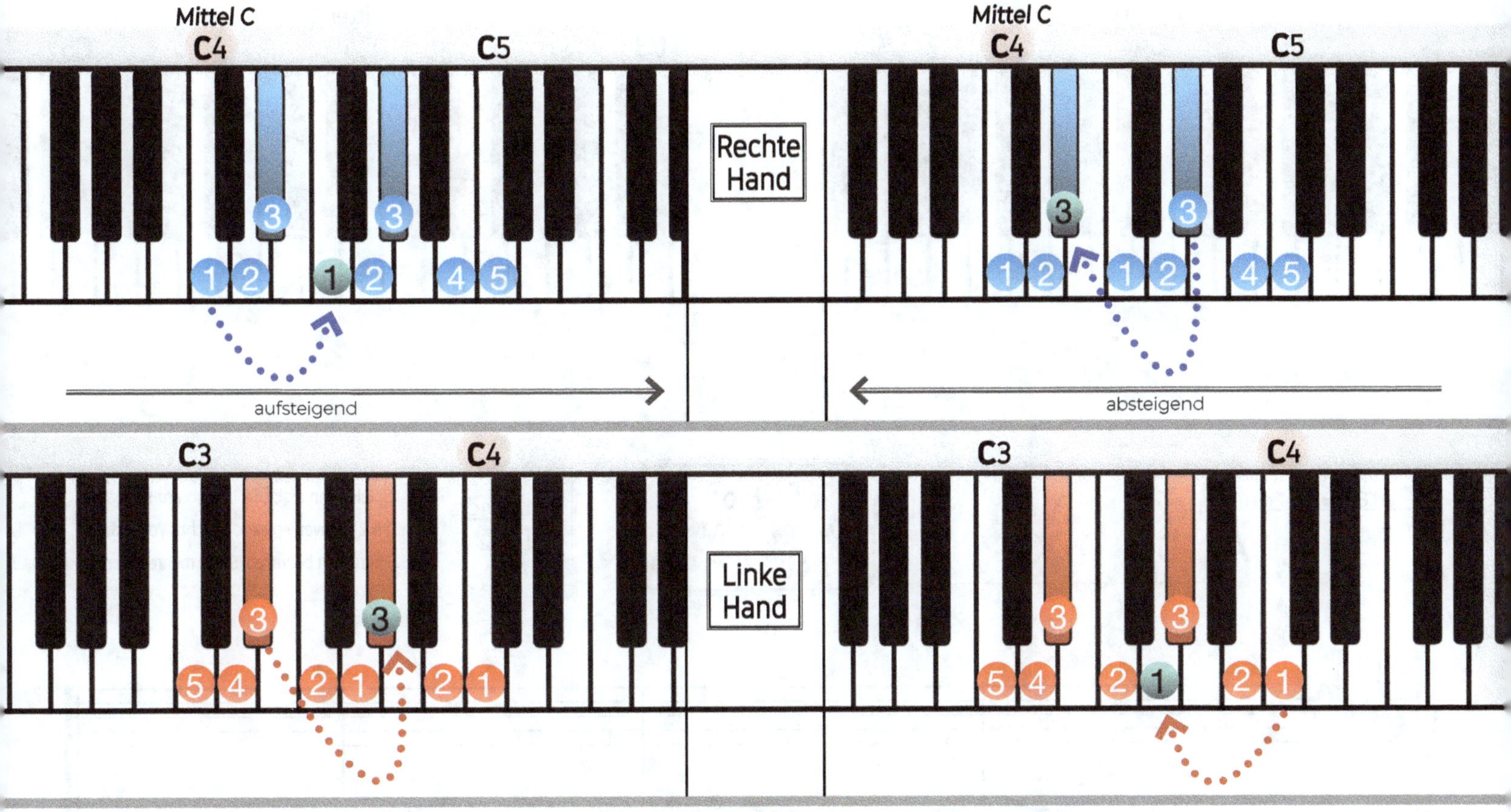

Mittel C
C4
C5
Rechte Hand
aufsteigend
absteigend

Mittel C
C4
C5

C3
C4
Linke Hand

C3
C4

Akkord mit Oktave:
C-Moll Akkord harmon.
---> (C, Es, G, C)

Der Grundton
des 1. Akkords
ist C

C -Moll
(harm.) Akkorde &
Umkehrungen

Umkehrung: (andere Note im Bass des Akkords)
1. Umkehrung ---> Es als tiefster Ton
2. Umkehrung ---> G als tiefster Ton

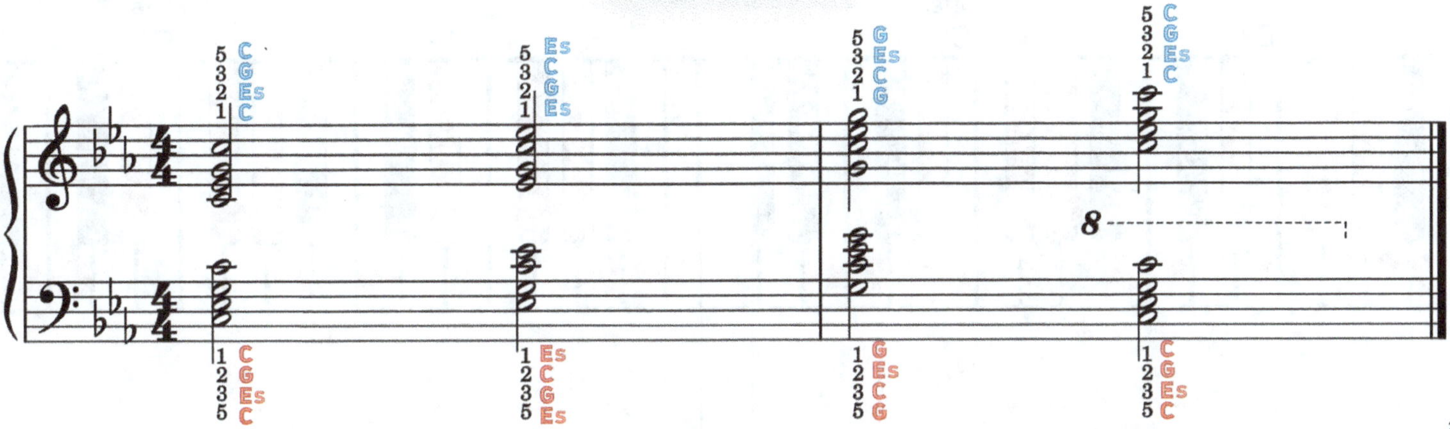

Noten der Tonleiter:
F, G, As, B, C, Des, E

F - Moll
(harm.) 1 Oktave
Linke Hand

Tonart:
4 Bs (B, Es ,As ,Des)

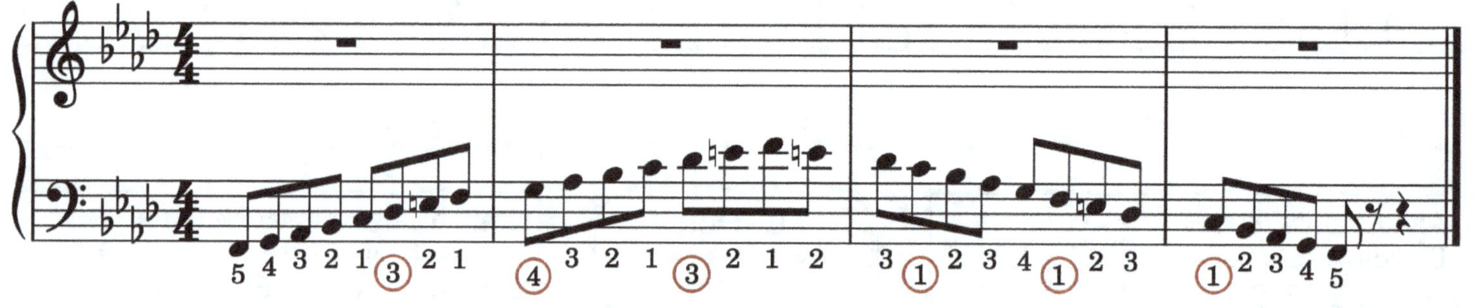

Mittel C
C4
C5
C3
Mittel C
C4
C5
5 4 3 2 1 3 2 1
2 3 1 2 3 4 5
3 2 3 1 2 1
5 4
3 2 3 1 2 1
5 4
aufsteigend
absteigend

Parallltonart:
As - Dur

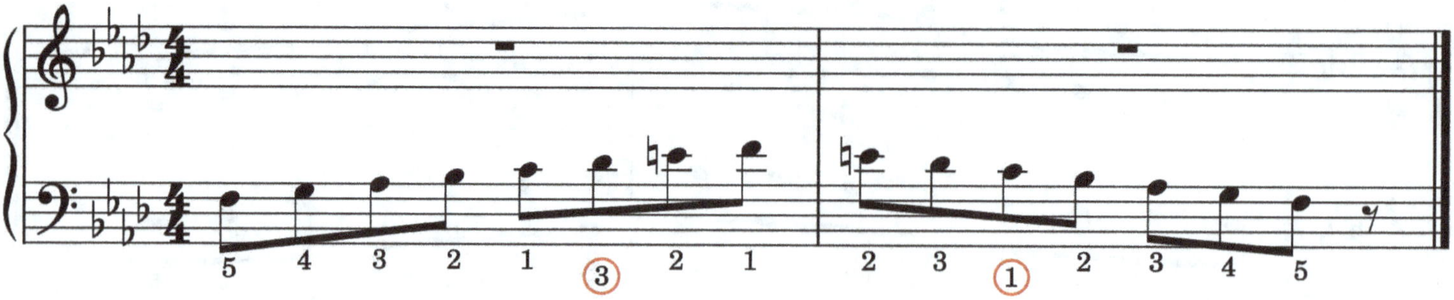

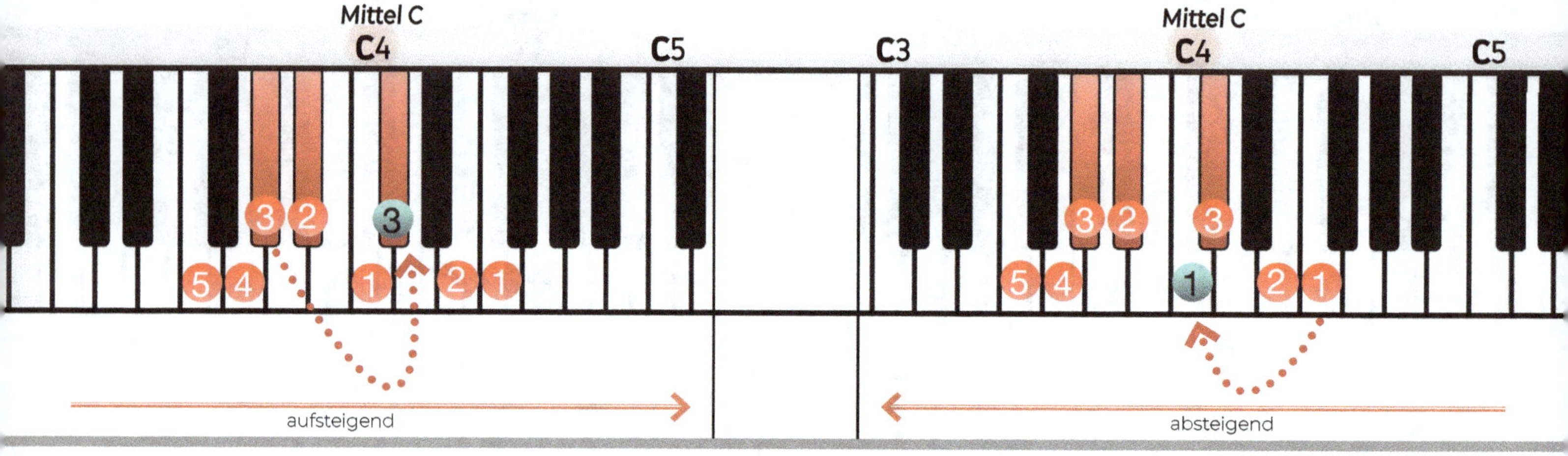

F - Moll
(harm.) 2 Oktaven
Linke Hand

Übungs Tipps
I....... Spiele zehn mal; Übe in staccato & legato
II...... 1 & 2 Oktaven spielen; Beachte Vorzeichen
III..... Metronom benutzen; Setze mehrere Tempi

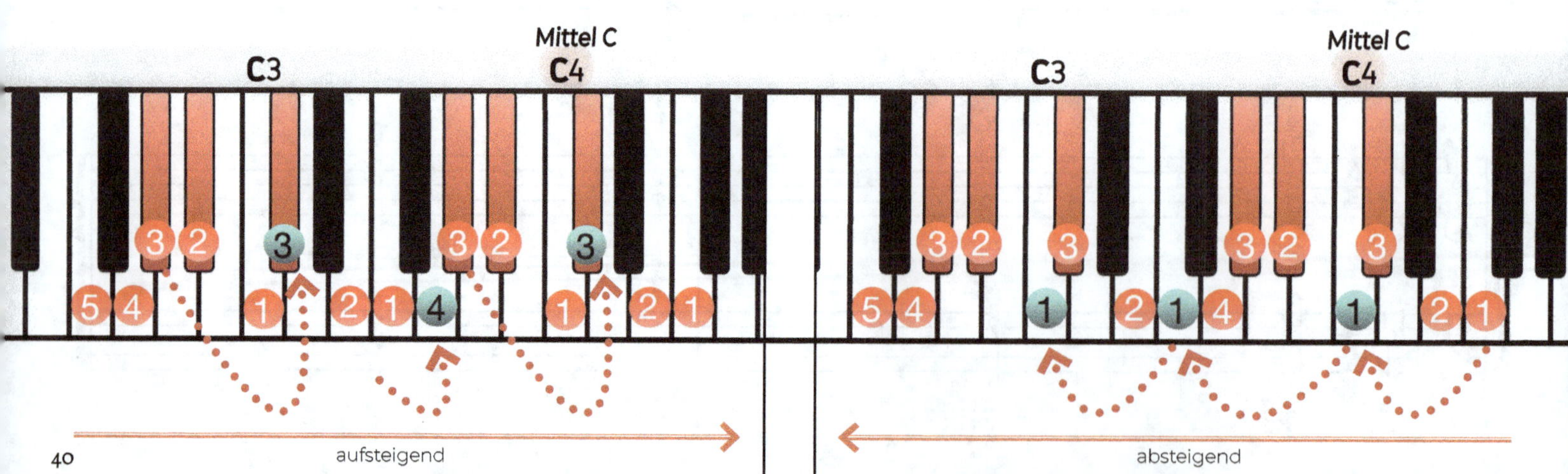

C3
Mittel C
C4
C3
Mittel C
C4
5 4 3 2 1 3 2 1
4 3 2 1 3 2 1 2
3 1 2 3 4 1 2 3
1 2 3 4 5
3 2 3 1 2 1 4
3 2 3 1 2 1
5 4 1 2 1 4
3 2 3 1 2 1
5 4
aufsteigend
absteigend

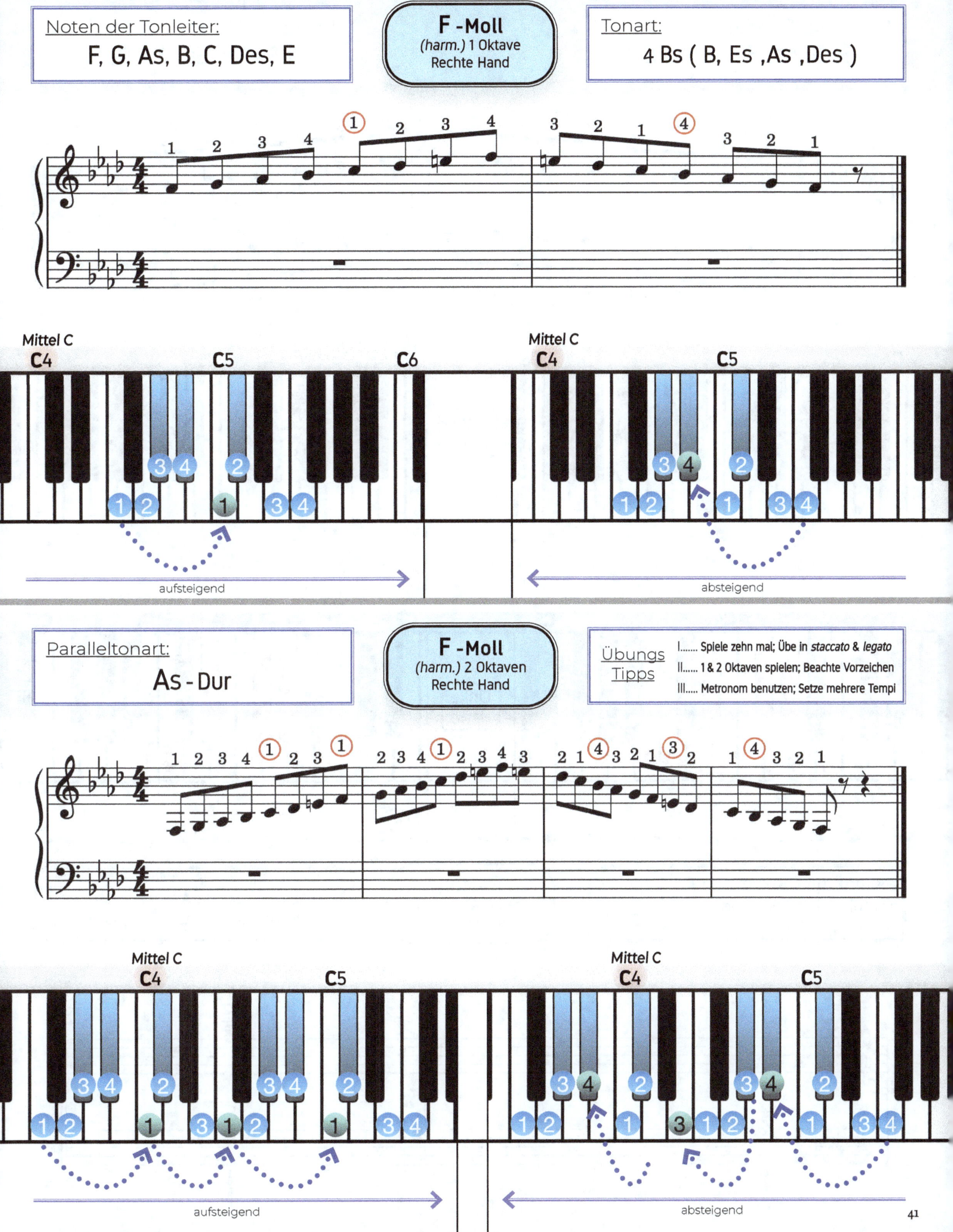

Noten der Tonleiter:
F, G, As, B, C, Des, E
F -Moll
(harm.) 1 Oktave
Rechte Hand
Tonart:
4 Bs (B, Es ,As ,Des)
Mittel C
C4
C5
C6
Mittel C
C4
C5
aufsteigend
absteigend
Paralleltonart:
As - Dur
F -Moll
(harm.) 2 Oktaven
Rechte Hand
Übungs
Tipps
I....... Spiele zehn mal; Übe in staccato & legato
II...... 1 & 2 Oktaven spielen; Beachte Vorzeichen
III..... Metronom benutzen; Setze mehrere Tempi
Mittel C
C4
C5
Mittel C
C4
C5
aufsteigend
absteigend

Noten der Tonleiter:
F, G, As, B, C, Des, E

F -Moll
(harm.) 1 Oktave
Beide Hände

Tonart:
4 Bs (B, Es ,As ,Des)

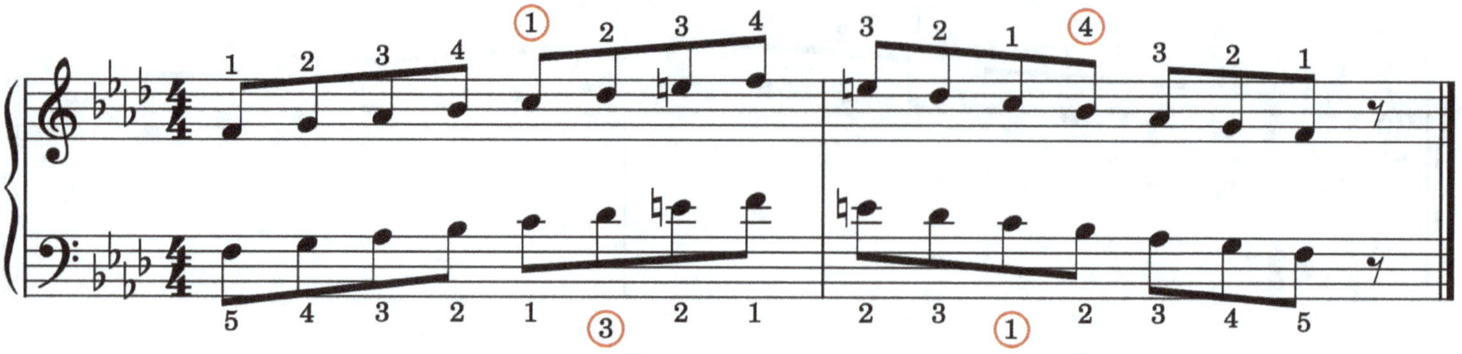

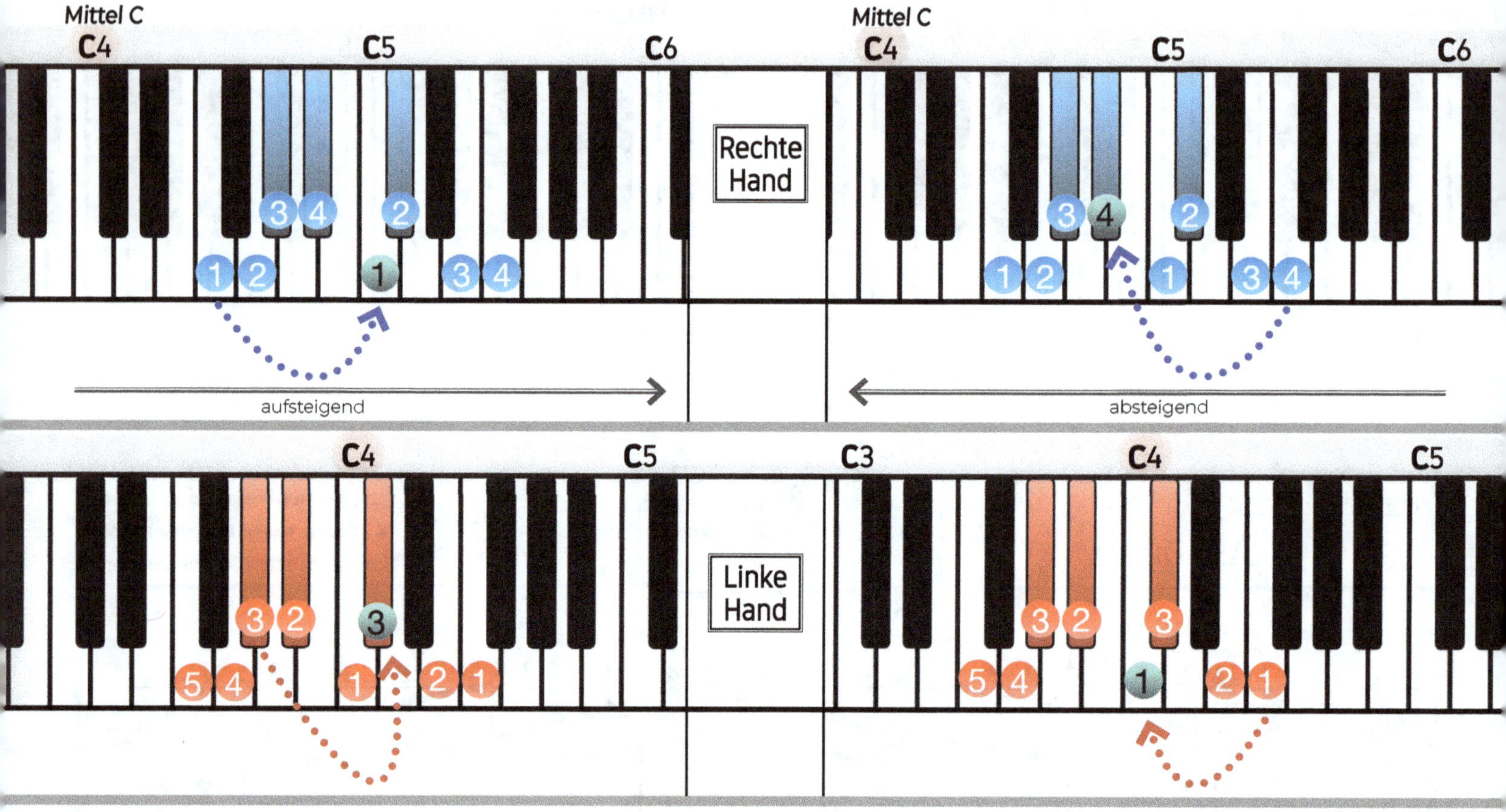

Mittel C
C4
C5
C6
Rechte
Hand
Mittel C
C4
C5
C6
aufsteigend
absteigend

C4
C5
Linke
Hand
C3
C4
C5

Akkord mit Oktave:
F -Moll Akkord harmon.
---> (F, As, C, F)
Der Grundton
des 1. Akkords
ist F

F -Moll
(harm.) Akkorde &
Umkehrungen

Umkehrung: (andere Note im Bass des Akkords)
1. Umkehrung --- > As als tiefster Ton
2. Umkehrung --- > C als tiefster Ton

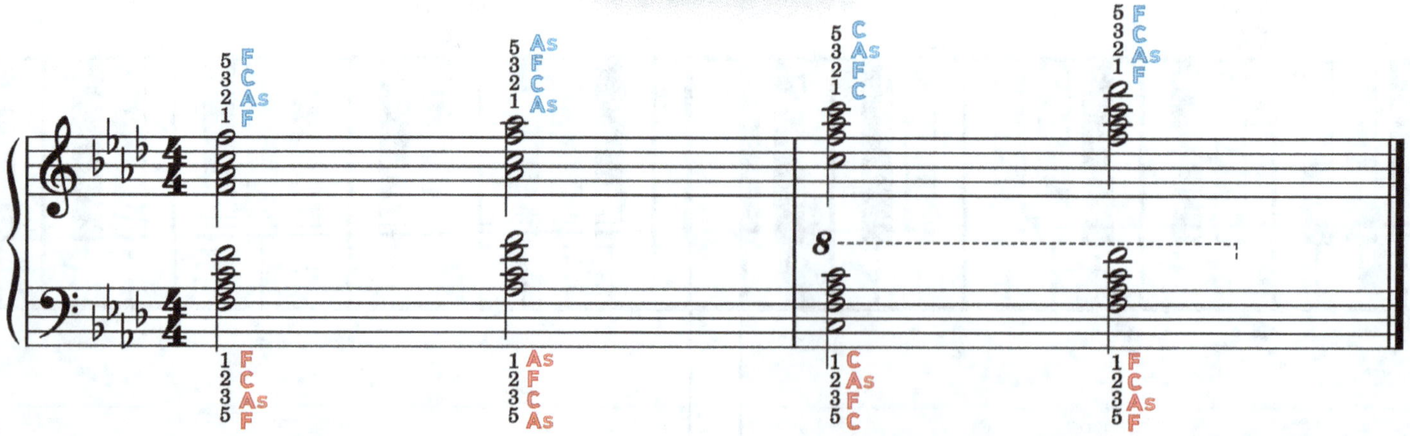

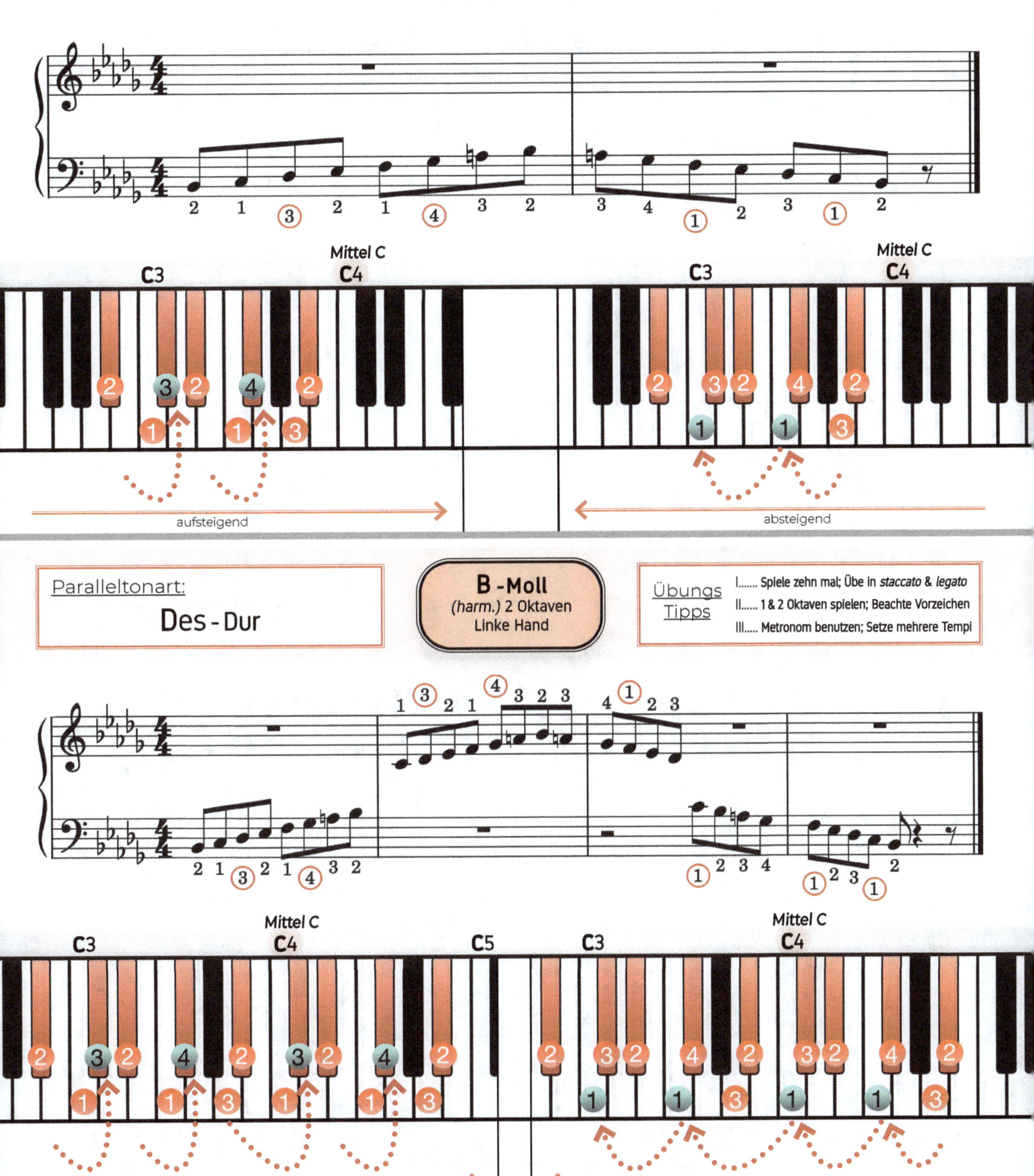

Noten der Tonleiter:
B, C, Des, Es, F, Ges, A

B -Moll
(harm.) 1 Oktave
Linke Hand

Tonart:
5 Bs (B, Es, As, Des, Ges)

Mittel C
C3
C4
aufsteigend
C3
Mittel C
C4
absteigend

Paralleltonart:
Des - Dur

B -Moll
(harm.) 2 Oktaven
Linke Hand

Übungs Tipps
I....... Spiele zehn mal; Übe in staccato & legato
II...... 1 & 2 Oktaven spielen; Beachte Vorzeichen
III..... Metronom benutzen; Setze mehrere Tempi

C3
Mittel C
C4
C5
C3
Mittel C
C4
aufsteigend
absteigend

Noten der Tonleiter:
B, C, Des, Es, F, Ges, A

B - Moll
(harm.) 1 Oktave
Rechte Hand

Tonart:
5 Bs (B, Es, As, Des, Ges)

Mittel C
C4
C5
aufsteigend

Mittel C
C4
C5
absteigend

Paralleltonart:
Des - Dur

B - Moll
(harm.) 2 Oktaven
Rechte Hand

Übungs Tipps
I....... Spiele zehn mal; Übe in staccato & legato
II...... 1 & 2 Oktaven spielen; Beachte Vorzeichen
III..... Metronom benutzen; Setze mehrere Tempi

Mittel C
C4
C5

Mittel C
C4
C5
C6

aufsteigend
absteigend

Noten der Tonleiter:
B, C, Des, Es, F, Ges, A

B -Moll
(harm.) 1 Oktave
Beide Hände

Tonart:
5 Bs (B, Es, As, Des, Ges)

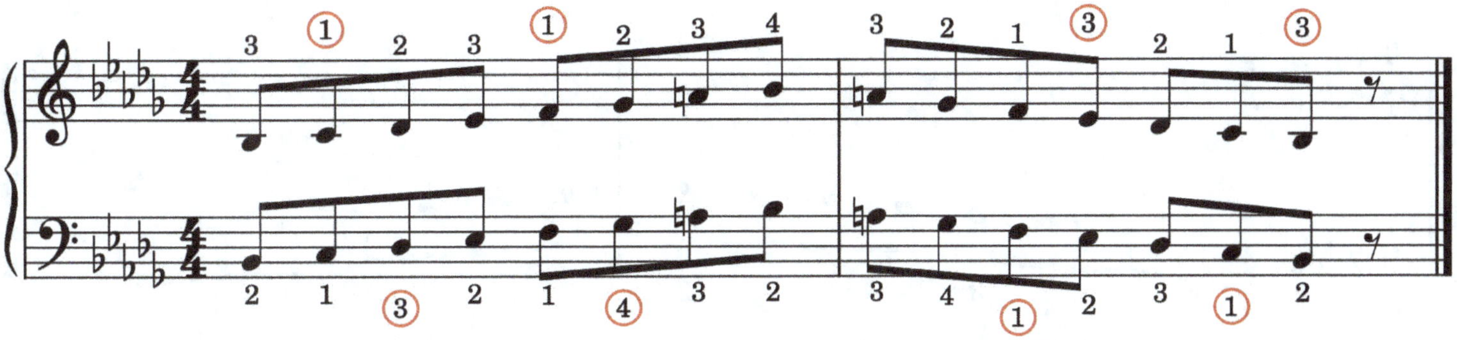

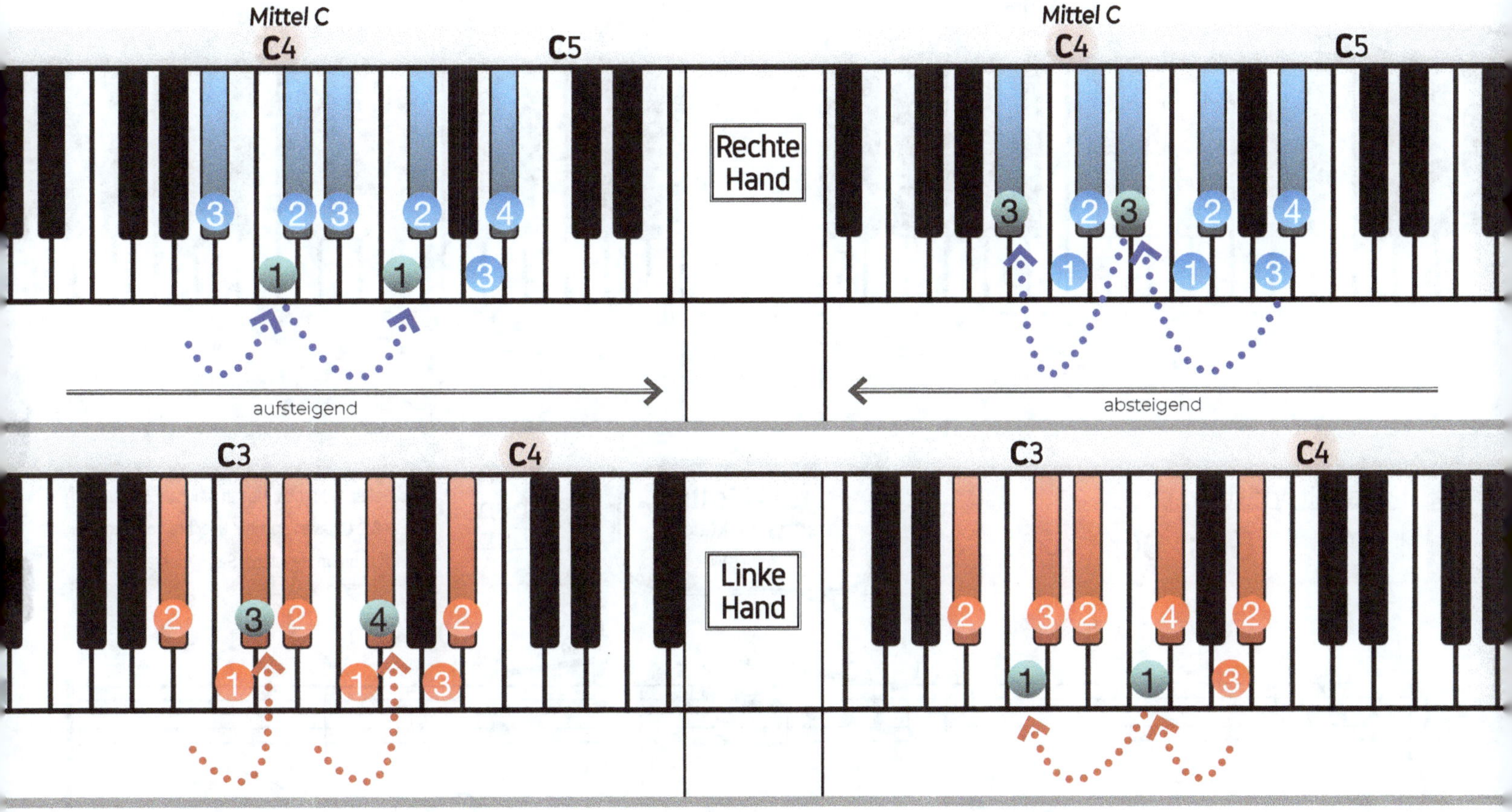

Mittel C
C4
C5
Mittel C
C4
C5
Rechte
Hand
aufsteigend
absteigend

C3
C4
C3
C4
Linke
Hand

Akkord mit Oktave:
B-Moll Akkord harmon.
---> (B, Des, F, B)
Der Grundton
des 1. Akkords
ist B

B -Moll
(harm.) Akkorde &
Umkehrungen

Umkehrung: (andere Note im Bass des Akkords)
1. Umkehrung --- > Des als tiefster Ton
2. Umkehrung --- > F als tiefster Ton

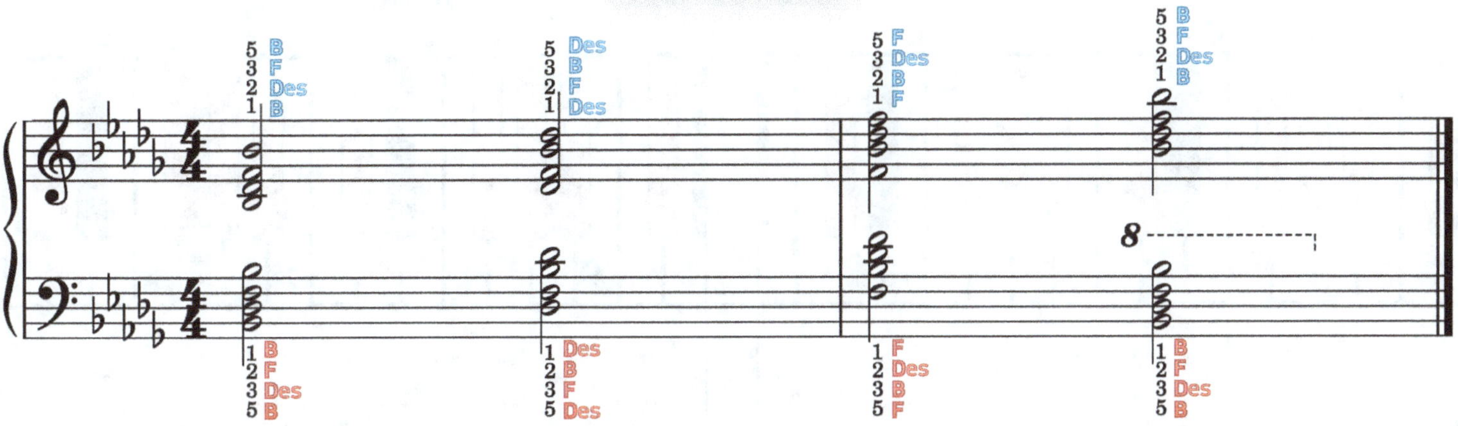

5 B
3 F
2 Des
1 B
5 Des
3 B
2 F
1 Des
5 F
3 Des
2 B
1 F
5 B
3 F
2 Des
1 B
8
1 B
2 F
3 Des
5 B
1 Des
2 B
3 F
5 Des
1 F
2 Des
3 B
5 F
1 B
2 F
3 Des
5 B

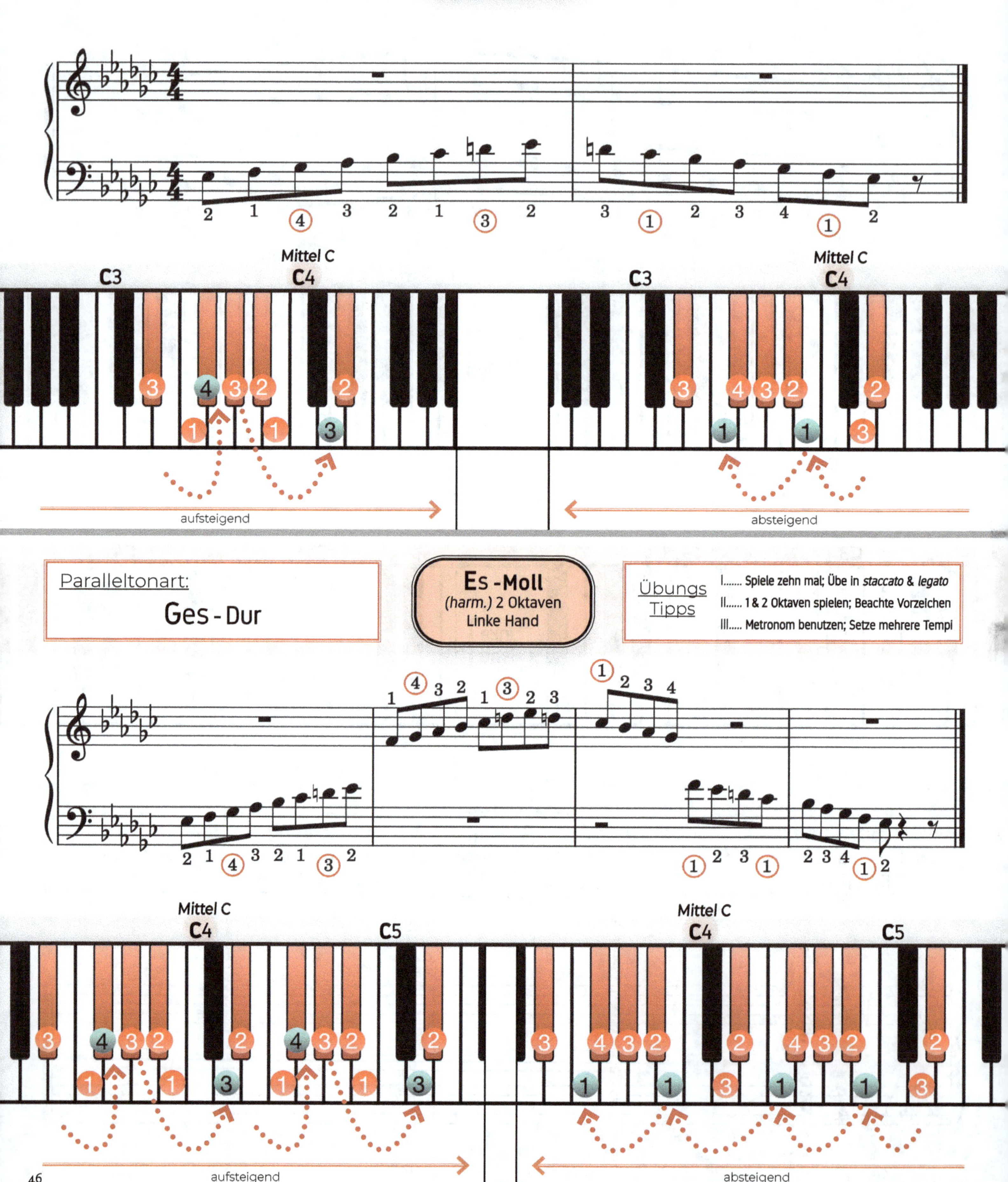

Noten der Tonleiter:
Es, F, Ges, As, B, Ces, D
Es -Moll
(harm.) 1 Oktave
Linke Hand
Tonart:
6 Bs (B, Es, As, Des, Ges, Ces)
Mittel C
C3
C4
aufsteigend
absteigend
Paralleltonart:
Ges - Dur
Es -Moll
(harm.) 2 Oktaven
Linke Hand
Übungs Tipps
I....... Spiele zehn mal; Übe in staccato & legato
II...... 1 & 2 Oktaven spielen; Beachte Vorzeichen
III..... Metronom benutzen; Setze mehrere Tempi
Mittel C
C4
C5
aufsteigend
absteigend

Noten der Tonleiter:
Es, F, Ges, As, B, Ces, D

Es -Moll
(harm.) 1 Oktave
Rechte Hand

Tonart:
6 Bs (B, Es, As, Des, Ges, Ces)

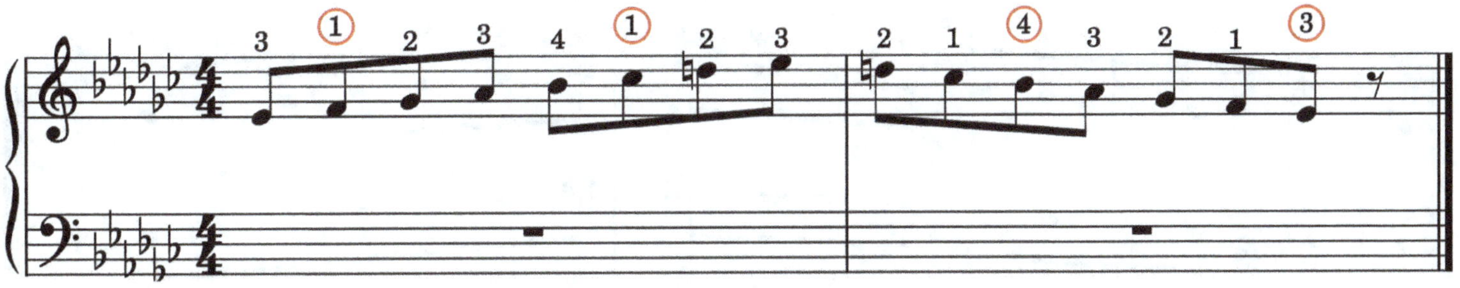

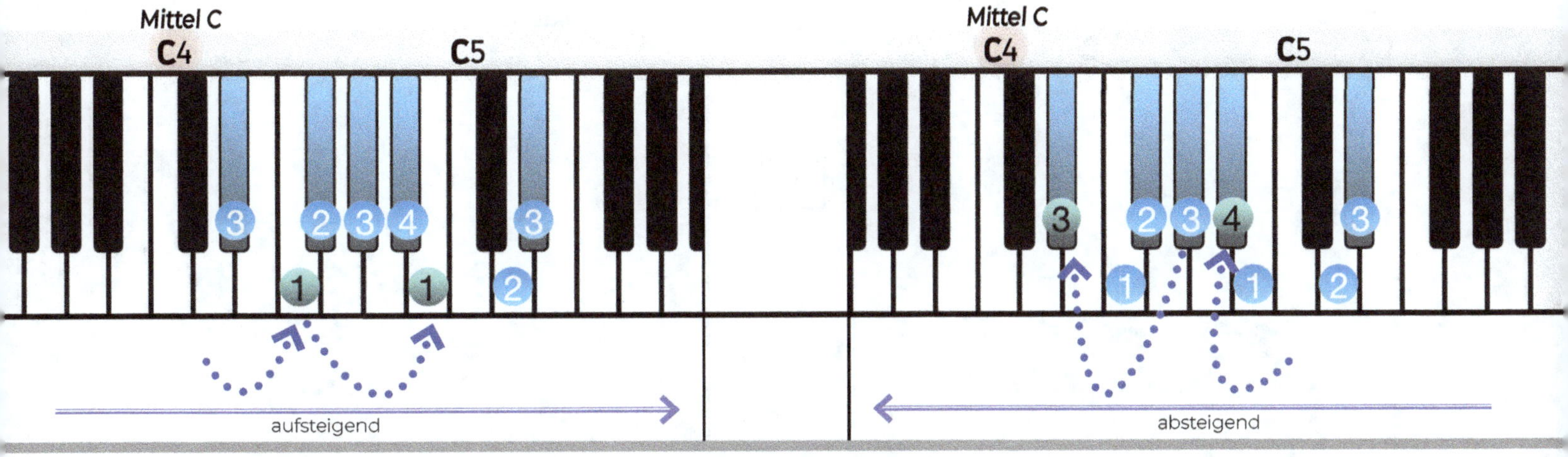

Mittel C
C4
C5
3 2 3 4 3
1 1 2
aufsteigend

Mittel C
C4
C5
3 2 3 4
1 1 2
absteigend

Paralleltonart:
Ges - Dur

Es -Moll
(harm.) 2 Oktaven
Rechte Hand

Übungs Tipps
I....... Spiele zehn mal; Übe in staccato & legato
II...... 1 & 2 Oktaven spielen; Beachte Vorzeichen
III..... Metronom benutzen; Setze mehrere Tempi

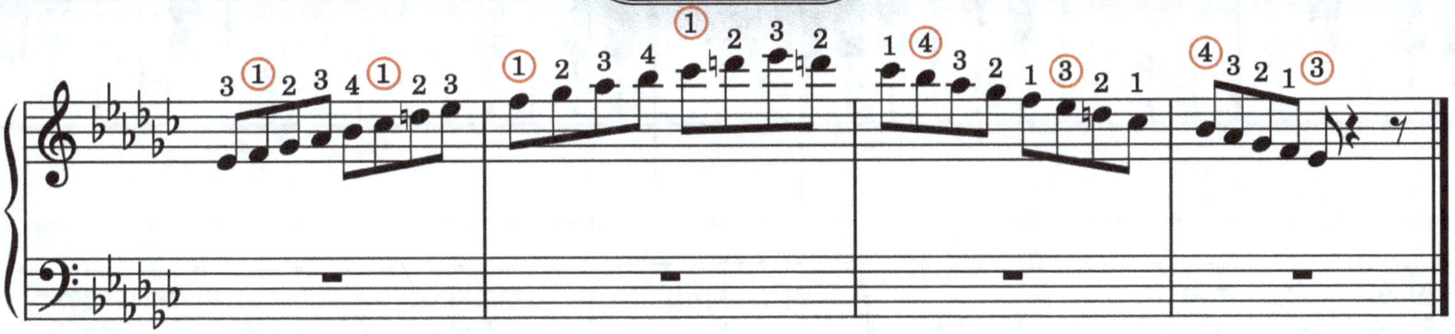

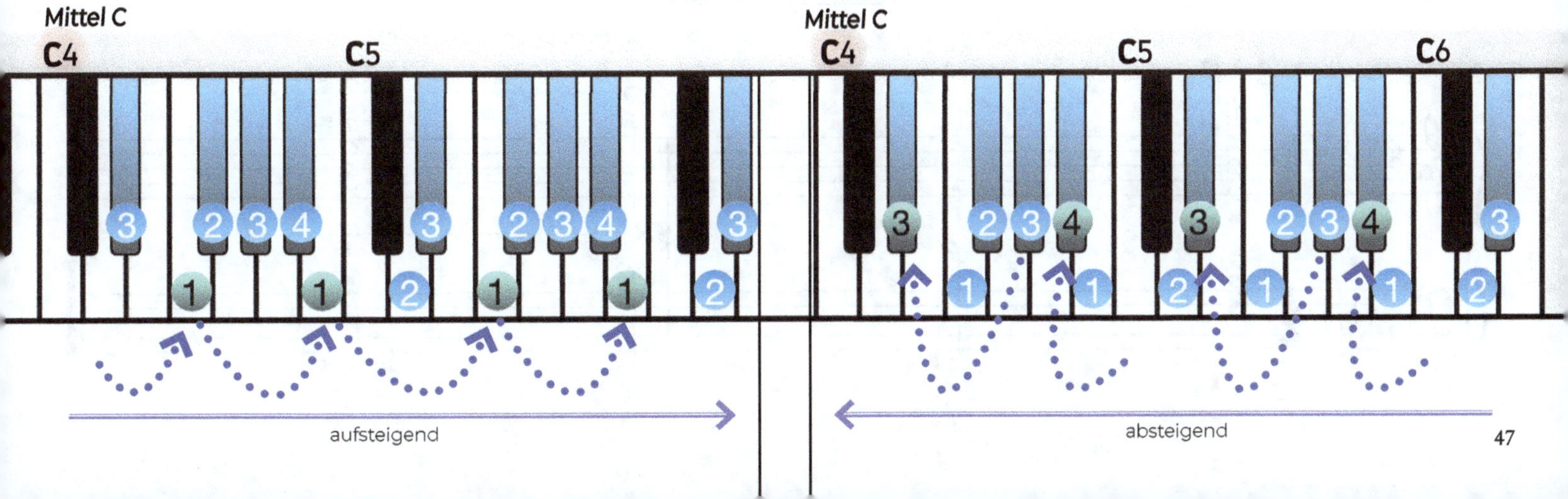

Mittel C
C4
C5
C6
3 2 3 4 2 3 4 3
1 1 2 1 1 2
aufsteigend

Mittel C
C4
C5
C6
3 2 3 4 3 2 3 4 3
1 1 2 1 1 2
absteigend

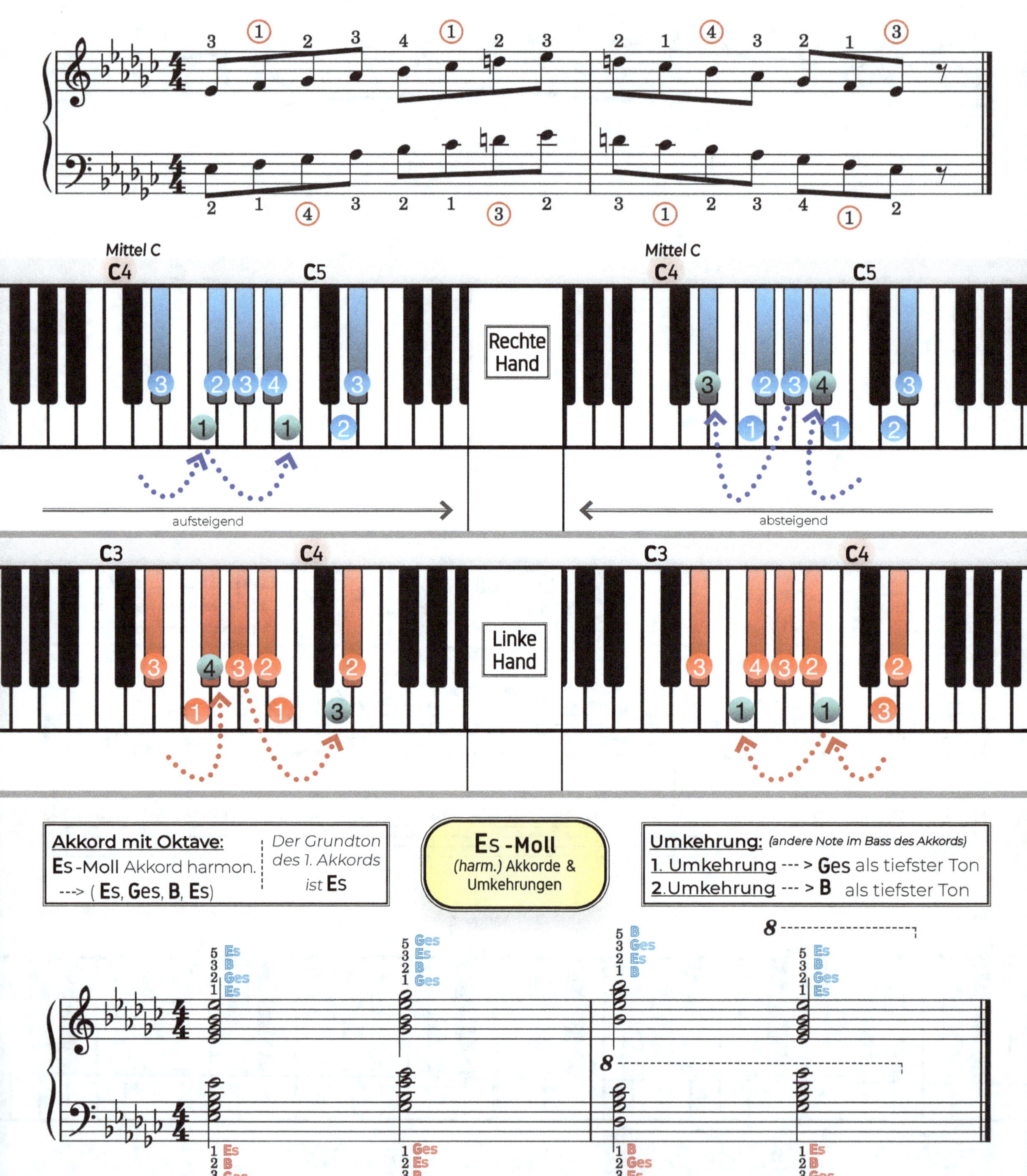

Noten der Tonleiter:
Es, F, Ges, As, B, Ces, D

Es -Moll
(harm.) 1 Oktave
Beide Hände

Tonart:
6 Bs (B, Es, As, Des, Ges, Ces)

Mittel C
C4
C5
Rechte Hand
aufsteigend
absteigend
Mittel C

C3
C4
Linke Hand

Akkord mit Oktave:
Es -Moll Akkord harmon.
---> (Es, Ges, B, Es)
Der Grundton des 1. Akkords ist Es

Es -Moll
(harm.) Akkorde & Umkehrungen

Umkehrung: (andere Note im Bass des Akkords)
1. Umkehrung --- > Ges als tiefster Ton
2. Umkehrung --- > B als tiefster Ton

MELODISCHE
MOLL - TONLEITERN

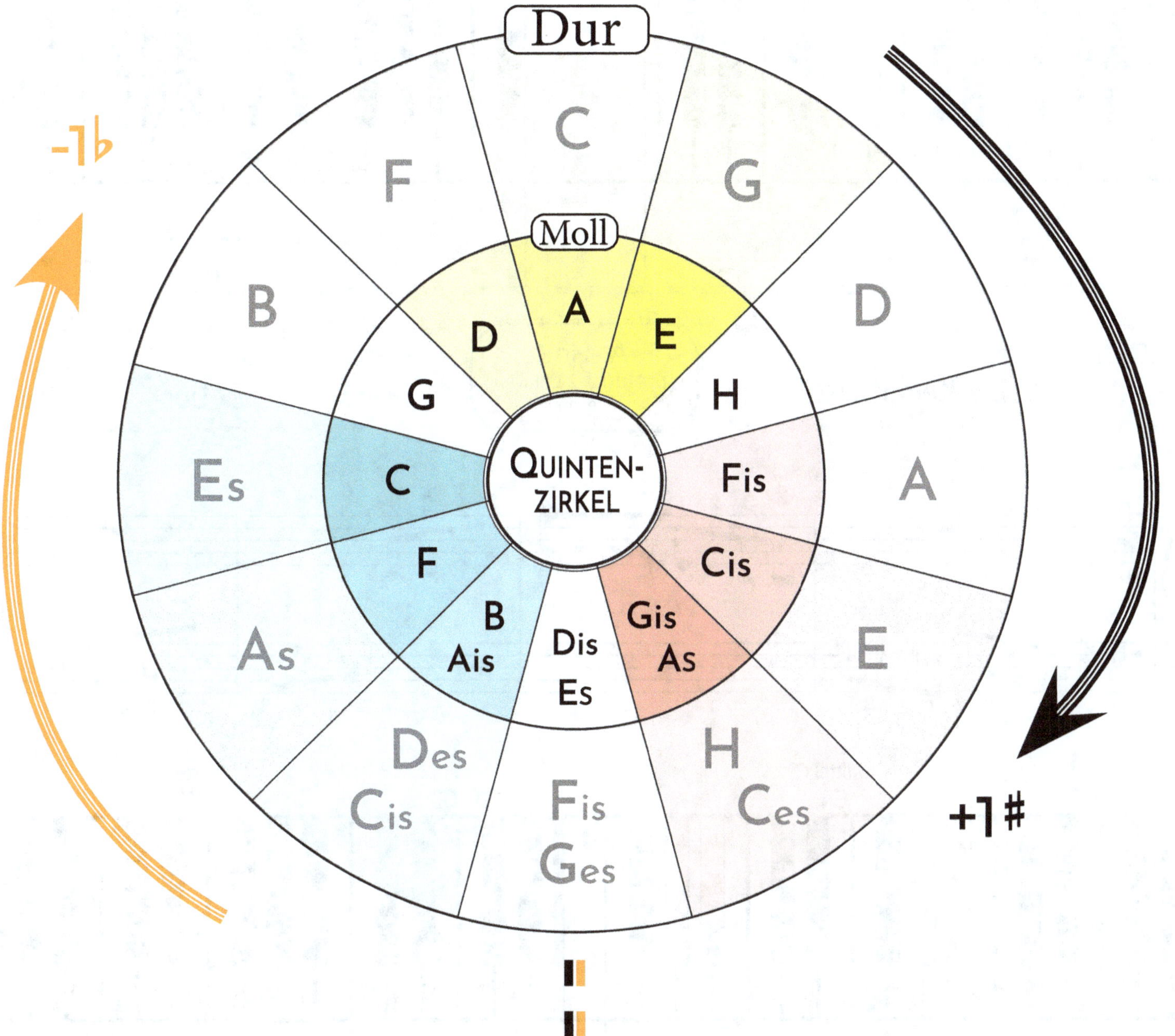

Zu enharmonischen Tonleitern (s.S.6). Hier verwenden wir Gis-Moll und Dis-Moll.

Aufsteigende Noten der Tonleiter:
A, H, C, D, E, Fis, Gis

A -Moll
(melod.) 1 Oktave
Linke Hand

Absteigende Noten der Tonleiter:
G, F, E, D, C, H, A

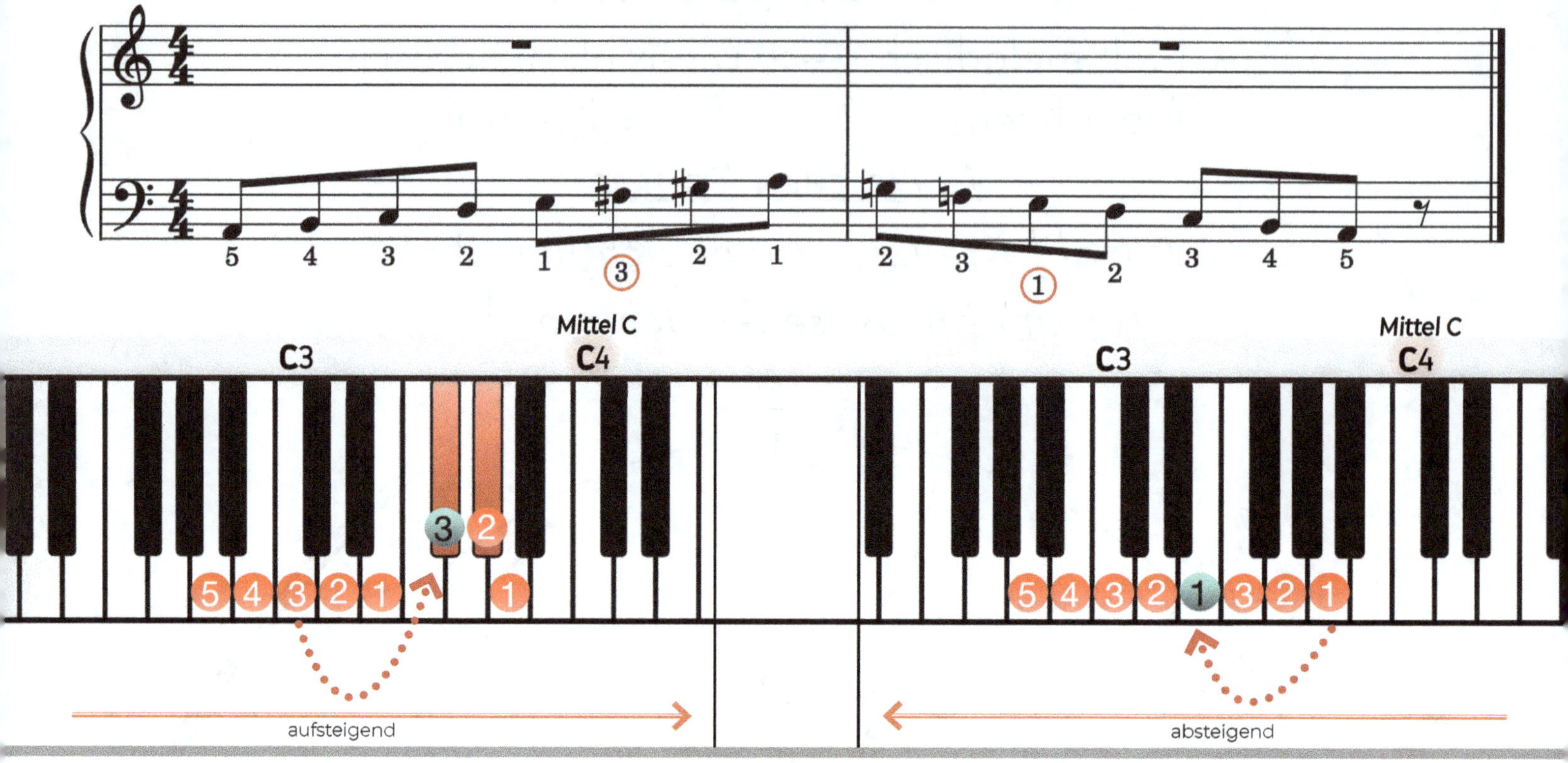

5 4 3 2 1 3 2 1
2 3 1 2 3 4 5

Mittel C
C3
C4

C3

Mittel C
C4

3 2 1
5 4 3 2 1

5 4 3 2 1 1 3 2 1

aufsteigend

absteigend

Tonart:
Kein B / Kein Kreuz

A -Moll
(melod.) 2 Oktaven
Linke Hand

Paralleltonart:
C - Dur

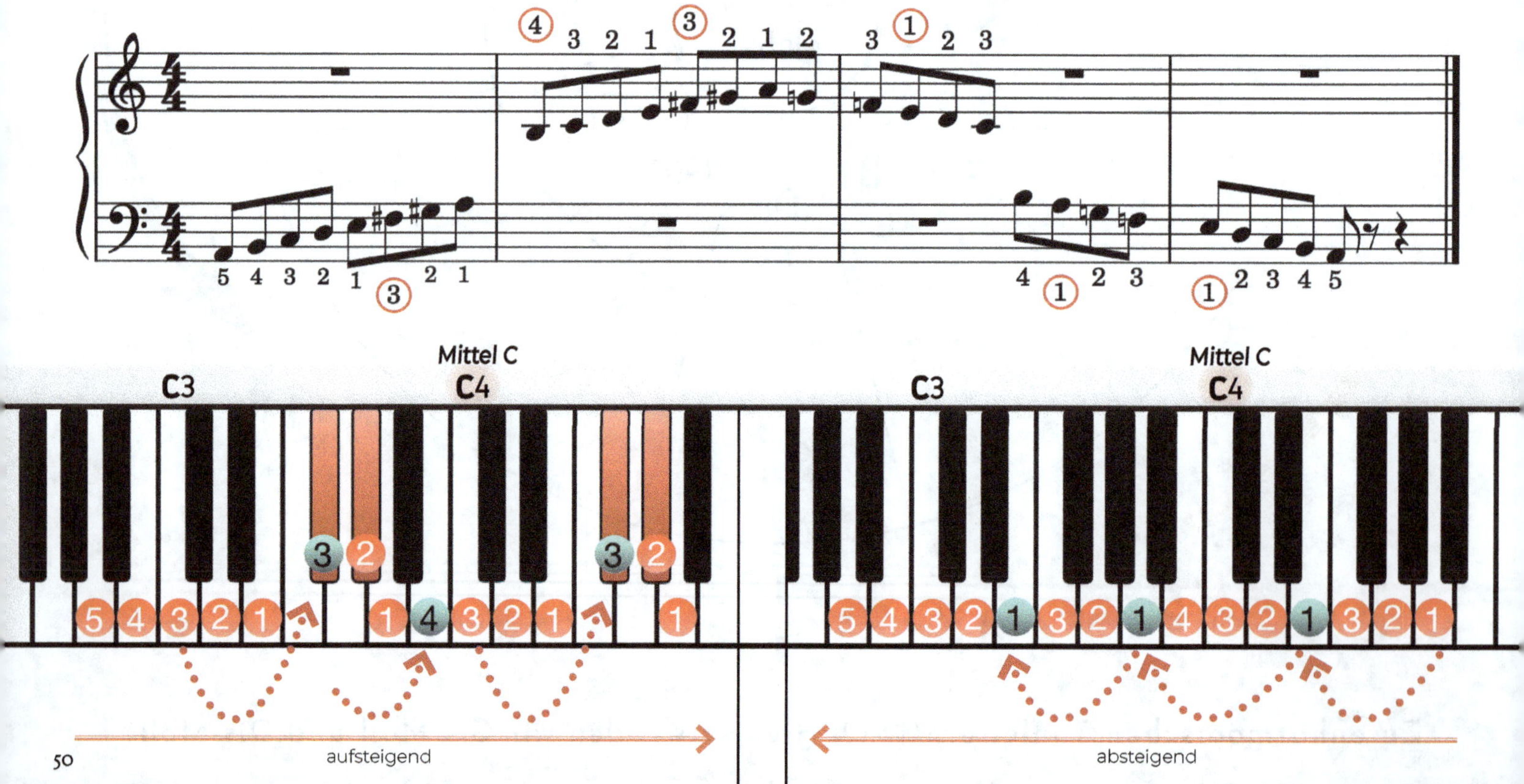

4 3 2 1 3 2 1 2 3 1 2 3
5 4 3 2 1 3 2 1
4 1 2 3 1 2 3 4 5

Mittel C
C3
C4

C3

Mittel C
C4

3 2 3 2
5 4 3 2 1 1 4 3 2 1 1
5 4 3 2 1 3 2 1 4 3 2 1 3 2 1

aufsteigend

absteigend

Aufsteigende Noten der Tonleiter:
A, H, C, D, E, Fis, Gis
A - Moll
(melod.) 1 Oktave
Rechte Hand
Absteigende Noten der Tonleiter:
G, F, E, D, C, H, A

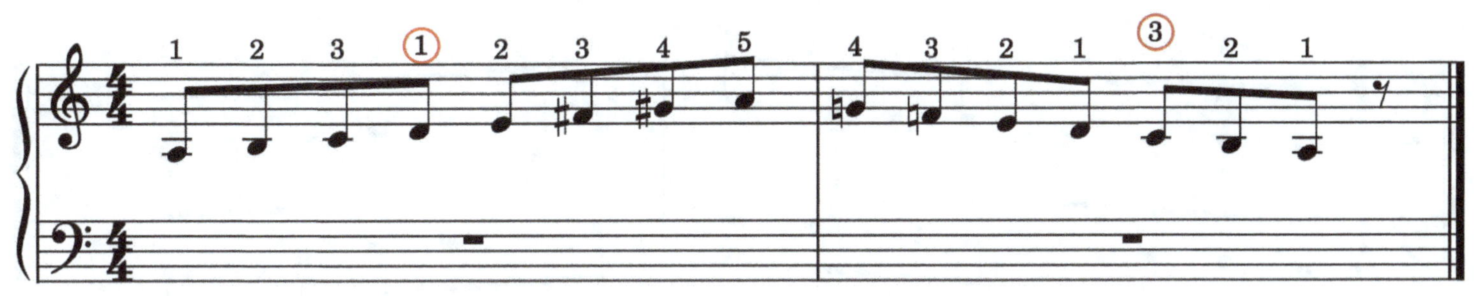

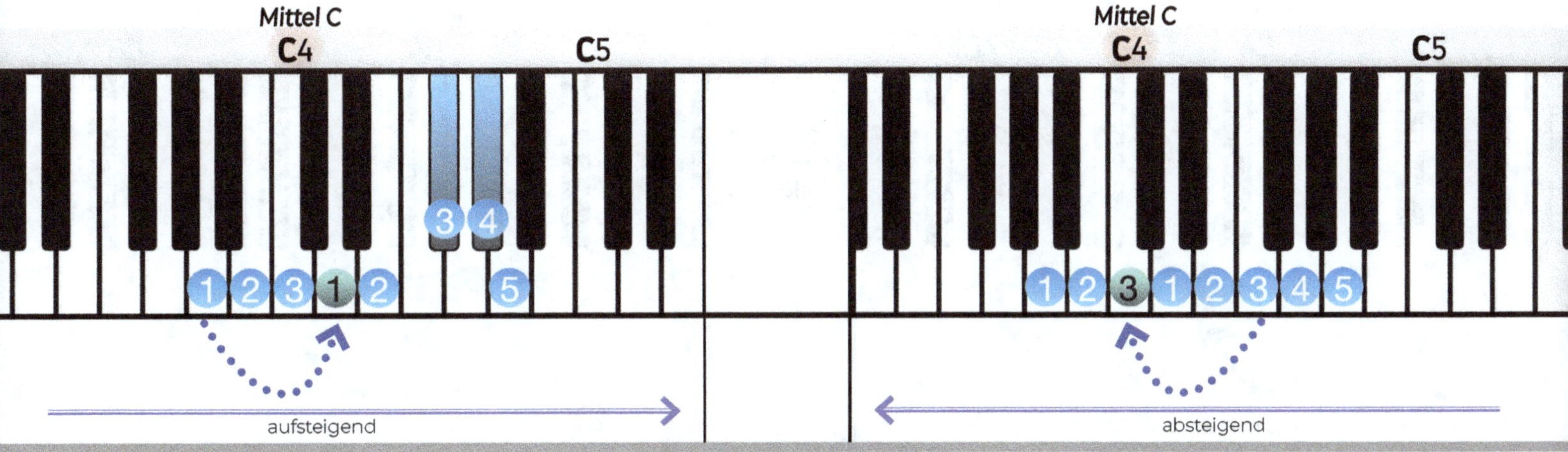

Mittel C
C4
C5
Mittel C
C4
C5
aufsteigend
absteigend

Tonart:
Kein B / Kein Kreuz
A - Moll
(melod.) 2 Oktaven
Rechte Hand
Paralleltonart:
C - Dur

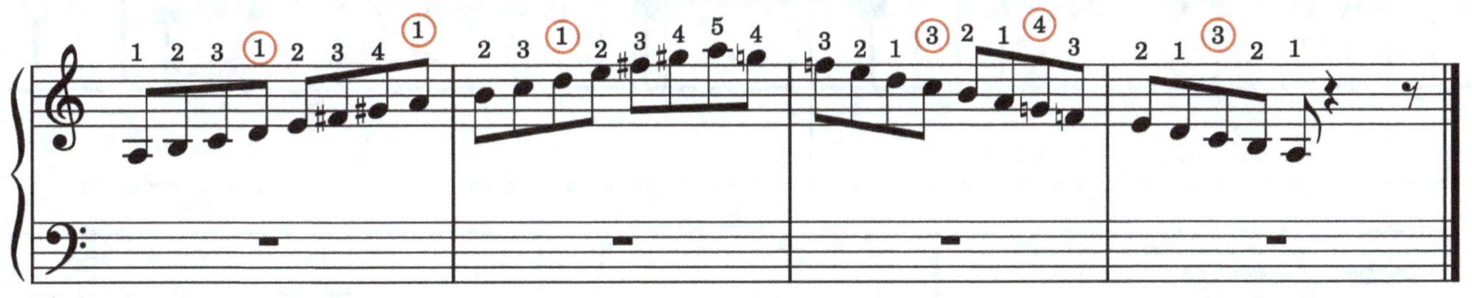

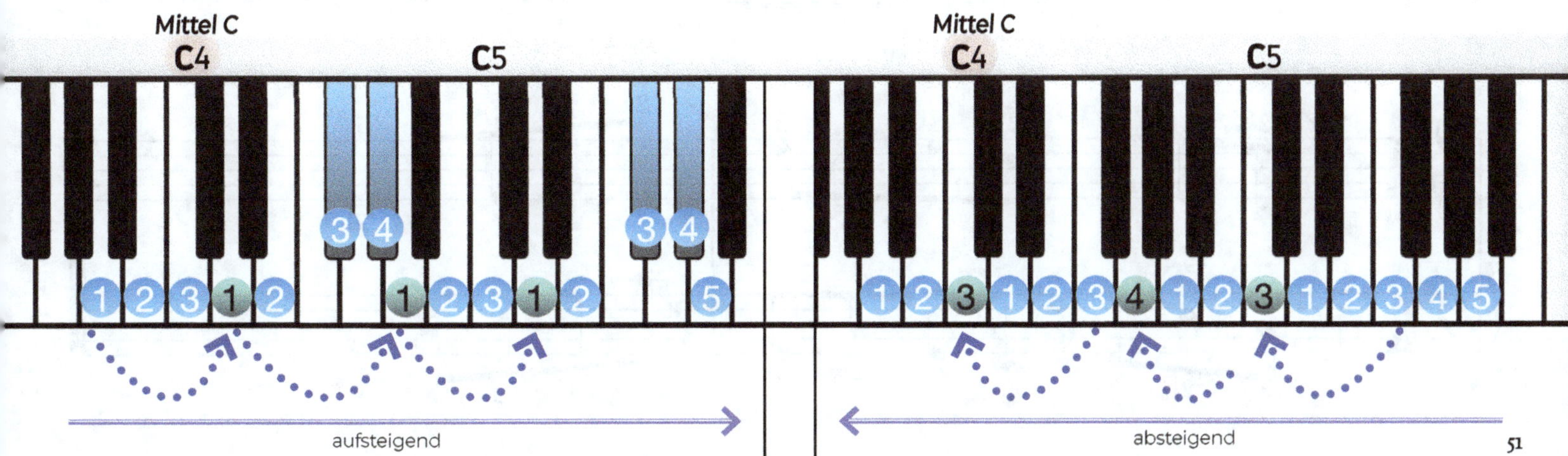

Mittel C
C4
C5
Mittel C
C4
C5
aufsteigend
absteigend

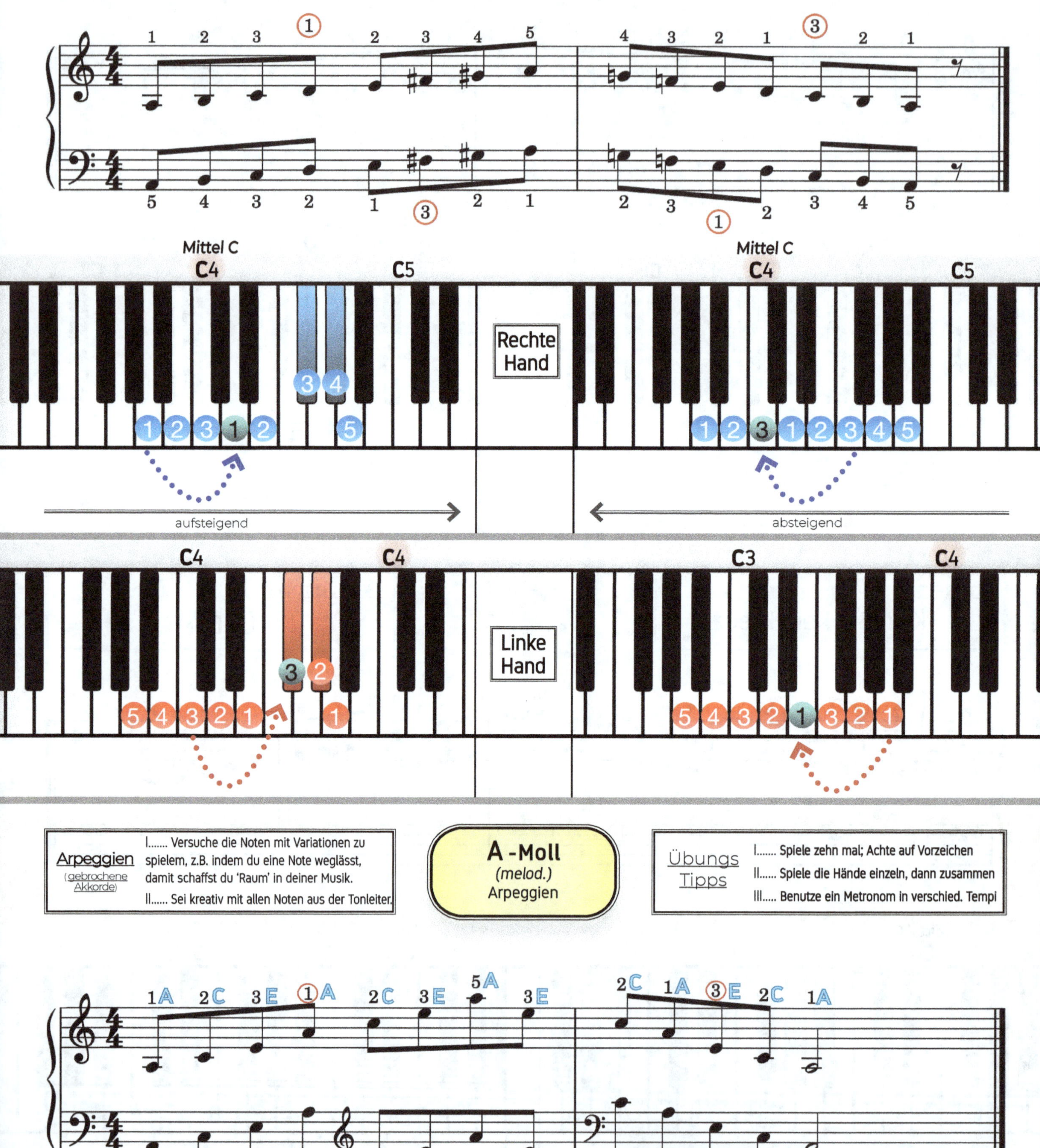

Aufsteigende Noten der Tonleiter:
A, H, C, D, E, Fis, Gis
A -Moll
(melod.) 1 Oktave
Beide Hände
Absteigende Noten der Tonleiter:
G, F, E, D, C, H, A
Mittel C
C4
C5
Rechte Hand
Mittel C
C4
C5
aufsteigend
absteigend
C4
C4
Linke Hand
C3
C4
Arpeggien
(gebrochene Akkorde)
I....... Versuche die Noten mit Variationen zu spielem, z.B. indem du eine Note weglässt, damit schaffst du 'Raum' in deiner Musik.
II...... Sei kreativ mit allen Noten aus der Tonleiter.
A -Moll
(melod.)
Arpeggien
Übungs Tipps
I....... Spiele zehn mal; Achte auf Vorzeichen
II...... Spiele die Hände einzeln, dann zusammen
III..... Benutze ein Metronom in verschied. Tempi

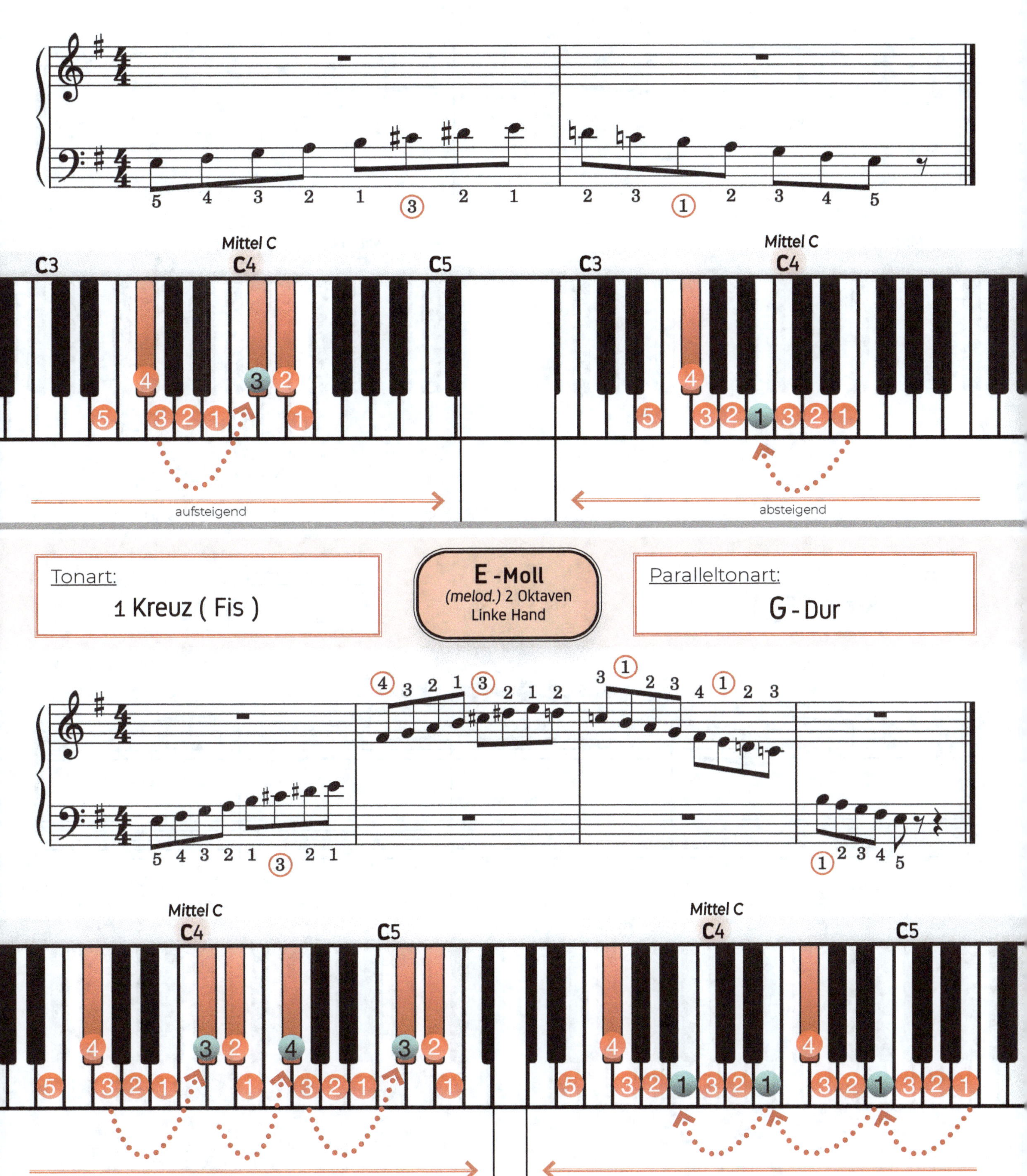

Aufsteigende Noten der Tonleiter:
E, Fis, G, A, H, Cis, Dis
E -Moll
(melod.) 1 Oktave
Linke Hand
Absteigende Noten der Tonleiter:
D, C, H, A, G, Fis, E
C3
Mittel C
C4
C5
C3
Mittel C
C4
aufsteigend
absteigend
Tonart:
1 Kreuz (Fis)
E -Moll
(melod.) 2 Oktaven
Linke Hand
Paralleltonart:
G - Dur
Mittel C
C4
C5
Mittel C
C4
C5
aufsteigend
absteigend
53

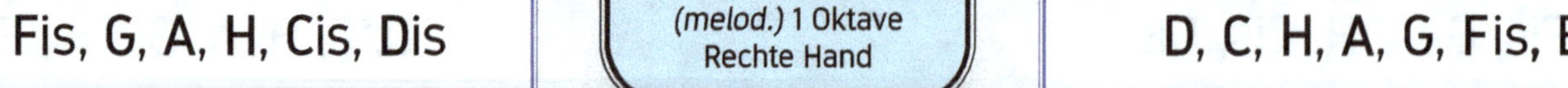

Aufsteigende Noten der Tonleiter:
E, Fis, G, A, H, Cis, Dis
E - Moll
(melod.) 1 Oktave
Rechte Hand
Absteigende Noten der Tonleiter:
D, C, H, A, G, Fis, E

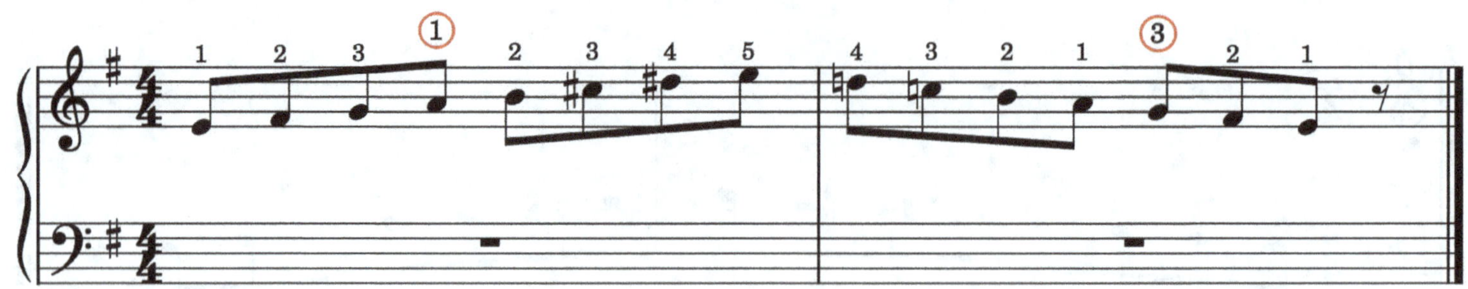

Mittel C
C4
C5
Mittel C
C4
C5
aufsteigend
absteigend

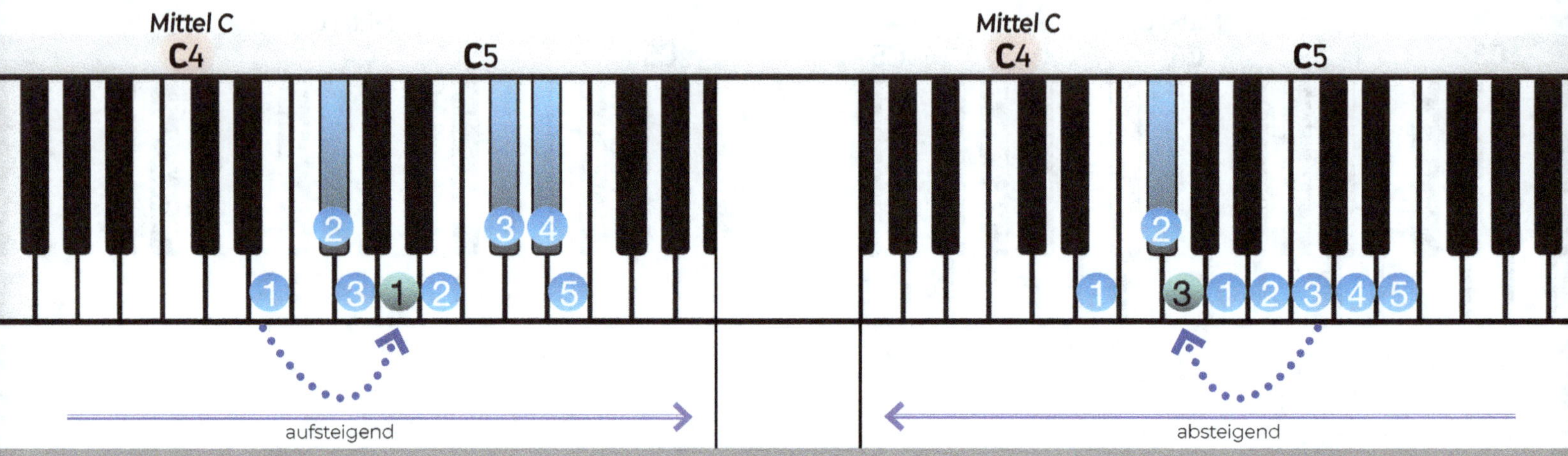

Tonart:
1 Kreuz (Fis)
E - Moll
(melod.) 2 Oktaven
Rechte Hand
Paralleltonart:
G - Dur

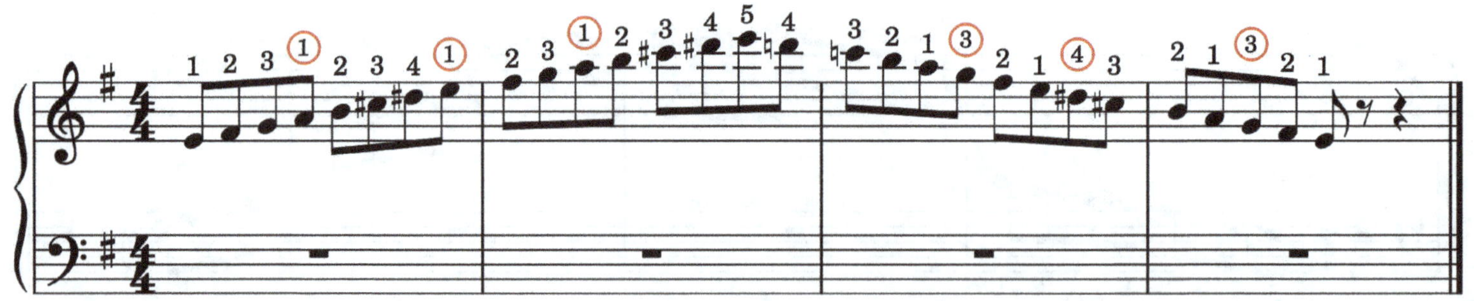

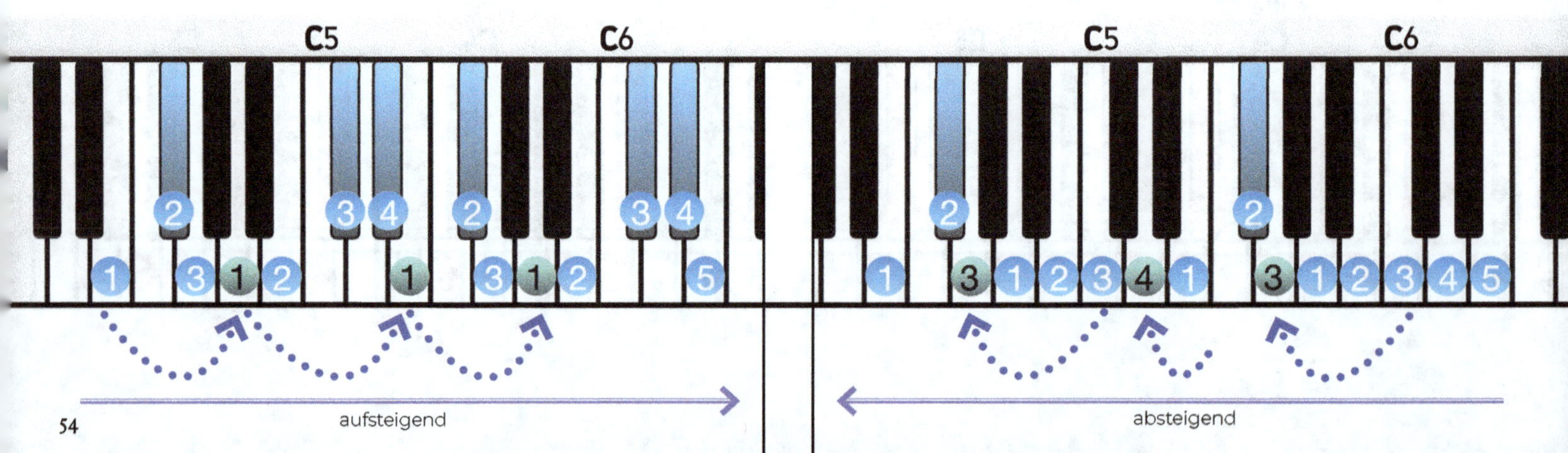

C5
C6
C5
C6
aufsteigend
absteigend

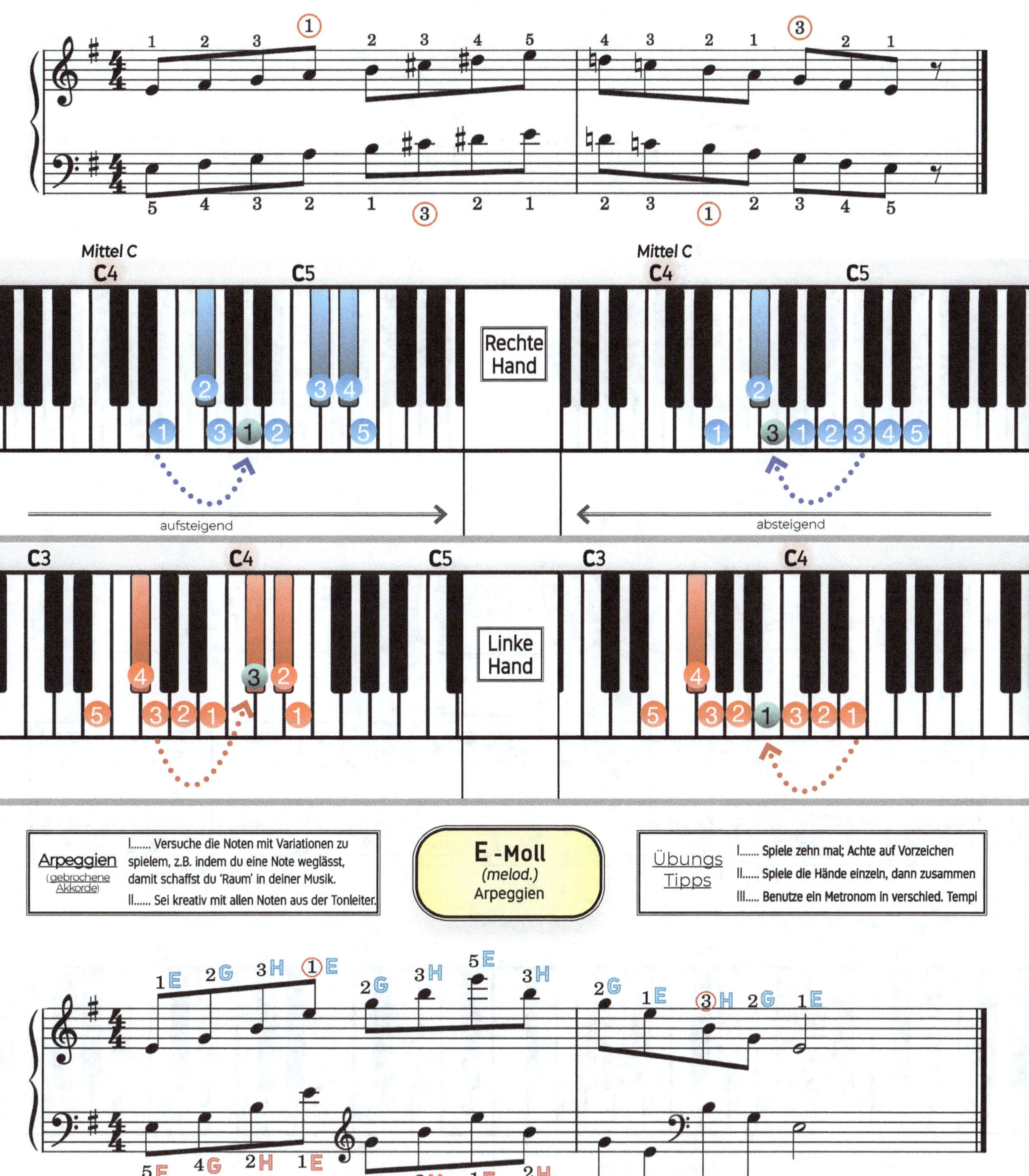

Aufsteigende Noten der Tonleiter:
E, Fis, G, A, H, Cis, Dis
E -Moll
(melod.) 1 Oktave
Beide Hände
Absteigende Noten der Tonleiter:
D, C, H, A, G, Fis, E
Mittel C
C4
C5
Rechte Hand
aufsteigend
absteigend
C3
C4
C5
C3
C4
Linke Hand
Arpeggien
(gebrochene Akkorde)
I....... Versuche die Noten mit Variationen zu spielem, z.B. indem du eine Note weglässt, damit schaffst du 'Raum' in deiner Musik.
II...... Sei kreativ mit allen Noten aus der Tonleiter.
E -Moll
(melod.)
Arpeggien
Übungs Tipps
I....... Spiele zehn mal; Achte auf Vorzeichen
II...... Spiele die Hände einzeln, dann zusammen
III..... Benutze ein Metronom in verschied. Tempi

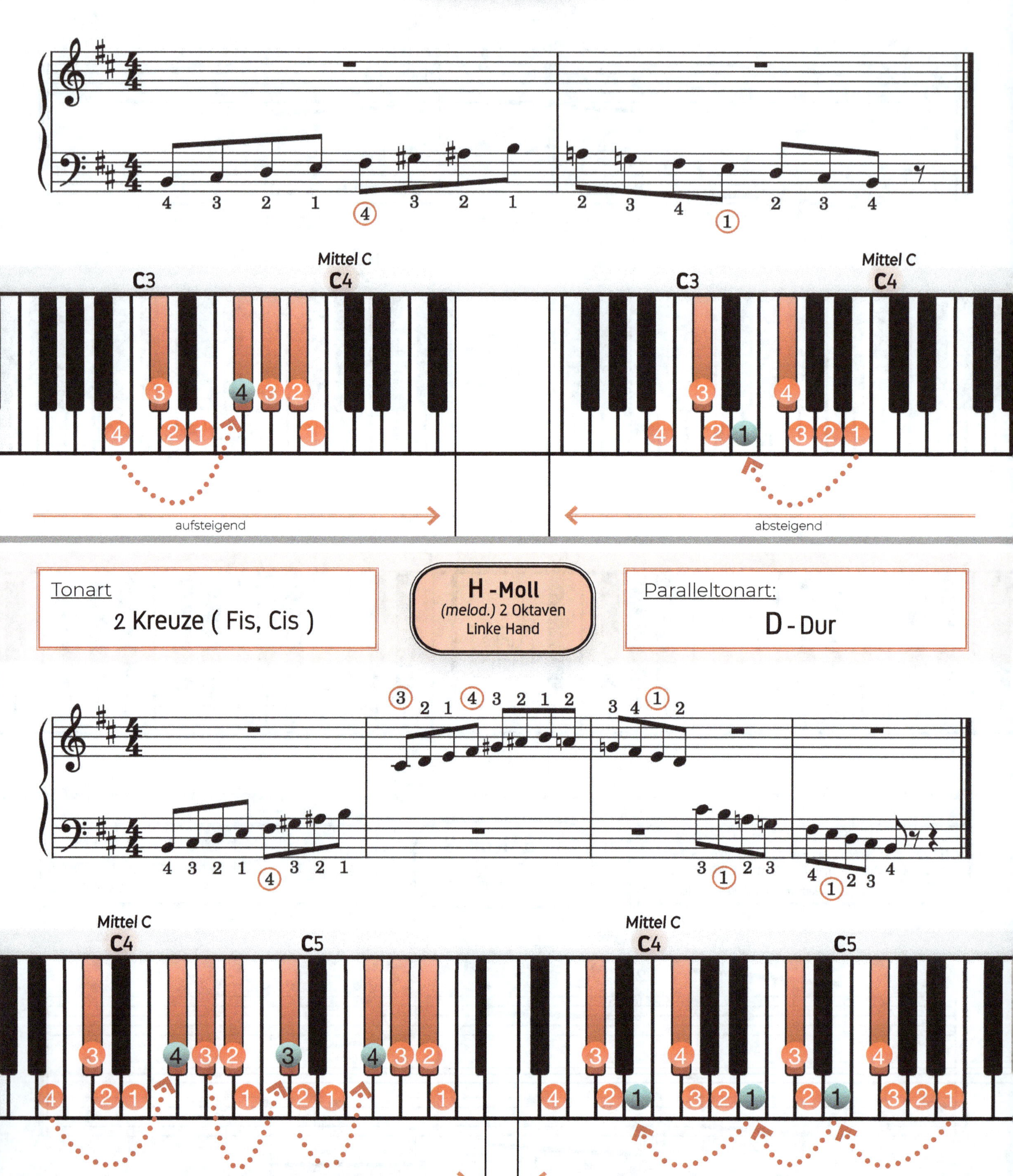

Aufsteigende Noten der Tonleiter:
H, Cis, D, E, Fis, Gis, Ais
H -Moll
(melod.) 1 Oktave
Linke Hand
Absteigende Noten der Tonleiter:
A, G, Fis, E, D, Cis, H
C3
Mittel C
C4
4 3 2 1 4 3 2 1
C3
Mittel C
C4
4 3 2 1 3 2 1
aufsteigend
absteigend
Tonart
2 Kreuze (Fis, Cis)
H -Moll
(melod.) 2 Oktaven
Linke Hand
Paralleltonart:
D - Dur
Mittel C
C4
C5
Mittel C
C4
C5
aufsteigend
absteigend

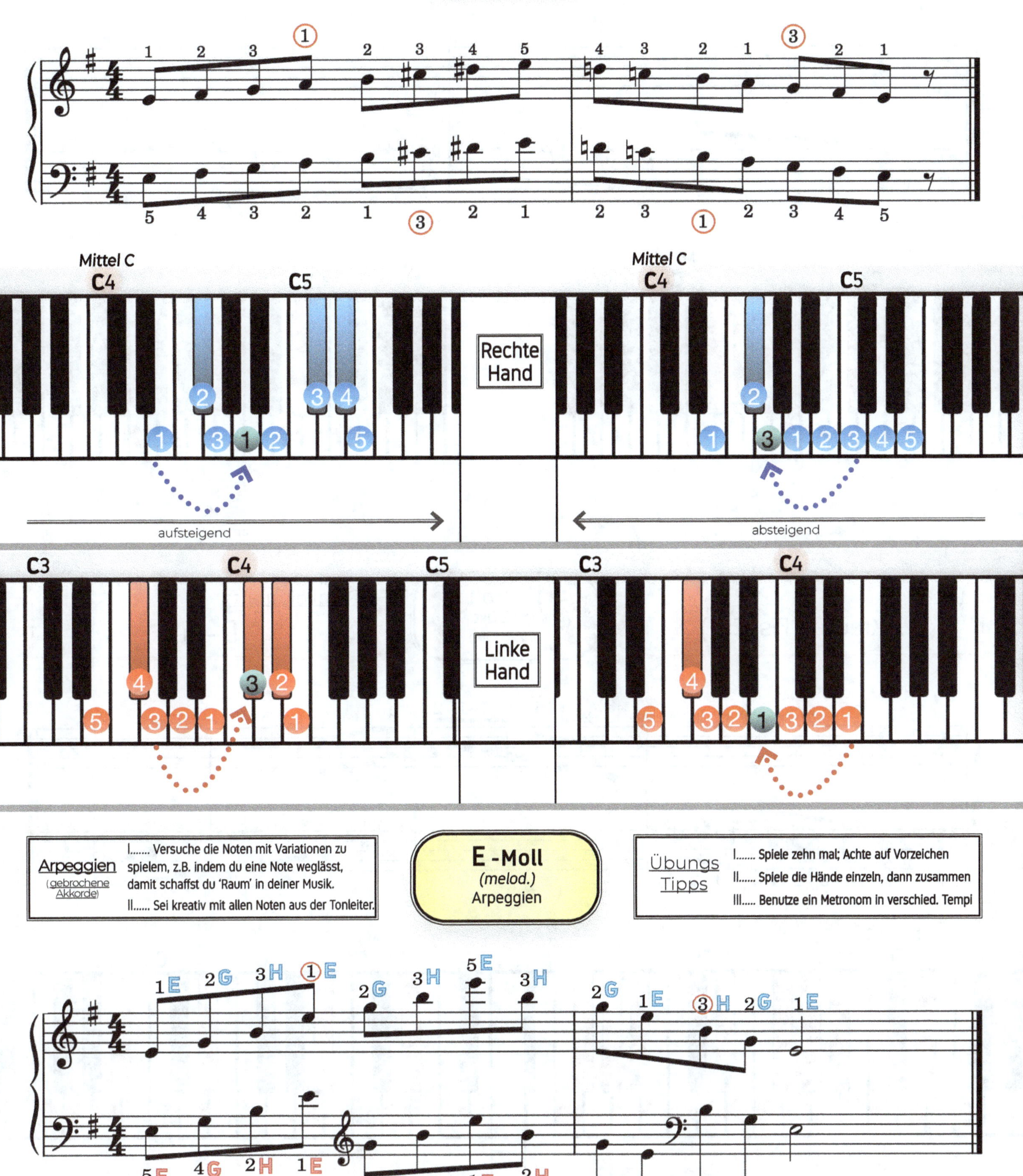

Aufsteigende Noten der Tonleiter:
E, Fis, G, A, H, Cis, Dis

E -Moll
(melod.) 1 Oktave
Beide Hände

Absteigende Noten der Tonleiter:
D, C, H, A, G, Fis, E

Mittel C
C4
C5
Rechte Hand
aufsteigend

Mittel C
C4
C5
absteigend

C3
C4
C5
Linke Hand

C3
C4

Arpeggien
(gebrochene Akkorde)
I....... Versuche die Noten mit Variationen zu spielem, z.B. indem du eine Note weglässt, damit schaffst du 'Raum' in deiner Musik.
II...... Sei kreativ mit allen Noten aus der Tonleiter.

E -Moll
(melod.)
Arpeggien

Übungs Tipps
I....... Spiele zehn mal; Achte auf Vorzeichen
II...... Spiele die Hände einzeln, dann zusammen
III..... Benutze ein Metronom in verschied. Tempi

1E 2G 3H ①E 2G 3H 5E 3H 2G 1E ③H 2G 1E
5E 4G 2H 1E ④G 2H 1E 2H 4G ①E 2H 4G 5E

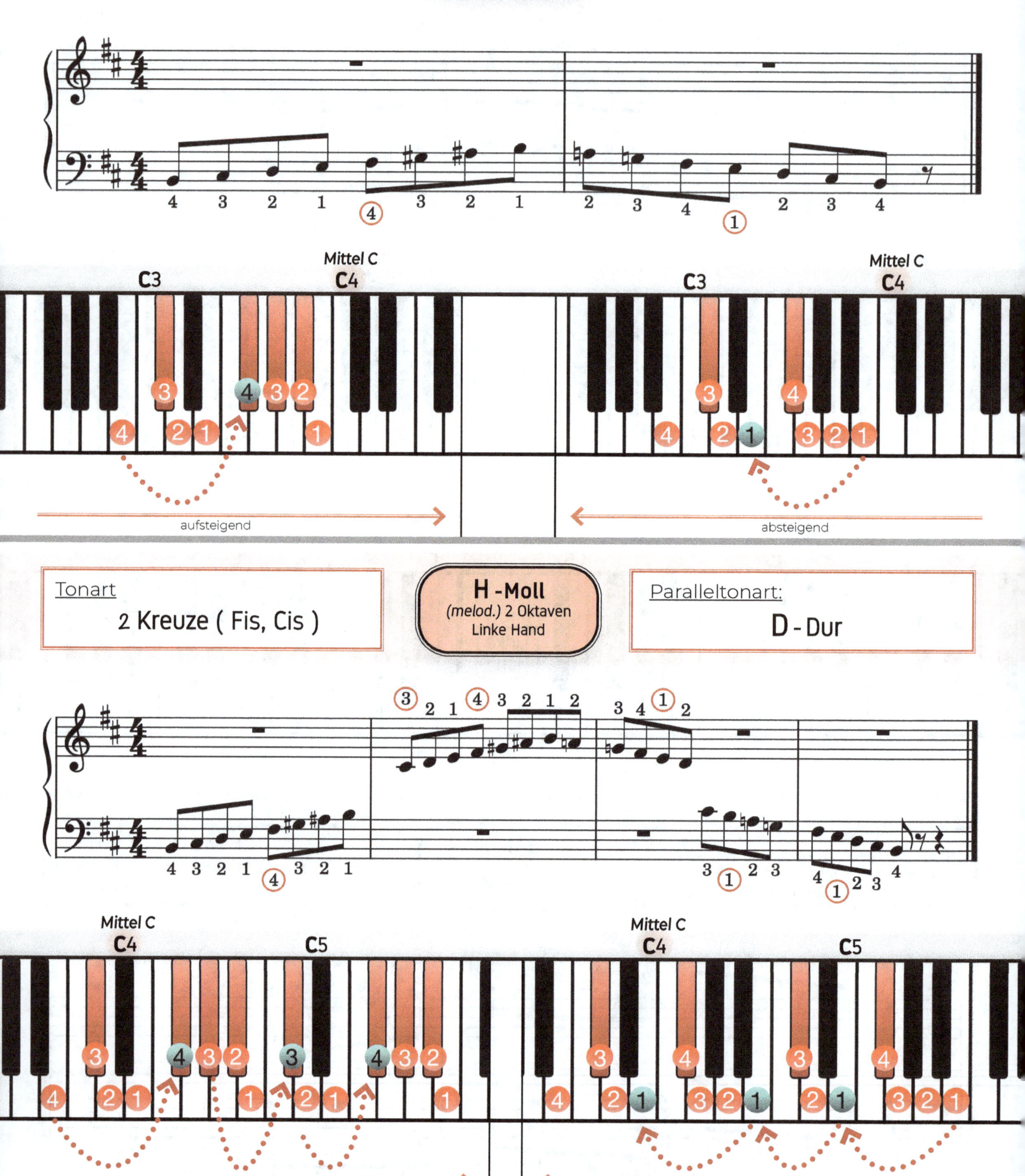
Aufsteigende Noten der Tonleiter:
H, Cis, D, E, Fis, Gis, Ais
H -Moll
(melod.) 1 Oktave
Linke Hand
Absteigende Noten der Tonleiter:
A, G, Fis, E, D, Cis, H
C3
Mittel C
C4
C3
Mittel C
C4
aufsteigend
absteigend
Tonart
2 Kreuze (Fis, Cis)
H -Moll
(melod.) 2 Oktaven
Linke Hand
Paralleltonart:
D - Dur
Mittel C
C4
C5
Mittel C
C4
C5
aufsteigend
absteigend

Aufsteigende Noten der Tonleiter:
H, Cis, D, E, Fis, Gis, Ais

H -Moll
(melod.) 1 Oktave
Rechte Hand

Absteigende Noten der Tonleiter:
A, G, Fis, E, D, Cis, H

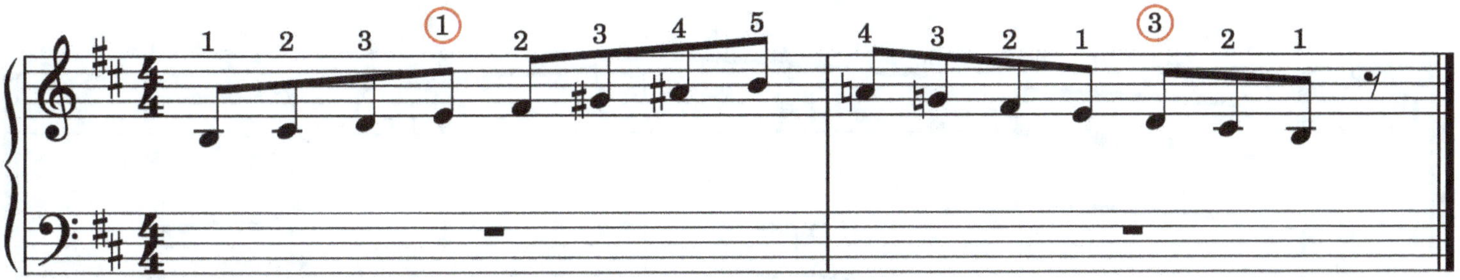

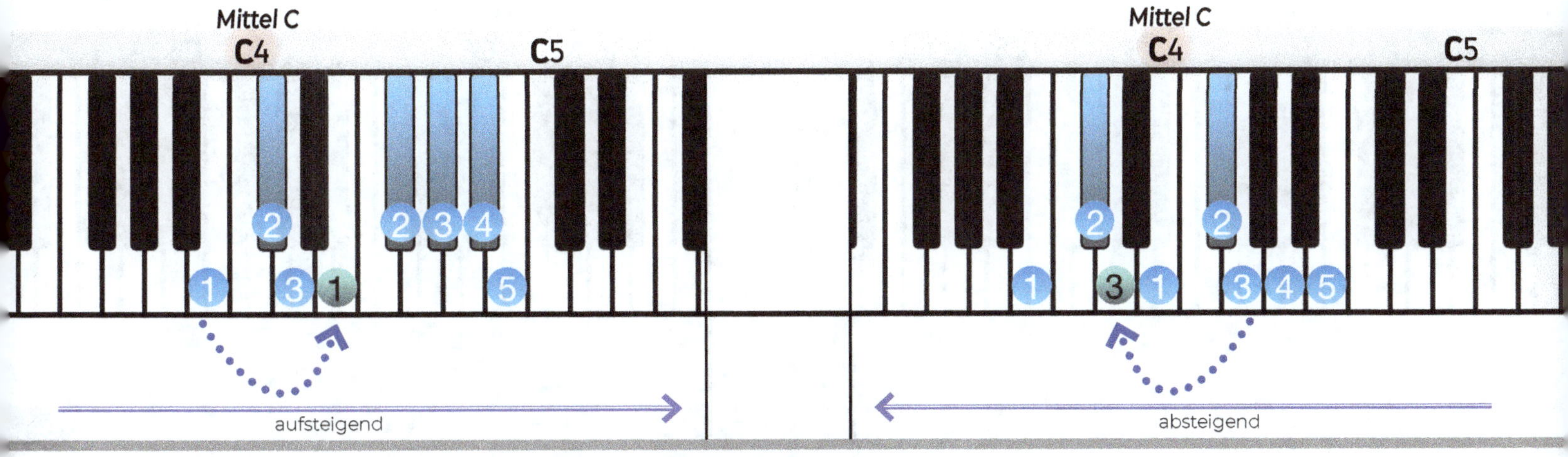

Mittel C
C4
C5
2
2 3 4
1
3 1
5

Mittel C
C4
C5
2
2
1 3 1
3 4 5

aufsteigend
absteigend

Tonart
2 Kreuze (Fis, Cis)

H -Moll
(melod.) 2 Oktaven
Rechte Hand

Paralleltonart:
D - Dur

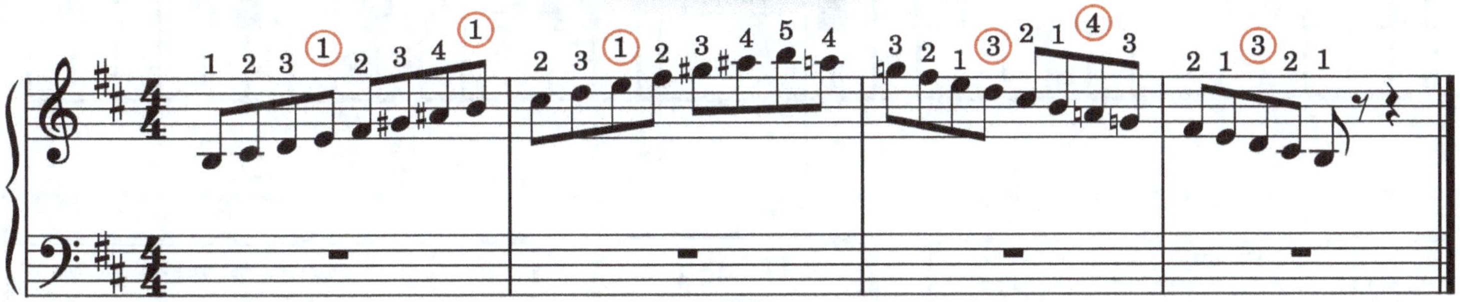

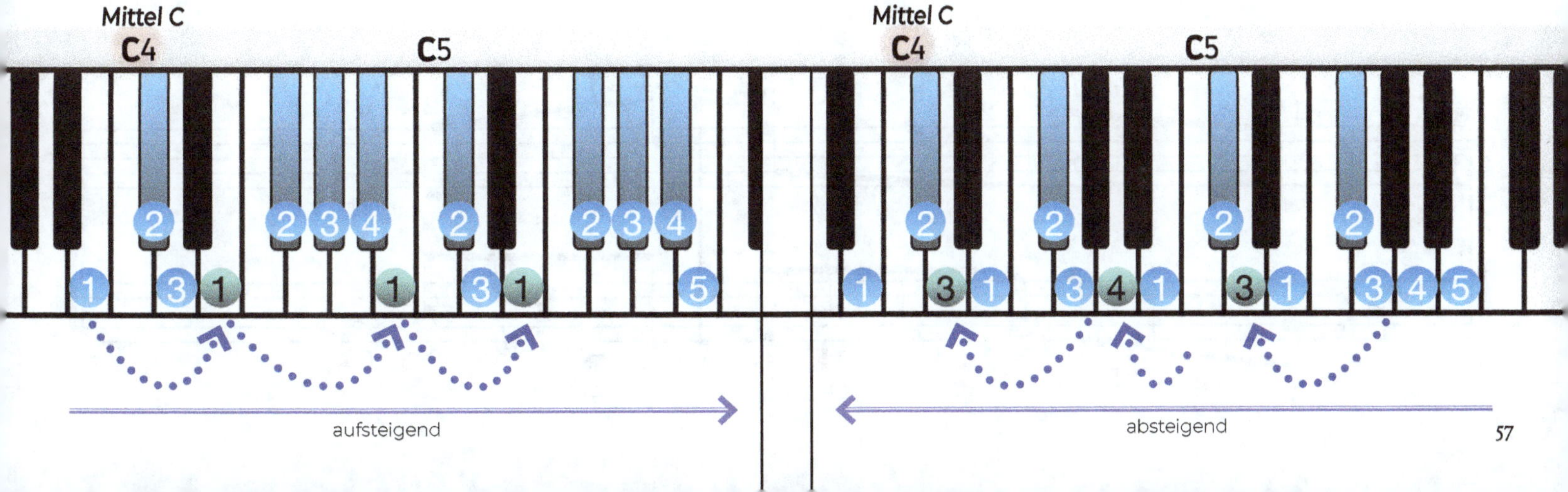

Mittel C
C4
C5

Mittel C
C4
C5

aufsteigend
absteigend

Aufsteigende Noten der Tonleiter:
H, Cis, D, E, Fis, Gis, Ais
H -Moll
(melod.) 1 Oktave
Beide Hände
Absteigende Noten der Tonleiter:
A, G, Fis, E, D, Cis, H
Mittel C
C4
C5
Rechte Hand
Mittel C
C4
C5
aufsteigend
absteigend
C3
C4
Linke Hand
C3
C4
Arpeggien
(gebrochene Akkorde)
I....... Versuche die Noten mit Variationen zu spielem, z.B. indem du eine Note weglässt, damit schaffst du 'Raum' in deiner Musik.
II....... Sei kreativ mit allen Noten aus der Tonleiter.
H -Moll
(melod.)
Arpeggien
Übungs Tipps
I....... Spiele zehn mal; Achte auf Vorzeichen
II...... Spiele die Hände einzeln, dann zusammen
III..... Benutze ein Metronom in verschied. Tempi

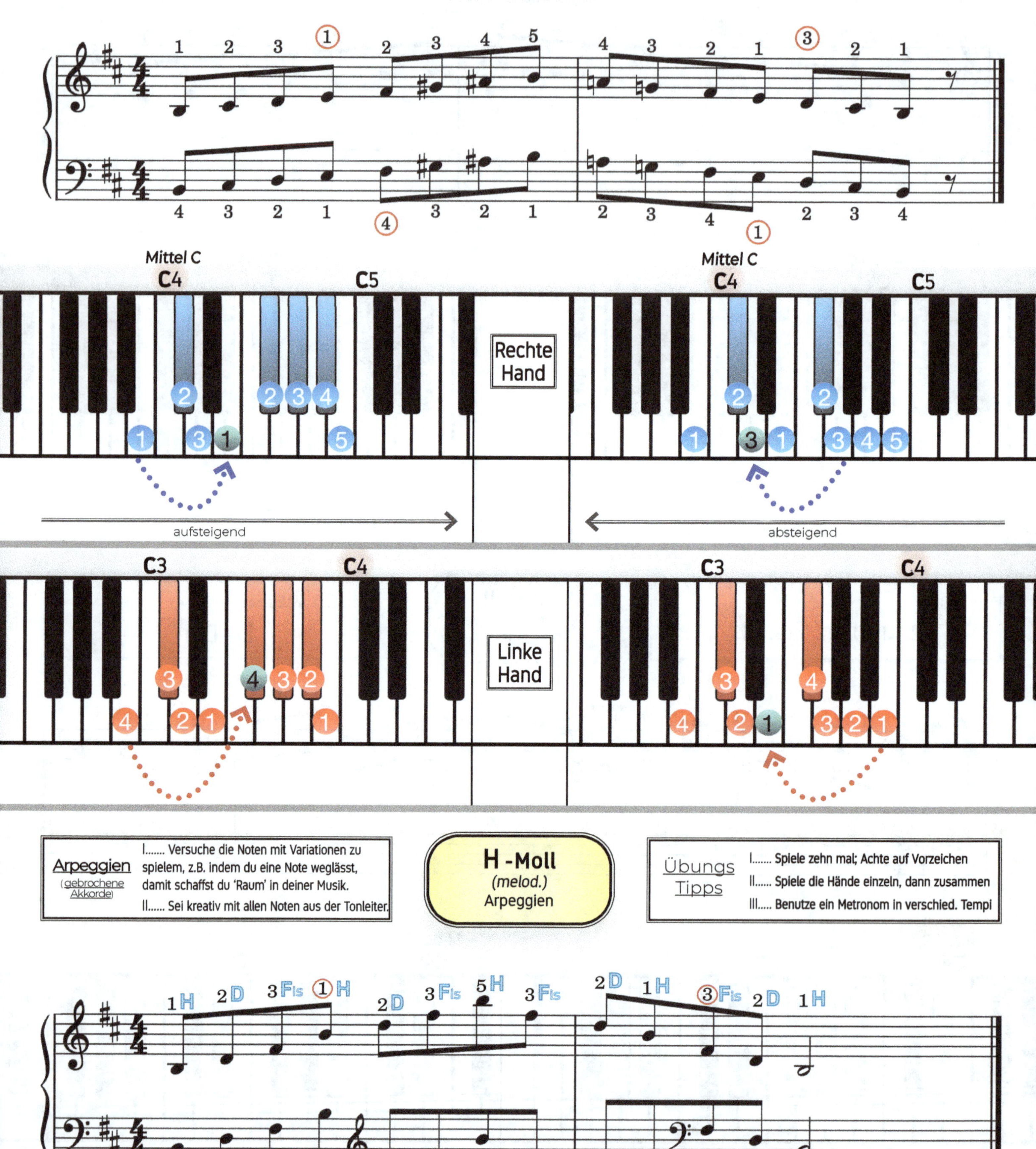

58

Aufsteigende Noten der Tonleiter:
Fis, Gis, A, H, Cis, Dis, Eis

Fis -Moll
(melod.) 1 Oktave
Linke Hand

Absteigende Noten der Tonleiter:
E, D, Cis, H, A, Gis, Fis

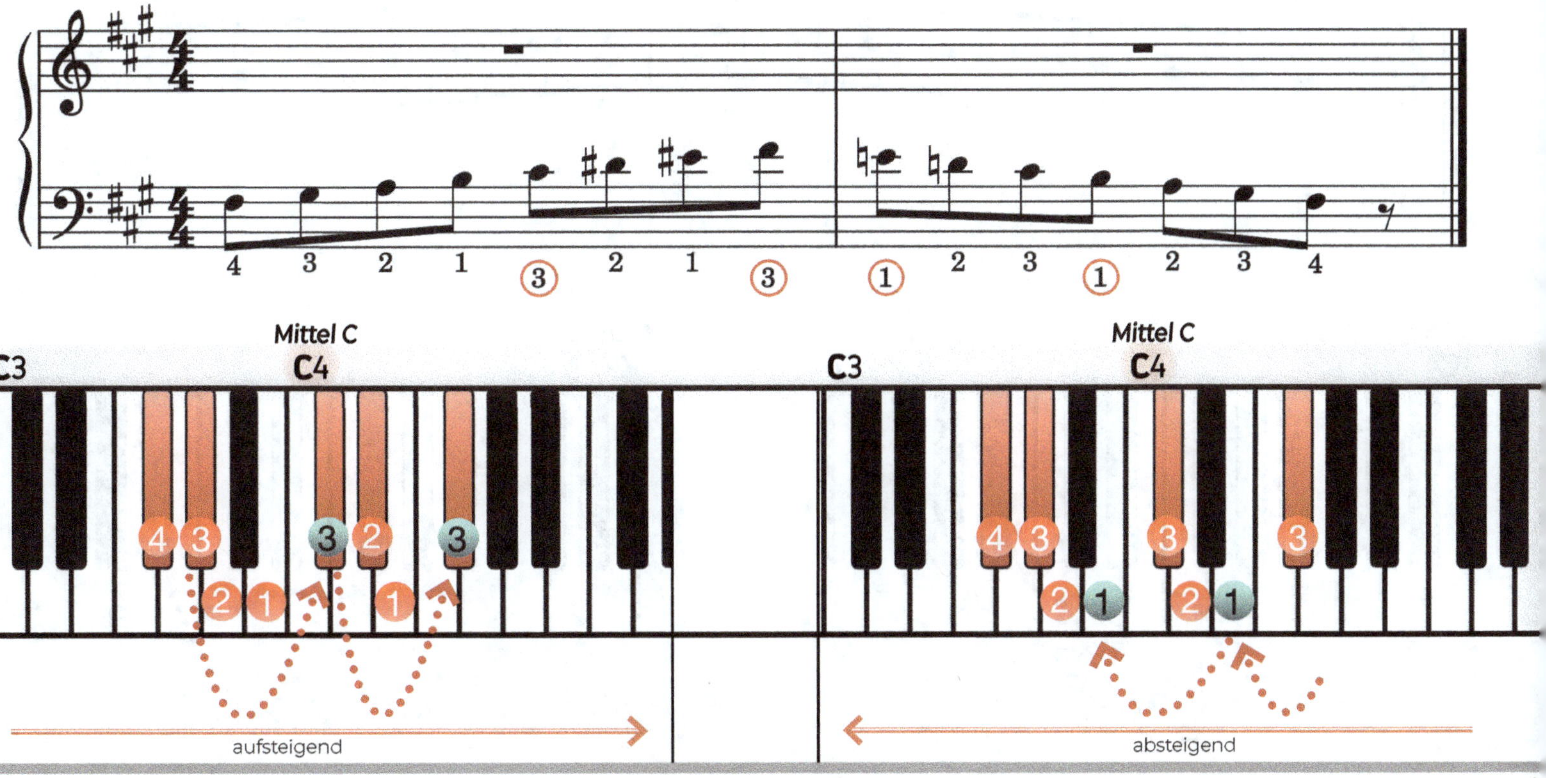

C3 Mittel C C4

aufsteigend

absteigend

Tonart:
3 Kreuze (Fis, Cis, Gis)

Fis -Moll
(melod.) 2 Oktaven
Linke Hand

Paralleltonart:
A - Dur

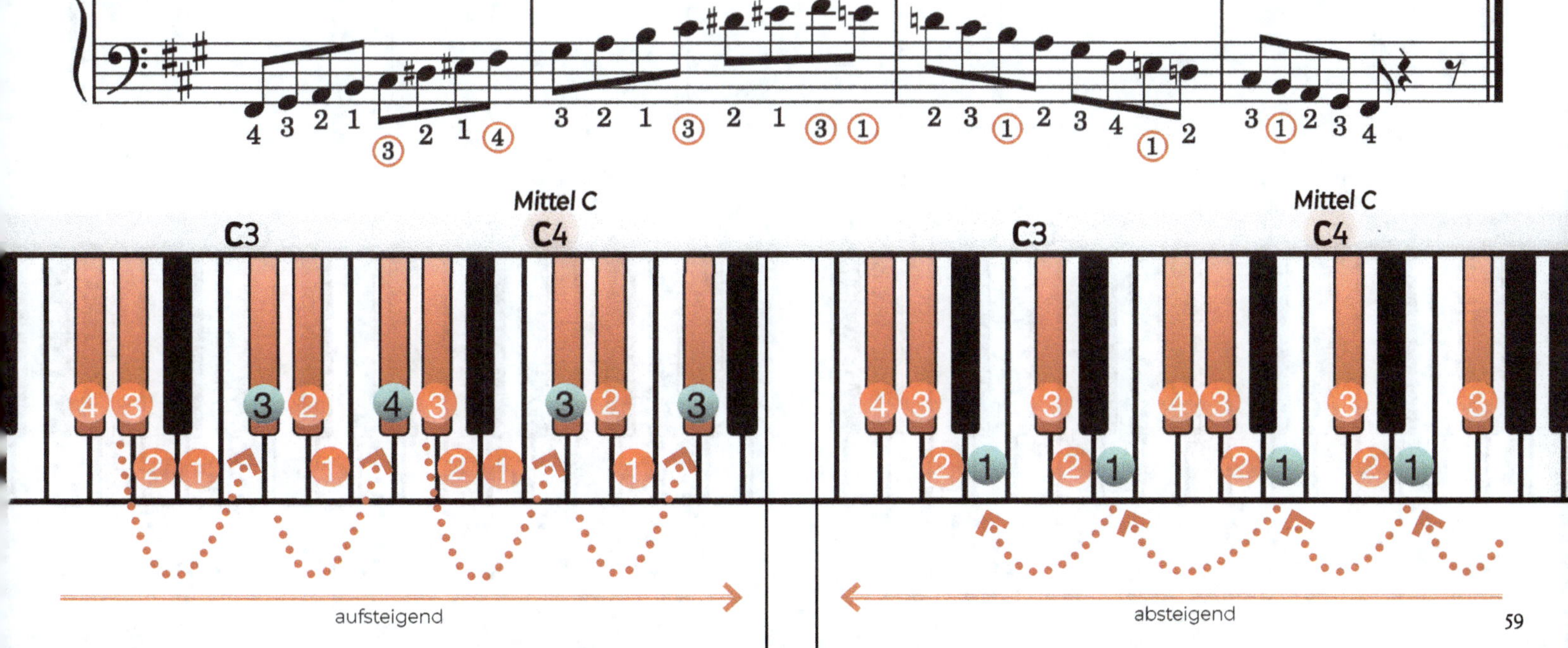

Aufsteigende Noten der Tonleiter:
Fis, Gis, A, H, Cis, Dis, Eis
Fis -Moll
(melod.) 1 Oktave
Rechte Hand
Absteigende Noten der Tonleiter:
E, D, Cis, H, A, Gis, Fis 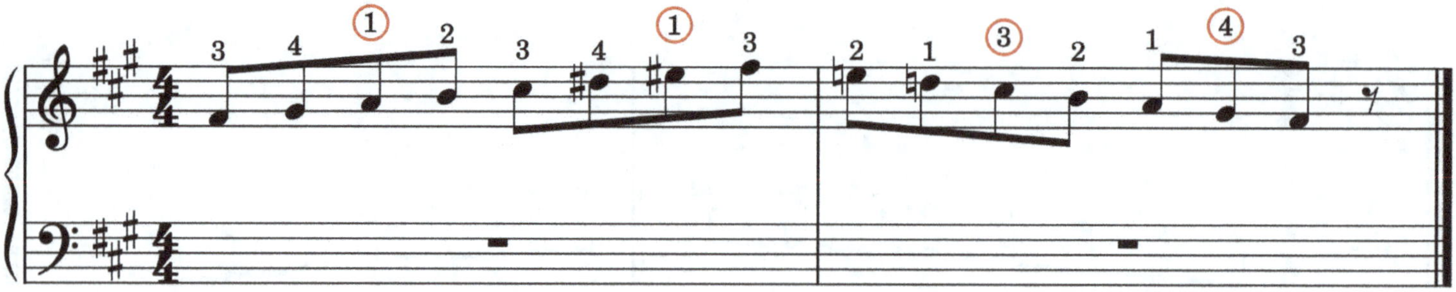 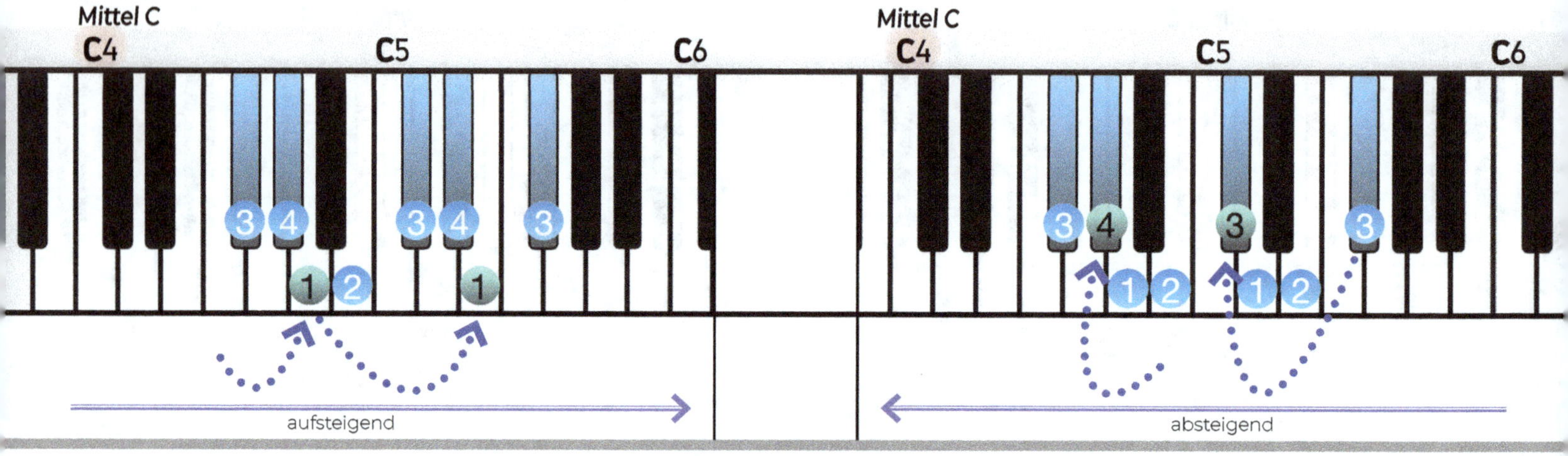
Mittel C
C4
C5
C6
aufsteigend
Mittel C
C4
C5
C6
absteigend
Tonart:
3 Kreuze (Fis, Cis, Gis)
Fis -Moll
(melod.) 2 Oktaven
Rechte Hand
Paralleltonart:
A - Dur
Mittel C
C4
C5
Mittel C
C4
C5
aufsteigend
absteigend

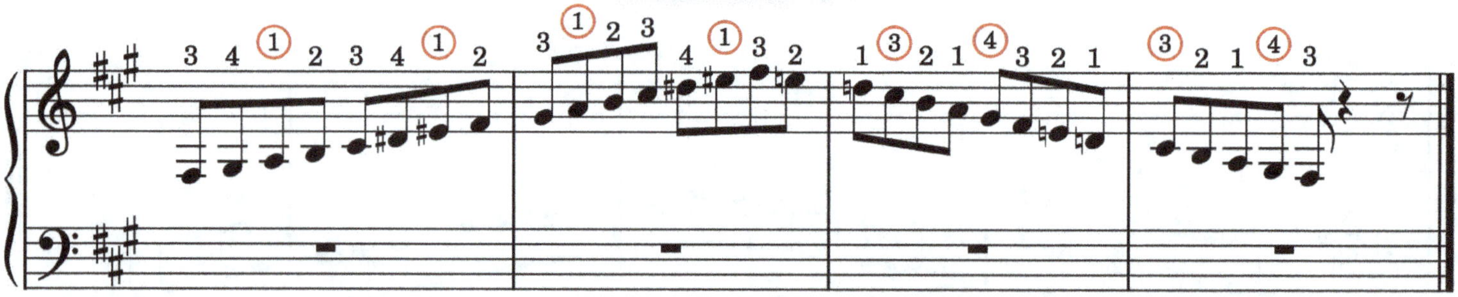

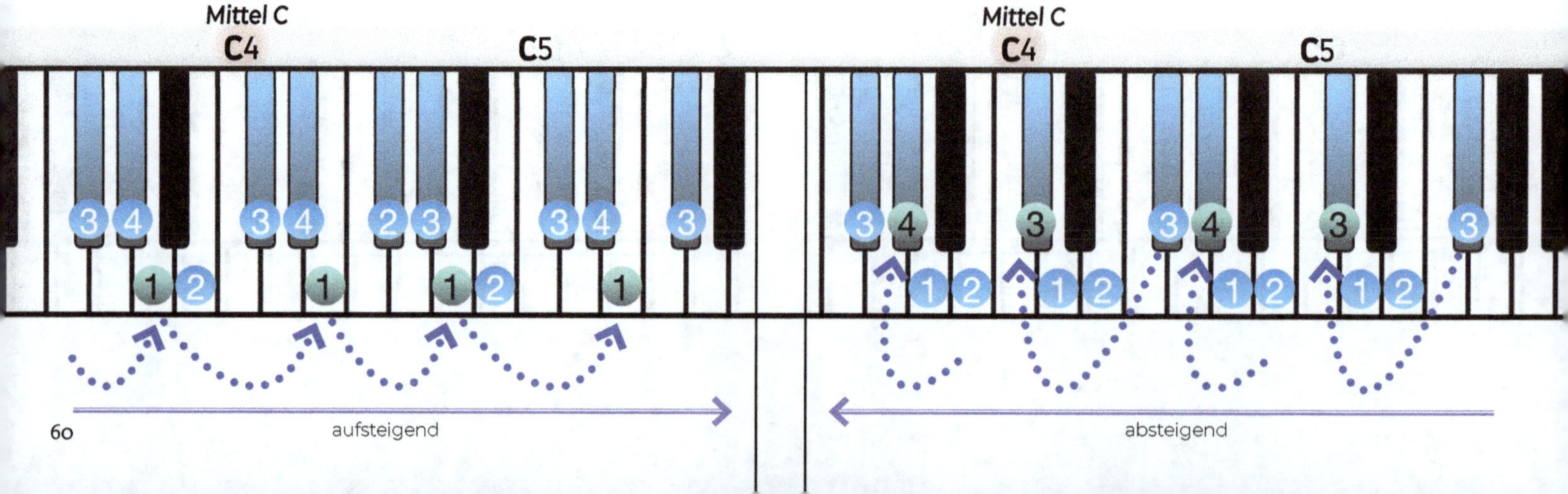

Aufsteigende Noten der Tonleiter:
Fis, Gis, A, H, Cis, Dis, Eis

Fis -Moll
(melod.) 1 Oktave
Beide Hände

Absteigende Noten der Tonleiter:
E, D, Cis, H, A, Gis, Fis

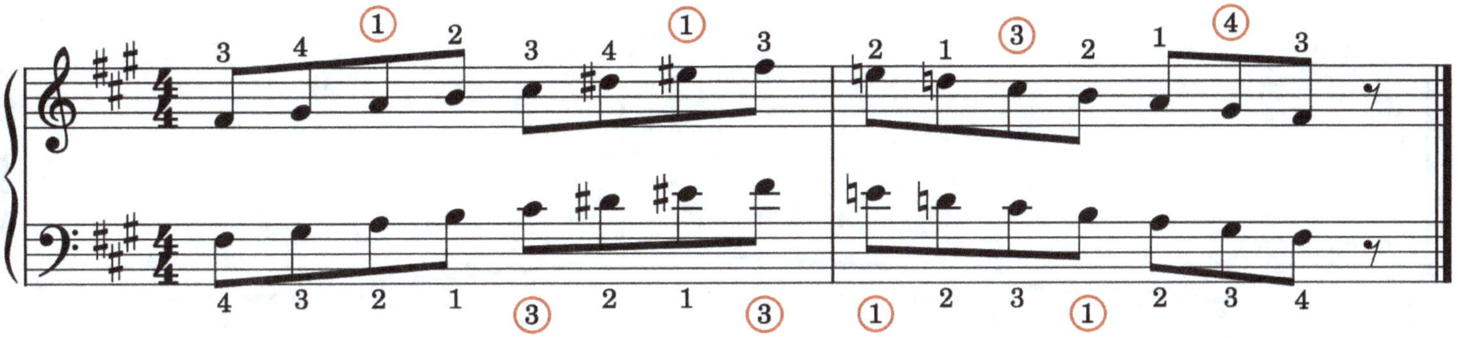

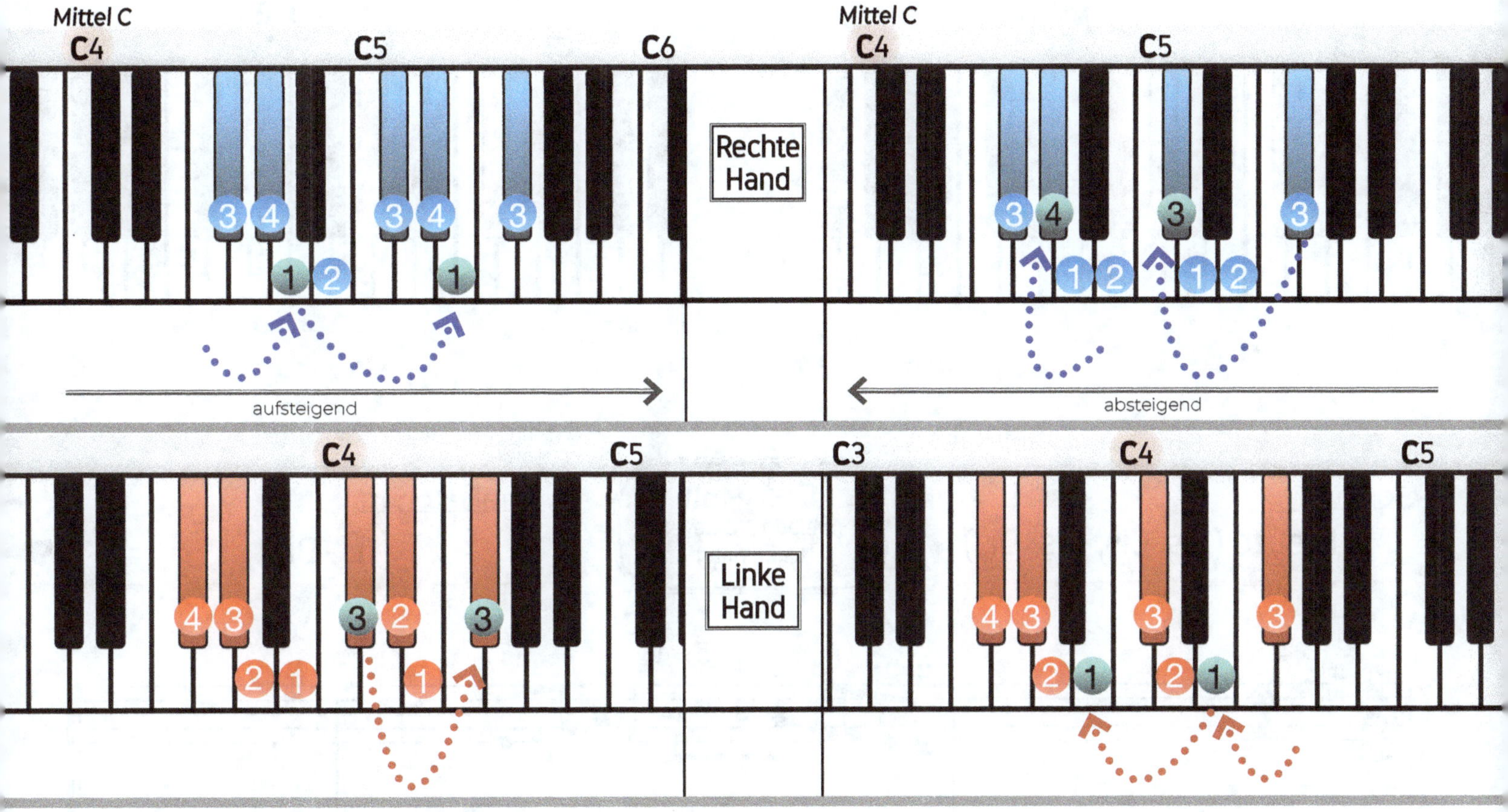

Mittel C
C4
C5
C6
Rechte Hand
aufsteigend
Mittel C
C4
C5
absteigend
C4
C5
Linke Hand
C3
C4
C5

Arpeggien
(gebrochene Akkorde)

I...... Versuche die Noten mit Variationen zu spielem, z.B. indem du eine Note weglässt, damit schaffst du 'Raum' in deiner Musik.
II...... Sei kreativ mit allen Noten aus der Tonleiter.

Fis -Moll
(melod.)
Arpeggien

Übungs Tipps

I...... Spiele zehn mal; Achte auf Vorzeichen
II...... Spiele die Hände einzeln, dann zusammen
III...... Benutze ein Metronom in verschied. Tempi

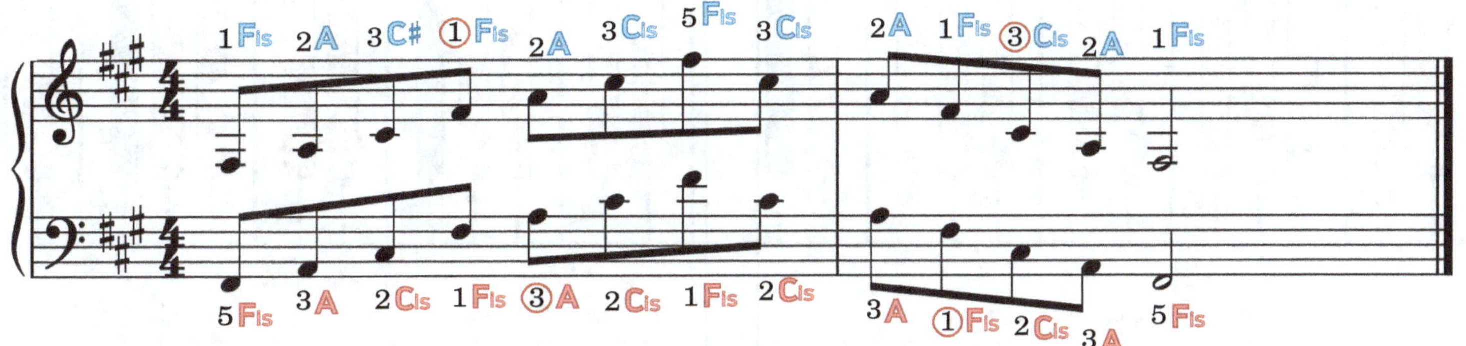
1 Fis   2 A   3 C#   1 Fis   2 A   3 Cis   5 Fis   3 Cis   2 A   1 Fis   3 Cis   2 A   1 Fis
5 Fis   3 A   2 Cis   1 Fis   3 A   2 Cis   1 Fis   2 Cis   3 A   1 Fis   2 Cis   3 A   5 Fis

Aufsteigende Noten der Tonleiter:
Cis, Dis, E, Fis, Gis, Ais, His
Cis -Moll
(melod.) 1 Oktave
Linke Hand
Absteigende Noten der Tonleiter:
H, A, Gis, Fis, E, Dis, Cis 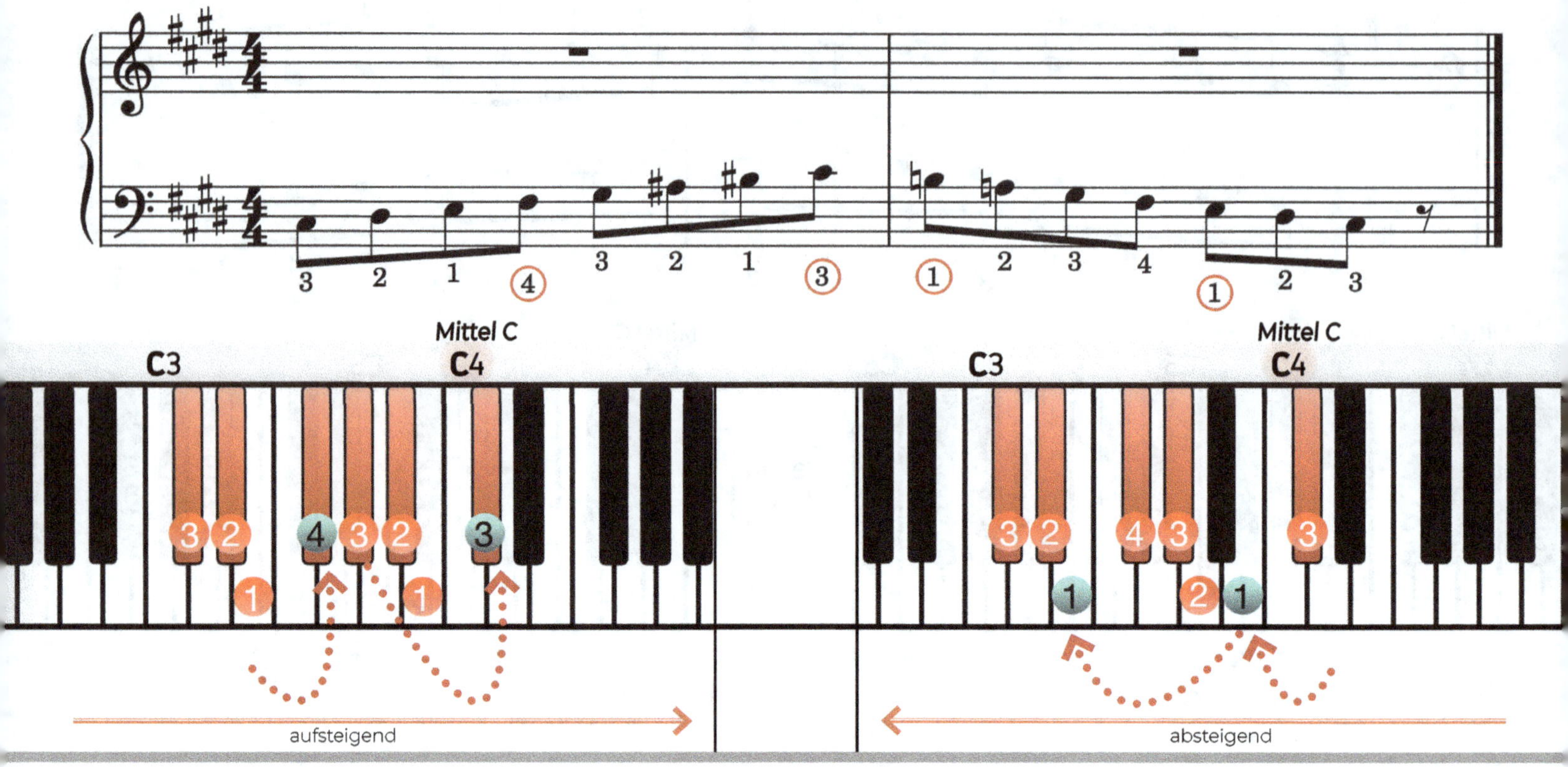
Mittel C
C3
C4
aufsteigend
Mittel C
C3
C4
absteigend
Tonart:
4 Kreuze (Fis, Cis, Gis, Dis)
Cis -Moll
(melod.) 2 Oktaven
Linke Hand
Paralleltonart:
E - Dur
Mittel C
C4
C5
C3
Mittel C
C4
C5
aufsteigend
absteigend

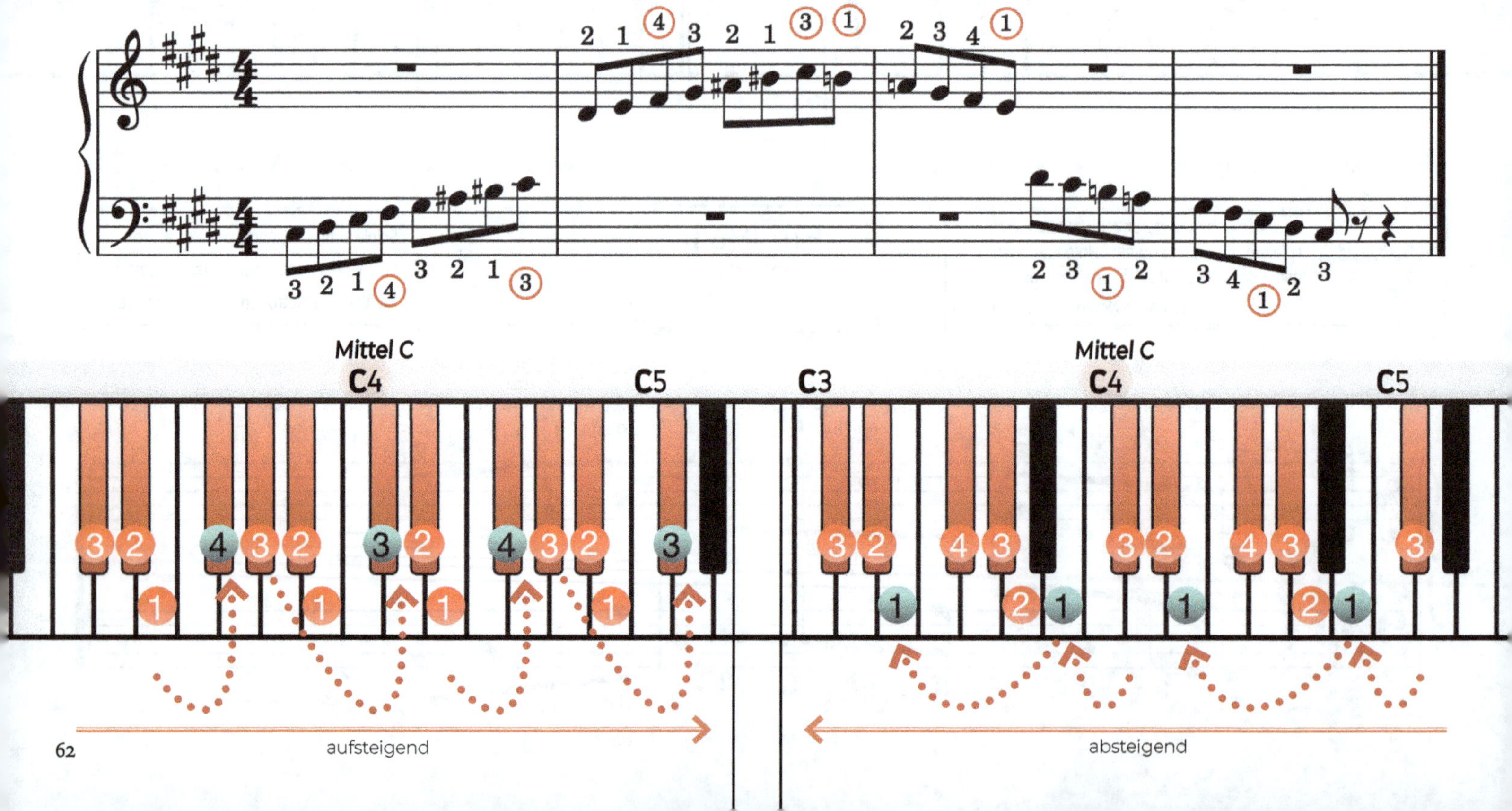

Aufsteigende Noten der Tonleiter:
Cis, Dis, E, Fis, Gis, Ais, His

Cis -Moll
(melod.) 1 Oktave
Rechte Hand

Absteigende Noten der Tonleiter:
H, A, Gis, Fis, E, Dis, Cis

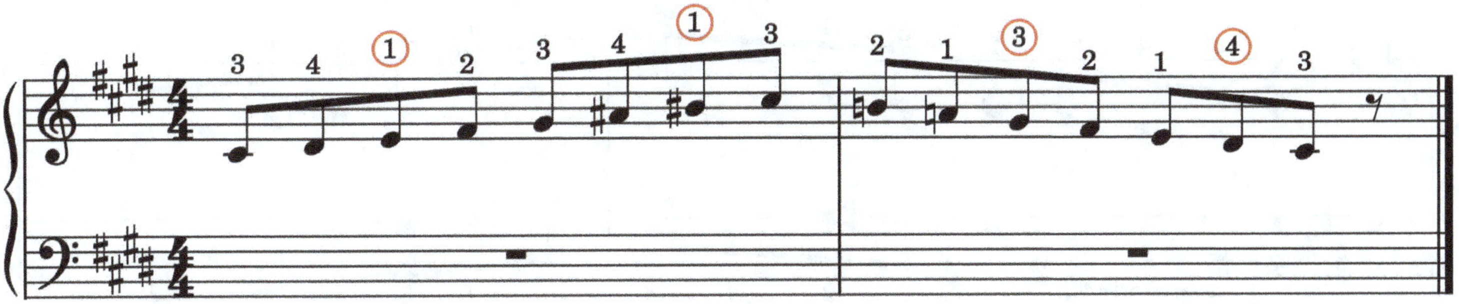

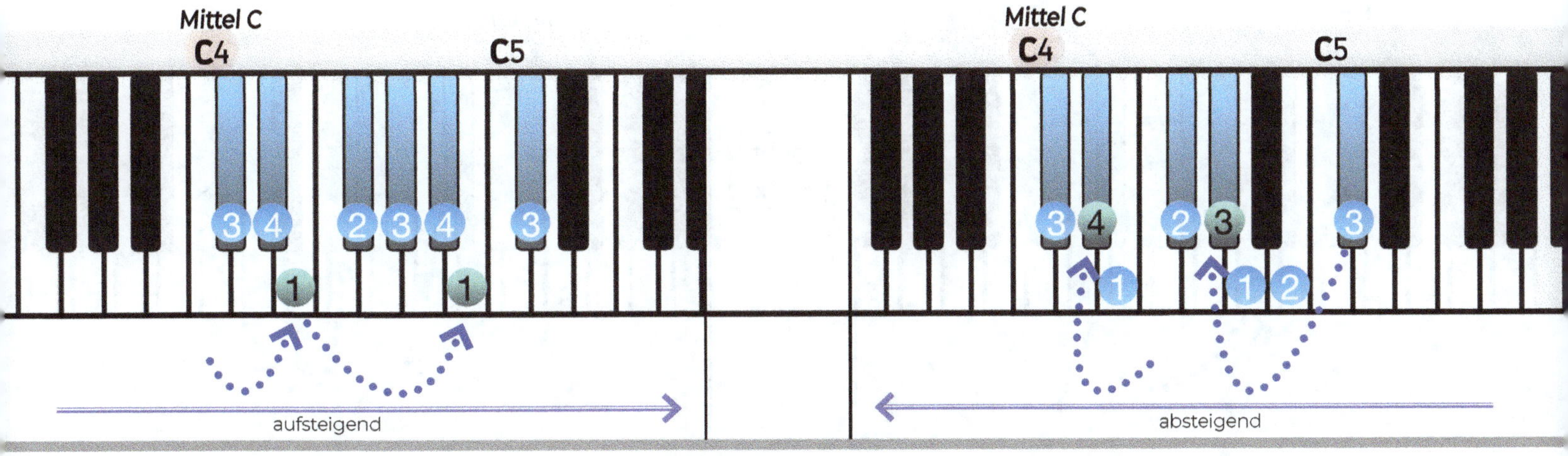

Mittel C
C4
C5
aufsteigend

Mittel C
C4
C5
absteigend

Tonart:
4 Kreuze (Fis, Cis, Gis, Dis)

Cis -Moll
(melod.) 2 Oktaven
Rechte Hand

Paralleltonart:
E - Dur

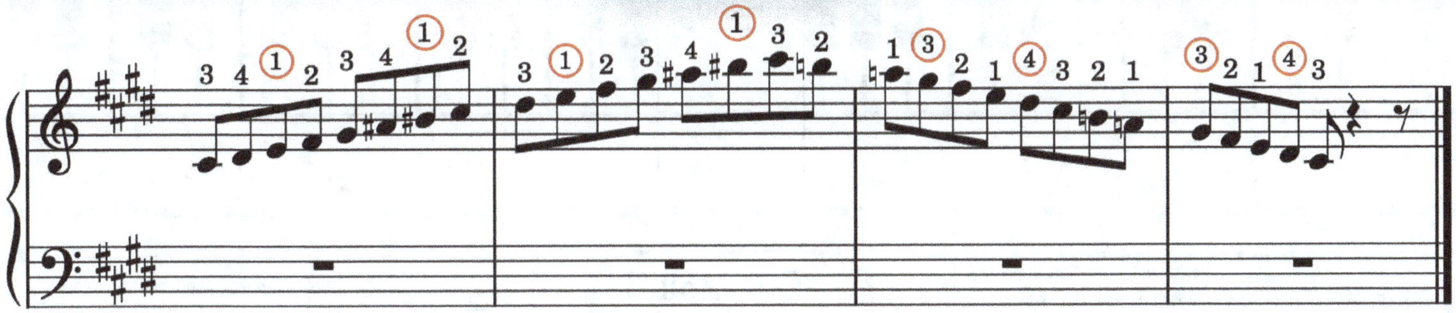

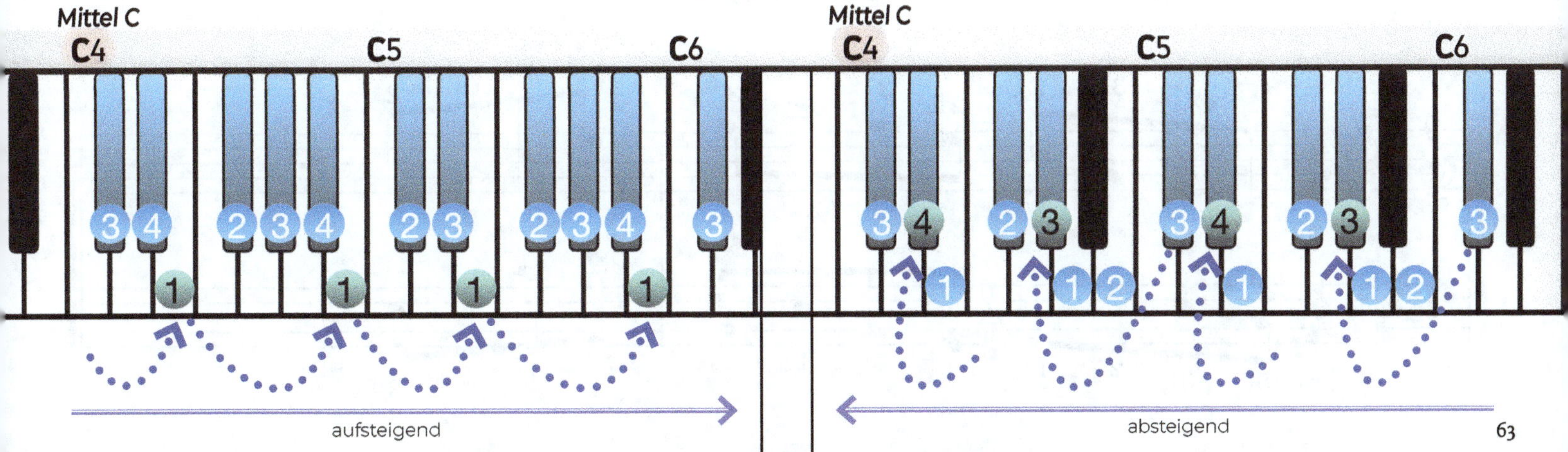

Mittel C
C4
C5
C6

Mittel C
C4
C5
C6

aufsteigend

absteigend

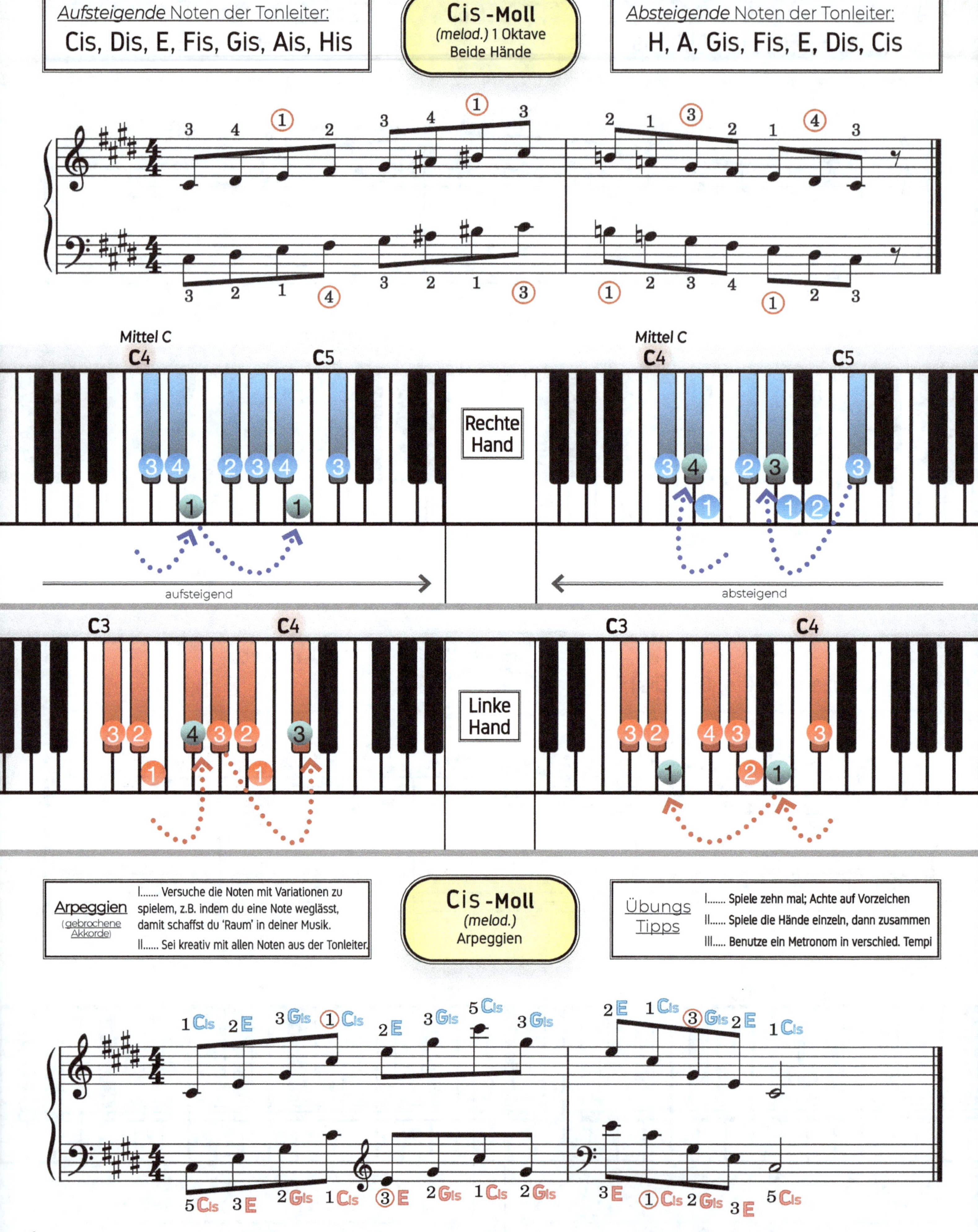

Aufsteigende Noten der Tonleiter:
Cis, Dis, E, Fis, Gis, Ais, His
Cis -Moll
(melod.) 1 Oktave
Beide Hände
Absteigende Noten der Tonleiter:
H, A, Gis, Fis, E, Dis, Cis
Mittel C
C4
C5
Rechte Hand
aufsteigend
Mittel C
C4
C5
absteigend
C3
C4
Linke Hand
C3
C4
Arpeggien
(gebrochene Akkorde)
I...... Versuche die Noten mit Variationen zu spielem, z.B. indem du eine Note weglässt, damit schaffst du 'Raum' in deiner Musik.
II...... Sei kreativ mit allen Noten aus der Tonleiter.
Cis -Moll
(melod.)
Arpeggien
Übungs Tipps
I...... Spiele zehn mal; Achte auf Vorzeichen
II...... Spiele die Hände einzeln, dann zusammen
III...... Benutze ein Metronom in verschied. Tempi
1 Cis 2 E 3 Gis 1 Cis 2 E 3 Gis 5 Cis 3 Gis
2 E 1 Cis 3 Gis 2 E 1 Cis
5 Cis 3 E 2 Gis 1 Cis 3 E 2 Gis 1 Cis 2 Gis
3 E 1 Cis 2 Gis 3 E 5 Cis

Aufsteigende Noten der Tonleiter:
Gis, Ais, H, Cis, Dis, Eis, Fisis

Gis -Moll
(melod.) 1 Oktave
Linke Hand

Absteigende Noten der Tonleiter:
Fis, E, Dis, Cis, H, Ais, Gis

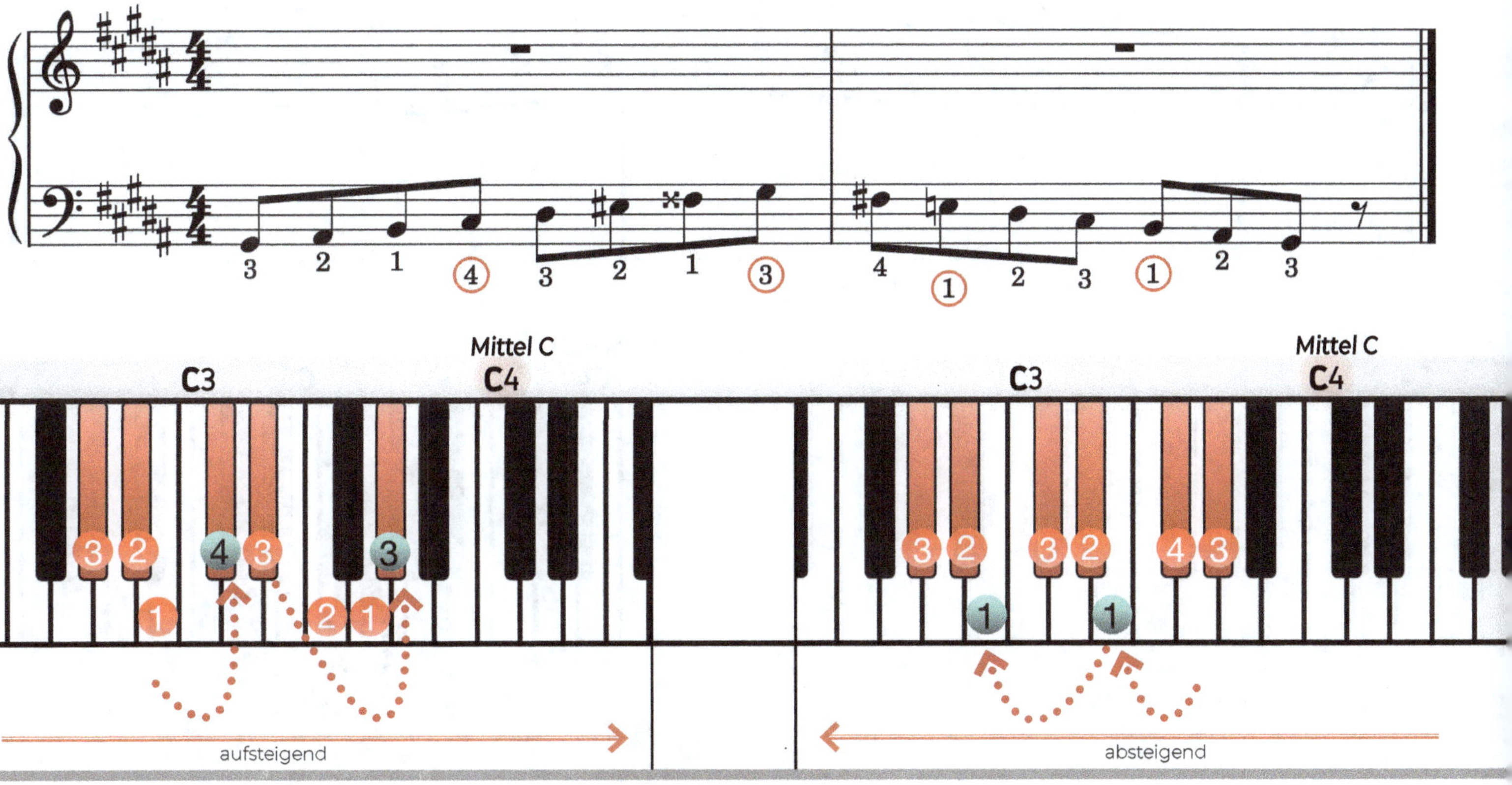

C3
Mittel C
C4
C3
Mittel C
C4

aufsteigend
absteigend

Tonart:
5 Kreuze (Fis, Cis, Gis, Dis, Ais)

Gis -Moll
(melod.) 2 Oktaven
Linke Hand

Paralleltonart:
H - Dur

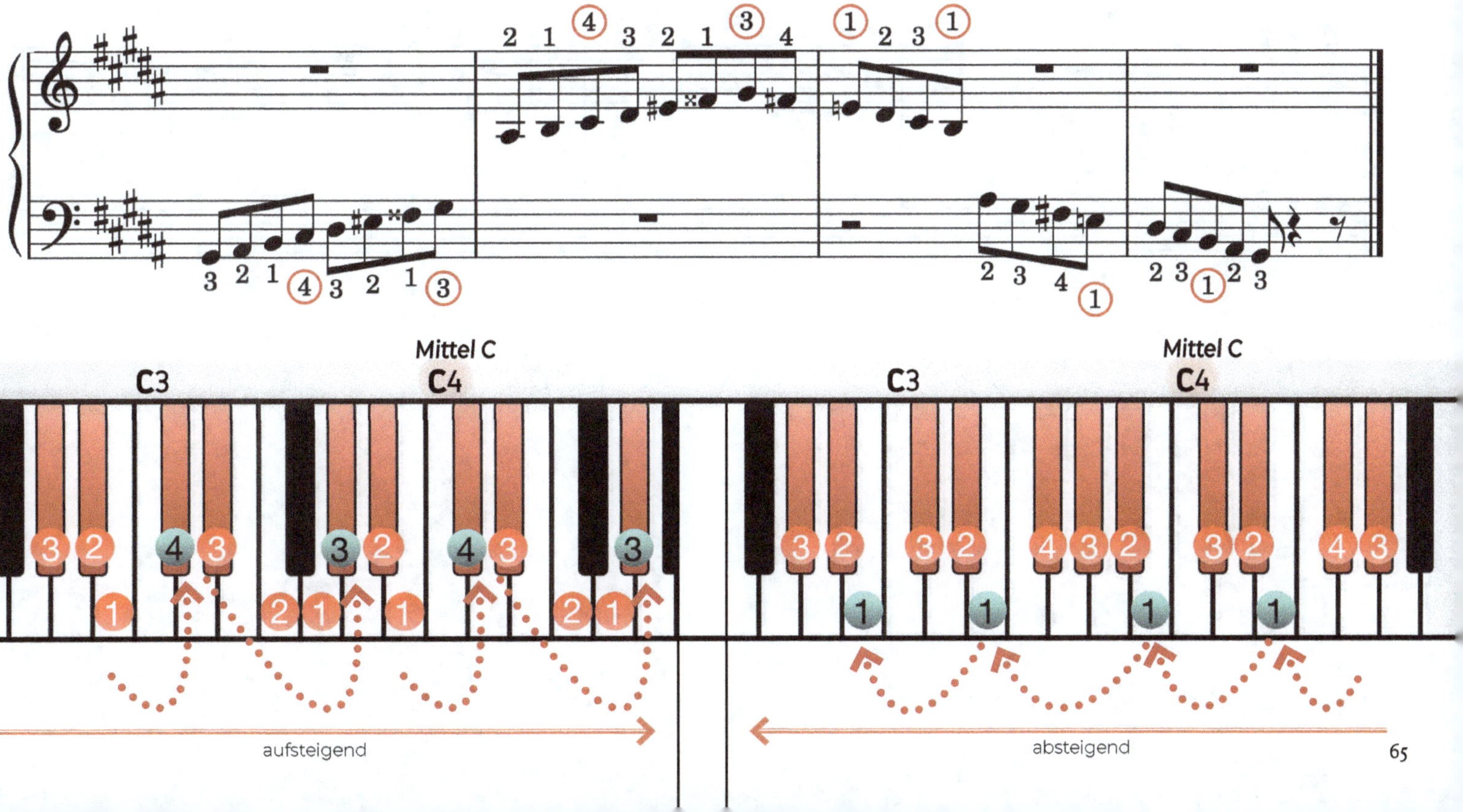

C3
Mittel C
C4
C3
Mittel C
C4

aufsteigend
absteigend

Aufsteigende Noten der Tonleiter:
Gis, Ais, H, Cis, Dis, Eis, Fisis

Gis -Moll
(melod.) 1 Oktave
Rechte Hand

Absteigende Noten der Tonleiter:
Fis, E, Dis, Cis, H, Ais, Gis

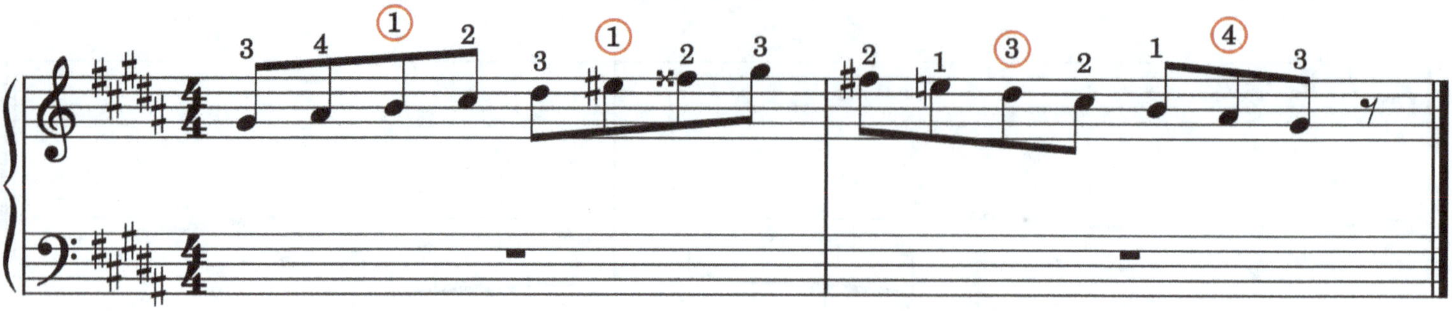

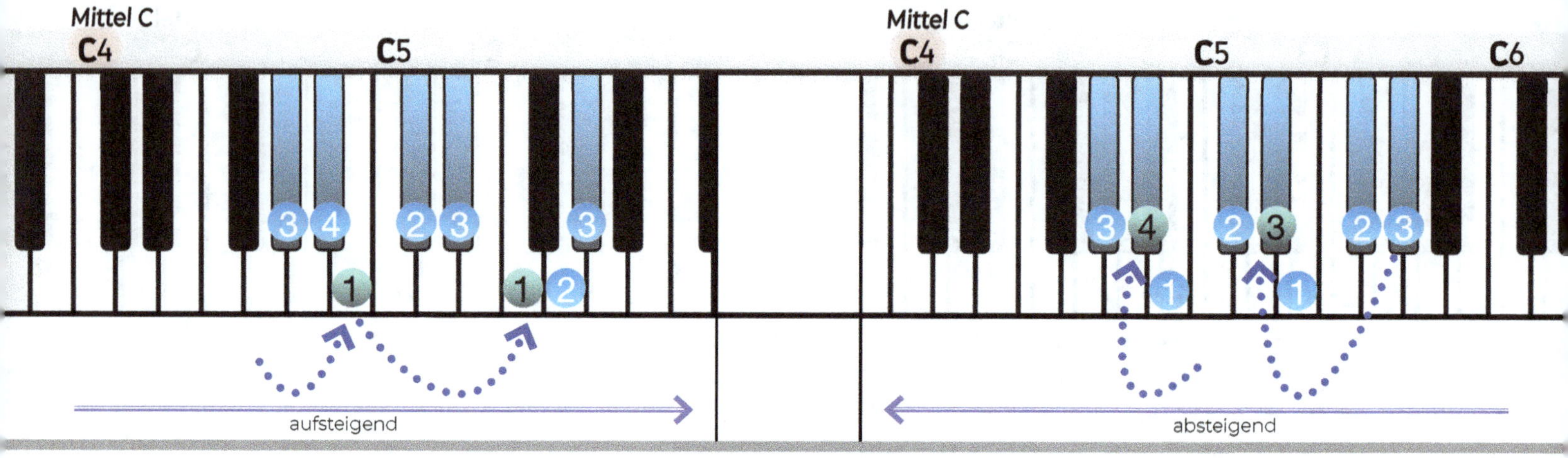

Mittel C
C4
C5

Mittel C
C4
C5
C6

aufsteigend

absteigend

Tonart:
5 Kreuze (Fis, Cis, Gis, Dis, Ais)

Gis -Moll
(melod.) 2 Oktaven
Rechte Hand

Paralleltonart:
H - Dur

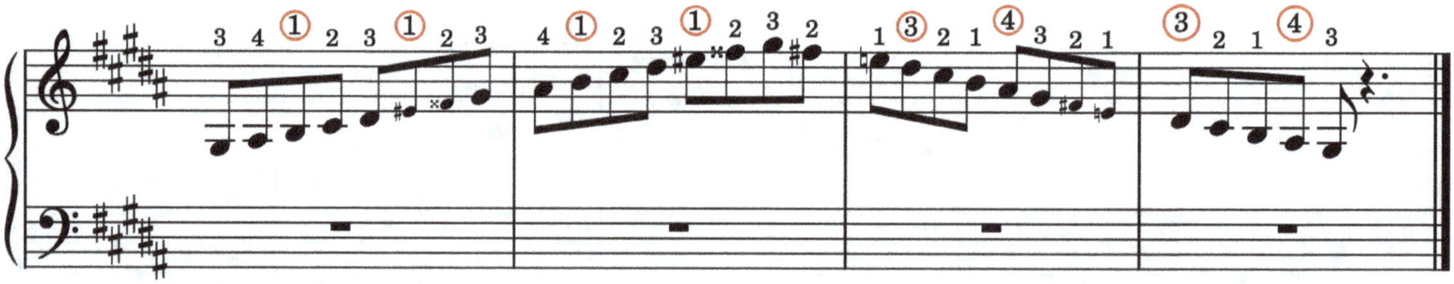

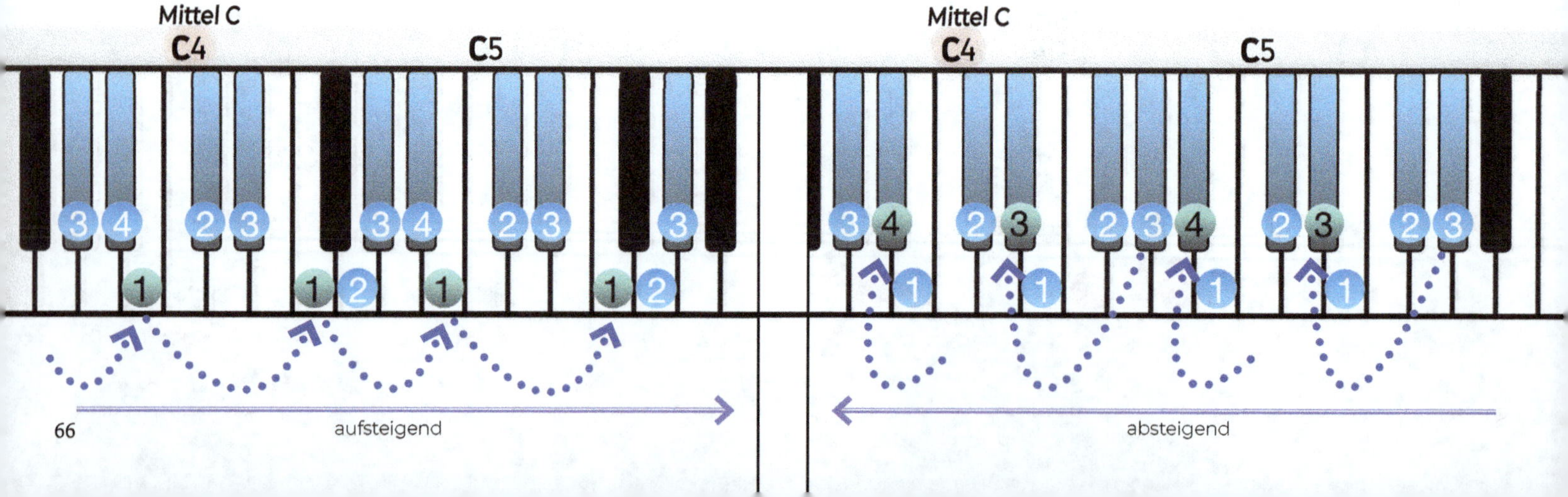

Mittel C
C4
C5

Mittel C
C4
C5

aufsteigend

absteigend

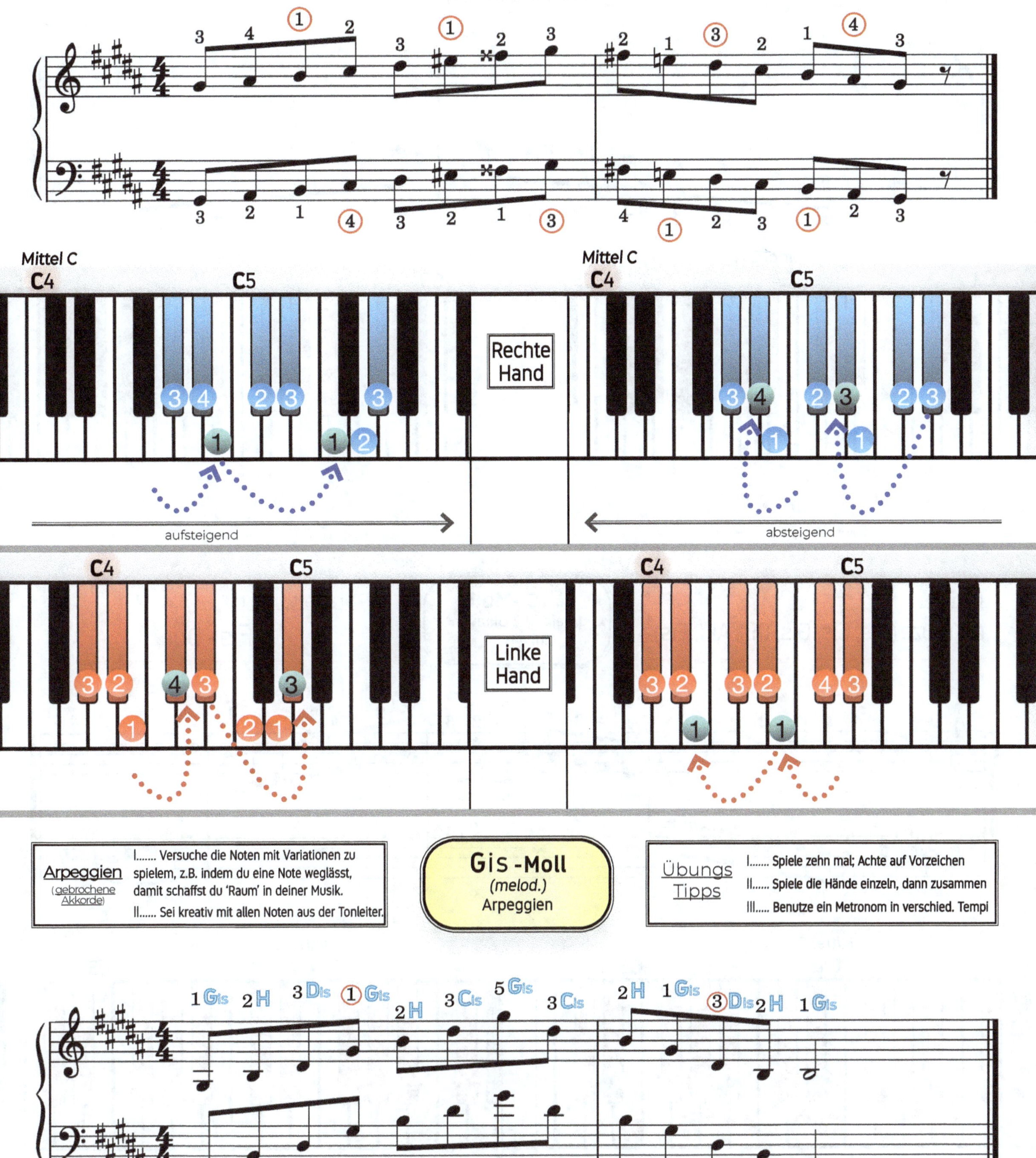

Aufsteigende Noten der Tonleiter:
Gis, Ais, H, Cis, Dis, Eis, Fisis
Gis -Moll
(melod.) 1 Oktave
Beide Hände
Absteigende Noten der Tonleiter:
Fis, E, Dis, Cis, H, Ais, Gis
Mittel C
C4
C5
Rechte Hand
aufsteigend
absteigend
C4
C5
Linke Hand
Arpeggien
(gebrochene Akkorde)
I....... Versuche die Noten mit Variationen zu spielem, z.B. indem du eine Note weglässt, damit schaffst du 'Raum' in deiner Musik.
II...... Sei kreativ mit allen Noten aus der Tonleiter.
Gis -Moll
(melod.)
Arpeggien
Übungs Tipps
I....... Spiele zehn mal; Achte auf Vorzeichen
II...... Spiele die Hände einzeln, dann zusammen
III..... Benutze ein Metronom in verschied. Tempi
1 Gis 2 H 3 Dis 1 Gis 2 H 3 Cis 5 Gis 3 Cis
2 H 1 Gis 3 Dis 2 H 1 Gis
5 Gis 3 H 2 Dis 1 Gis 3 H 2 Cis 1 Gis 2 Cis
3 H 1 Gis 2 Dis 3 H

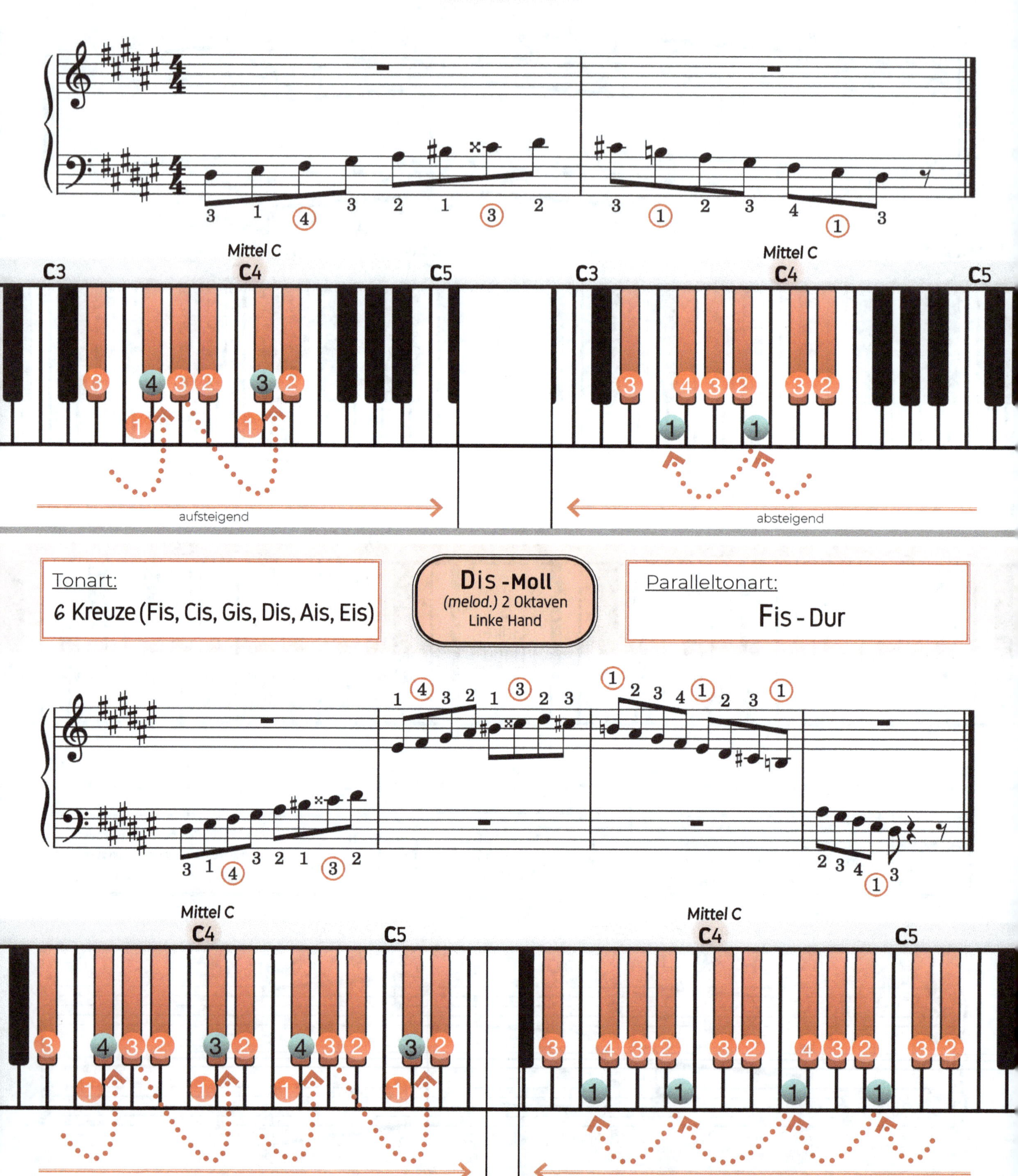

Aufsteigende Noten der Tonleiter:
Dis, Eis, Fis, Gis, Ais, His, Cisis
Dis -Moll
(melod.) 1 Oktave
Linke Hand
Absteigende Noten der Tonleiter:
Cis, H, Ais, Gis, Fis, Eis, Dis
C3
Mittel C
C4
C5
C3
Mittel C
C4
C5
aufsteigend
absteigend
Tonart:
6 Kreuze (Fis, Cis, Gis, Dis, Ais, Eis)
Dis -Moll
(melod.) 2 Oktaven
Linke Hand
Paralleltonart:
Fis - Dur
Mittel C
C4
C5
Mittel C
C4
C5
aufsteigend
absteigend
68

Aufsteigende Noten der Tonleiter:
Dis, Eis, Fis, Gis, Ais, His, Cisis

Dis - Moll
(melod.) 1 Oktave
Rechte Hand

Absteigende Noten der Tonleiter:
Cis, H, Ais, Gis, Fis, Eis, Dis

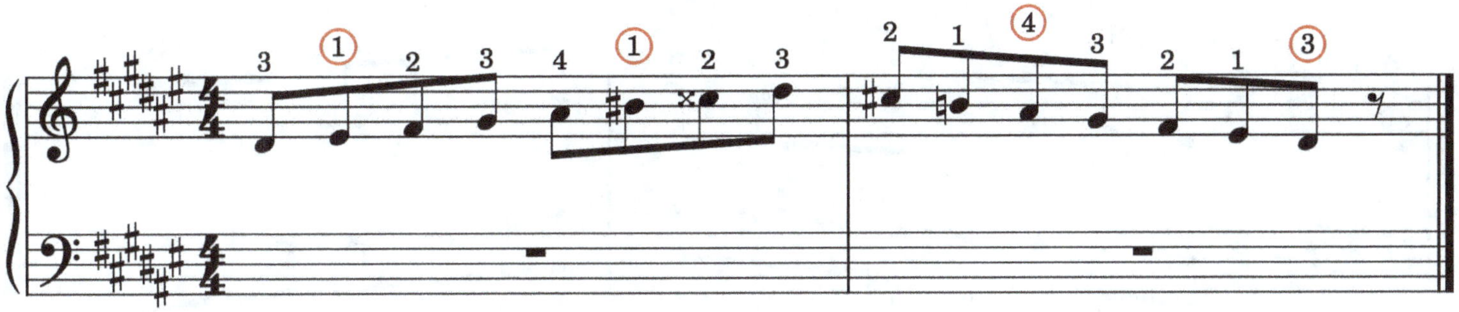

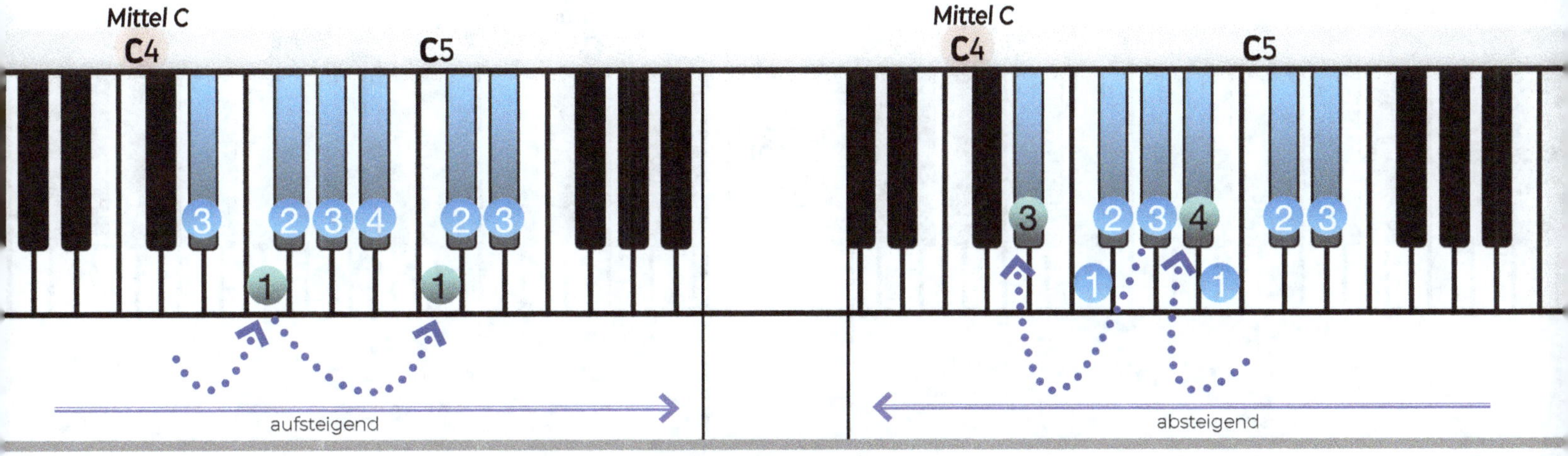

Mittel C
C4
C5
aufsteigend

Mittel C
C4
C5
absteigend

Tonart:
6 Kreuze (Fis, Cis, Gis, Dis, Ais, Eis)

Dis - Moll
(melod.) 2 Oktaven
Rechte Hand

Paralleltonart:
Fis - Dur

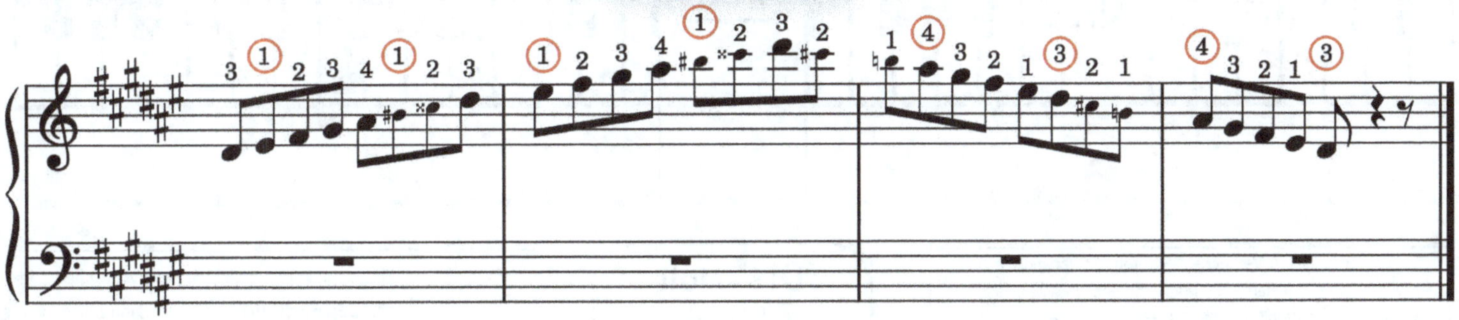

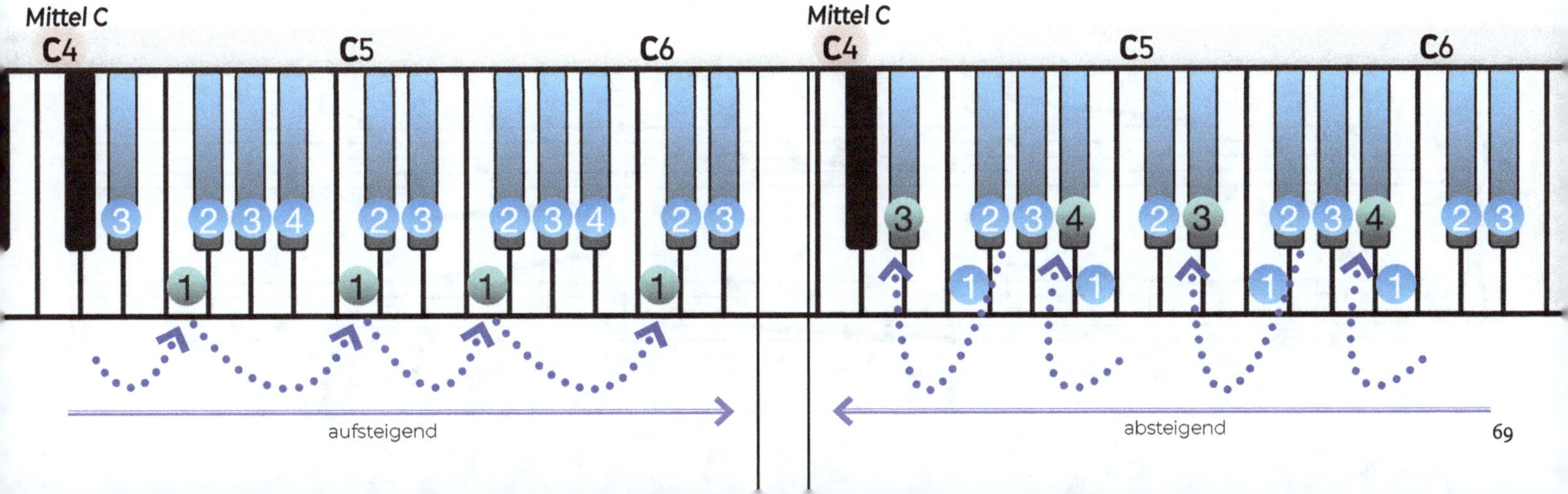

Mittel C
C4
C5
C6

Mittel C
C4
C5
C6

aufsteigend
absteigend

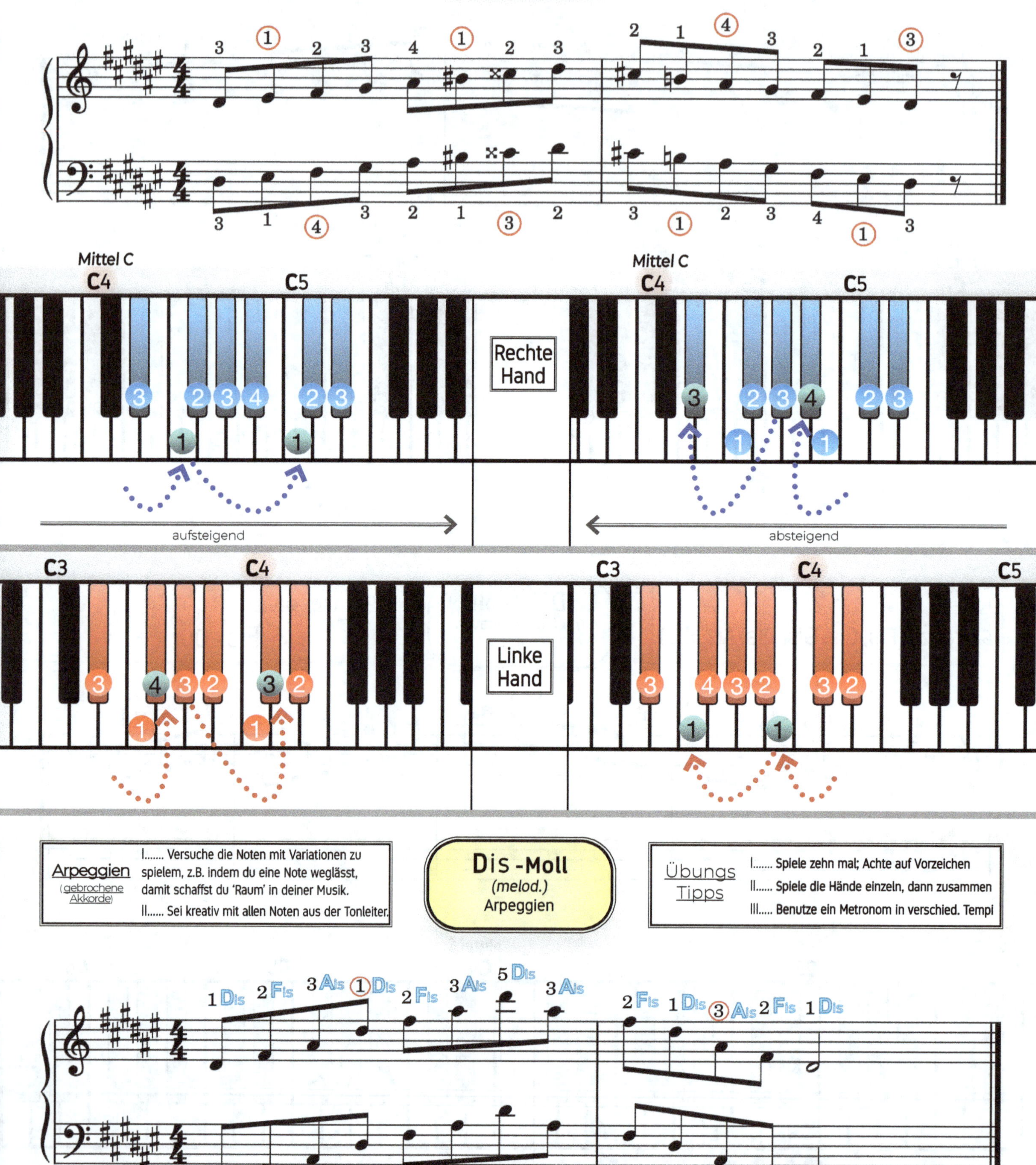

Aufsteigende Noten der Tonleiter:
Dis, Eis, Fis, Gis, Ais, His, Cisis
Dis -Moll
(melod.) 1 Oktave
Beide Hände
Absteigende Noten der Tonleiter:
Cis, H, Ais, Gis, Fis, Eis, Dis
Mittel C
C4
C5
Rechte Hand
aufsteigend
Mittel C
C4
C5
absteigend
C3
C4
C5
Linke Hand
C3
C4
C5
Arpeggien
(gebrochene Akkorde)
I....... Versuche die Noten mit Variationen zu spielem, z.B. indem du eine Note weglässt, damit schaffst du 'Raum' in deiner Musik.
II...... Sei kreativ mit allen Noten aus der Tonleiter.
Dis -Moll
(melod.)
Arpeggien
Übungs Tipps
I....... Spiele zehn mal; Achte auf Vorzeichen
II...... Spiele die Hände einzeln, dann zusammen
III..... Benutze ein Metronom in verschied. Tempi
1 Dis 2 Fis 3 Ais 1 Dis 2 Fis 3 Ais 5 Dis 3 Ais
2 Fis 1 Dis 3 Ais 2 Fis 1 Dis
5 Dis 4 Fis 2 Ais 1 Dis 4 Fis 2 Ais 1 Dis 2 Ais
4 Fis 1 Dis 2 Ais 4 Fis 5 Dis

MELODISCHE
MOLL - TONLEITERN

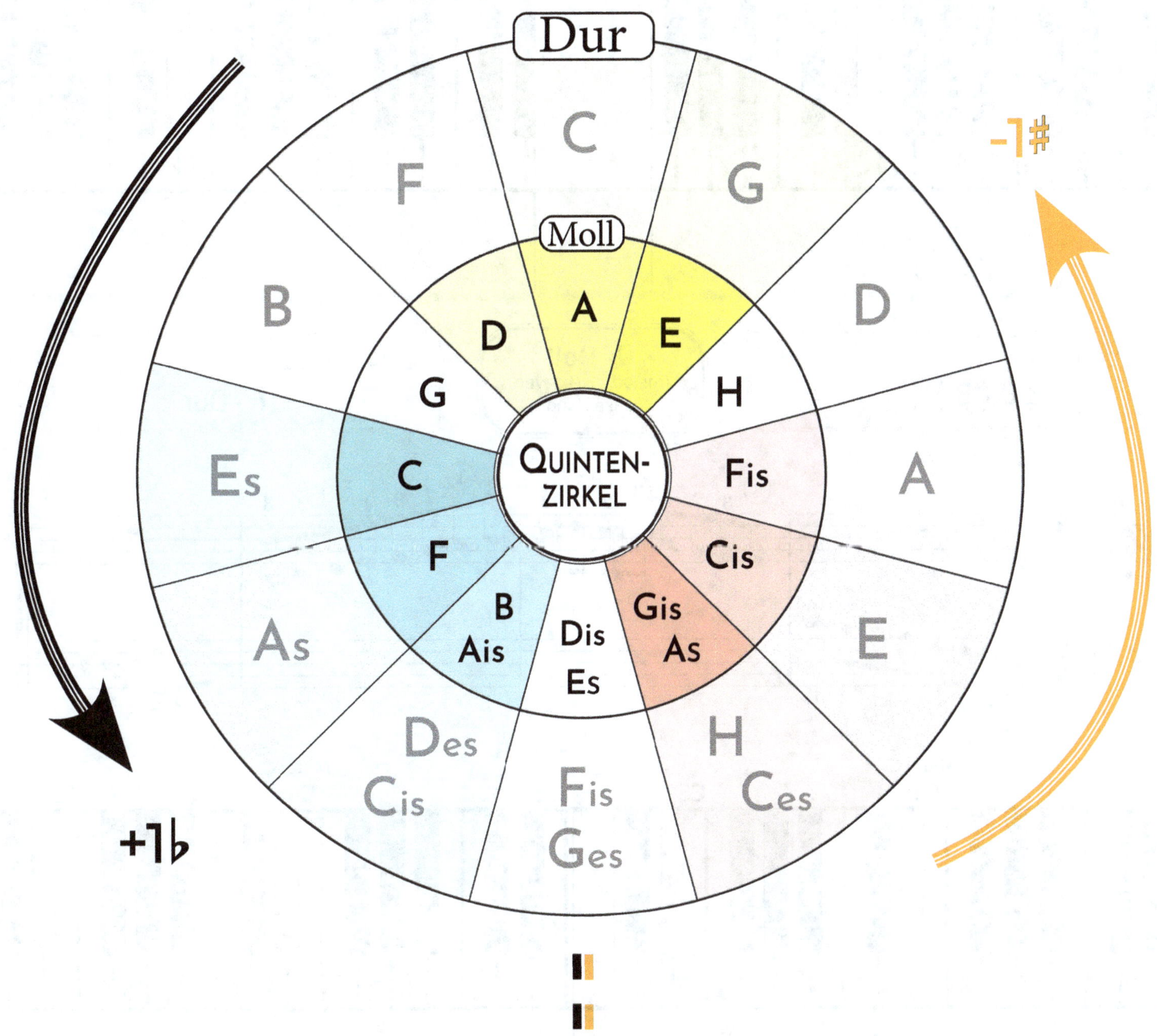

Zu enharmonischen Tonleitern (s.S.6). Hier verwenden wir Ais-Moll und Es-Moll.

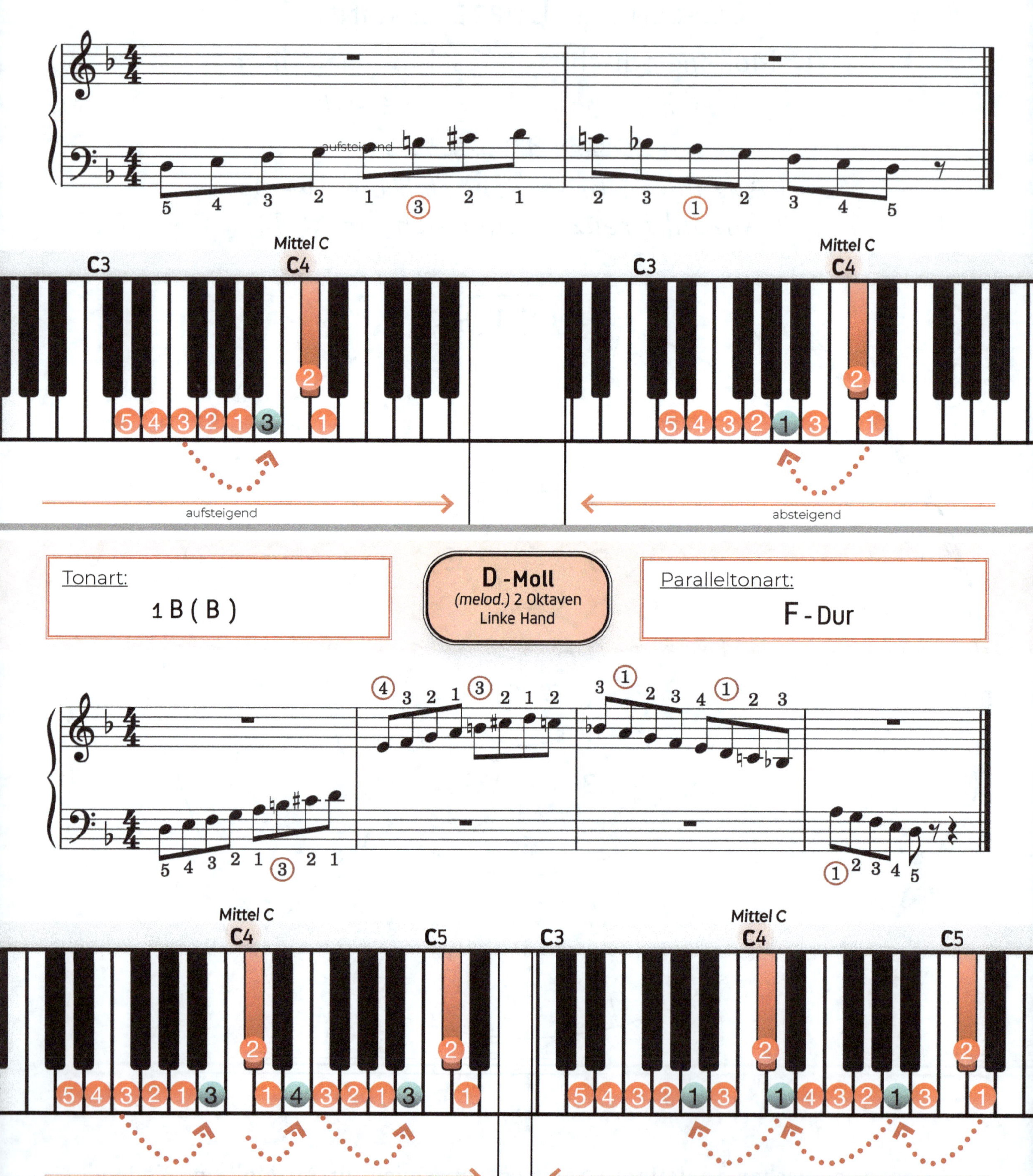

Aufsteigende Noten der Tonleiter:
D, E, F, G, A, B, Cis
D - Moll
(melod.) 1 Oktave
Linke Hand
Absteigende Noten der Tonleiter:
C, B, A, G, F, E, D
aufsteigend
C3
Mittel C
C4
aufsteigend
C3
Mittel C
C4
absteigend
Tonart:
1 B (B)
D - Moll
(melod.) 2 Oktaven
Linke Hand
Paralleltonart:
F - Dur
Mittel C
C4
C5
C3
Mittel C
C4
C5
aufsteigend
absteigend

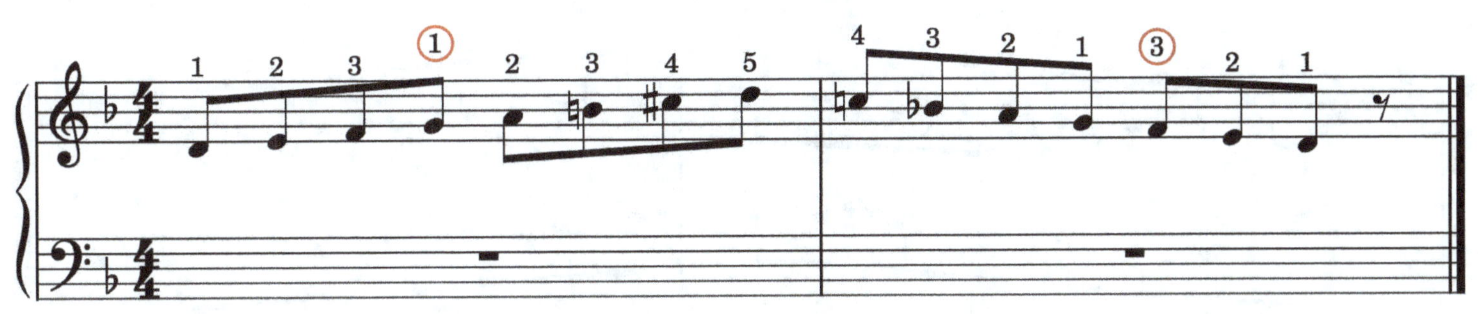

Aufsteigende Noten der Tonleiter:
D, E, F, G, A, B, Cis
D -Moll
(melod.) 1 Oktave
Rechte Hand
Absteigende Noten der Tonleiter:
C, B, A, G, F, E, D

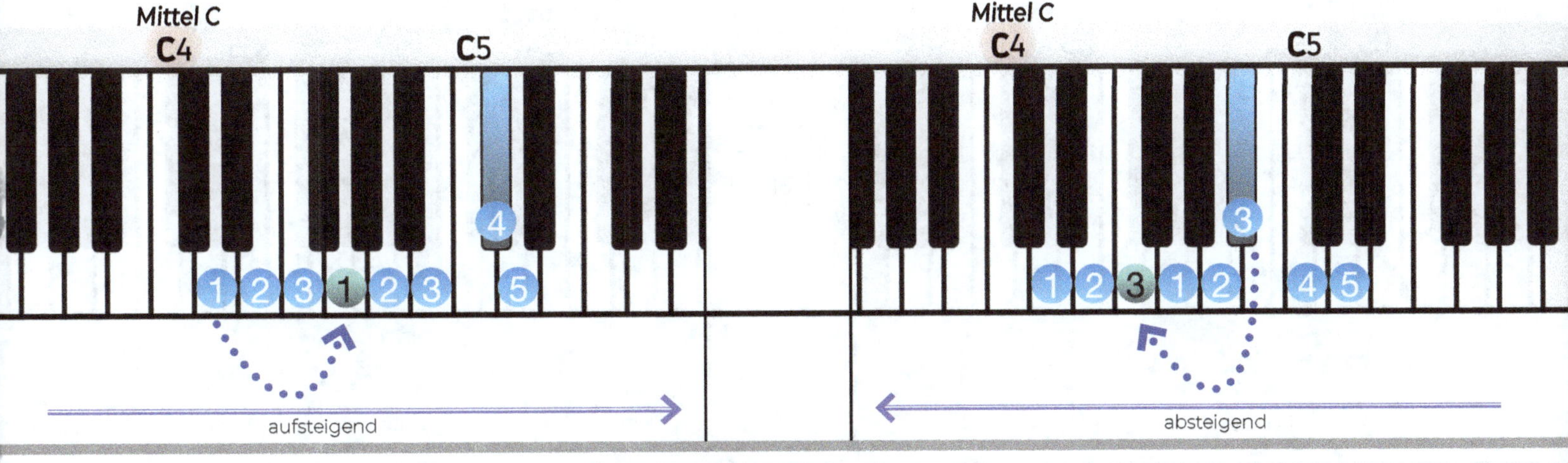

Mittel C
C4
C5
Mittel C
C4
C5
aufsteigend
absteigend

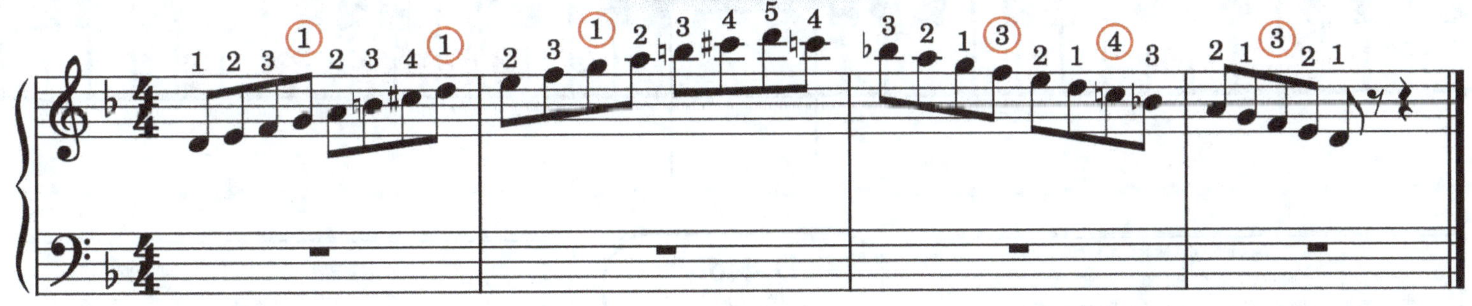

Tonart:
1 B (B)
D -Moll
(melod.) 2 Oktaven
Rechte Hand
Paralleltonart:
F - Dur

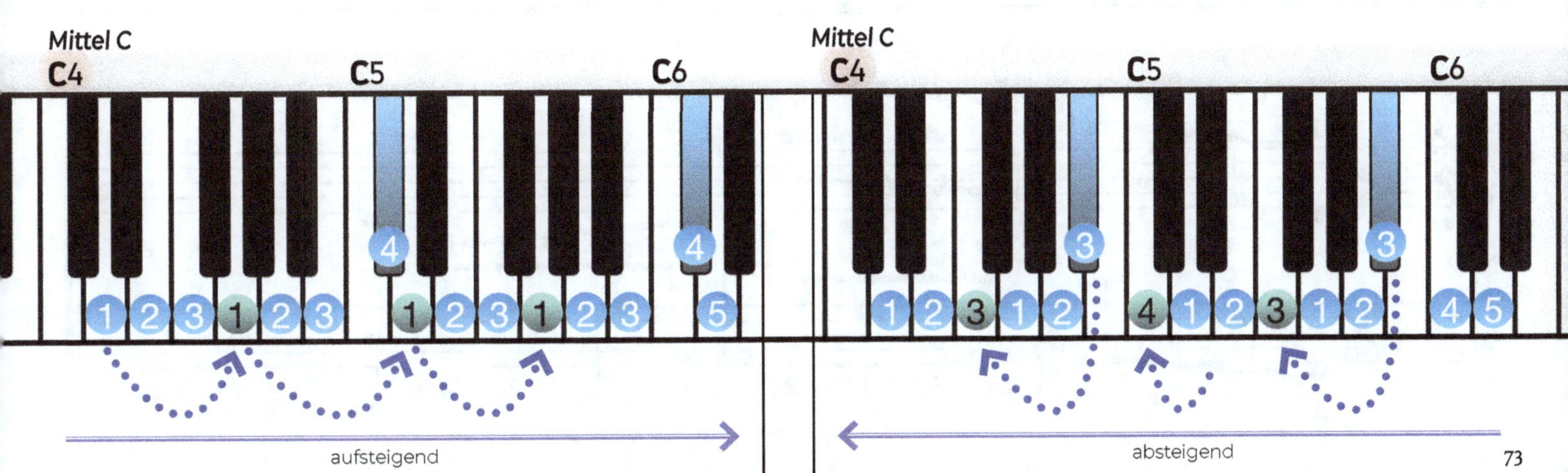

Mittel C
C4
C5
C6
Mittel C
C4
C5
C6
aufsteigend
absteigend

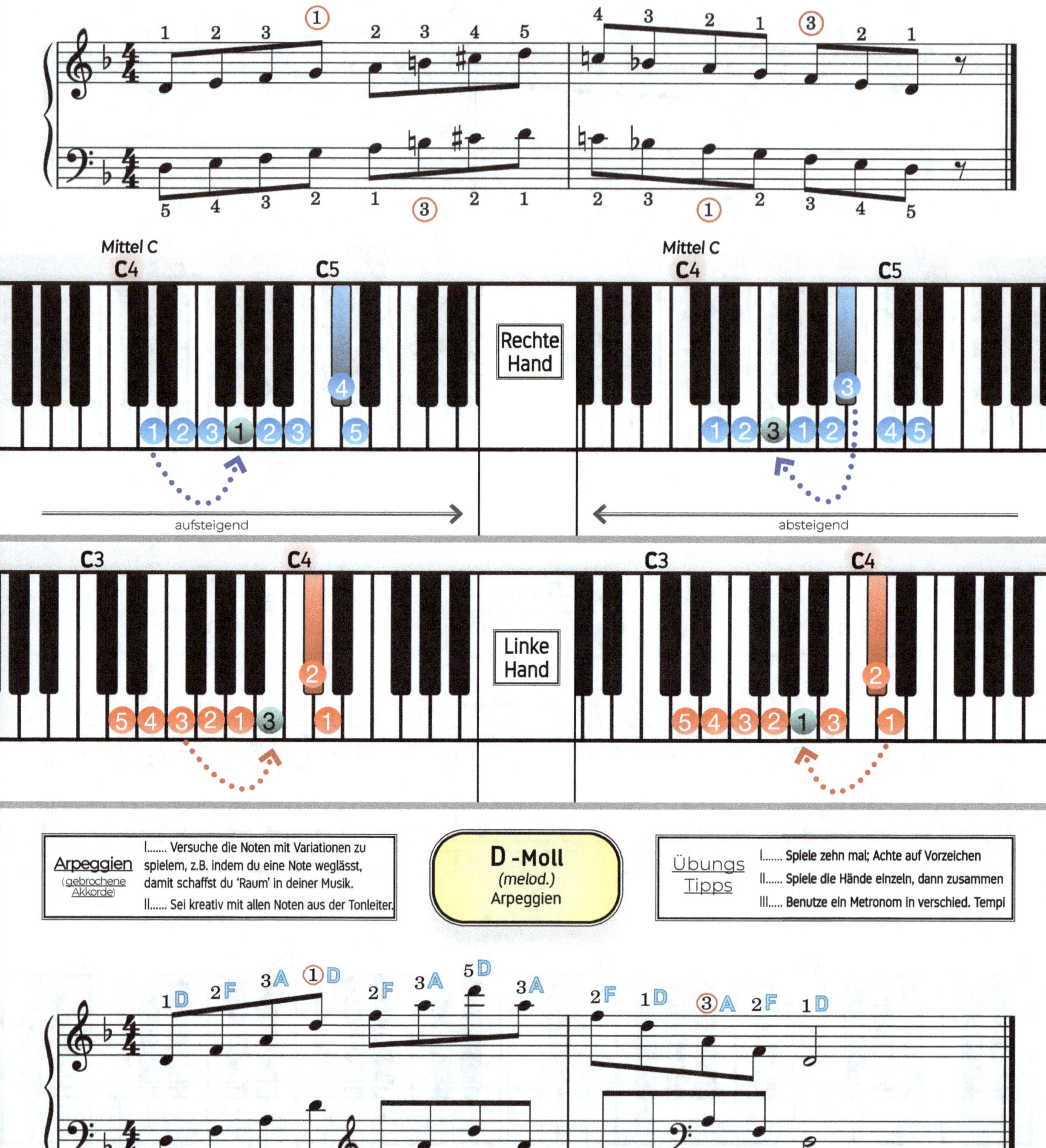

Aufsteigende Noten der Tonleiter:
D, E, F, G, A, B, Cis
D -Moll
(melod.) 1 Oktave
Beide Hände
Absteigende Noten der Tonleiter:
C, B, A, G, F, E, D
Mittel C
C4
C5
Rechte Hand
Mittel C
C4
C5
aufsteigend
absteigend
C3
C4
Linke Hand
C3
C4
Arpeggien
(gebrochene Akkorde)
I....... Versuche die Noten mit Variationen zu spielem, z.B. indem du eine Note weglässt, damit schaffst du 'Raum' in deiner Musik.
II....... Sei kreativ mit allen Noten aus der Tonleiter.
D -Moll
(melod.)
Arpeggien
Übungs Tipps
I....... Spiele zehn mal; Achte auf Vorzeichen
II...... Spiele die Hände einzeln, dann zusammen
III..... Benutze ein Metronom in verschied. Tempi
1D 2F 3A 1D 2F 3A 5D 3A 2F 1D 3A 2F 1D
5D 3F 2A 1D 3F 2A 1D 2A 3F 1D 2A 3F 5D

Aufsteigende Noten der Tonleiter:
G, A, B, C, D, E, Fis

G -Moll
(melod.) 1 Oktave
Linke Hand

Absteigende Noten der Tonleiter:
F, Es, D, C, B, A, G

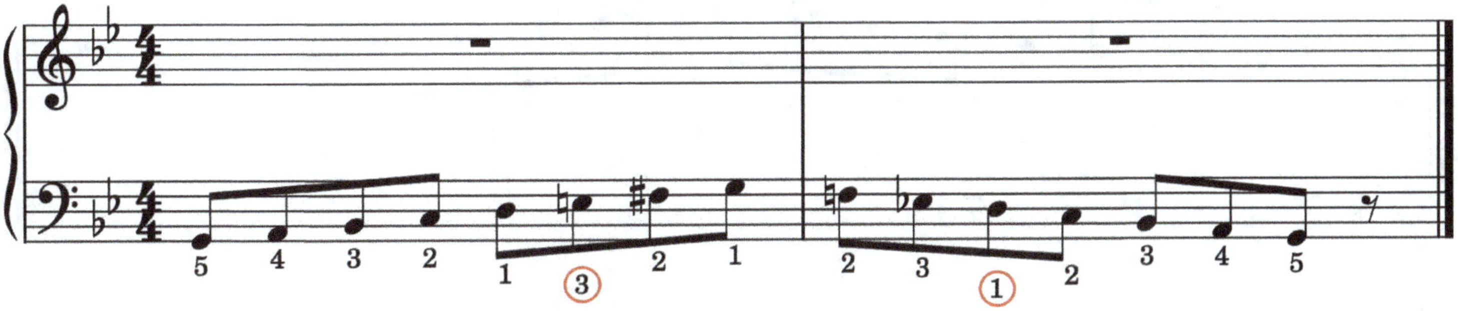

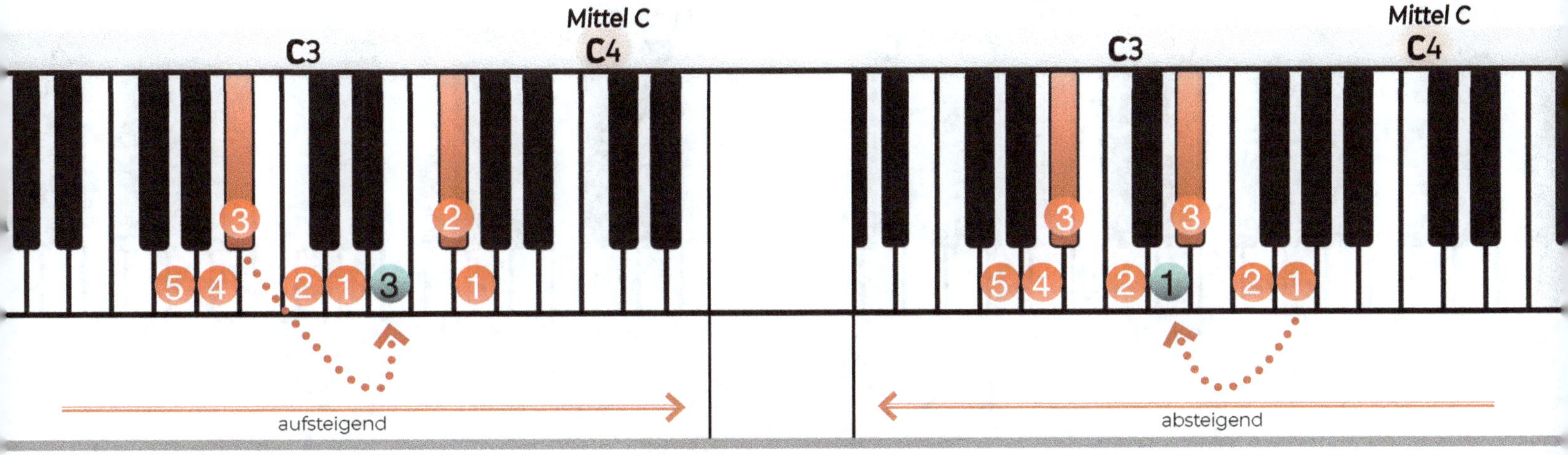

Mittel C
C3
C4
aufsteigend
absteigend

Tonart:
2 Bs (B ,Es)

G -Moll
(melod.) 2 Oktaven
Linke Hand

Paralleltonart:
B - Dur

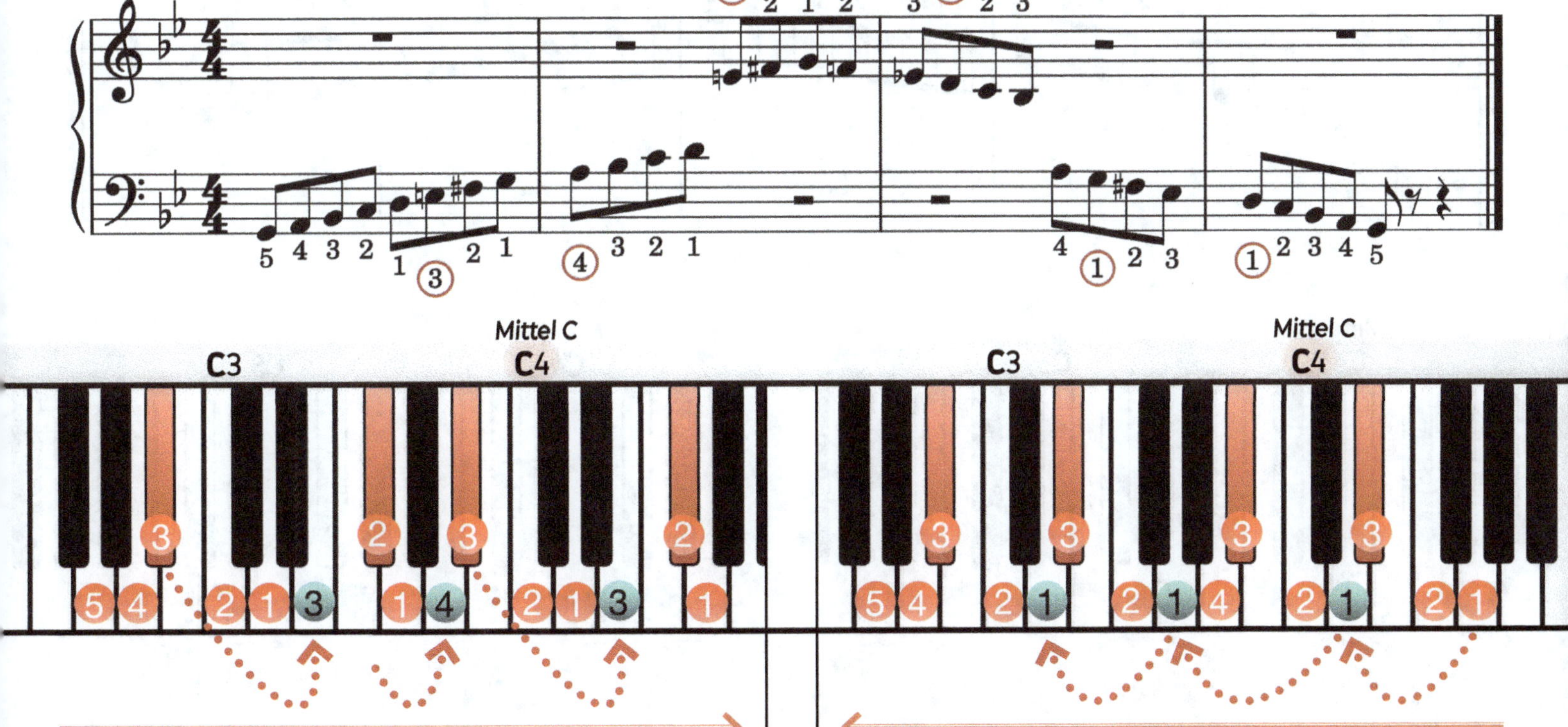
Mittel C
C3
C4
aufsteigend
absteigend

Aufsteigende Noten der Tonleiter:
G, A, B, C, D, E, Fis

G -Moll
(melod.) 1 Oktave
Rechte Hand

Absteigende Noten der Tonleiter:
F, Es, D, C, B, A, G

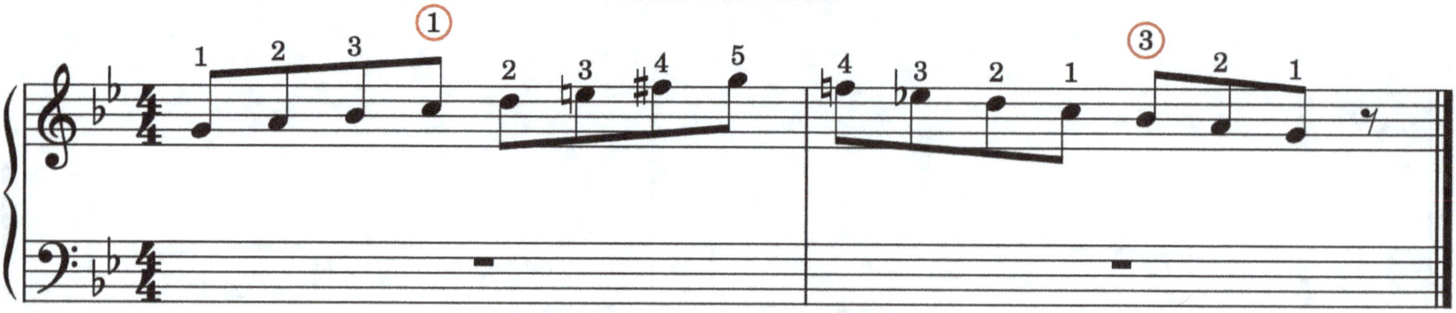

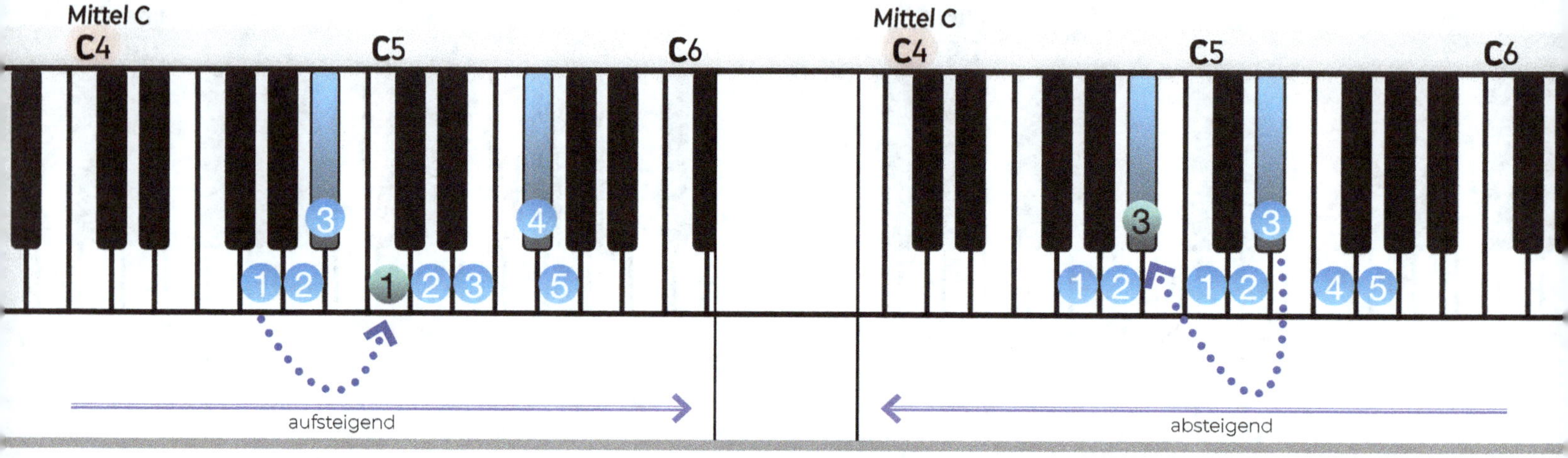

Mittel C
C4
C5
C6
Mittel C
C4
C5
C6
aufsteigend
absteigend

Tonart:
2 Bs (B ,Es)

G -Moll
(melod.) 2 Oktaven
Rechte Hand

Paralleltonart:
B - Dur

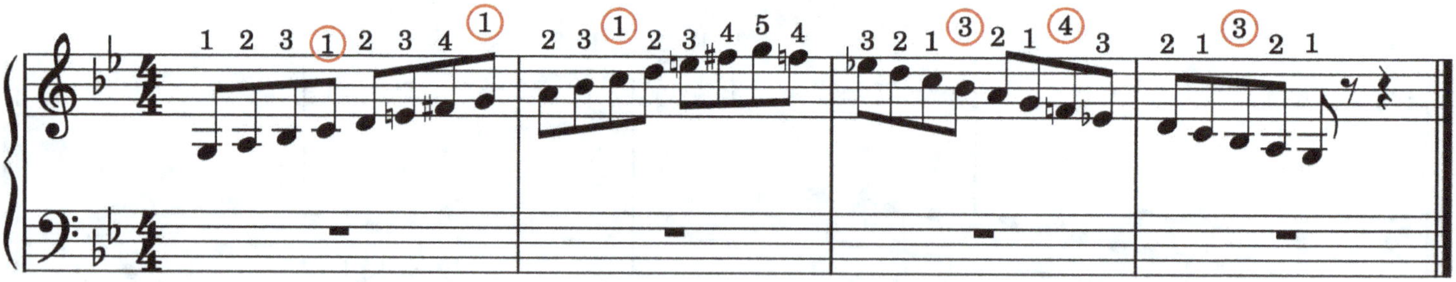

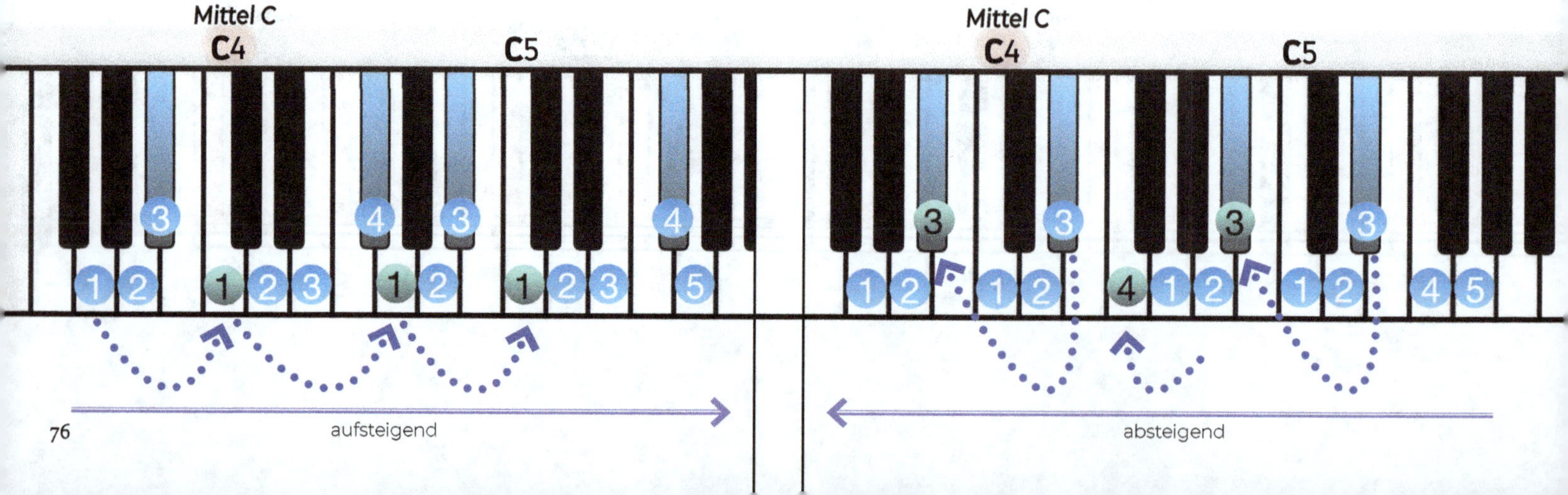

Mittel C
C4
C5
Mittel C
C4
C5
aufsteigend
absteigend

Aufsteigende Noten der Tonleiter:
G, A, B, C, D, E, Fis

G -Moll
(melod.) 1 Oktave
Beide Hände

Absteigende Noten der Tonleiter:
F, Es, D, C, B, A, G

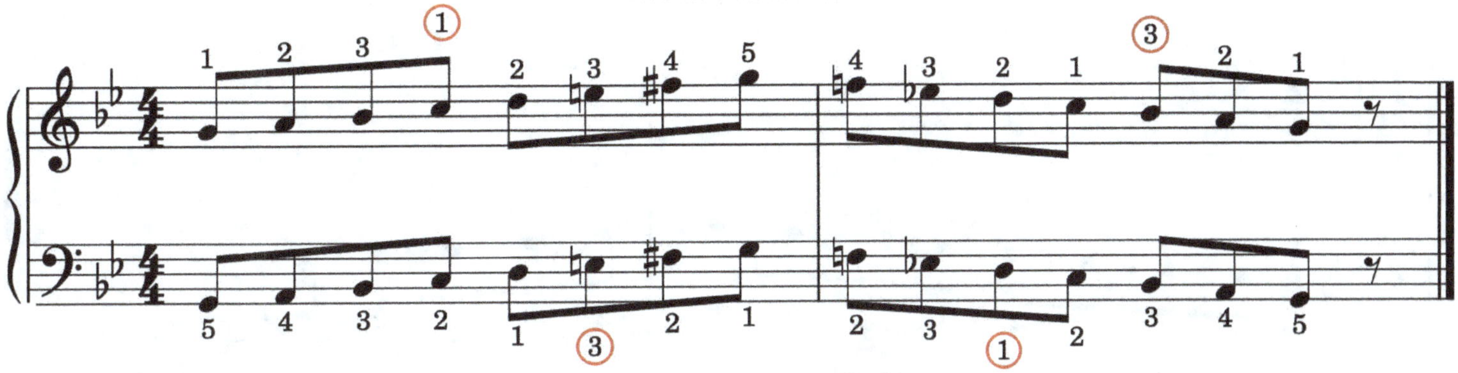

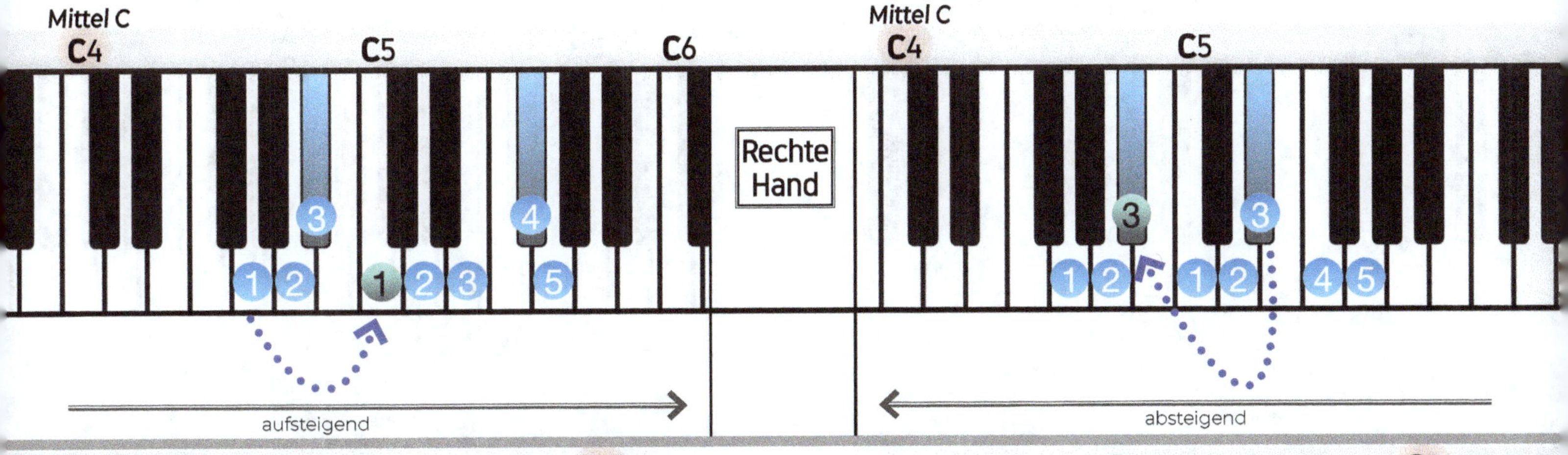

Mittel C
C4
C5
C6
Mittel C
C4
C5

Rechte
Hand

aufsteigend
absteigend

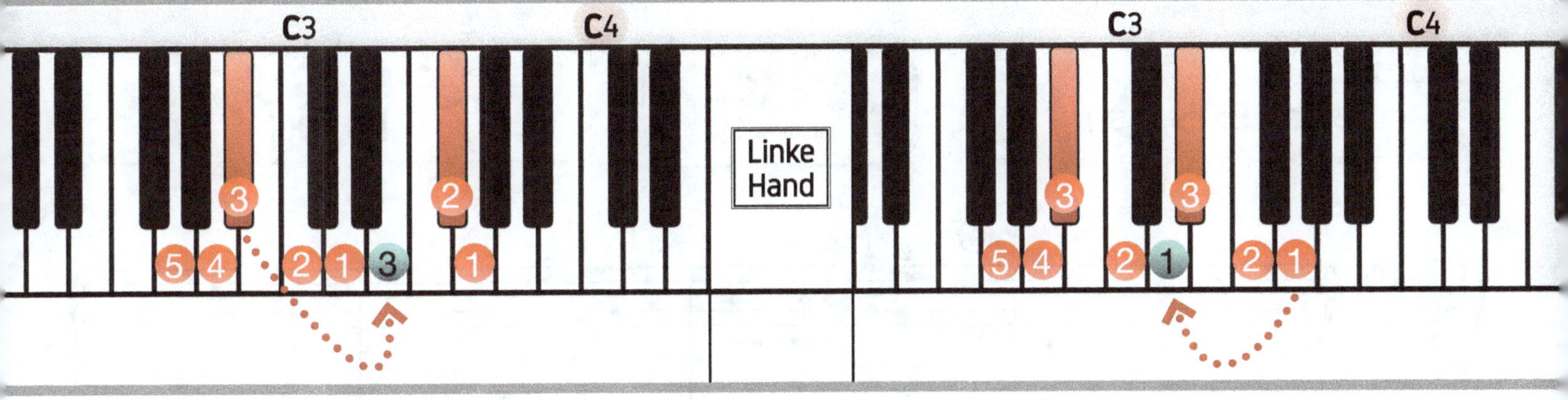

C3
C4
C3
C4

Linke
Hand

Arpeggien
(gebrochene Akkorde)

I...... Versuche die Noten mit Variationen zu spielen, z.B. indem du eine Note weglässt, damit schaffst du 'Raum' in deiner Musik.
II...... Sei kreativ mit allen Noten aus der Tonleiter.

G -Moll
(melod.)
Arpeggien

Übungs Tipps

I...... Spiele zehn mal; Achte auf Vorzeichen
II...... Spiele die Hände einzeln, dann zusammen
III...... Benutze ein Metronom in verschied. Tempi

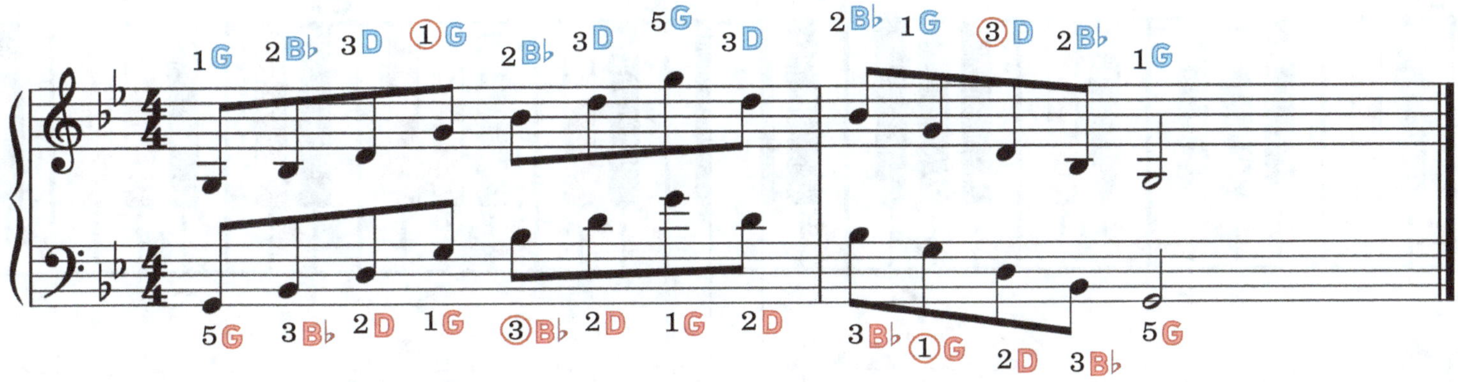

1G 2Bb 3D 1G 2Bb 3D 5G 3D 2Bb 1G 3D 2Bb 1G

5G 3Bb 2D 1G 3Bb 2D 1G 2D 3Bb 1G 2D 3Bb 5G

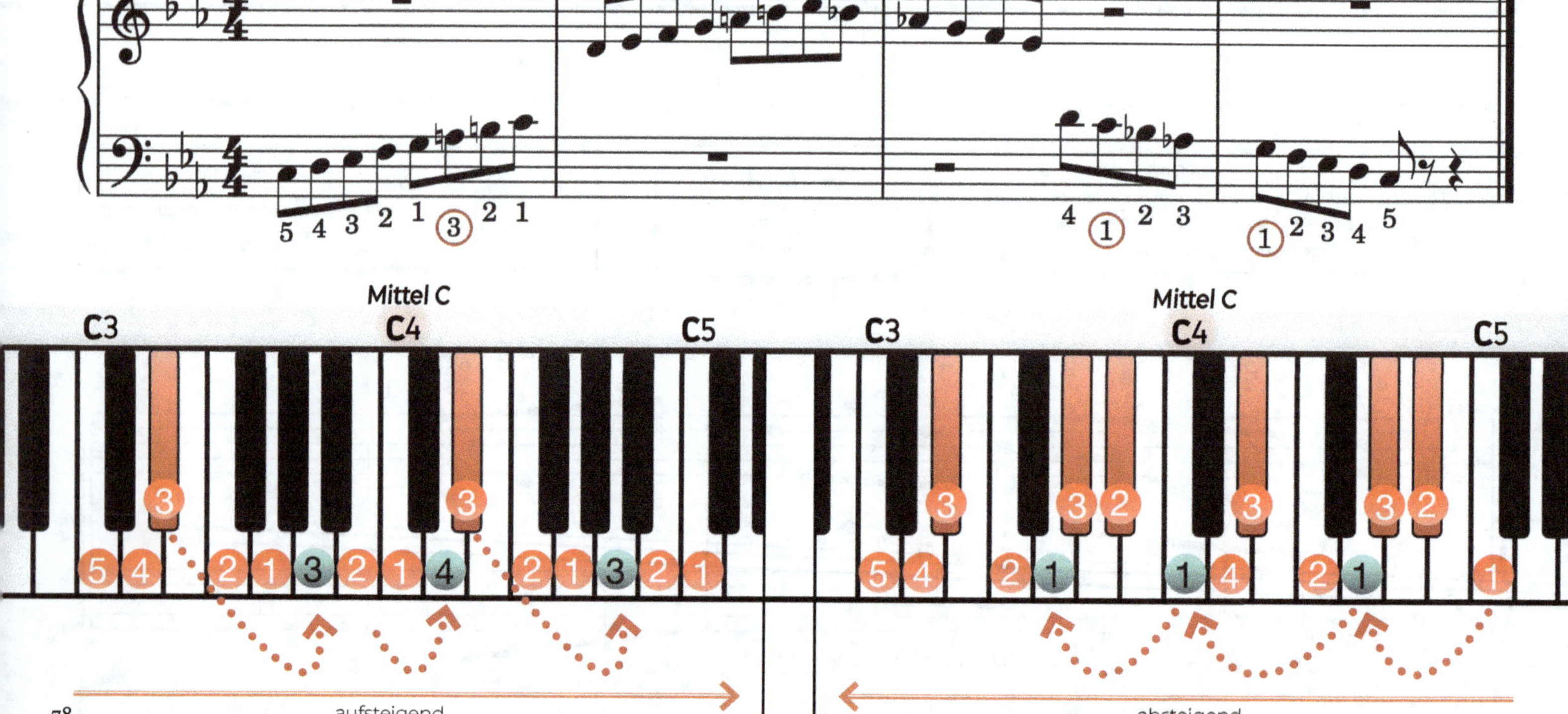

Aufsteigende Noten der Tonleiter:
C, D, Es, F, G, A, B
C -Moll
(melod.) 1 Oktave
Linke Hand
Absteigende Noten der Tonleiter:
B, As, G, F, Es, D, C 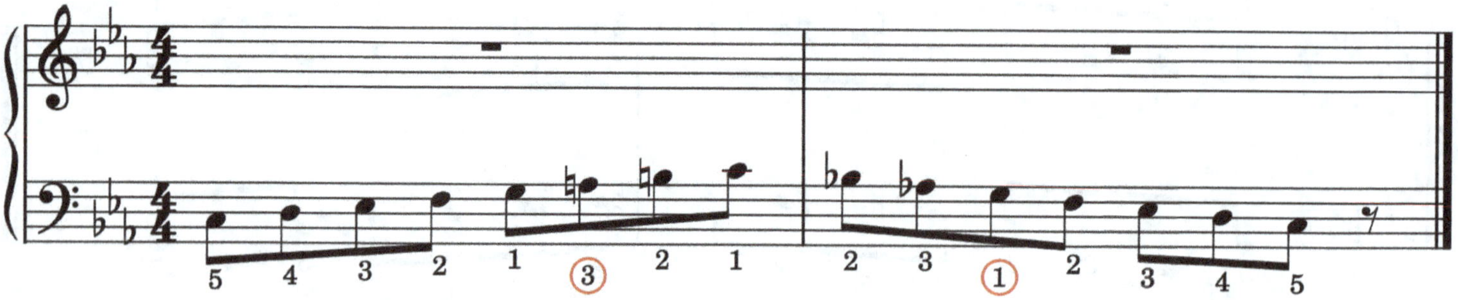 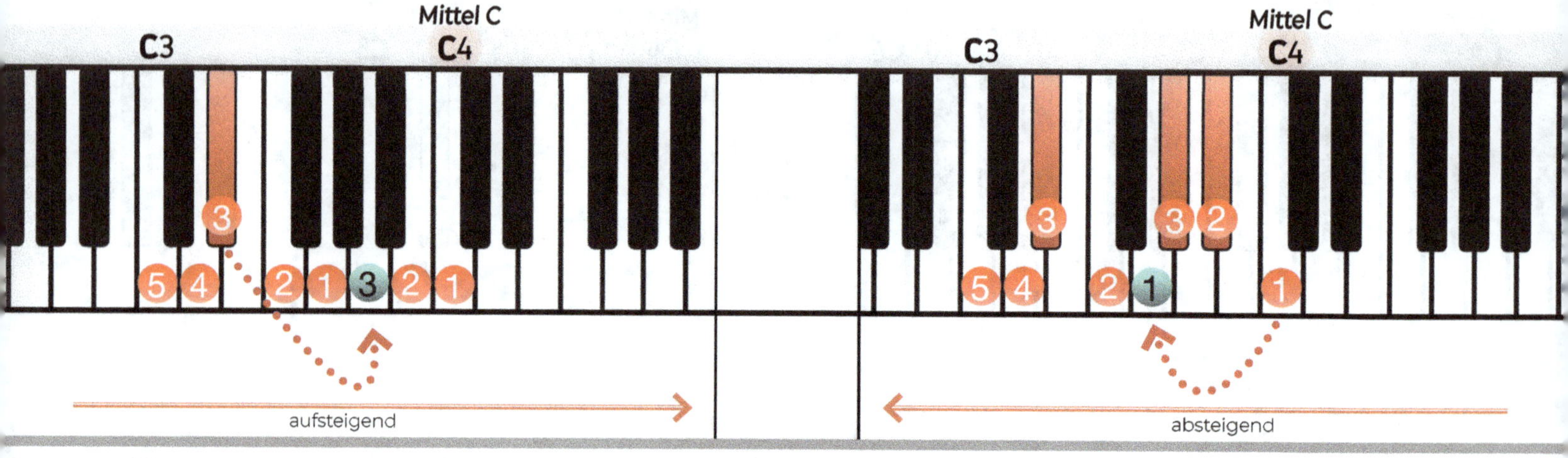
C3
Mittel C
C4
C3
Mittel C
C4
aufsteigend
absteigend
Tonart:
3 Bs (B, Es, As)
C -Moll
(melod.) 2 Oktaven
Linke Hand
Paralleltonart:
Es - Dur
C3
Mittel C
C4
C5
C3
Mittel C
C4
C5
aufsteigend
absteigend

Aufsteigende Noten der Tonleiter:
C, D, Es, F, G, A, B

C - Moll
(melod.) 1 Oktave
Rechte Hand

Absteigende Noten der Tonleiter:
B, As, G, F, Es, D, C

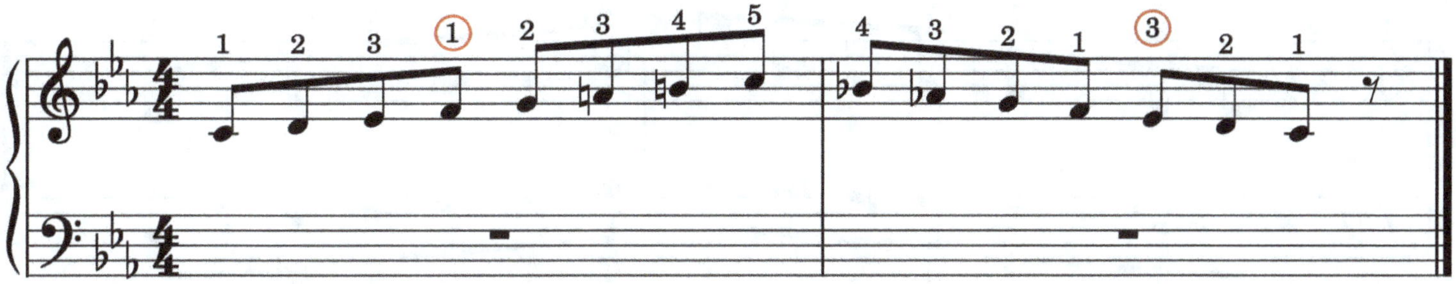

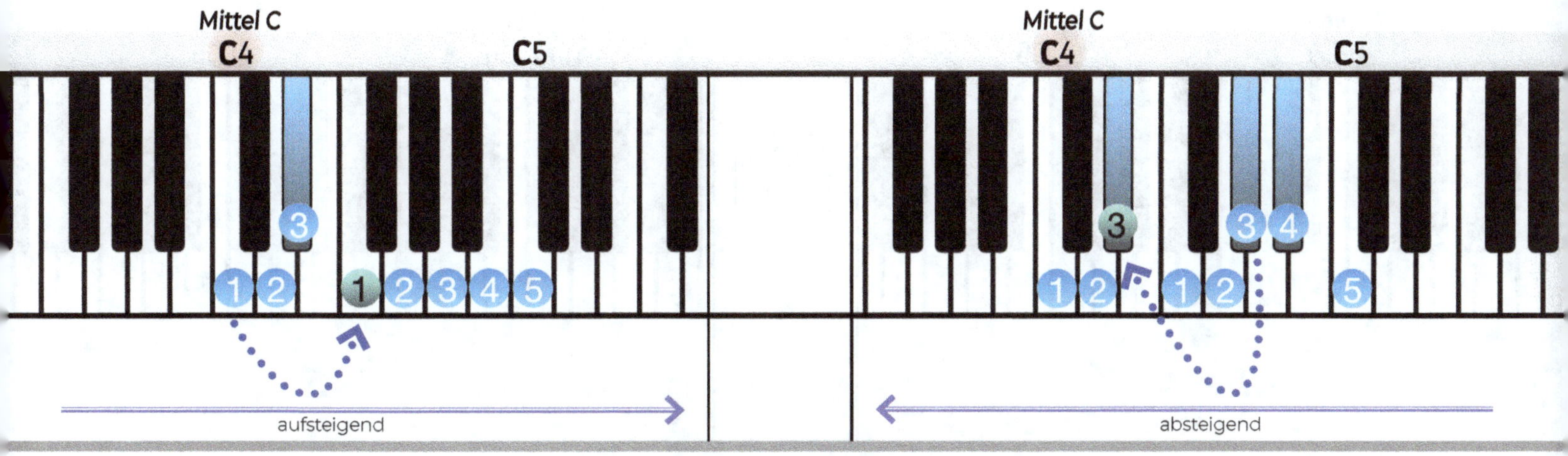

Mittel C
C4
C5
Mittel C
C4
C5
aufsteigend
absteigend

Tonart:
3 Bs (B, Es, As)

C - Moll
(melod.) 2 Oktaven
Rechte Hand

Paralleltonart:
Es - Dur

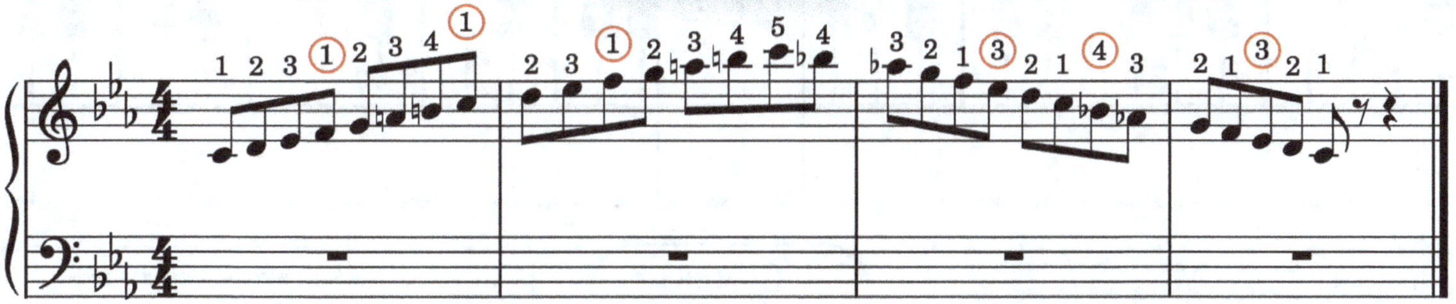

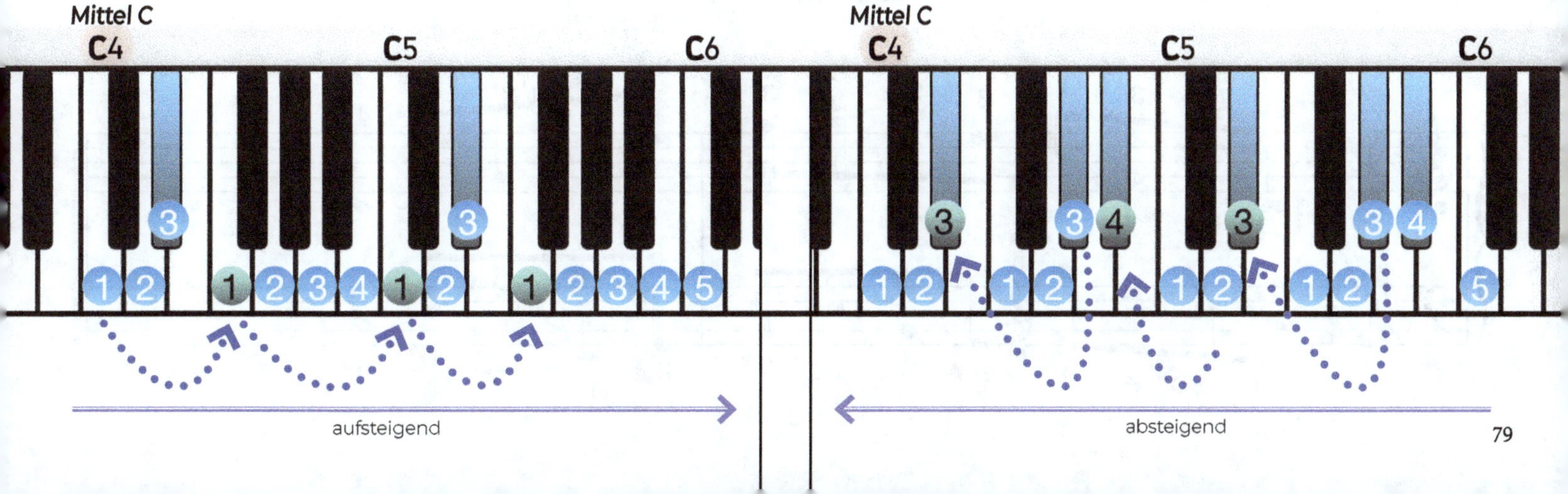

Mittel C
C4
C5
C6
Mittel C
C4
C5
C6
aufsteigend
absteigend

Aufsteigende Noten der Tonleiter:	**C -Moll** (melod.) 1 Oktave Beide Hände	_Absteigende_ Noten der Tonleiter:
C, D, Es, F, G, A, B		**B, As, G, F, Es, D, C**

Mittel C
C4   **C5**

Mittel C
C4   **C5**

Rechte Hand

aufsteigend

absteigend

C3   **C4**

C3   **C4**

Linke Hand

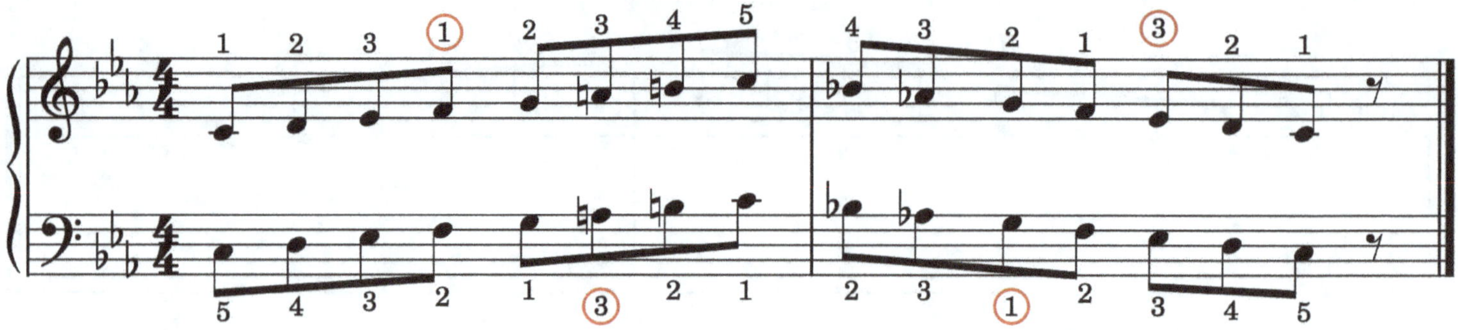

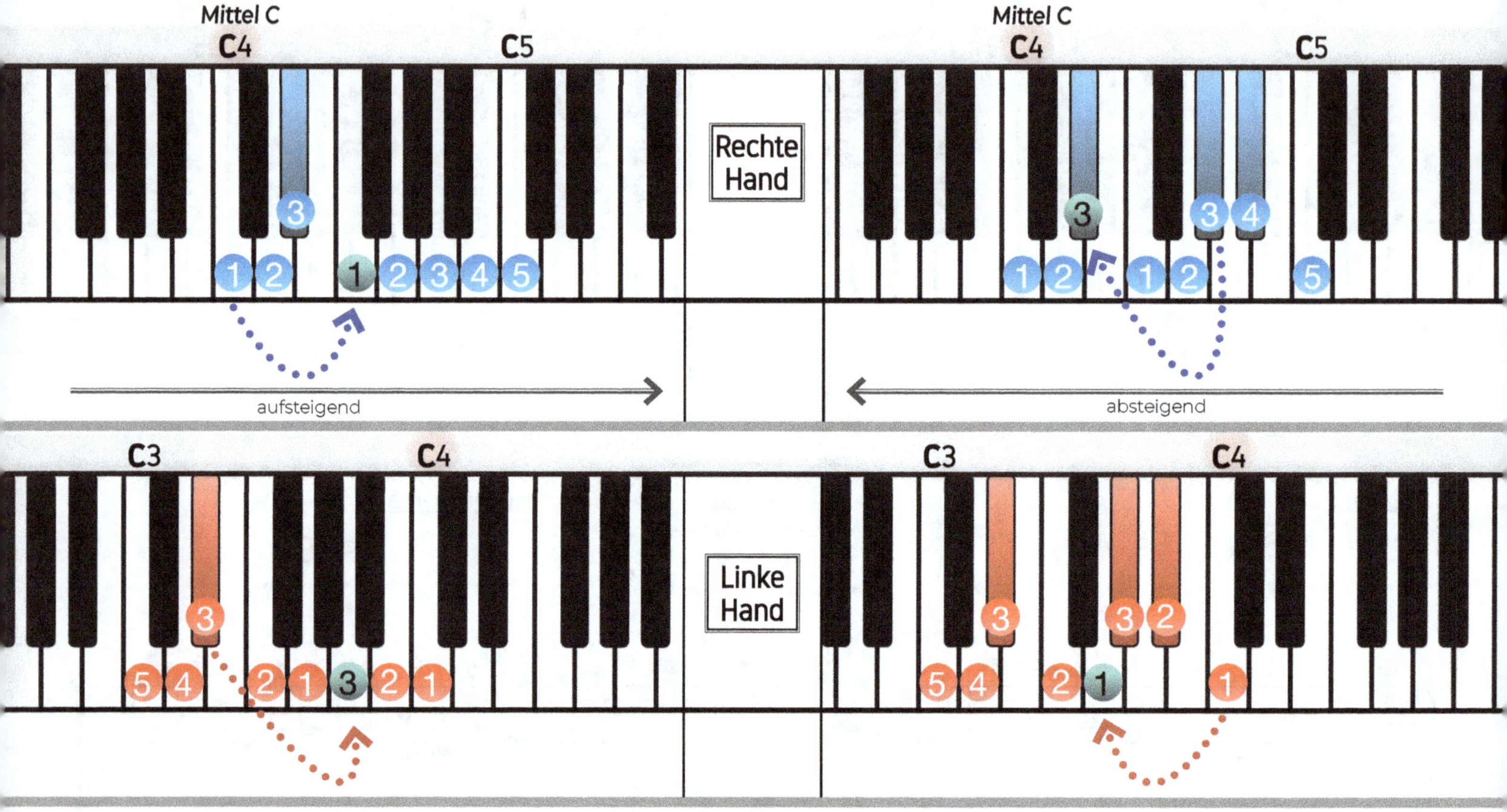

Arpeggien
(gebrochene Akkorde)

I...... Versuche die Noten mit Variationen zu spielen, z.B. indem du eine Note weglässt, damit schaffst du 'Raum' in deiner Musik.

II...... Sei kreativ mit allen Noten aus der Tonleiter.

C -Moll (melod.) Arpeggien

<u>Übungs Tipps</u>

I...... Spiele zehn mal; Achte auf Vorzeichen

II...... Spiele die Hände einzeln, dann zusammen

III..... Benutze ein Metronom in verschied. Tempi

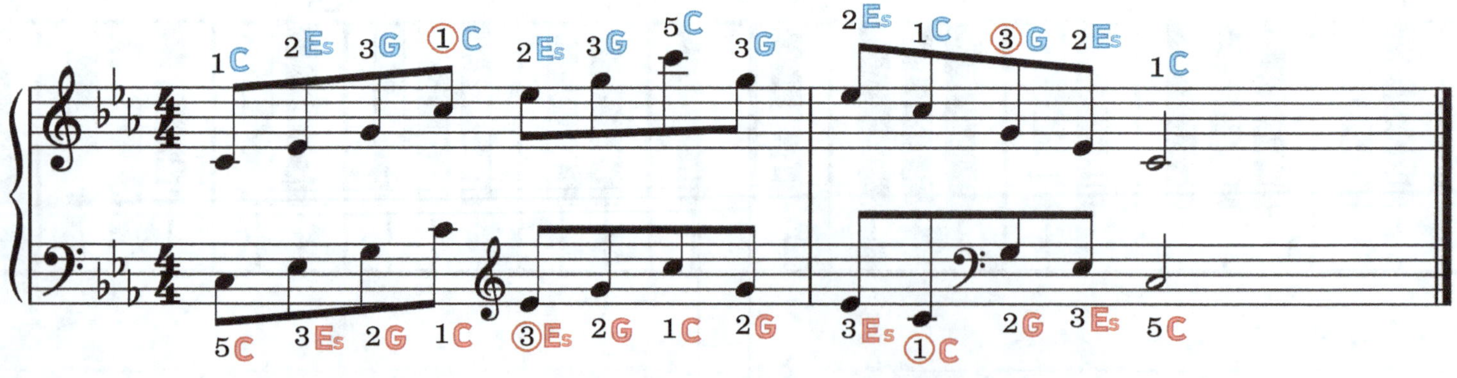

Aufsteigende Noten der Tonleiter:
F, G, As, B, C, D, E
F -Moll
(melod.) 1 Oktave
Linke Hand
Absteigende Noten der Tonleiter:
Es, Des, C, B, As, G, F

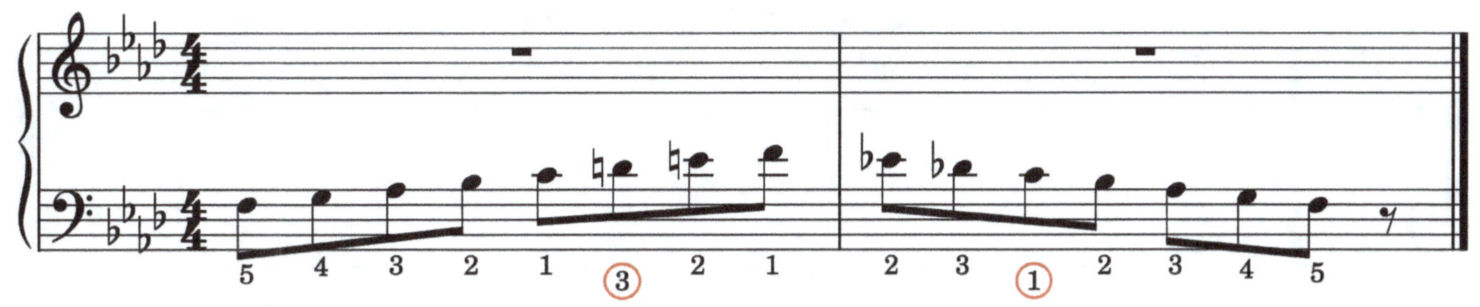

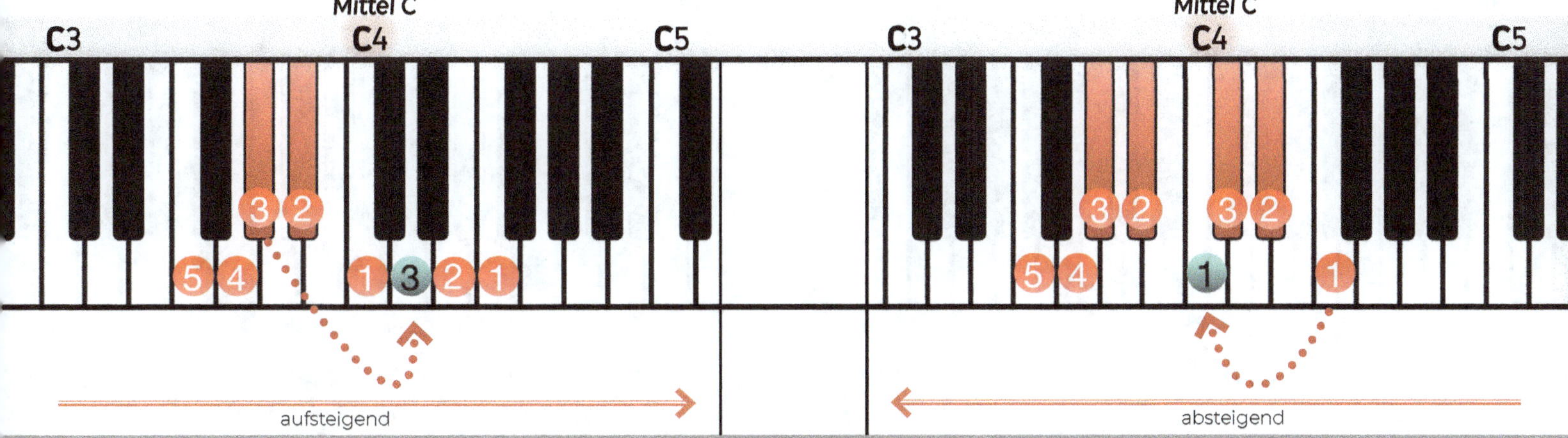

C3
Mittel C
C4
C5
C3
Mittel C
C4
C5
5 4 3 2 1 3 2 1
5 4 1 1
aufsteigend
absteigend

Tonart:
4 Bs (B, Es ,As ,Des)
F -Moll
(melod.) 2 Oktaven
Linke Hand
Paralleltonart:
As - Dur

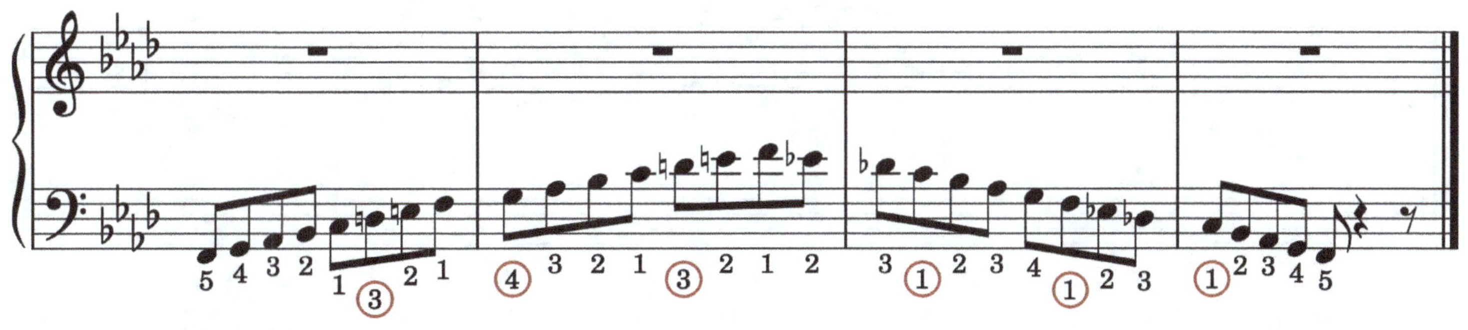

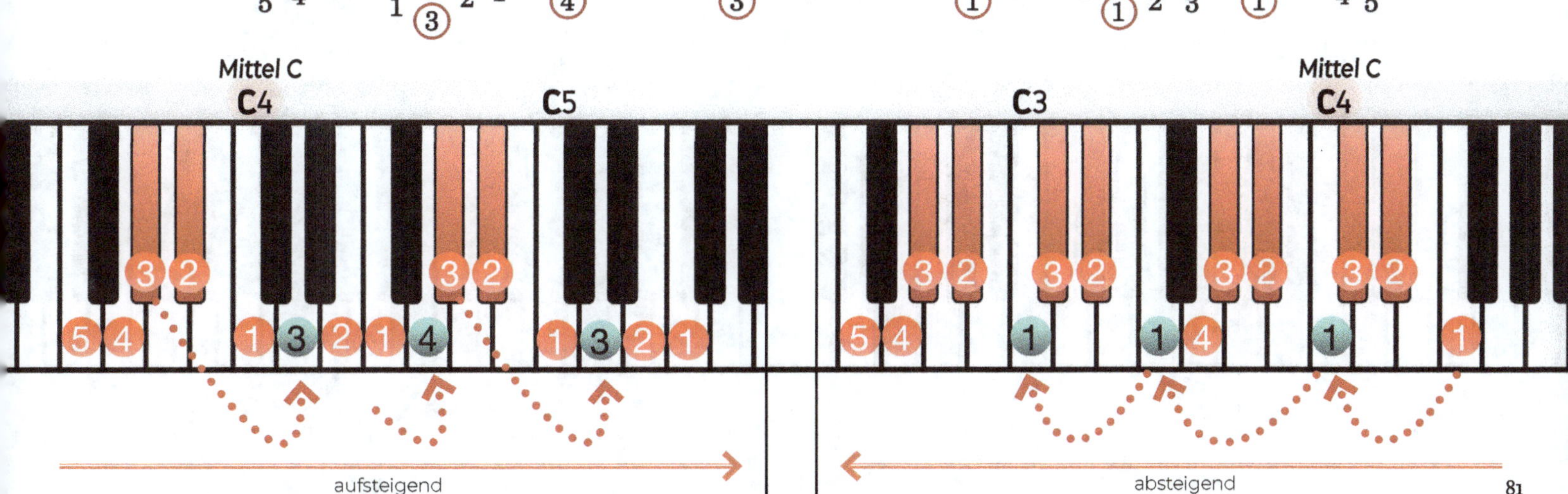

Mittel C
C4
C5
C3
Mittel C
C4
5 4 3 2 1 3 2 1 3 2 1 4
5 4 1 1 4 1 1
aufsteigend
absteigend

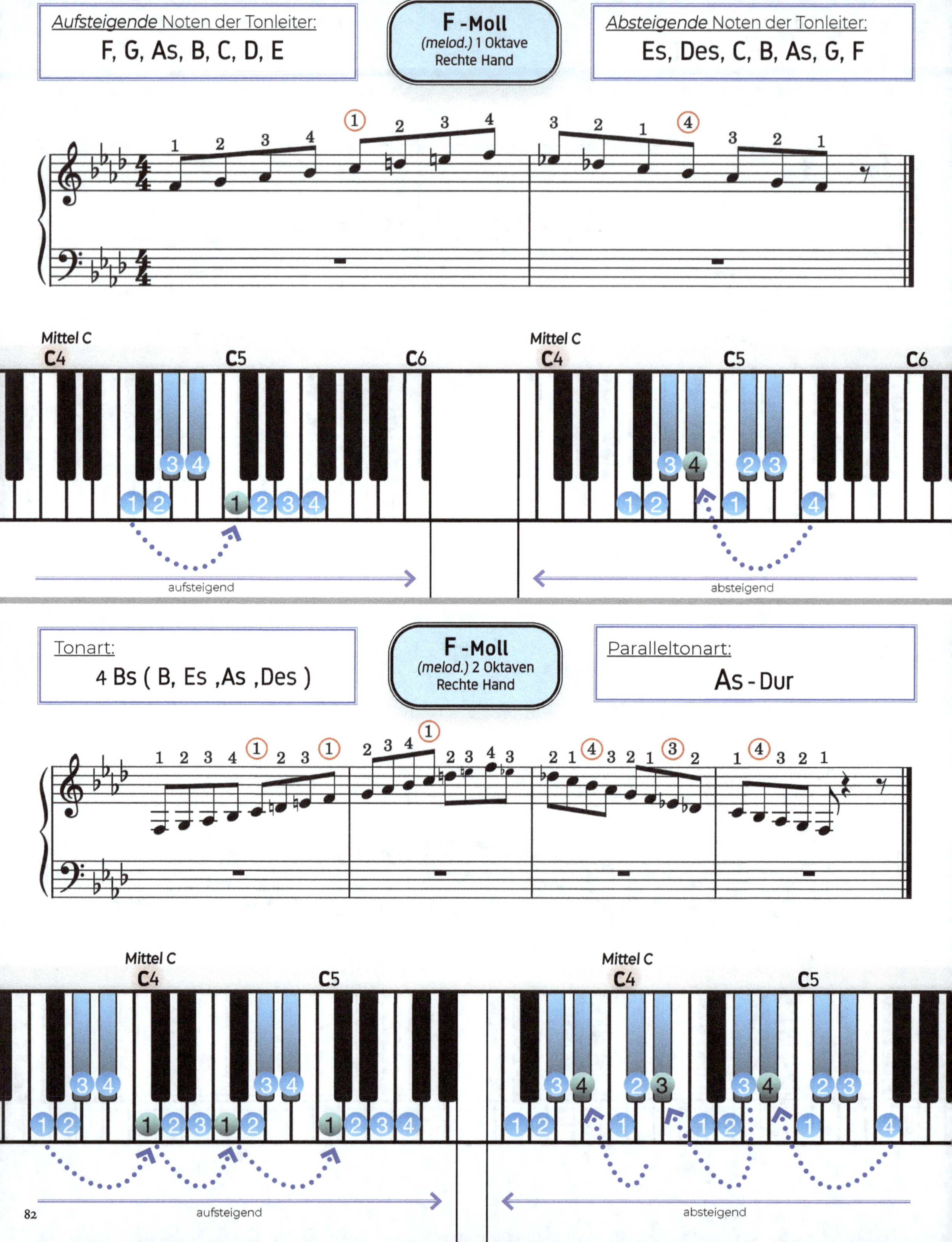

Aufsteigende Noten der Tonleiter:
F, G, As, B, C, D, E
F -Moll
(melod.) 1 Oktave
Rechte Hand
Absteigende Noten der Tonleiter:
Es, Des, C, B, As, G, F
Mittel C
C4
C5
C6
Mittel C
C4
C5
C6
aufsteigend
absteigend
Tonart:
4 Bs (B, Es ,As ,Des)
F -Moll
(melod.) 2 Oktaven
Rechte Hand
Paralleltonart:
As - Dur
Mittel C
C4
C5
Mittel C
C4
C5
aufsteigend
absteigend
82

Aufsteigende Noten der Tonleiter:
F, G, As, B, C, D, E
F -Moll
(melod.) 1 Oktave
Beide Hände
Absteigende Noten der Tonleiter:
Es, Des, C, B, As, G, F 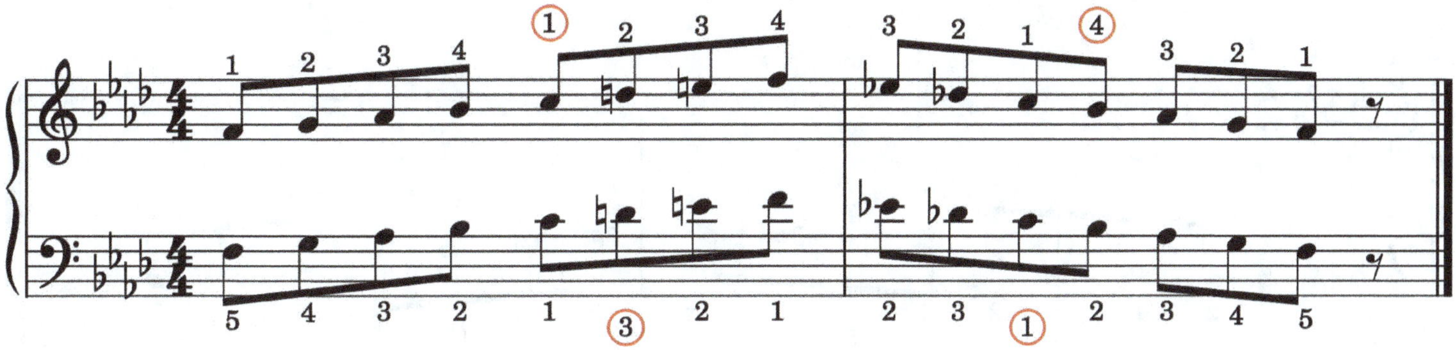 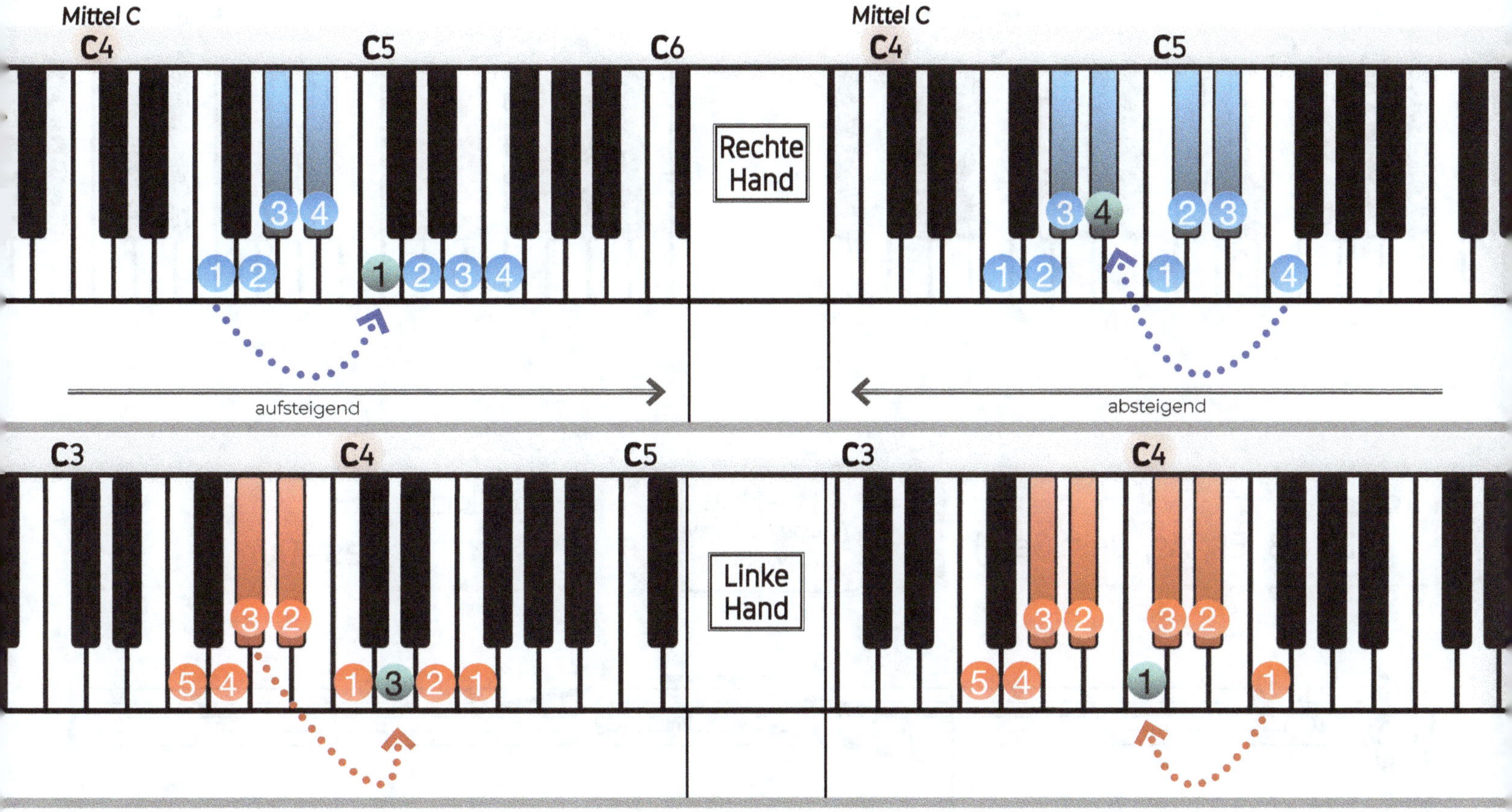
Mittel C
C4
C5
C6
Mittel C
C4
C5
Rechte Hand
aufsteigend
absteigend
C3
C4
C5
C3
C4
Linke Hand
Arpeggien
(gebrochene Akkorde)
I....... Versuche die Noten mit Variationen zu spielem, z.B. indem du eine Note weglässt, damit schaffst du 'Raum' in deiner Musik.
II...... Sei kreativ mit allen Noten aus der Tonleiter.
F -Moll
(melod.)
Arpeggien
Übungs Tipps
I....... Spiele zehn mal; Achte auf Vorzeichen
II...... Spiele die Hände einzeln, dann zusammen
III..... Benutze ein Metronom in verschied. Tempi
1F 2As 3C 1F 2As 3C 5F 3C 2As 1F 3C 2As 1F
5F 3As 2C 1F 3As 2C 1F 2C 3As 1F 2C 3As 5F

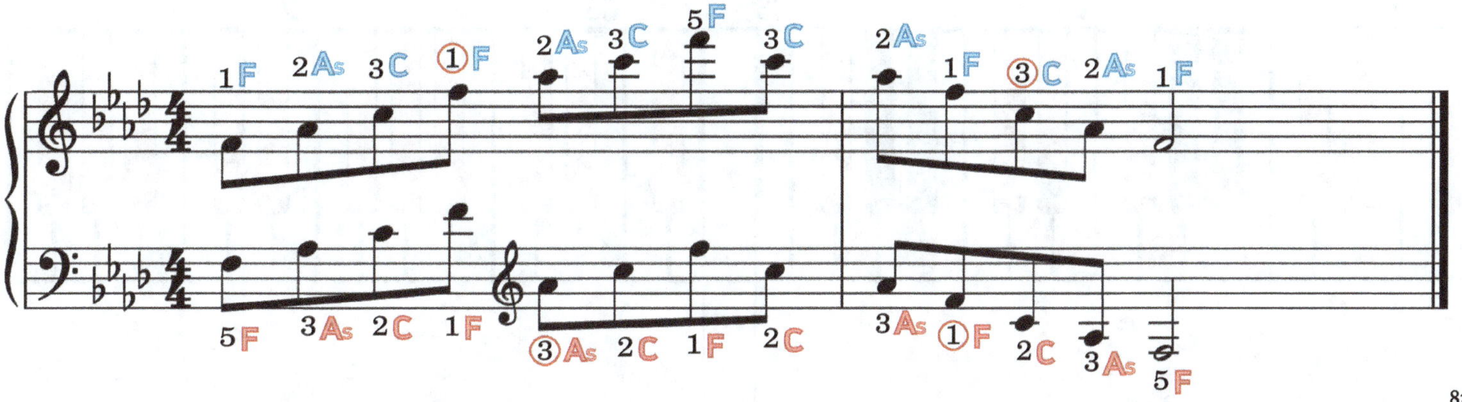

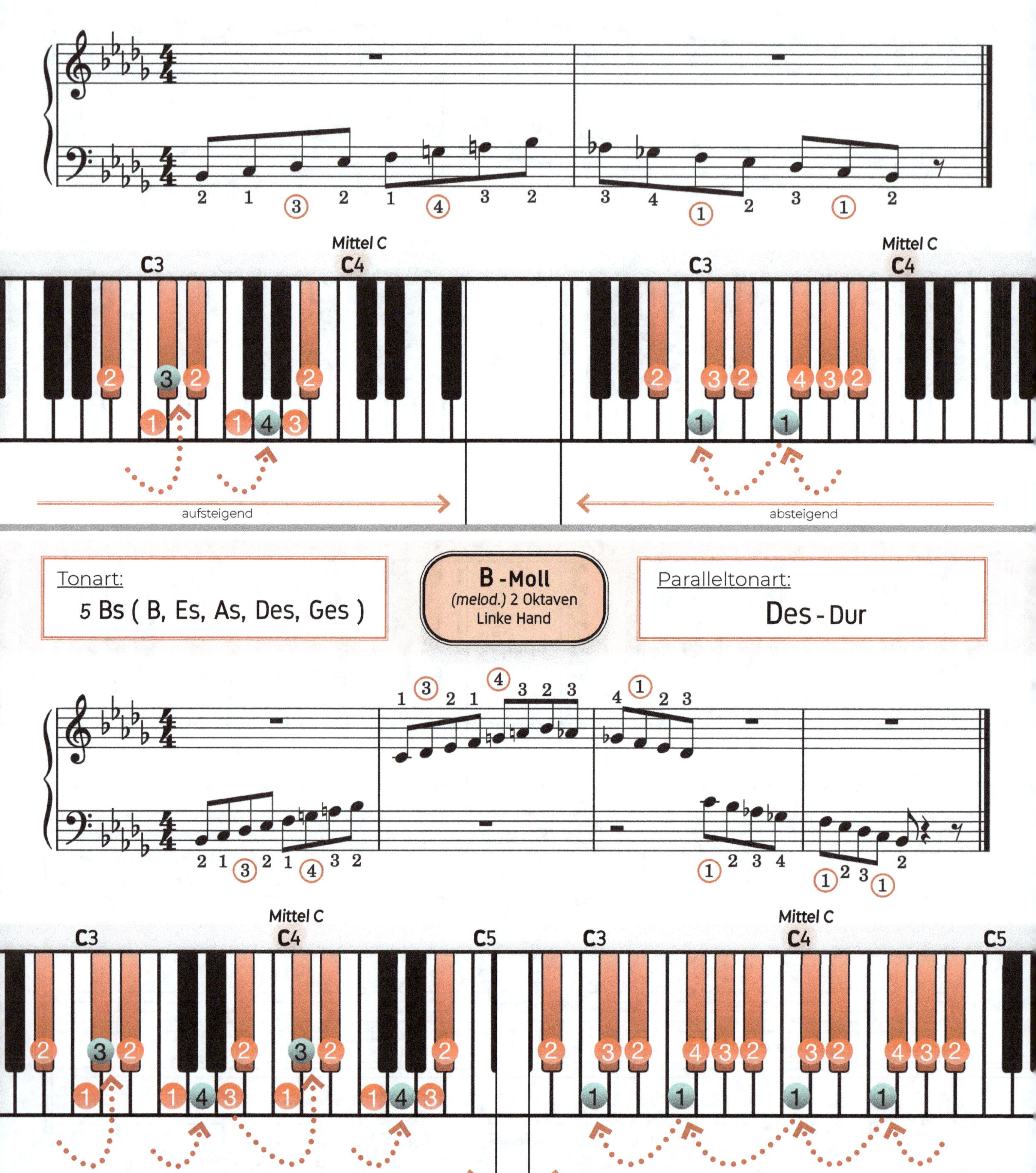

Aufsteigende Noten der Tonleiter:
B, C, Des, Es, F, G, A
B -Moll
(melod.) 1 Oktave
Linke Hand
Absteigende Noten der Tonleiter:
As, Ges, F, Es, Des, C, B
Mittel C
C4
C3
Mittel C
C4
C3
aufsteigend
absteigend
Tonart:
5 Bs (B, Es, As, Des, Ges)
B -Moll
(melod.) 2 Oktaven
Linke Hand
Paralleltonart:
Des - Dur
Mittel C
C4
C3
C5
Mittel C
C4
C3
C5
aufsteigend
absteigend

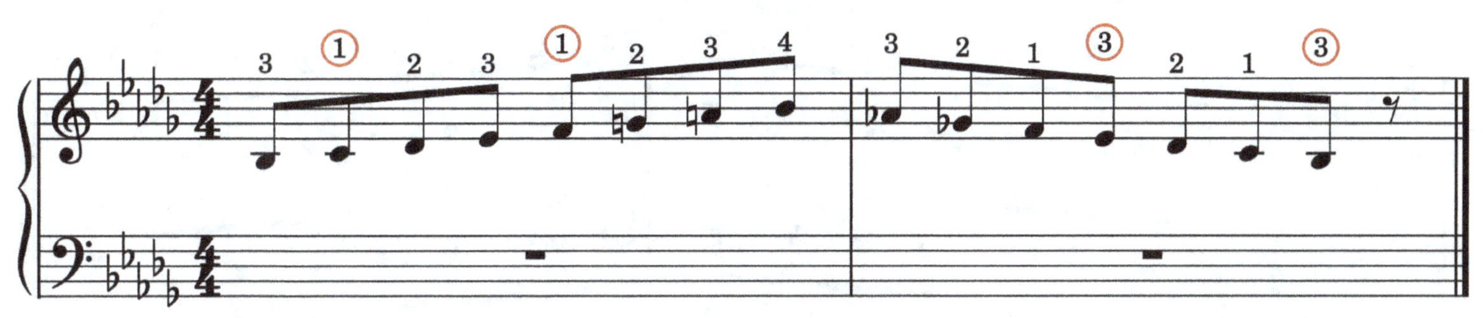

Aufsteigende Noten der Tonleiter:
B, C, Des, Es, F, G, A
B-Moll
(melod.) 1 Oktave
Rechte Hand
Absteigende Noten der Tonleiter:
As, Ges, F, Es, Des, C, B

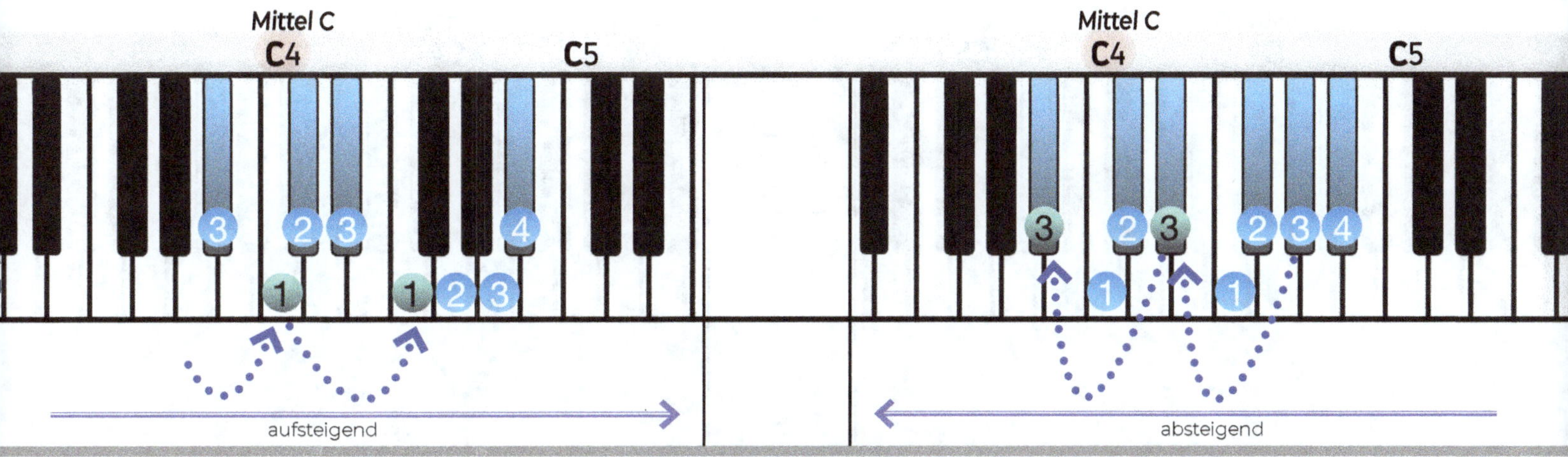

Mittel C
C4
C5
aufsteigend
Mittel C
C4
C5
absteigend

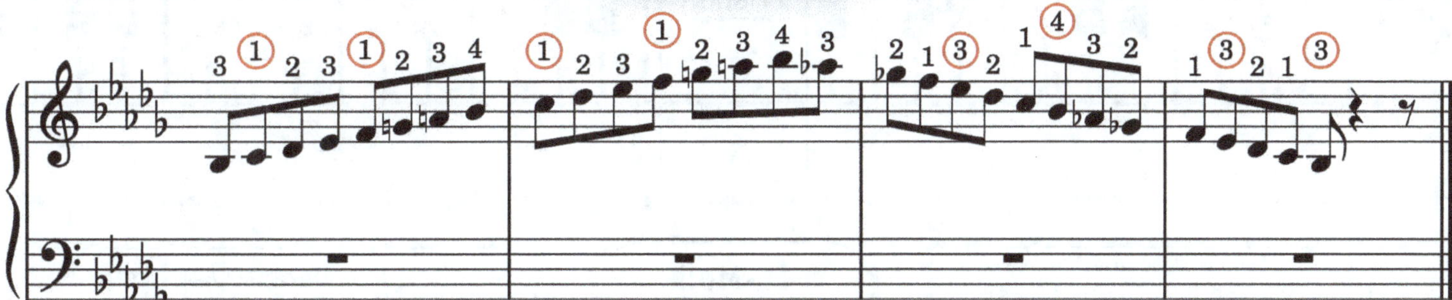

Tonart:
5 Bs (B, Es, As, Des, Ges)
B-Moll
(melod.) 2 Oktaven
Rechte Hand
Paralleltonart:
Des-Dur

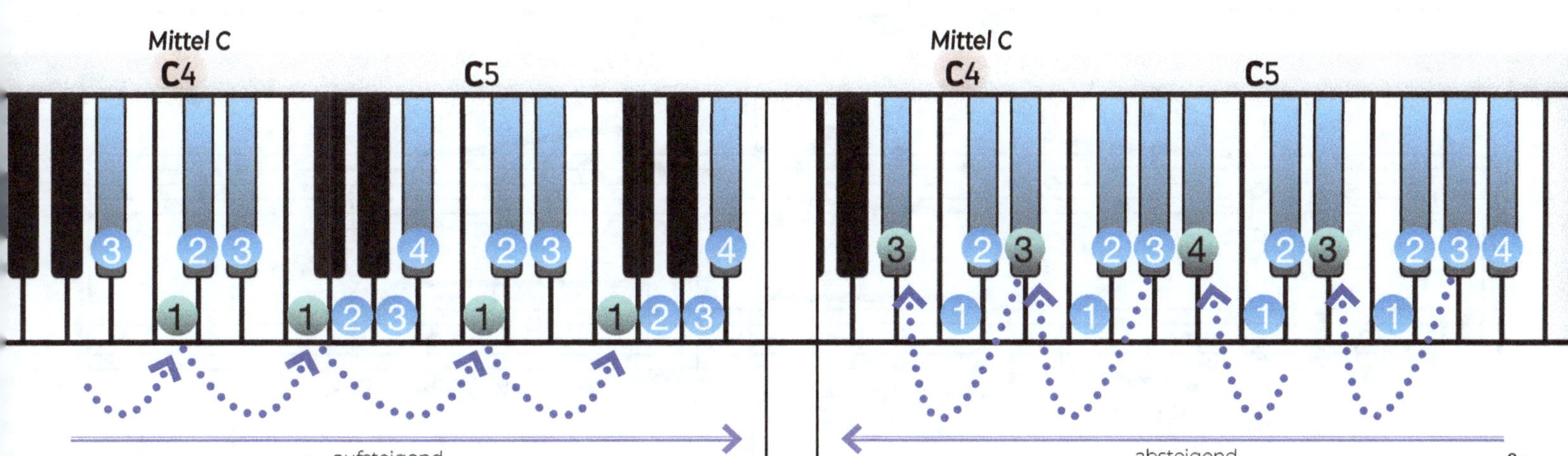

Mittel C
C4
C5
aufsteigend
Mittel C
C4
C5
absteigend

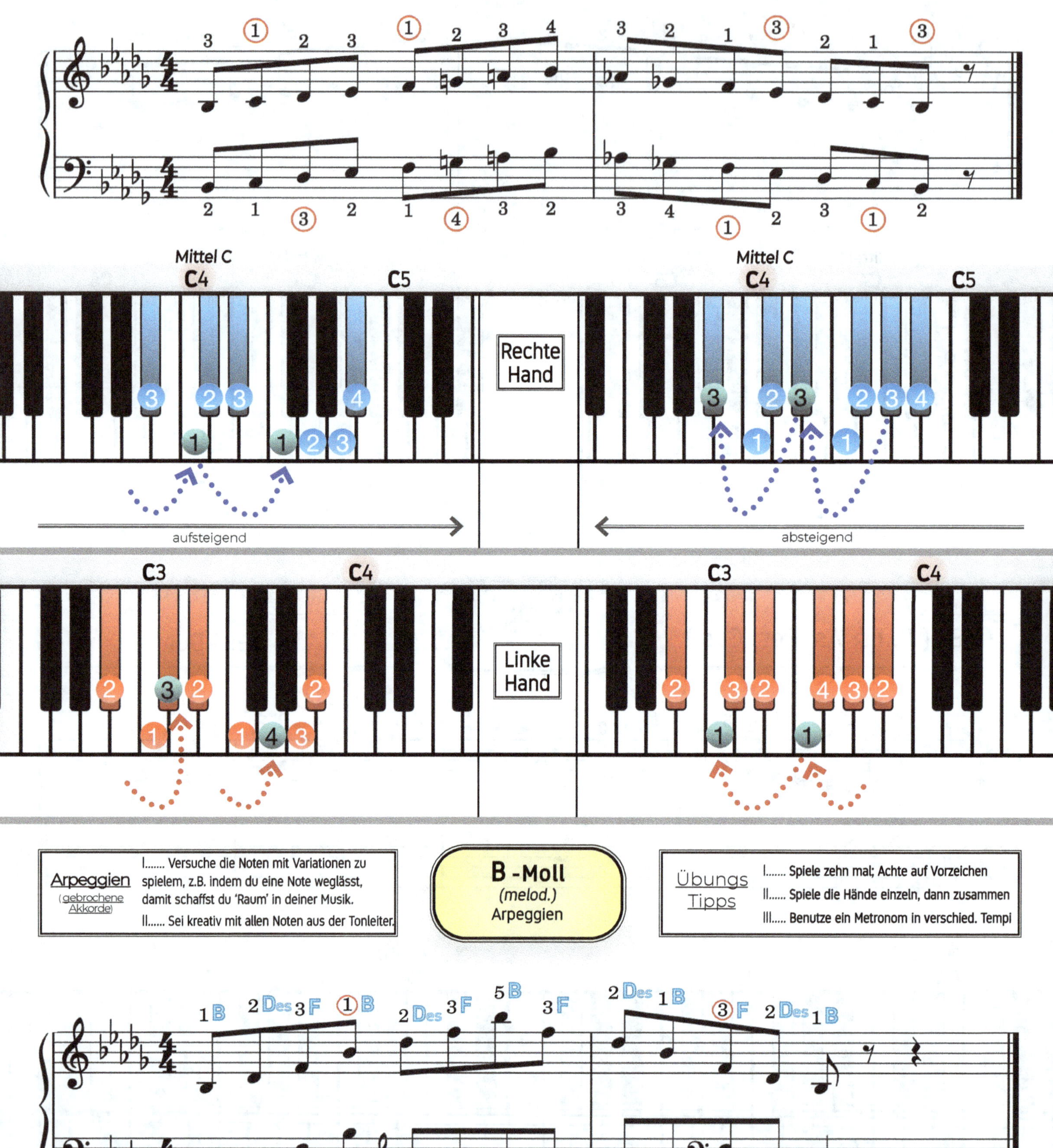

Aufsteigende Noten der Tonleiter:
B, C, Des, Es, F, G, A

B -Moll
(melod.) 1 Oktave
Beide Hände

Absteigende Noten der Tonleiter:
As, Ges, F, Es, Des, C, B

Mittel C
C4
C5
Rechte Hand
Mittel C
C4
C5

aufsteigend
absteigend

C3
C4
Linke Hand
C3
C4

Arpeggien
(gebrochene Akkorde)

I....... Versuche die Noten mit Variationen zu spielem, z.B. indem du eine Note weglässt, damit schaffst du 'Raum' in deiner Musik.
II...... Sei kreativ mit allen Noten aus der Tonleiter.

B -Moll
(melod.)
Arpeggien

Übungs Tipps
I....... Spiele zehn mal; Achte auf Vorzeichen
II...... Spiele die Hände einzeln, dann zusammen
III..... Benutze ein Metronom in verschied. Tempi

1 B 2 Des 3 F 1 B 2 Des 3 F 5 B 3 F 2 Des 1 B 3 F 2 Des 1 B
5 B 3 Des 2 F 1 B 3 Des 2 F 1 B 2 F 3 Des 1 B 2 F 3 Des 5 B

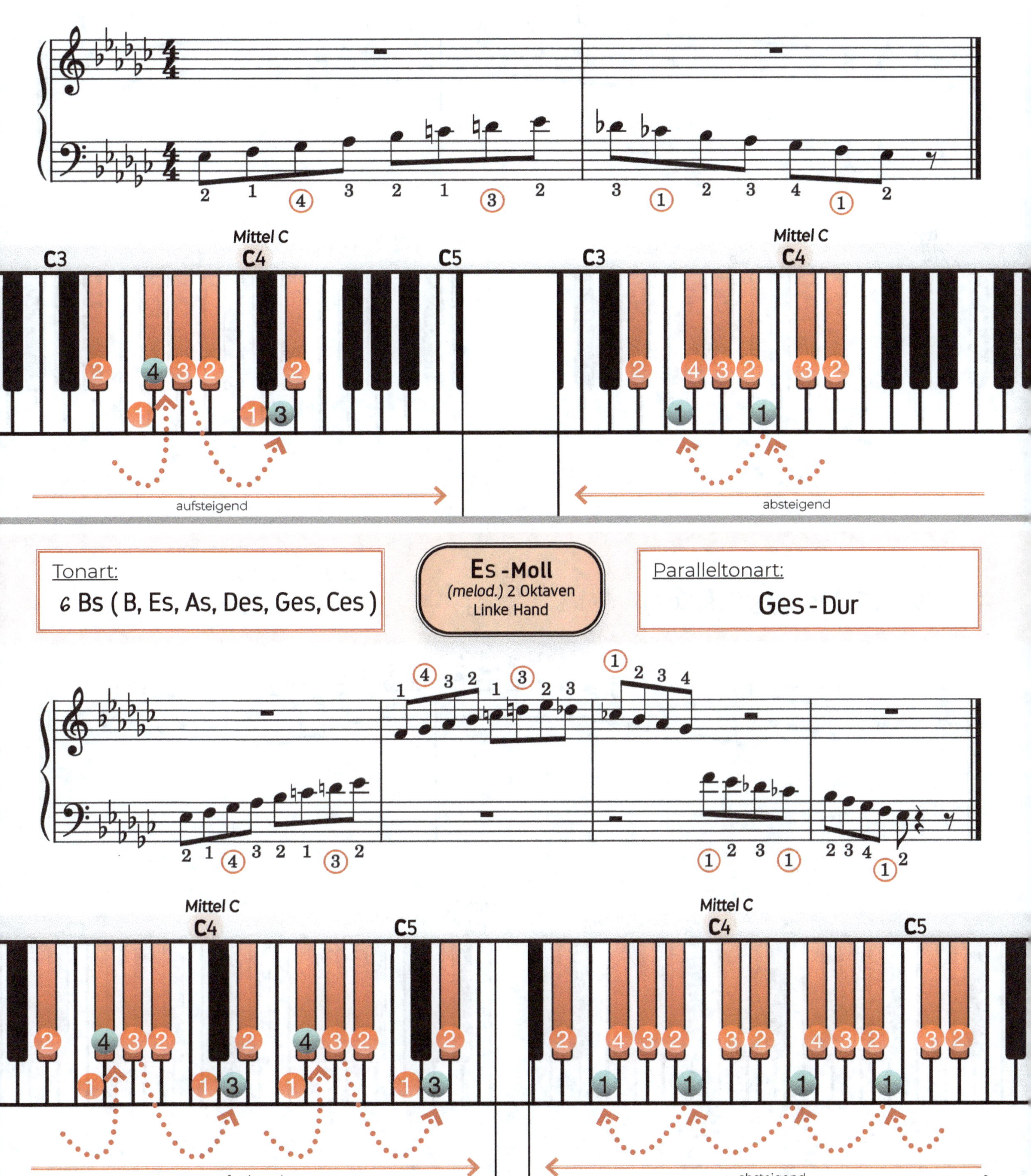

Aufsteigende Noten der Tonleiter:
Es, F, Ges, As, B, C, D
Es -Moll
(melod.) 1 Oktave
Linke Hand
Absteigende Noten der Tonleiter:
D, Ces, B, As, Ges, F, Es
Mittel C
C4
C3
C5
C3
Mittel C
C4
aufsteigend
absteigend
Tonart:
6 Bs (B, Es, As, Des, Ges, Ces)
Es -Moll
(melod.) 2 Oktaven
Linke Hand
Paralleltonart:
Ges - Dur
Mittel C
C4
C5
Mittel C
C4
C5
aufsteigend
absteigend

Aufsteigende Noten der Tonleiter:
Es, F, Ges, As, B, C, D
Es -Moll
(melod.) 1 Oktave
Rechte Hand
Absteigende Noten der Tonleiter:
D, Ces, B, As, Ges, F, Es 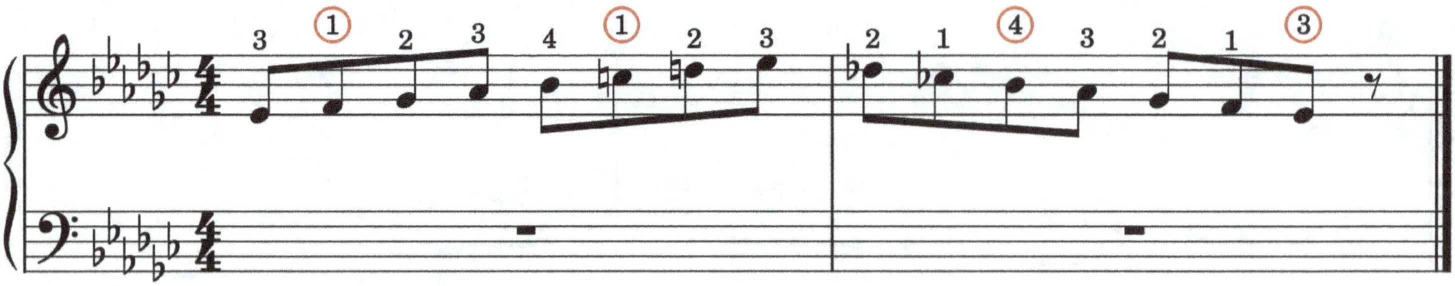 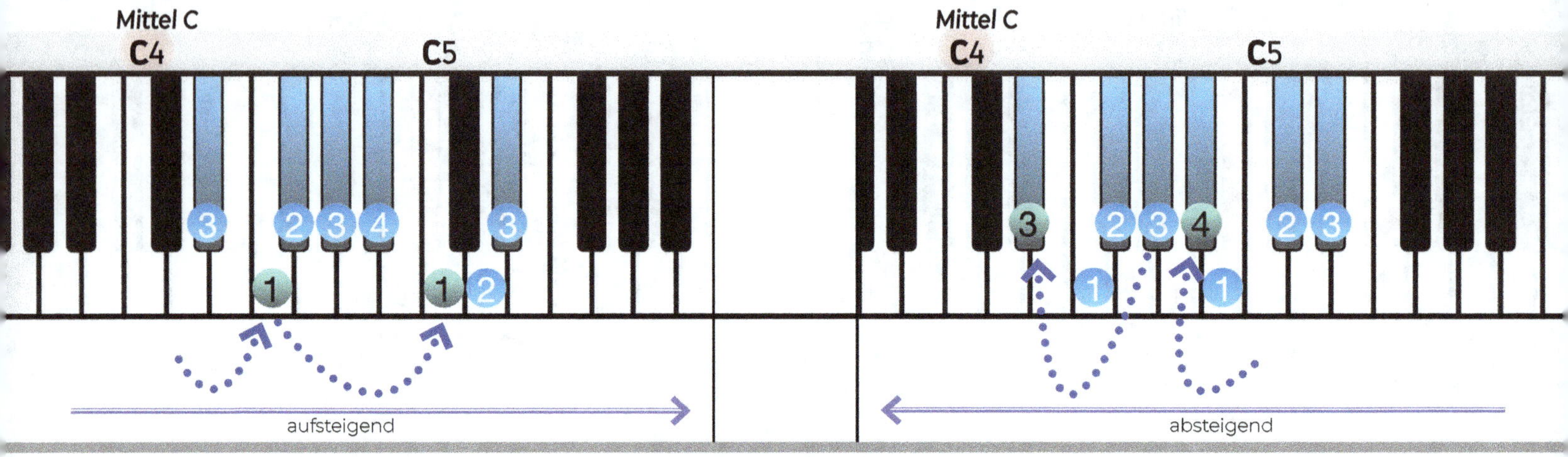
Mittel C
C4
C5
Mittel C
C4
C5
aufsteigend
absteigend
Tonart:
6 Bs (B, Es, As, Des, Ges, Ces)
Es -Moll
(melod.) 2 Oktaven
Rechte Hand
Paralleltonart:
Ges - Dur
C5
C6
Mittel C
C4
C5
C6
aufsteigend
absteigend

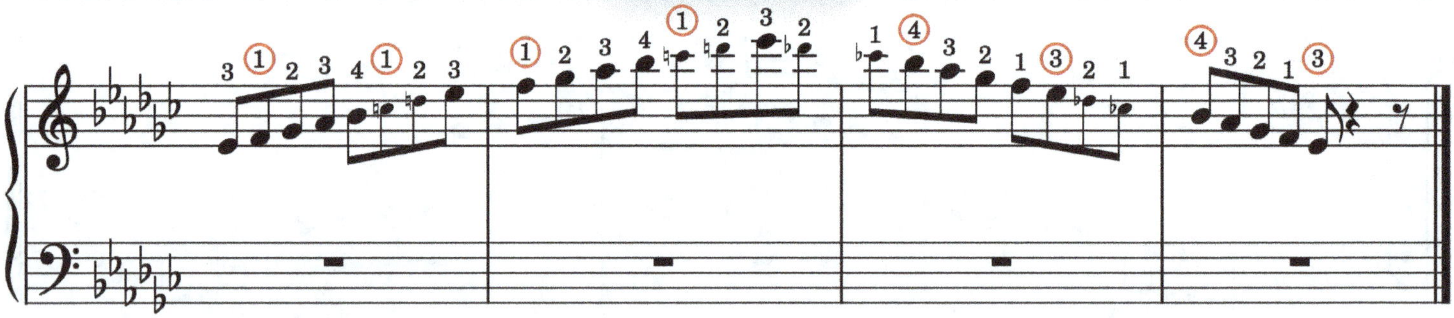

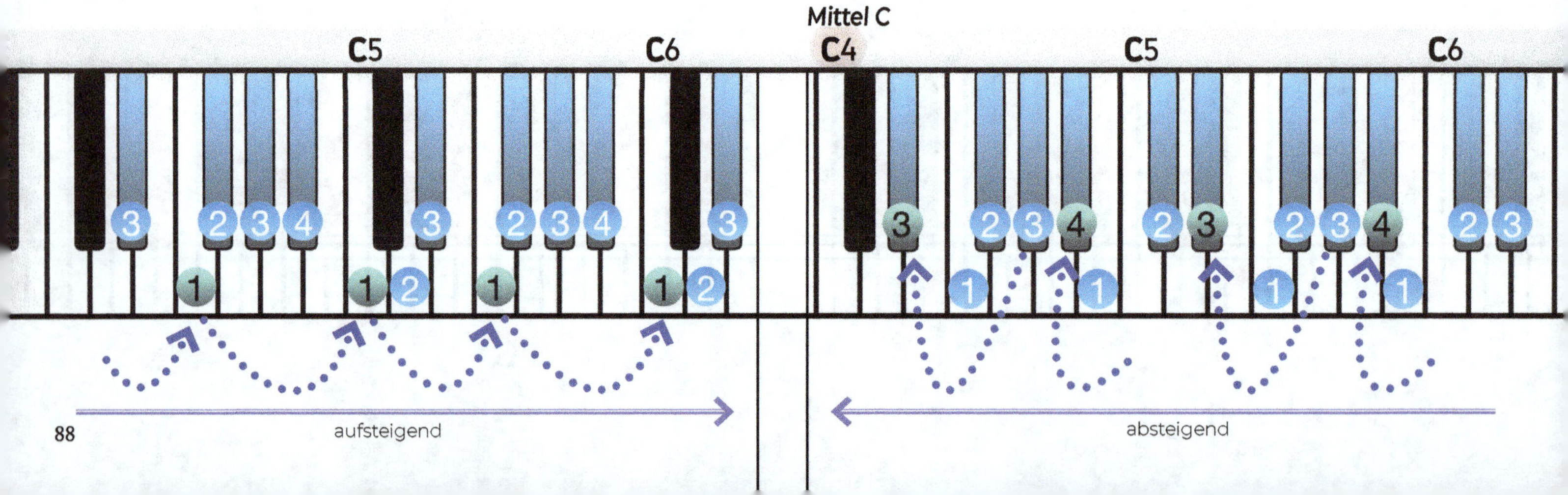

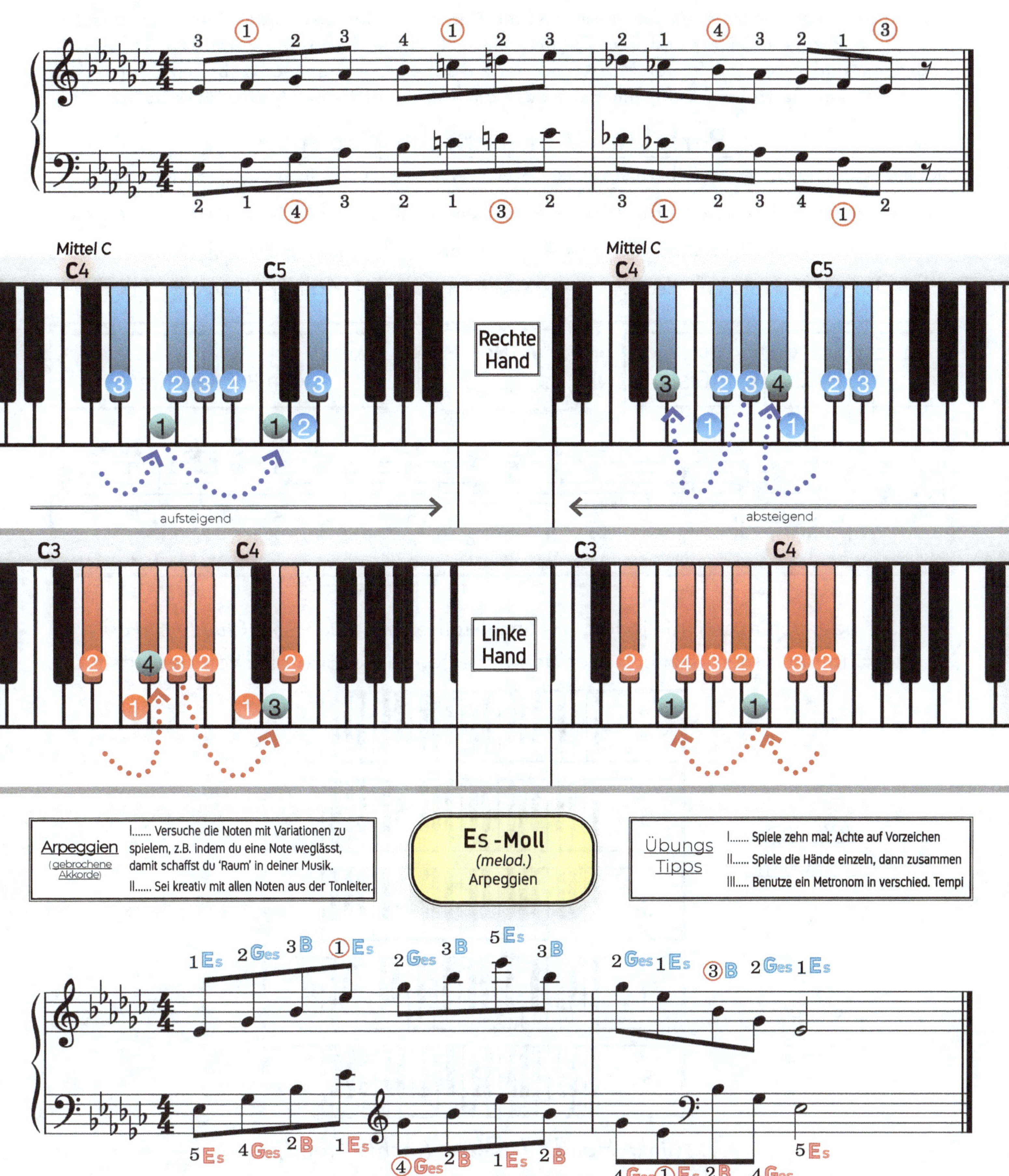

Aufsteigende Noten der Tonleiter:
Es, F, Ges, As, B, C, D
Es -Moll
(melod.) 1 Oktave
Beide Hände
Absteigende Noten der Tonleiter:
D, Ces, B, As, Ges, F, Es
Mittel C
C4
C5
Rechte Hand
aufsteigend
absteigend
Mittel C
C4
C5
C3
C4
Linke Hand
C3
C4
Arpeggien
(gebrochene Akkorde)
I....... Versuche die Noten mit Variationen zu spielem, z.B. indem du eine Note weglässt, damit schaffst du 'Raum' in deiner Musik.
II...... Sei kreativ mit allen Noten aus der Tonleiter.
Es -Moll
(melod.)
Arpeggien
Übungs Tipps
I....... Spiele zehn mal; Achte auf Vorzeichen
II...... Spiele die Hände einzeln, dann zusammen
III..... Benutze ein Metronom in verschied. Tempi
1 Es 2 Ges 3 B 1 Es 2 Ges 3 B 5 Es 3 B 2 Ges 1 Es 3 B 2 Ges 1 Es
5 Es 4 Ges 2 B 1 Es 4 Ges 2 B 1 Es 2 B 4 Ges 1 Es 2 B 4 Ges 5 Es

KADENZEN

Eine Kadenz ist in der Musik ein harmonischer Abschluss, der das Ende einer musikalischen Phrase markiert und dem Zuhörer ein Gefühl der Auflösung vermittelt.
Kadenzen sind essenziell in der Musik und helfen dabei, Spannung aufzubauen oder aufzulösen. Sie treten häufig am Ende oder auch innerhalb eines Musikstücks auf.

Perfekte / Authentische Kadenz

Sie ist eine der häufigsten und überzeugendsten Abschlussformeln und besteht aus einer Akkordfolge bei der der Dominantakkord (**5**. Akkord der Tonleiter) auf den Tonikaakkord (**1**. Akkord der Tonleiter) folgt.

In unserem Beispiel haben wir die A-Moll (harmonisch) Tonleiter. Hier führt der:

E -Dur **(V)** Akkord (Wir benutzen die 1.Umkehrung) zum **A** -Moll **(I)** Akkord. (V → I)

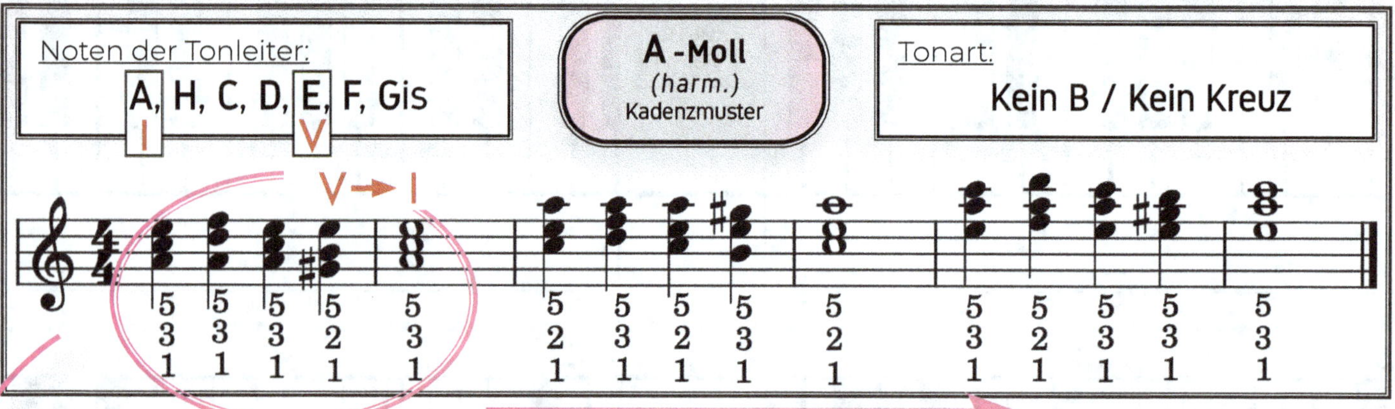

3 Kadenzenmuster für jede Dur- und Molltonart, *(siehe S.7 Quintenzirkel)*
Die Fingernummern stehen unter den notierten Noten, gefolgt von den Tasten.

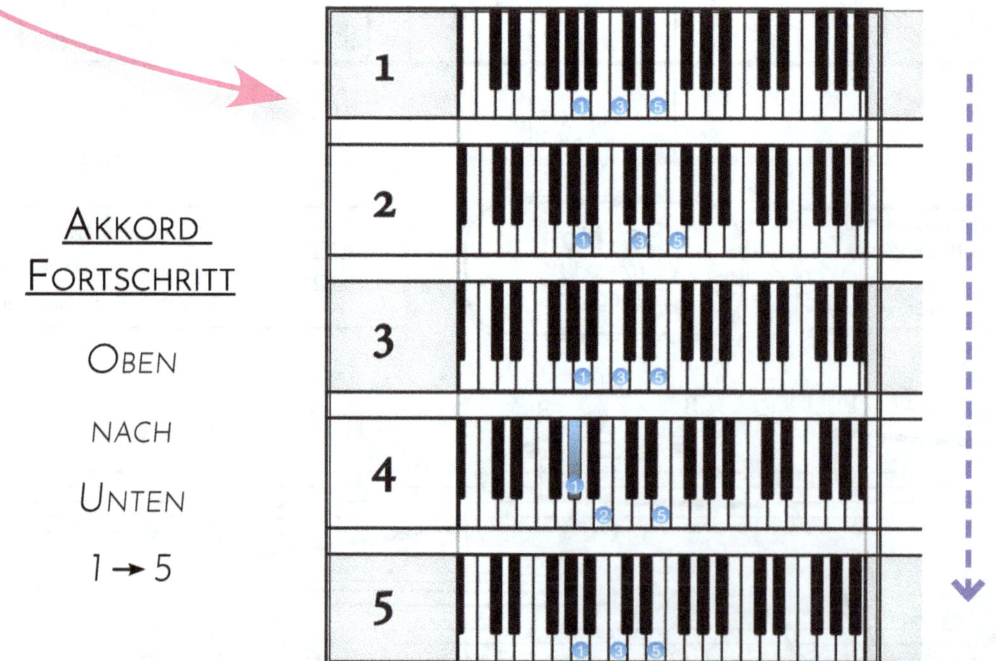

Rot *(linke Hand)* / **Blau** *(rechte Hand)*
Versuche jede Hand getrennt zu spielen und dann zusammen.

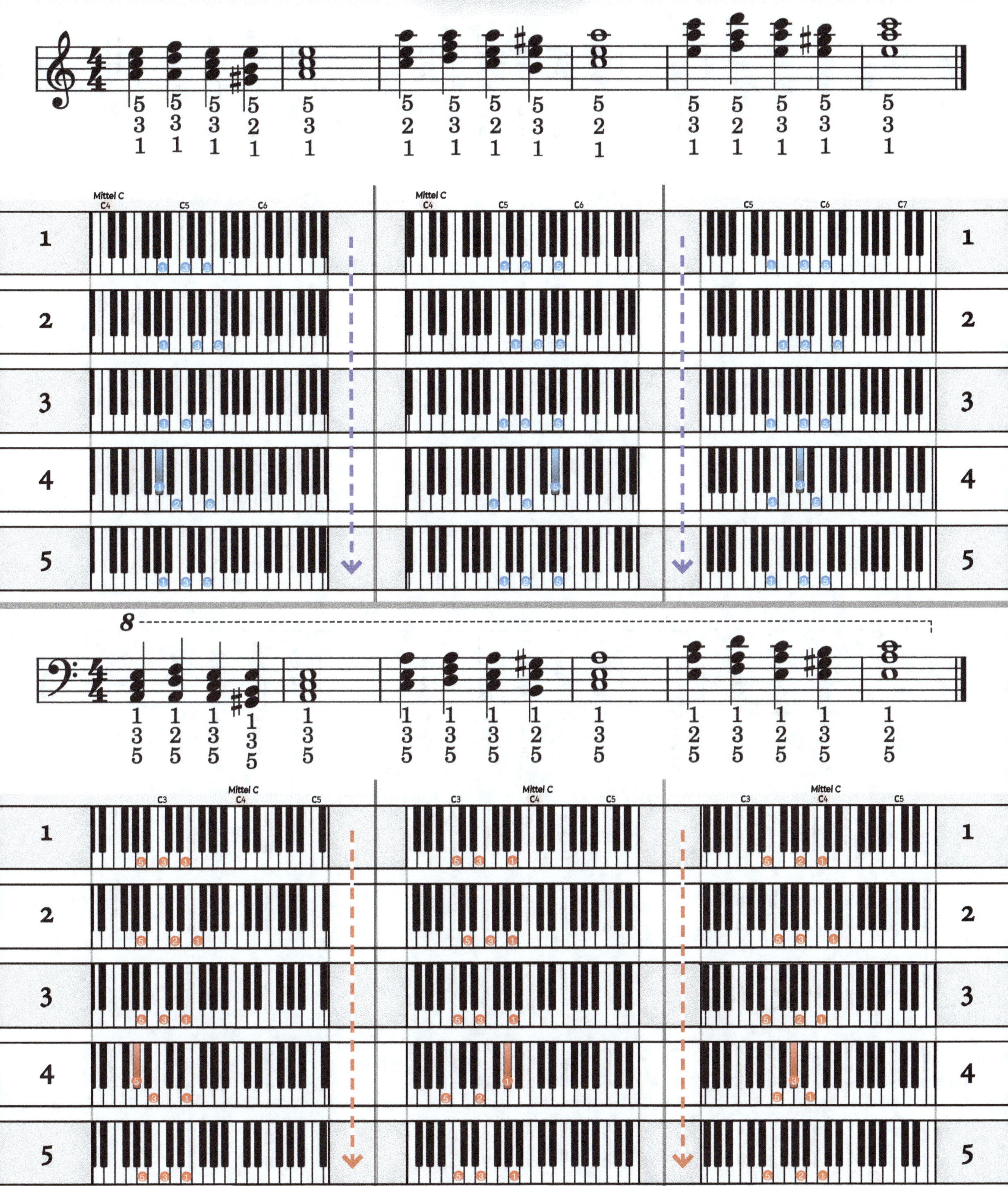

Noten der Tonleiter:
A, H, C, D, E, F, Gis
A -Moll
(harm.)
Kadenzmuster
Tonart:
Kein B / Kein Kreuz
Mittel C
C4
C5
C6
C7
C3
91

Noten der Tonleiter:
E, Fis, G, A, H, C, Dis
E -Moll
(harm.)
Kadenzmuster
Tonart:
1 Kreuz (Fis)
Mittel C
C4
C5
C6
C3
8

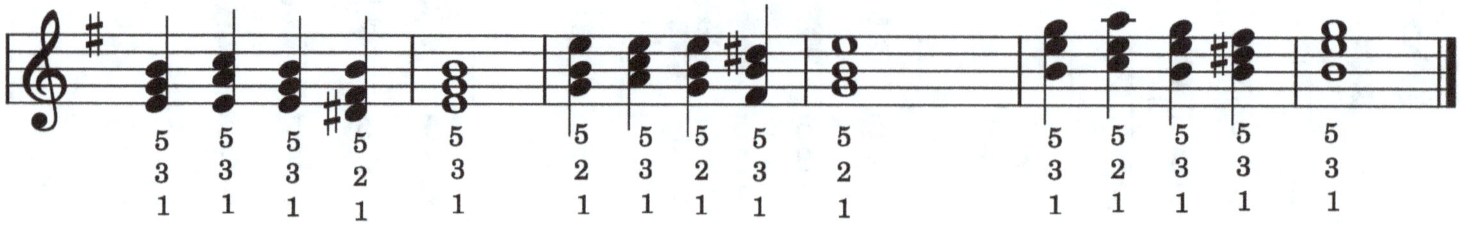

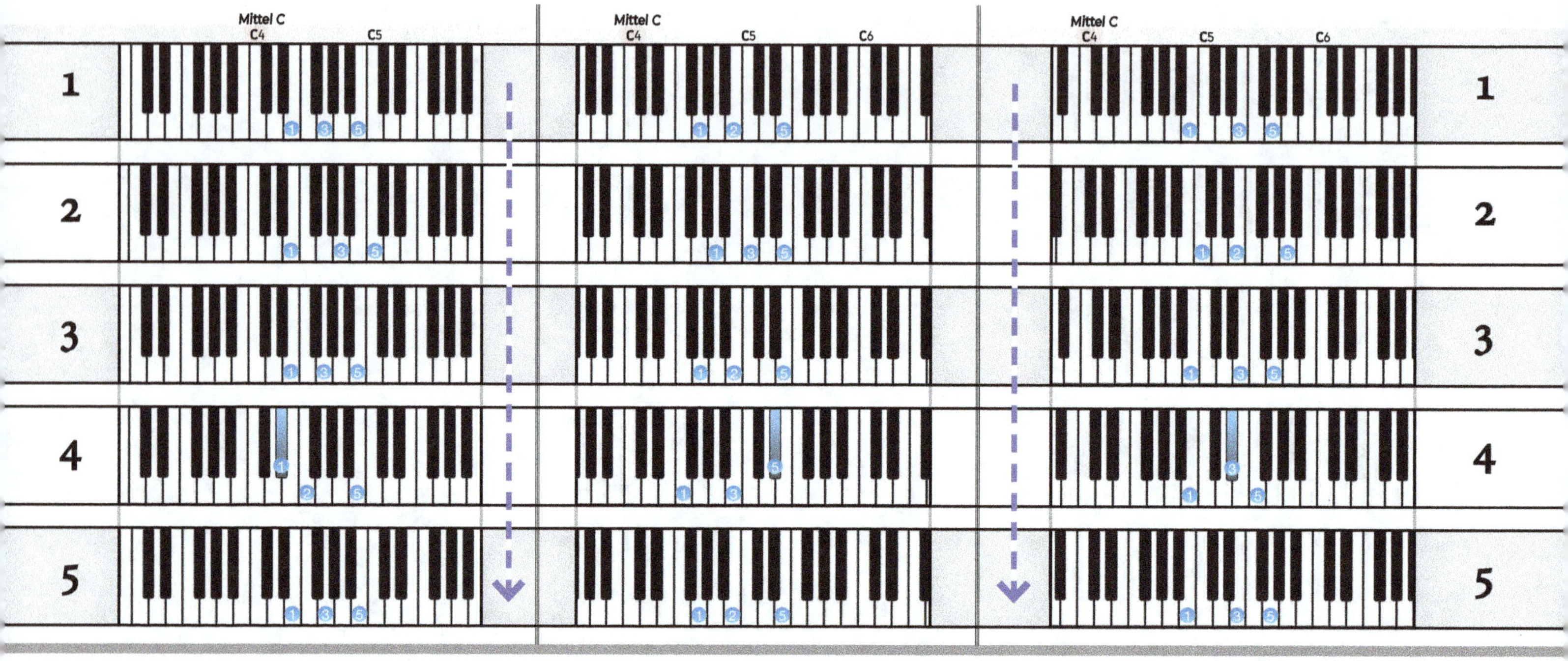

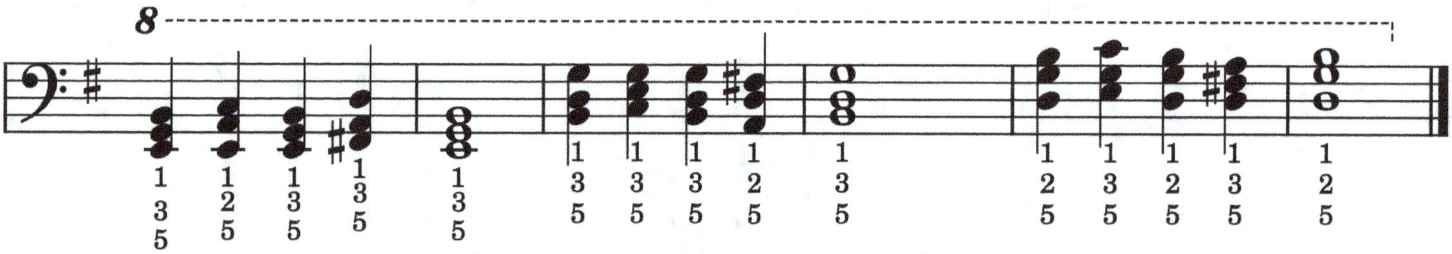

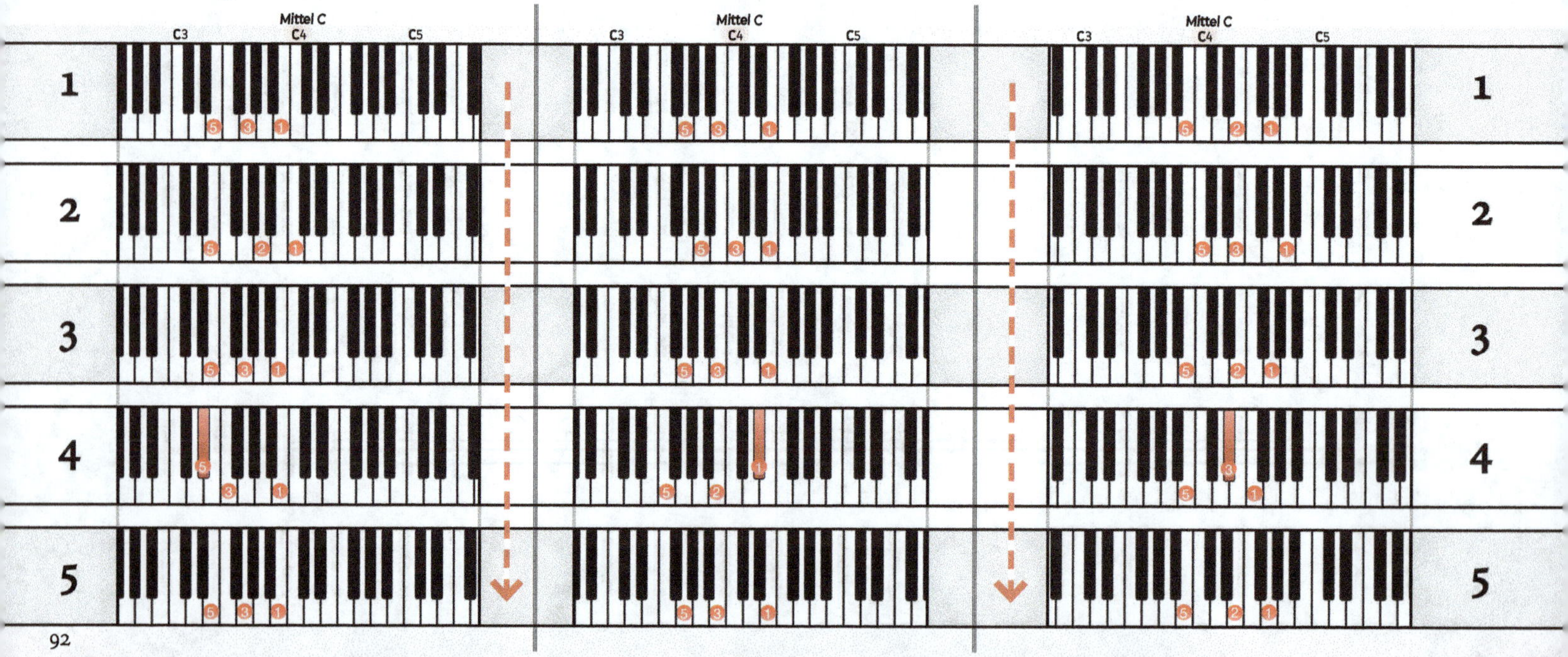

Noten der Tonleiter:
H, Cis, D, E, Fis, G, Ais
H -Moll
(harm.)
Kadenzmuster
Tonart
2 Kreuze (Fis, Cis)
Mittel C
C4
C5
C6
C2
C3
C3

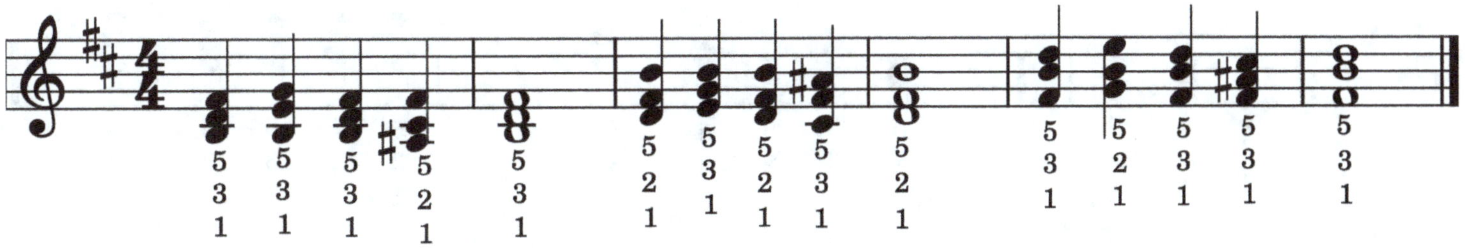

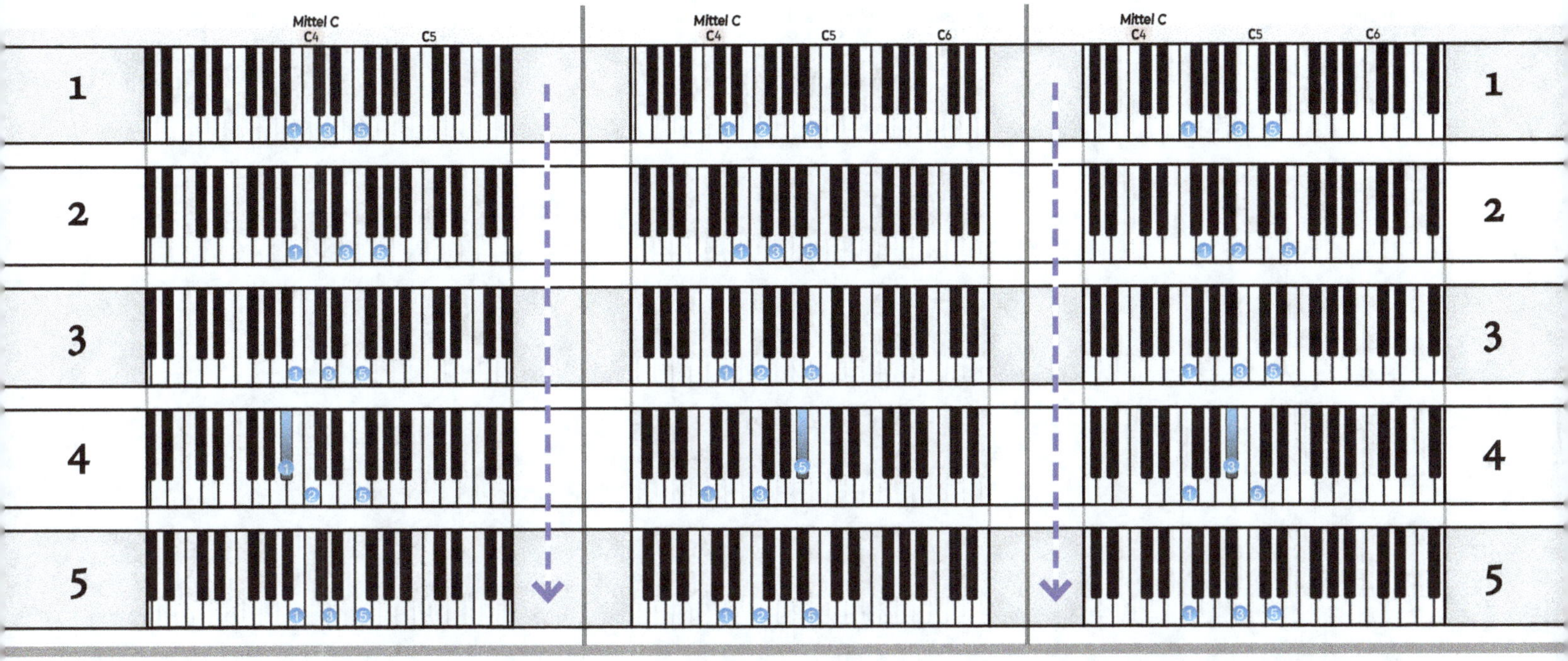

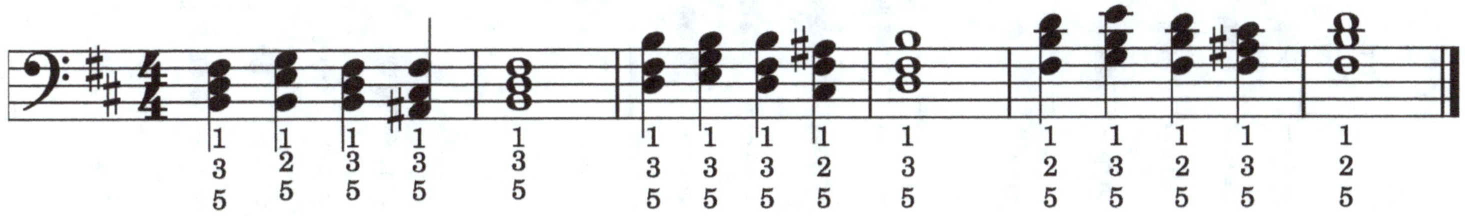

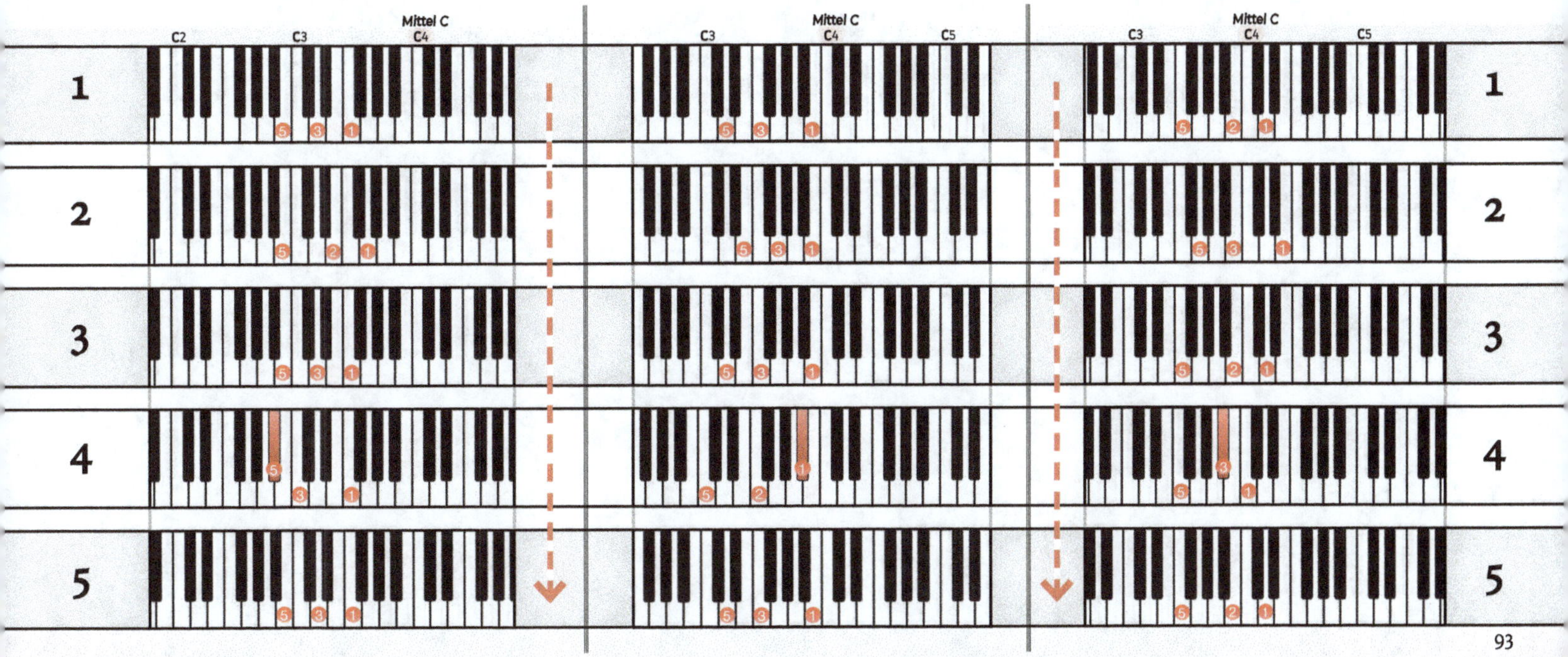

Noten der Tonleiter:
Fis, Gis, A, H, Cis, D, Eis
Fis -Moll
(harm.)
Kadenzmuster
Tonart:
3 Kreuze (Fis, Cis, Gis)
Mittel C
C4
C5
C6
C7
C3

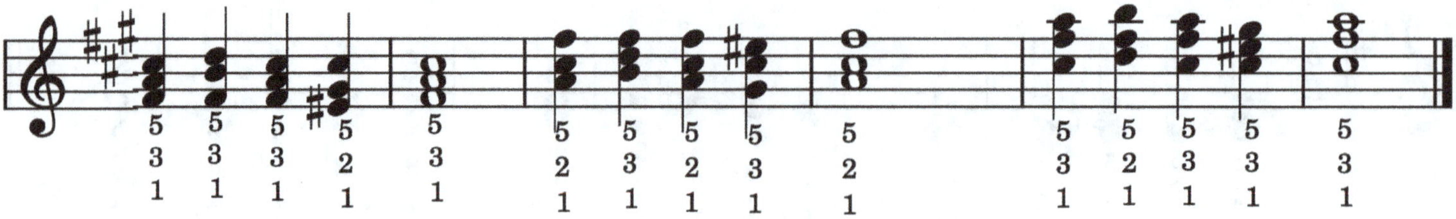

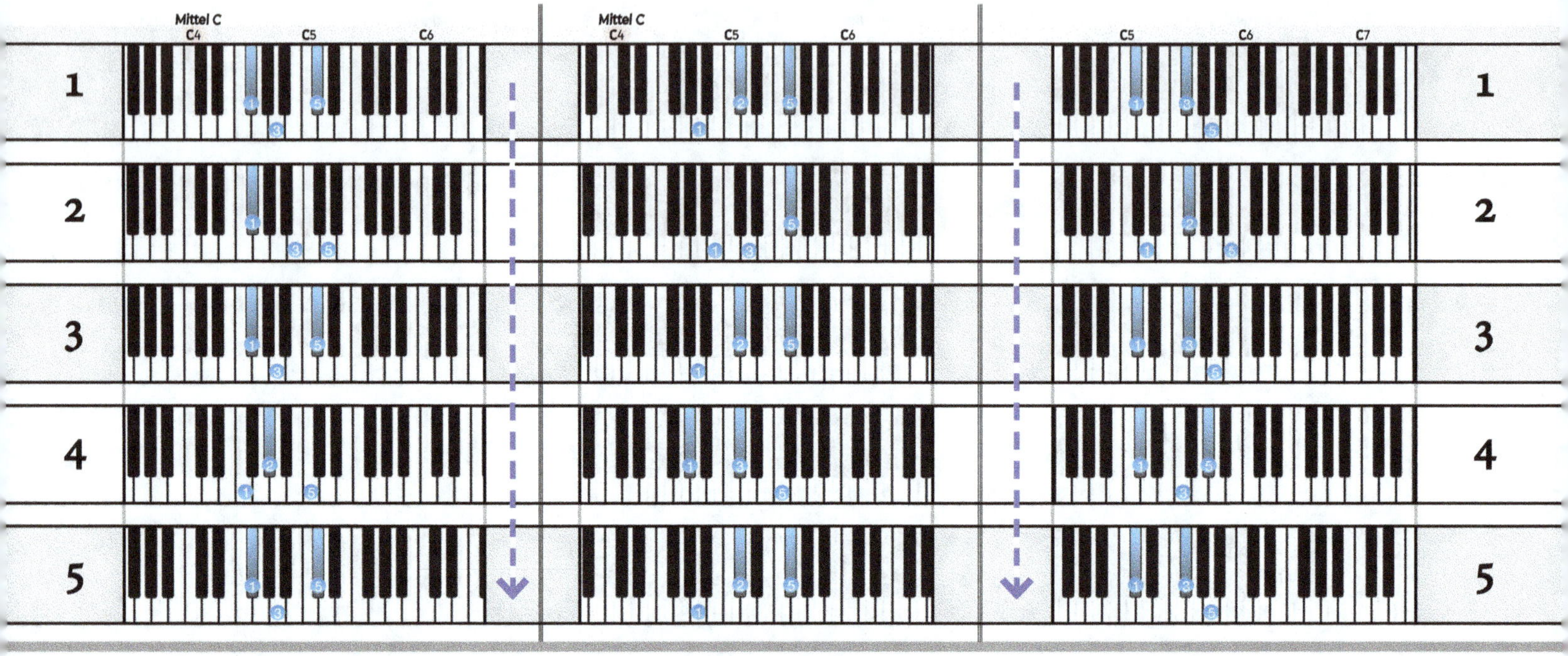

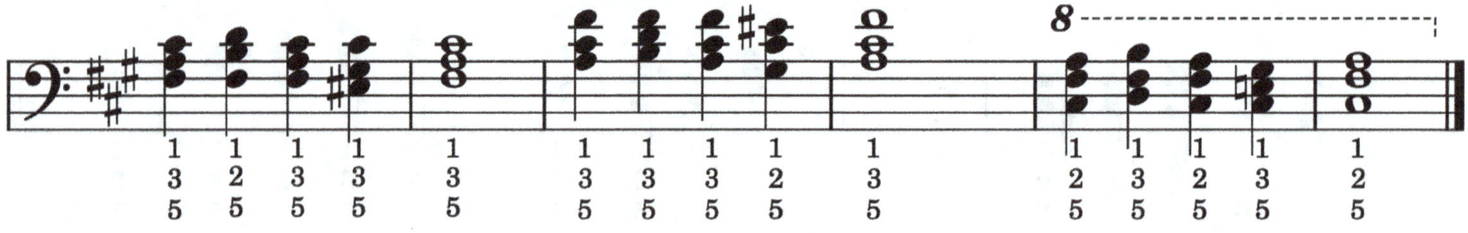

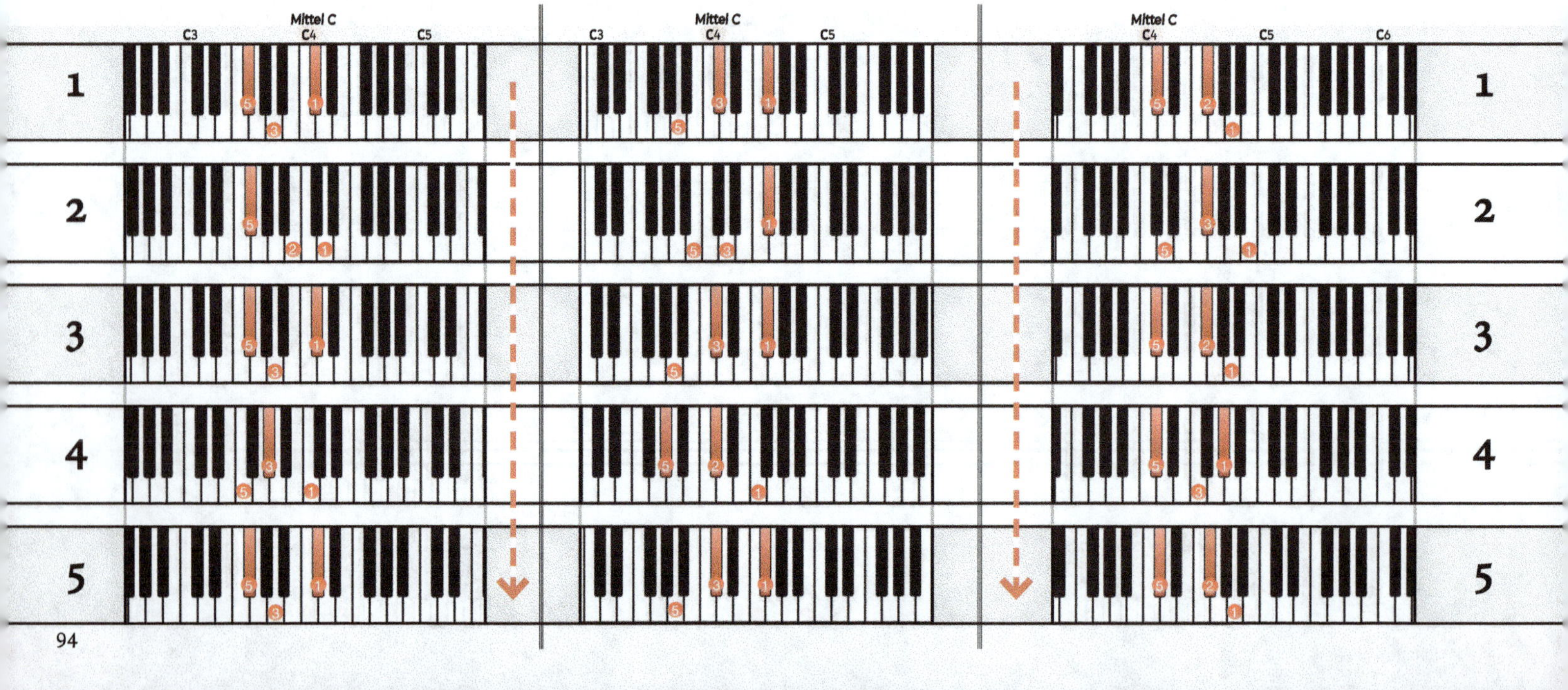

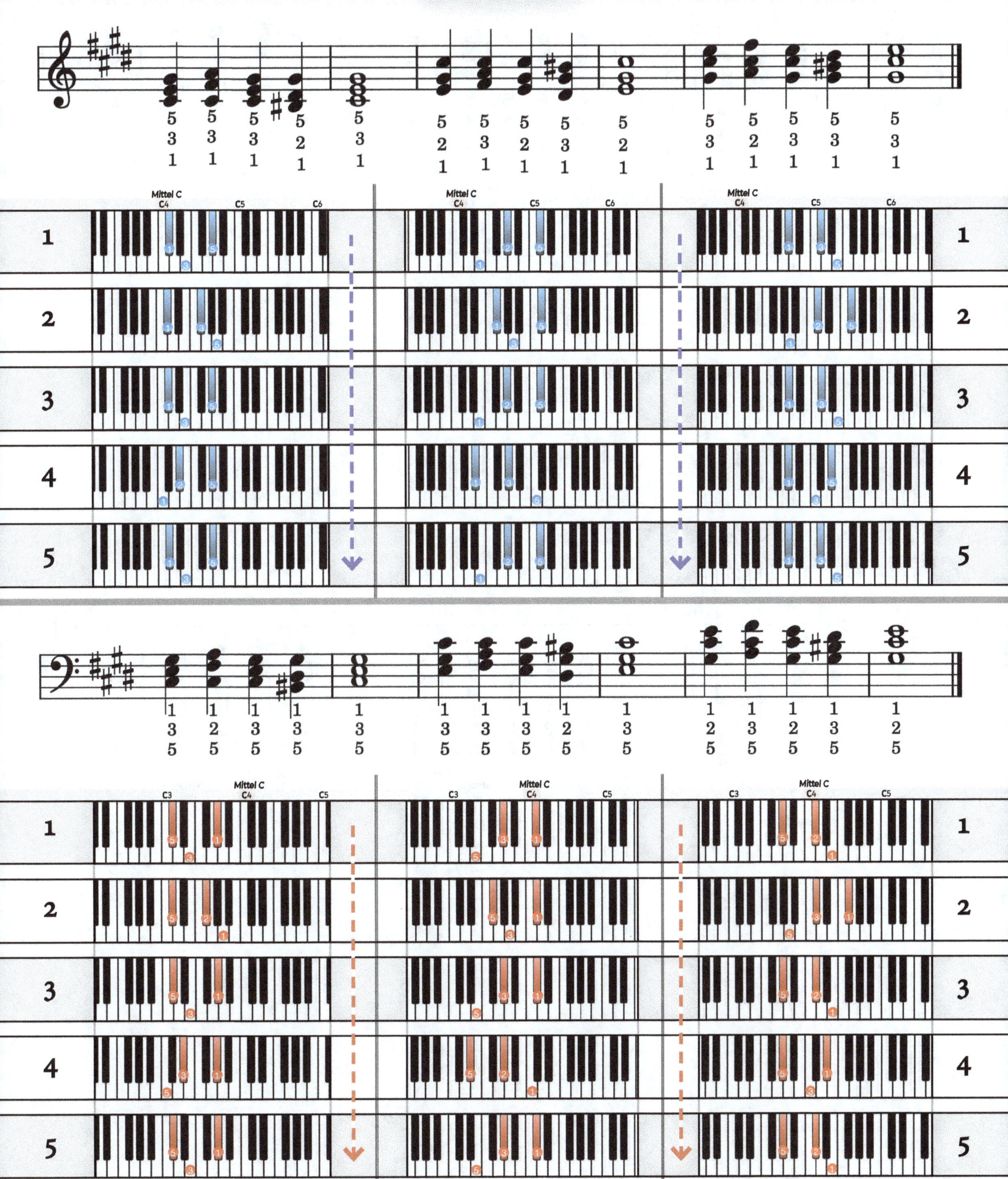

Noten der Tonleiter:
Cis, Dis, E, Fis, Gis, A, His
Cis -Moll
(harm.)
Kadenzmuster
Tonart:
4 Kreuze (Fis, Cis, Gis, Dis)
Mittel C
C4
C5
C6
Mittel C
C3
C4
C5
95

Noten der Tonleiter:
Gis, Ais, H, Cis, Dis, E, Fisis
Gis -Moll
(harm.)
Kadenzmuster
Tonart:
5 Kreuze (Fis, Cis, Gis, Dis, Ais)

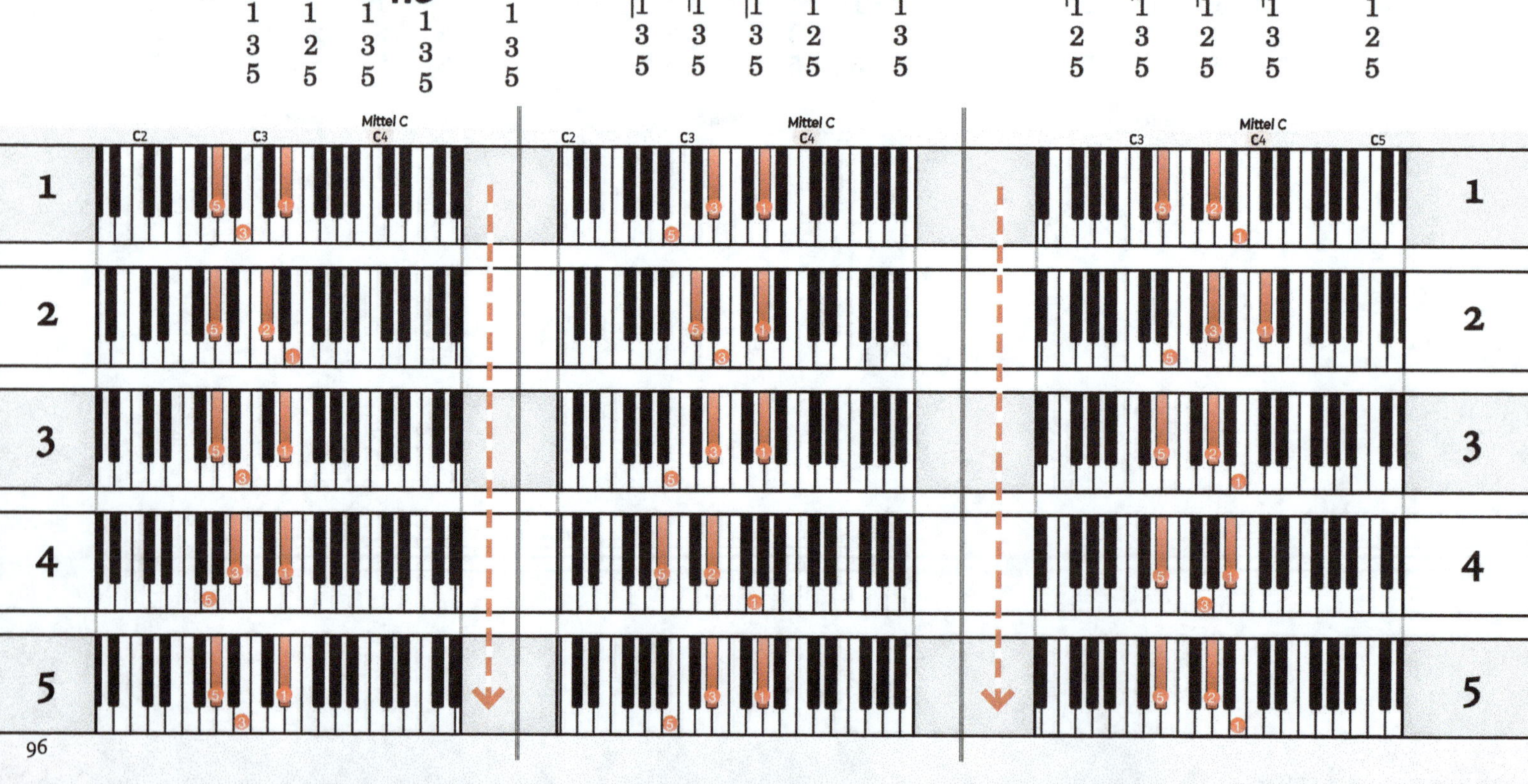

Noten der Tonleiter:
D, E, F, G, A, B, Cis
D -Moll
(harm.)
Kadenzmuster
Tonart:
1 B (B)
Mittel C
C4
C5
C6
C3

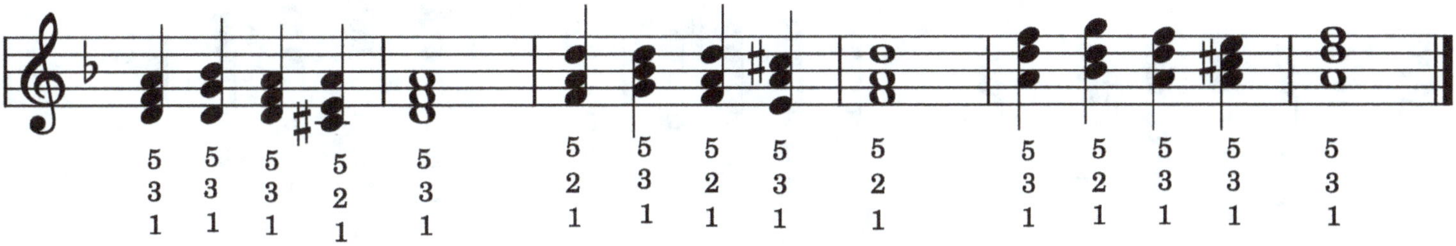

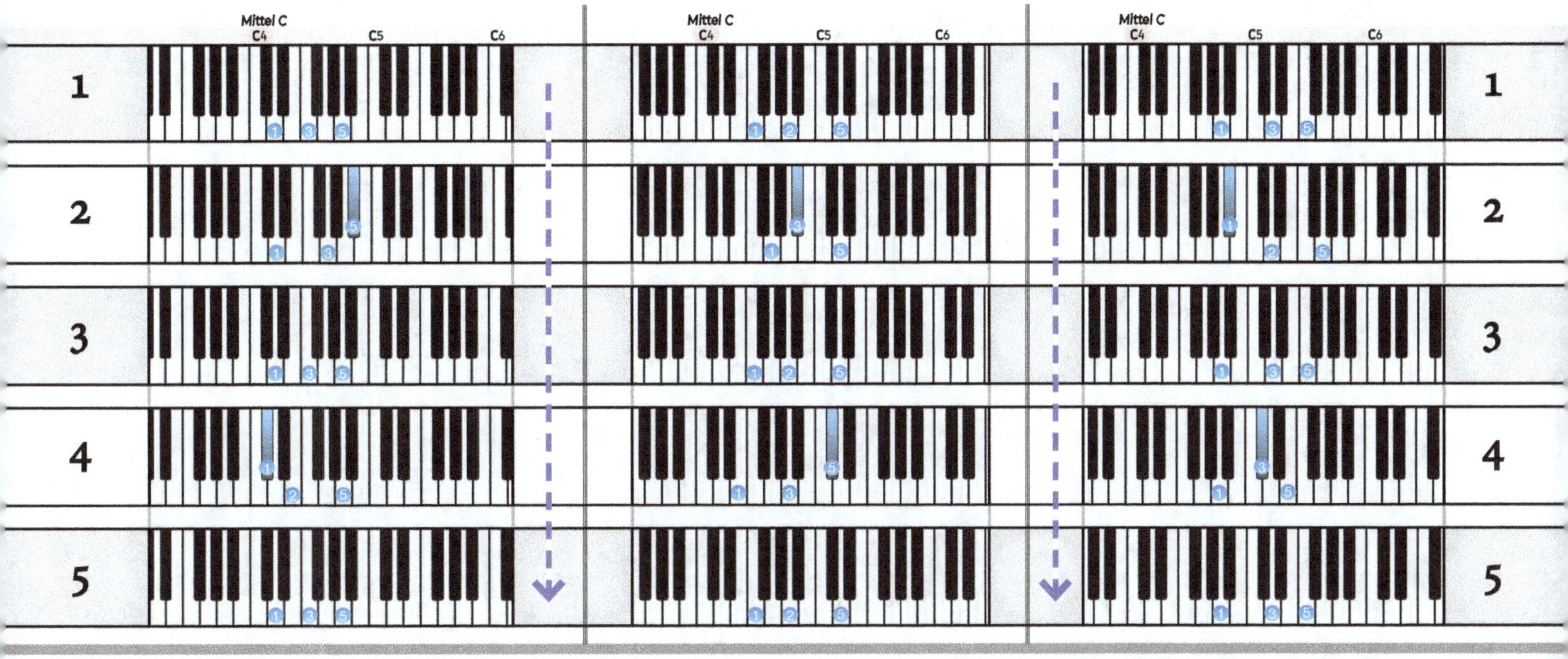

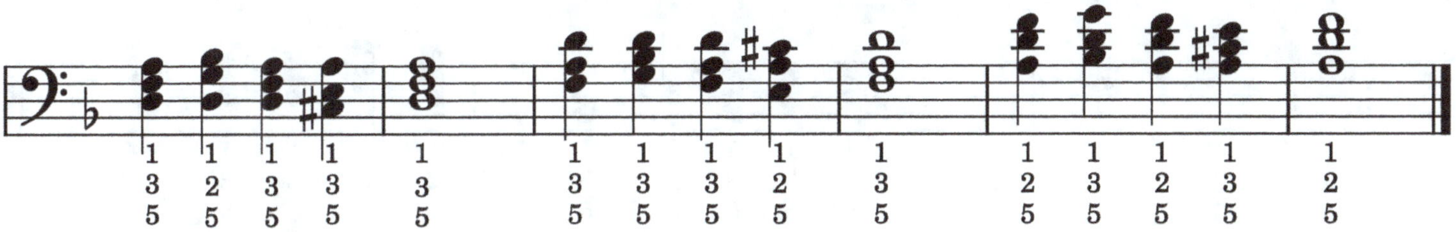

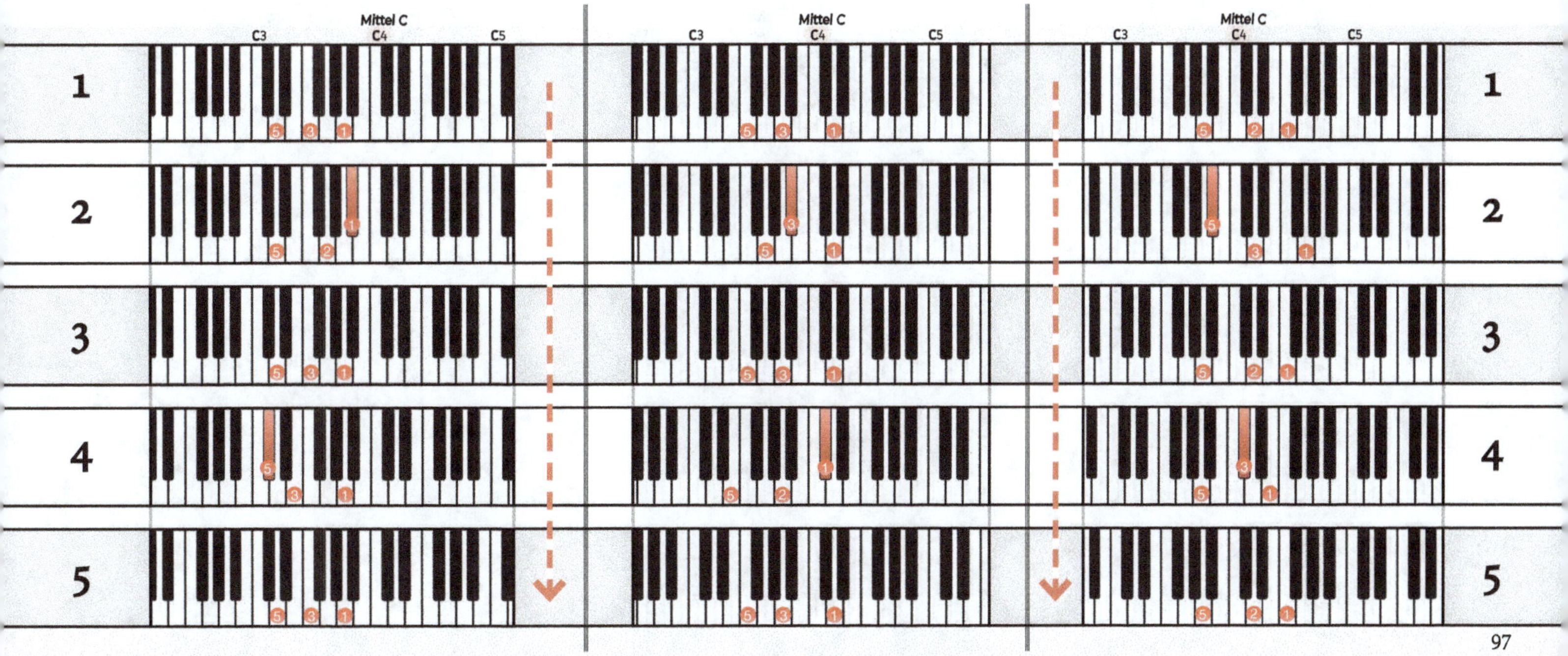

Noten der Tonleiter:
G, A, B, C, D, Es, Fis
G -Moll
(harm.)
Kadenzmuster
Tonart:
2 Bs (B ,Es)
Mittel C

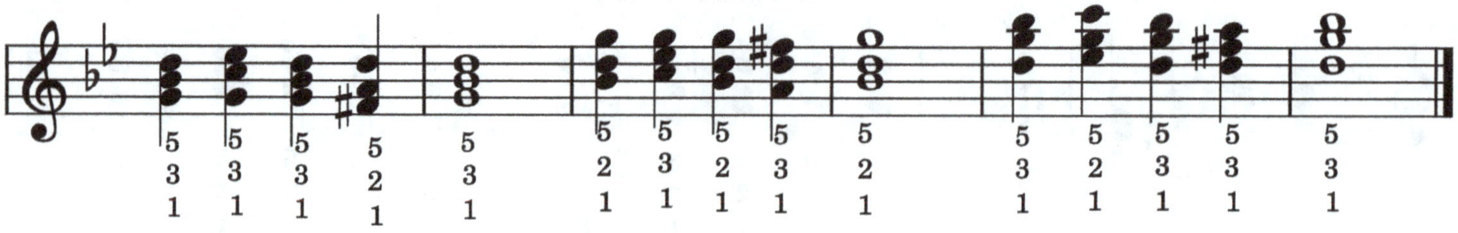

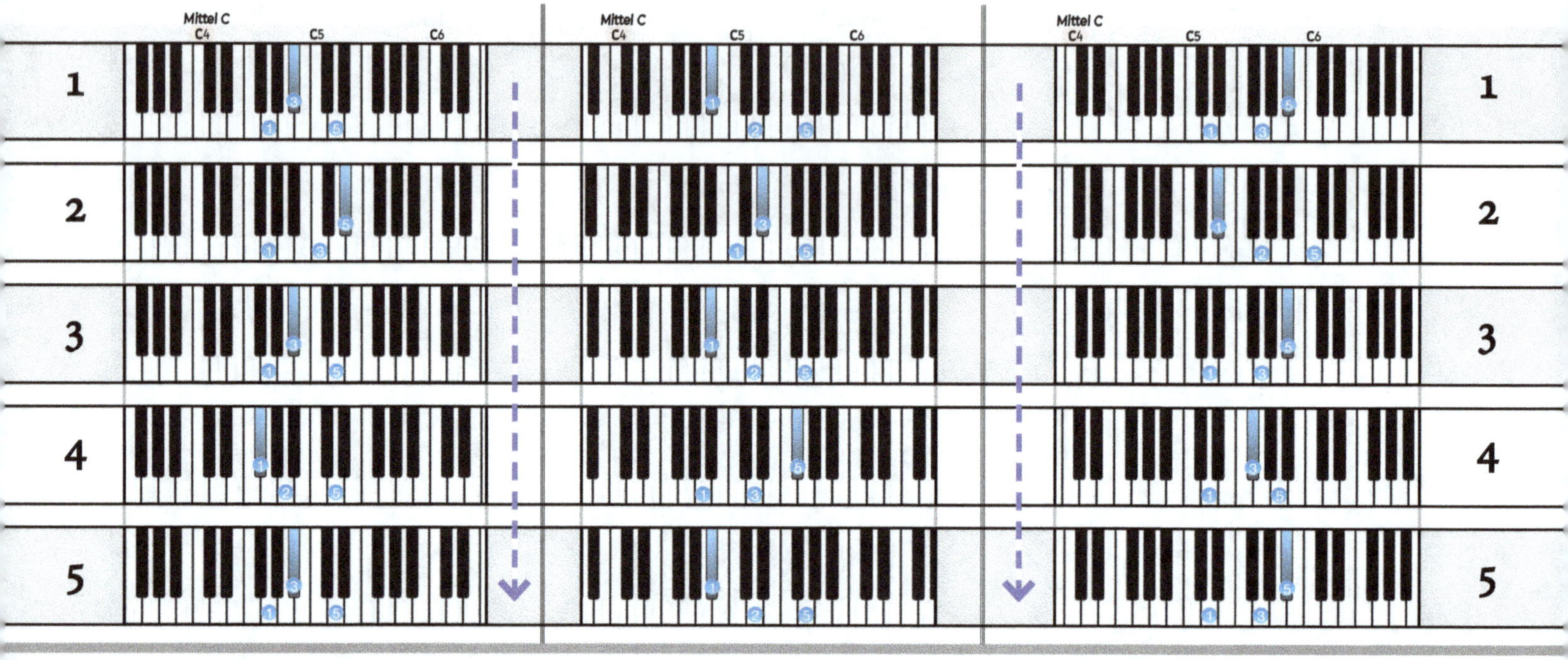

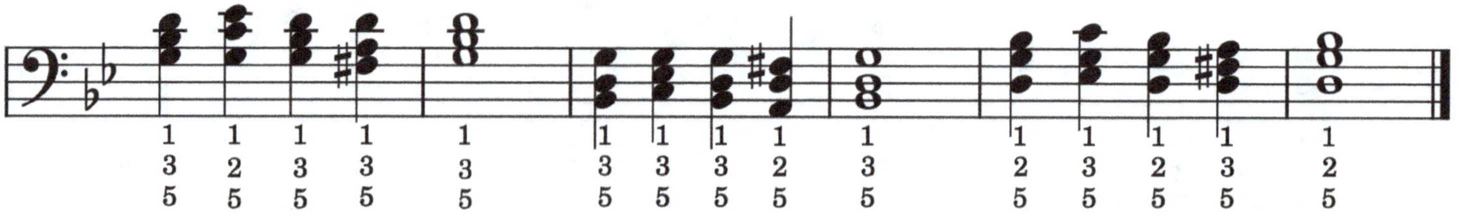

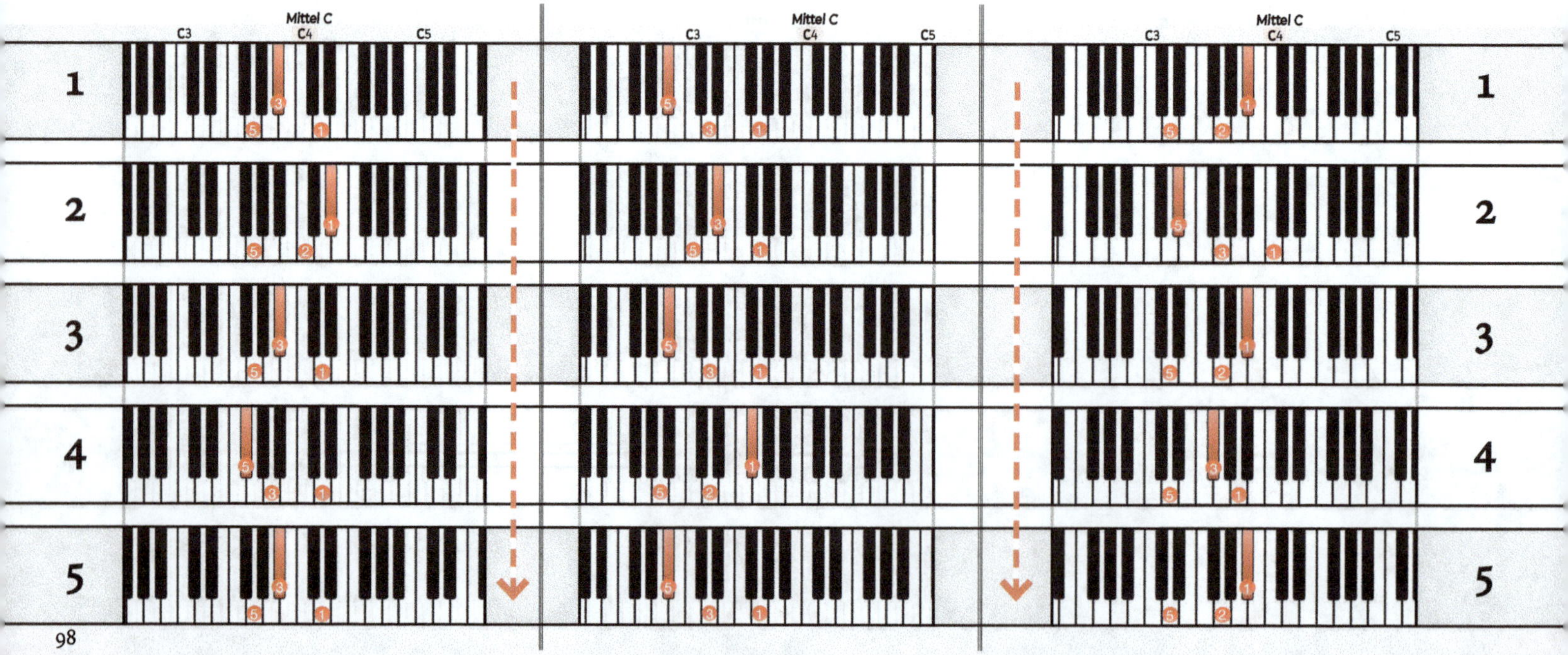

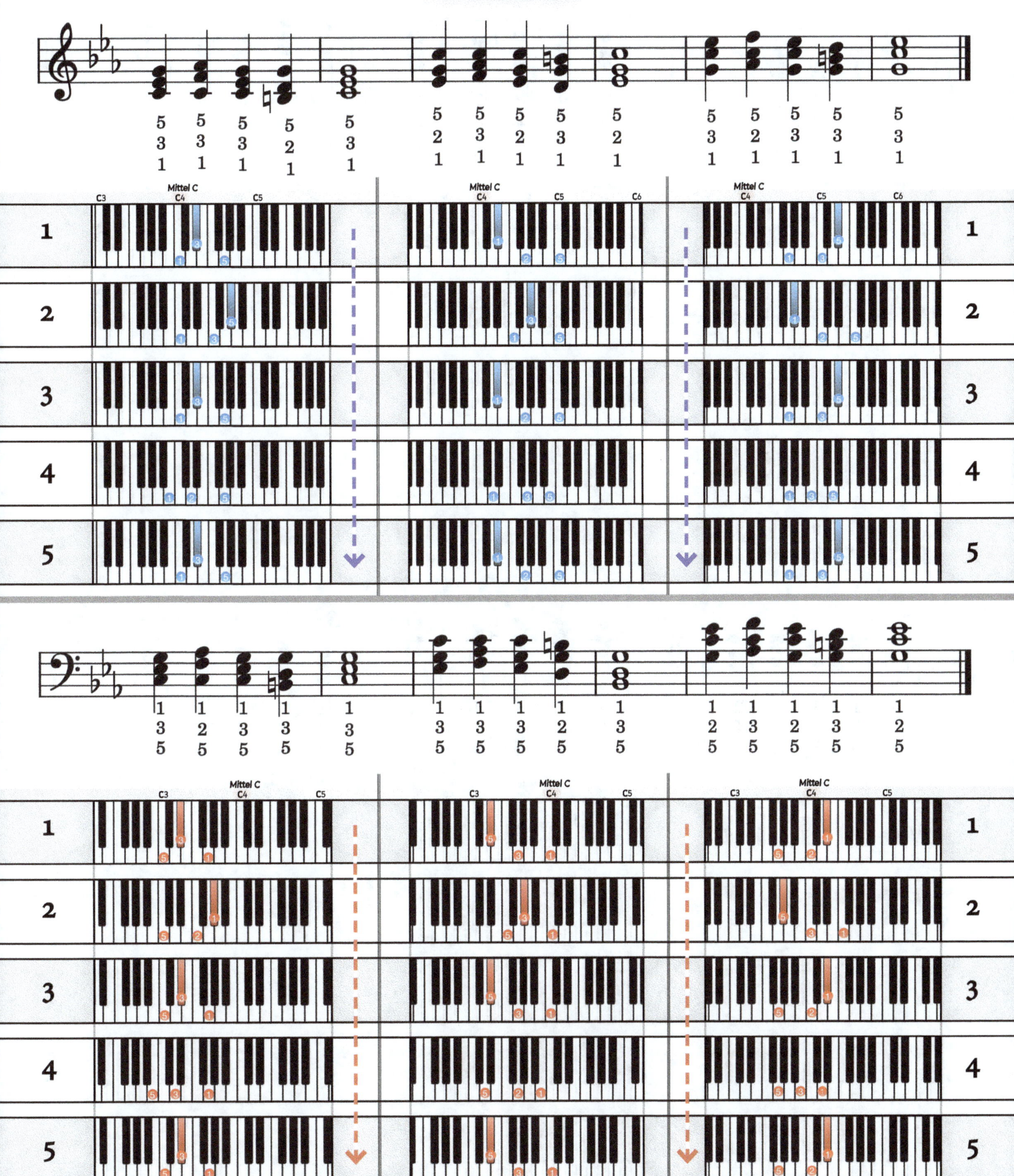

Noten der Tonleiter:
C, D, Es, F, G, As, H
C -Moll
(harm.)
Kadenzmuster
Tonart:
3 Bs (B, Es, As)
Mittel C
C3
C4
C5
C6
Mittel C
C3
C4
C5
99

Noten der Tonleiter:
F, G, As, B, C, Des, E

F -Moll
(harm.)
Kadenzmuster

Tonart:
4 Bs (B, Es ,As ,Des)

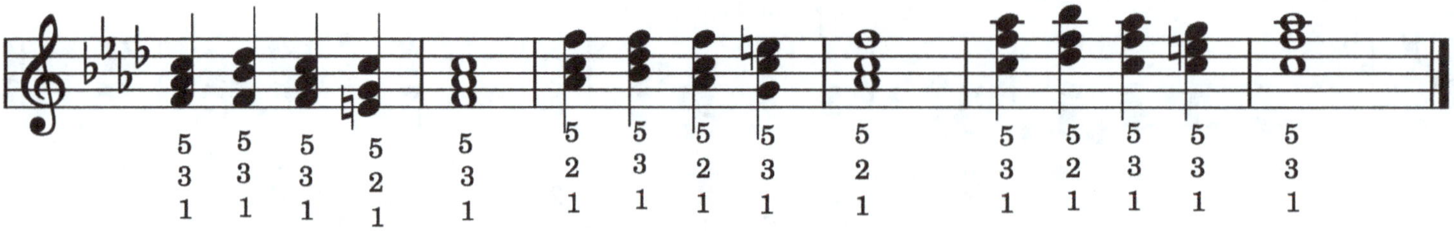

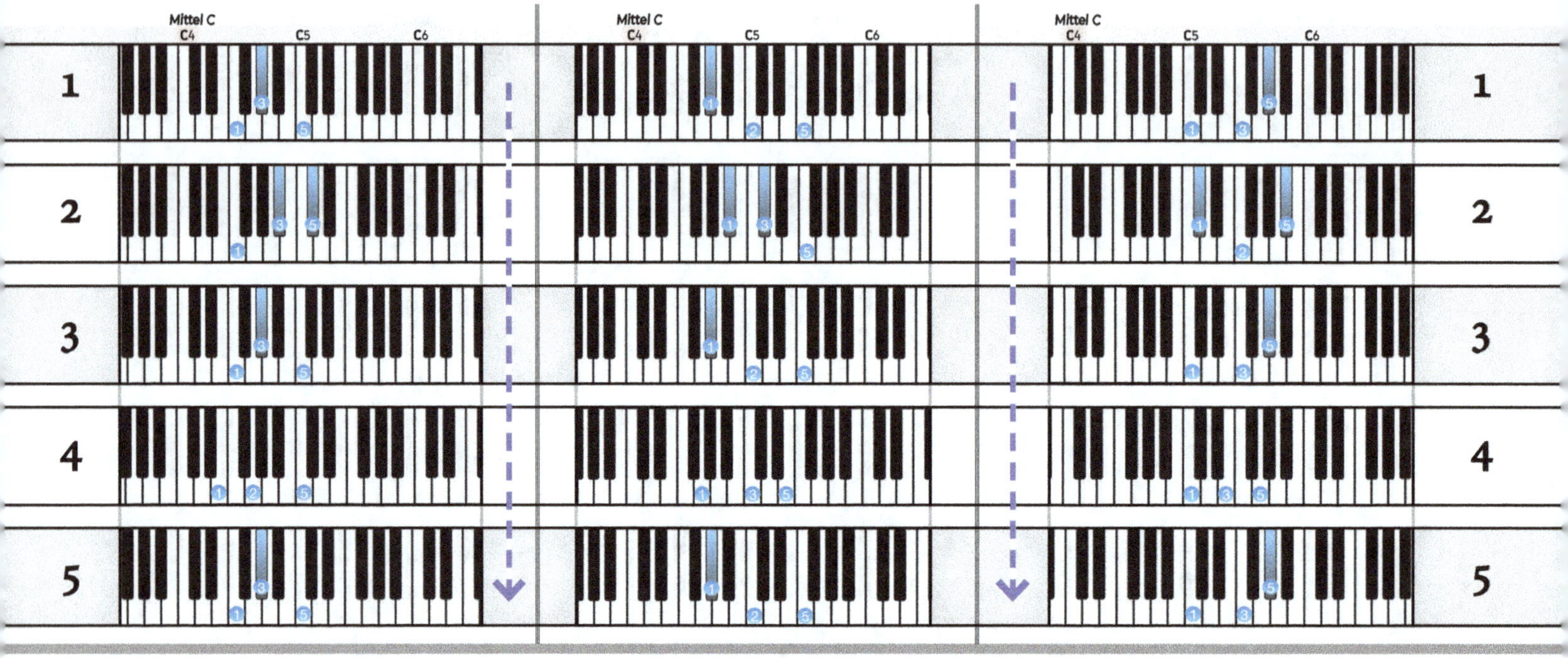

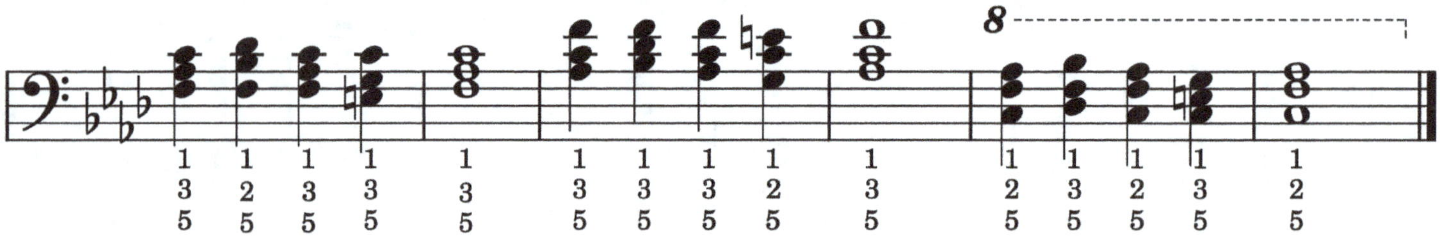

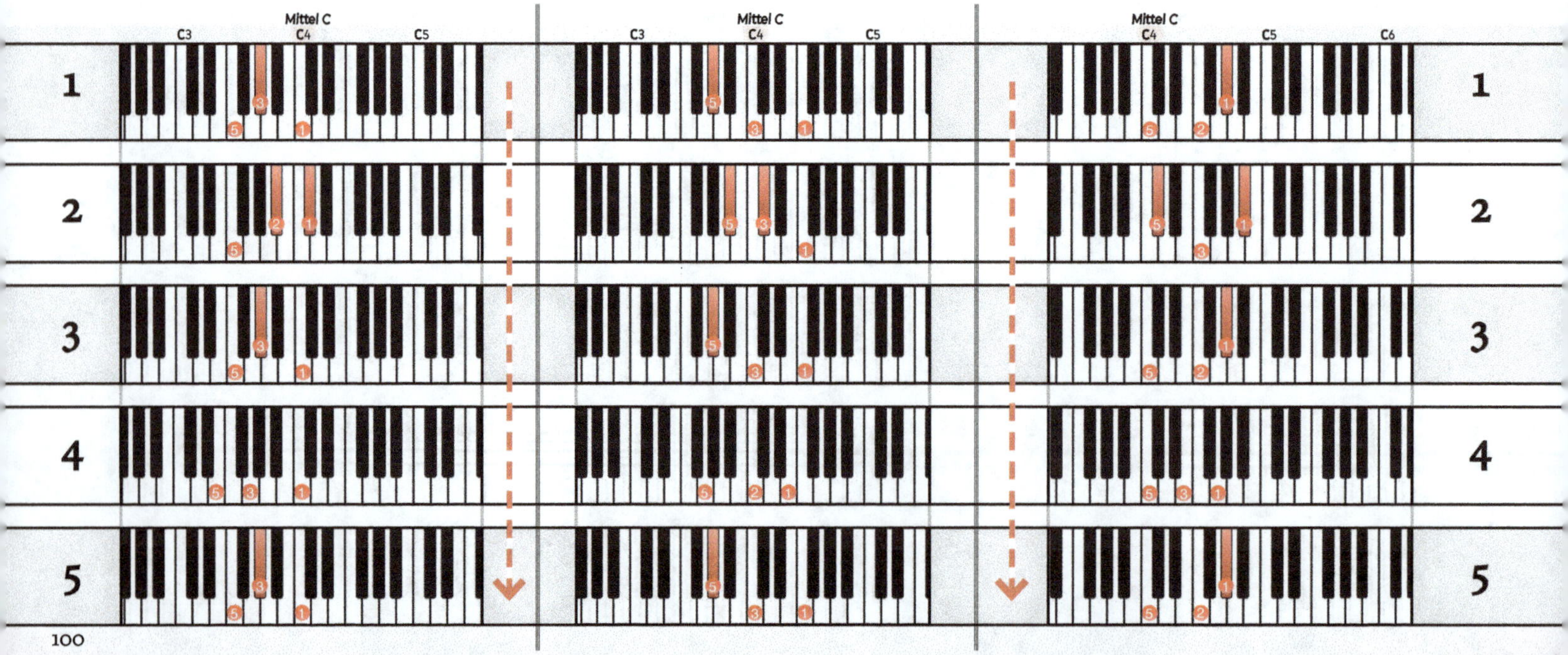

Mittel C
C4
C5
C6

Mittel C
C3
C4
C5

Mittel C
C4
C5
C6

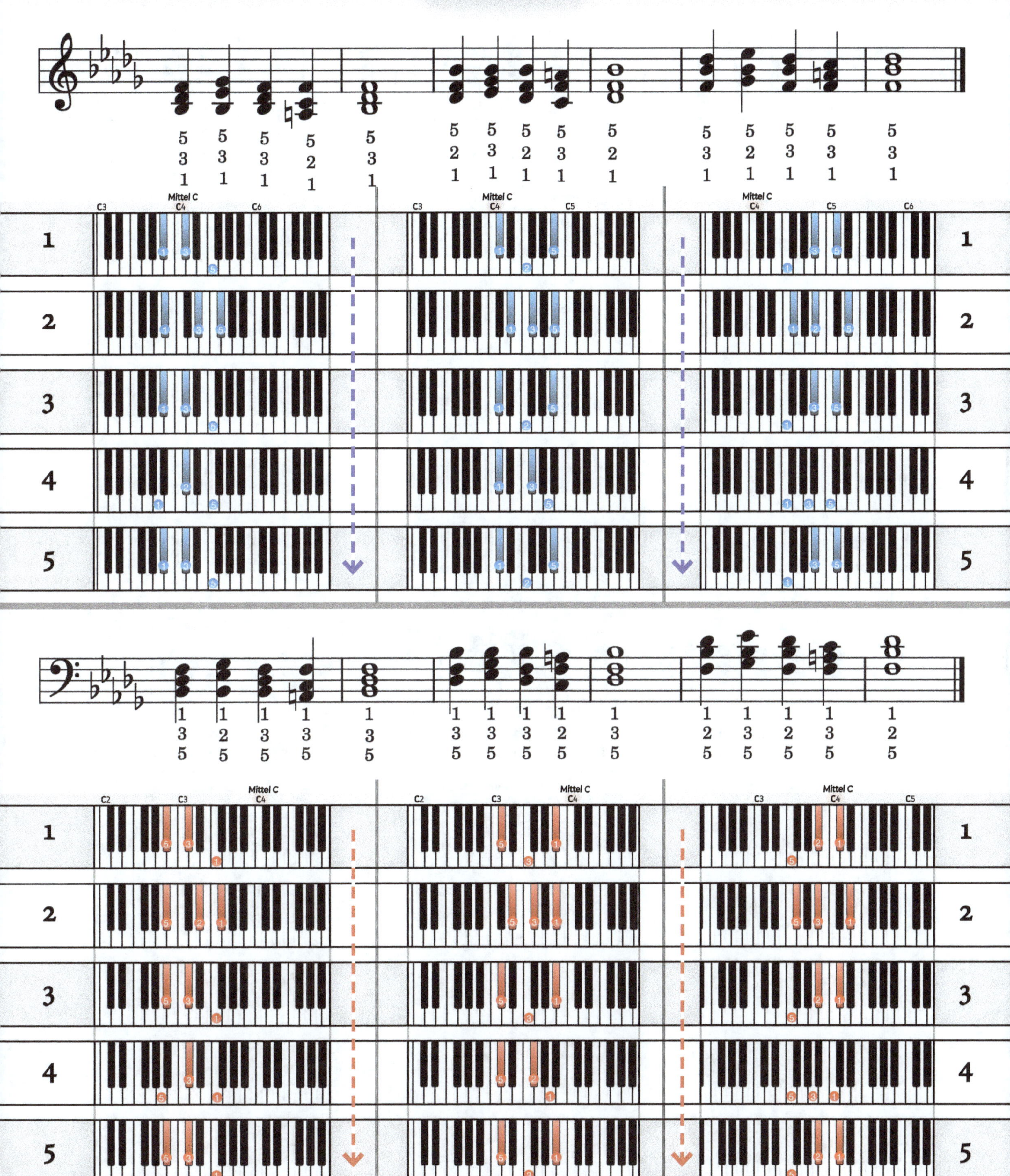

Noten der Tonleiter:
B, C, Des, Es, F, Ges, A
B -Moll
(harm.)
Kadenzmuster
Tonart:
5 Bs (B, Es, As, Des, Ges)

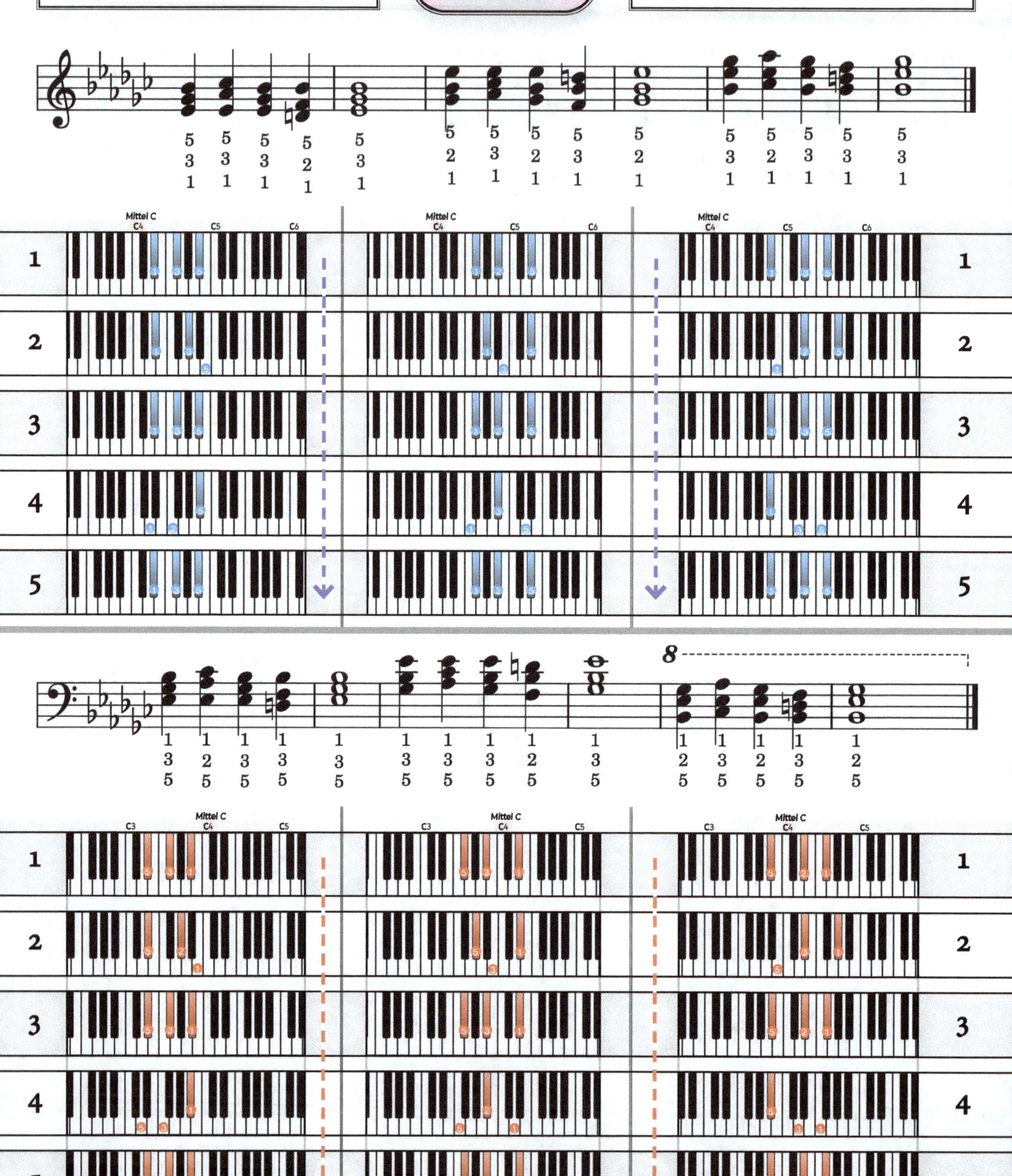

Noten der Tonleiter:
Es, F, Ges, As, B, Ces, D
Es -Moll
(harm.)
Kadenzmuster
Tonart:
6 Bs (B, Es, As, Des, Ges, Ces)
Mittel C
C4
C5
C6
C3
102

KADENZEN

DUR- KADENZEN

Diese folgen denselben Schritten wie die Moll Kadenzen ---> *siehe S. 90*

MIT DEM UHRZEIGERSINN

C-Dur (kein Kreuz) ---> Fis-Dur (6 Kreuze)

Des-Dur (5 Bs)   --->   F-Dur (1 B)

VORZEICHEN TONART

(*Anzahl Kreuze, erhöht sich um* **#** *+1*)

(*Anzahl an Bs, senkt sich um* ♭*-1*)

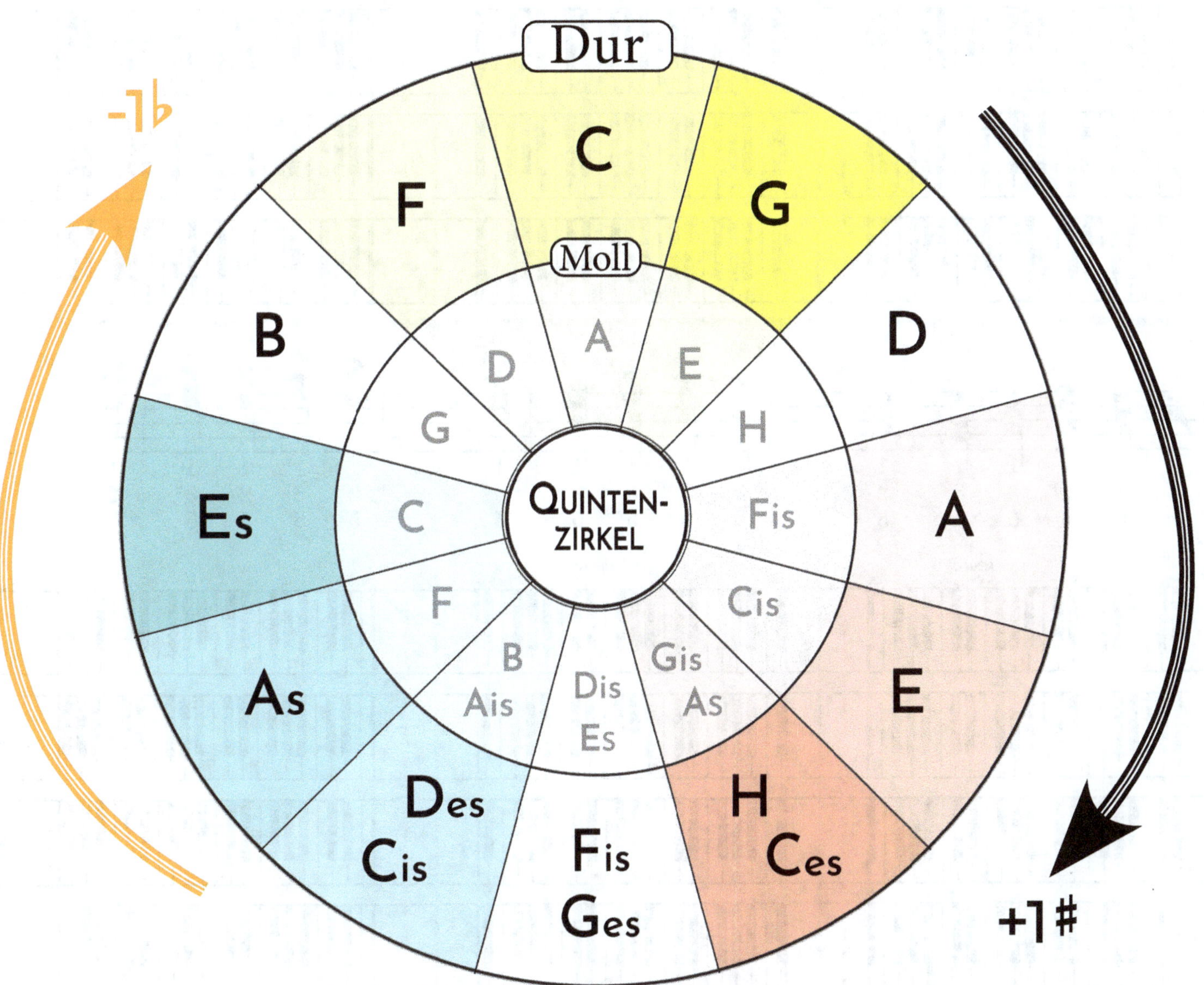

Noten der Tonleiter:
C, D, E, F, G, A, H

C -Dur
Kadenzmuster

Tonart:
Kein B / Kein Kreuz

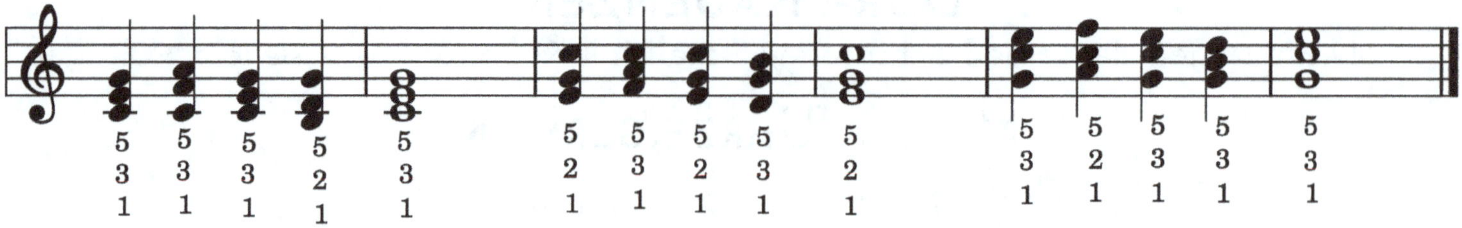

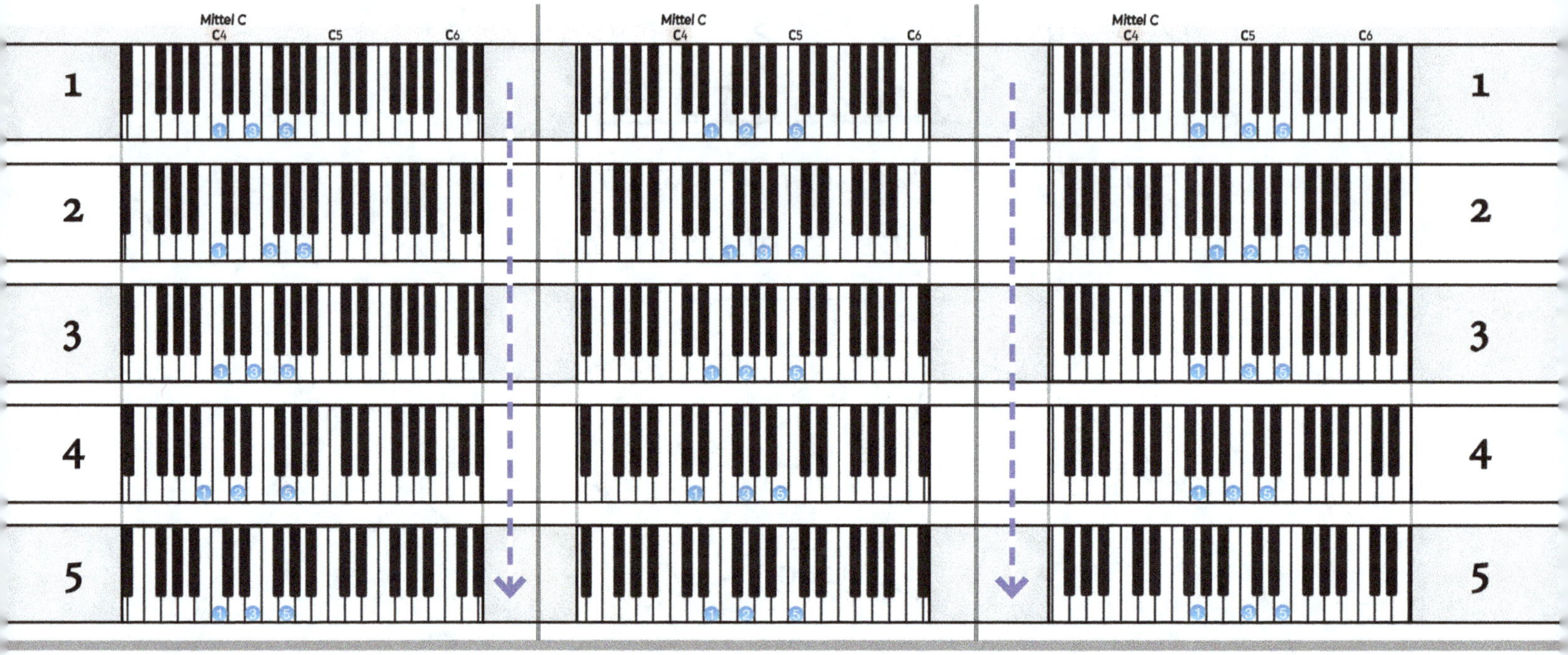

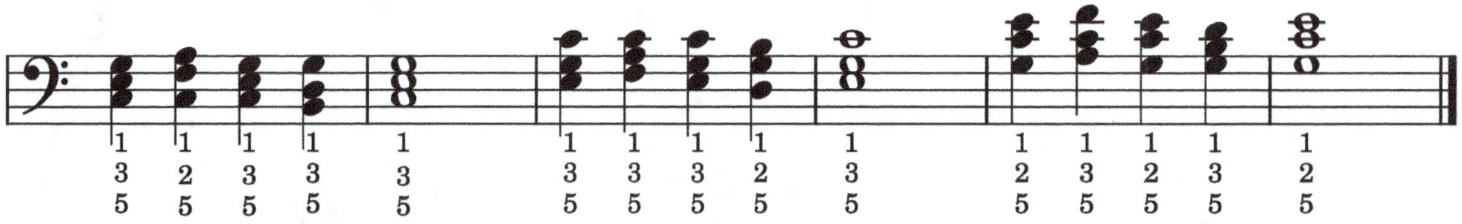

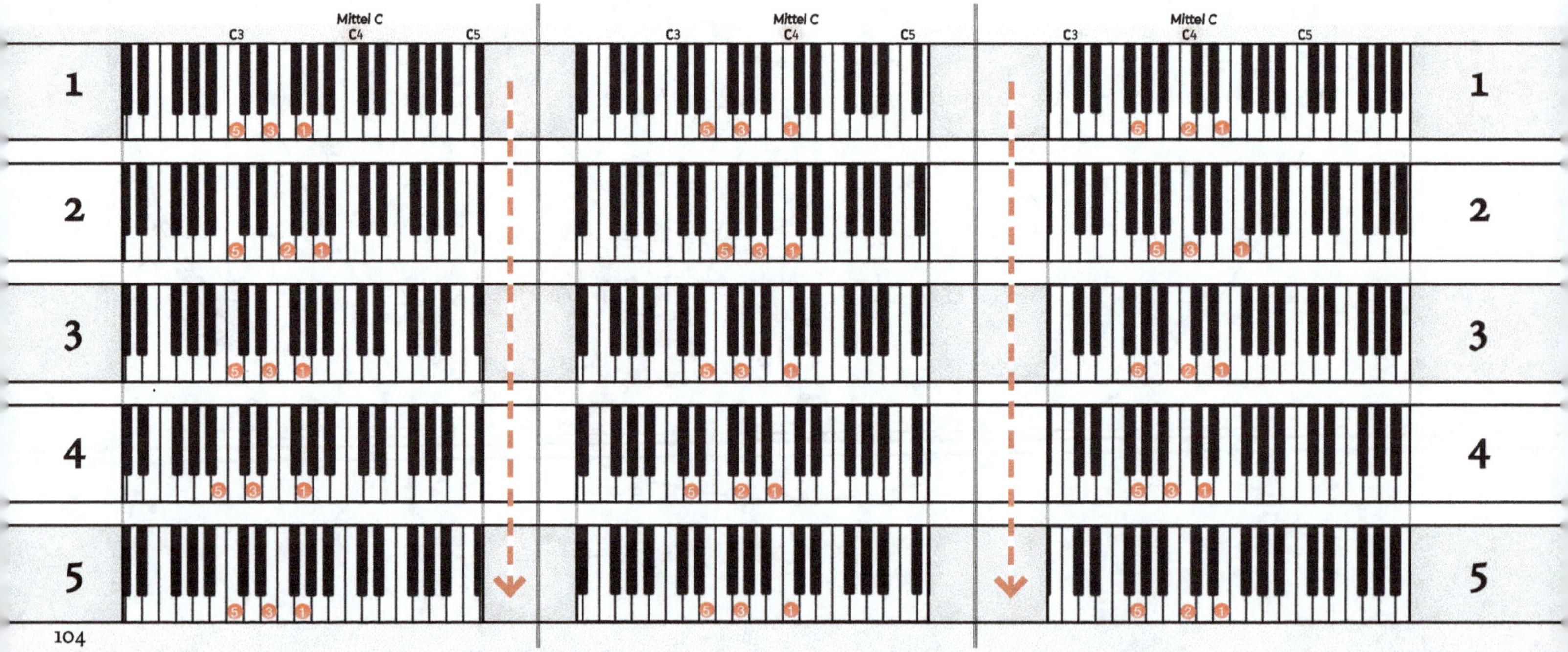

Mittel C
C4
C5
C6

Mittel C
C3
C4
C5

104

Noten der Tonleiter:
G, A, H, C, D, E, Fis

G -Dur
Kadenzmuster

Tonart:
1 Kreuz (Fis)

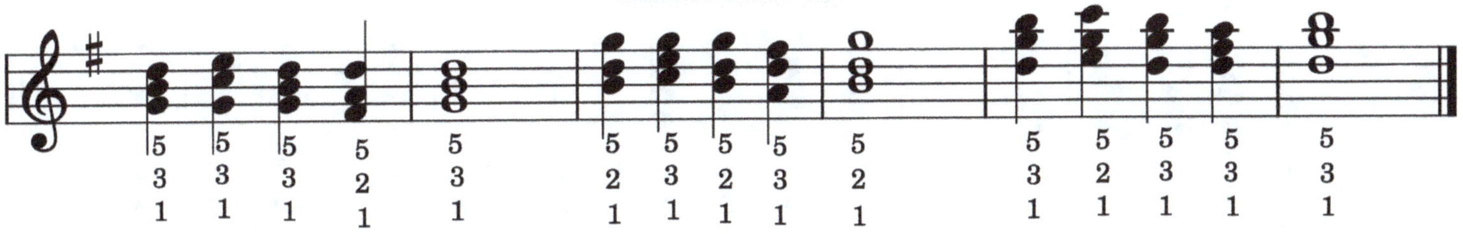

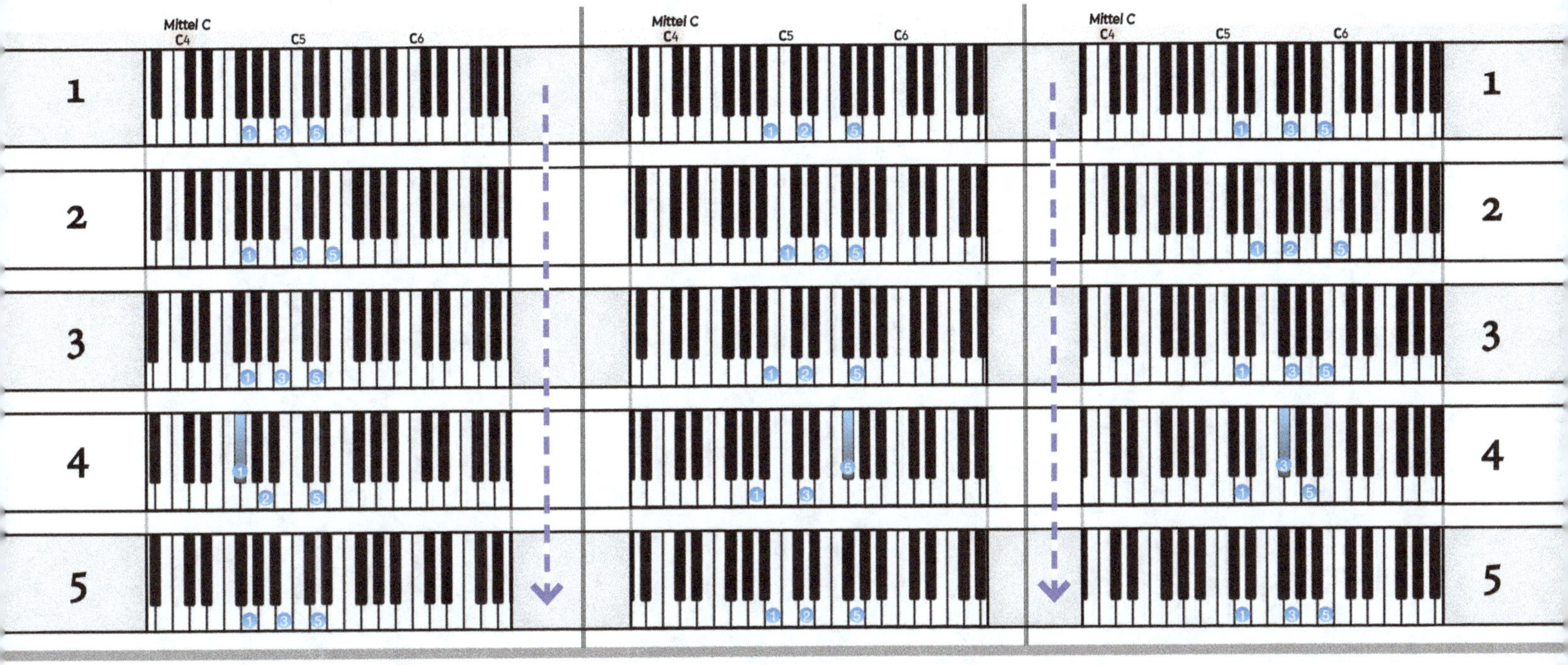

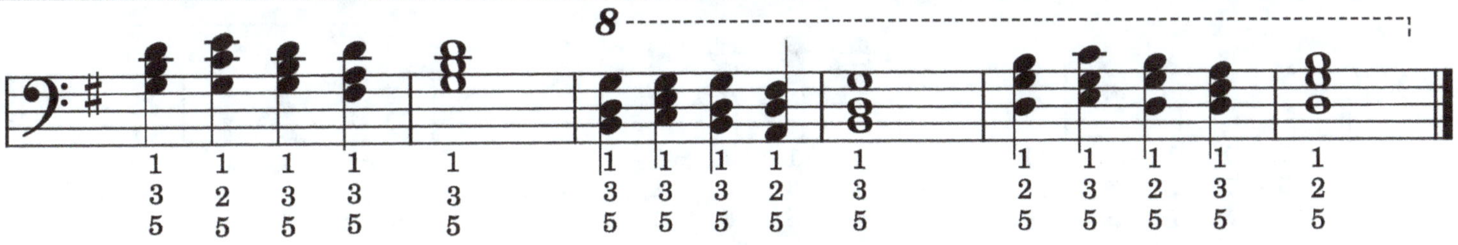

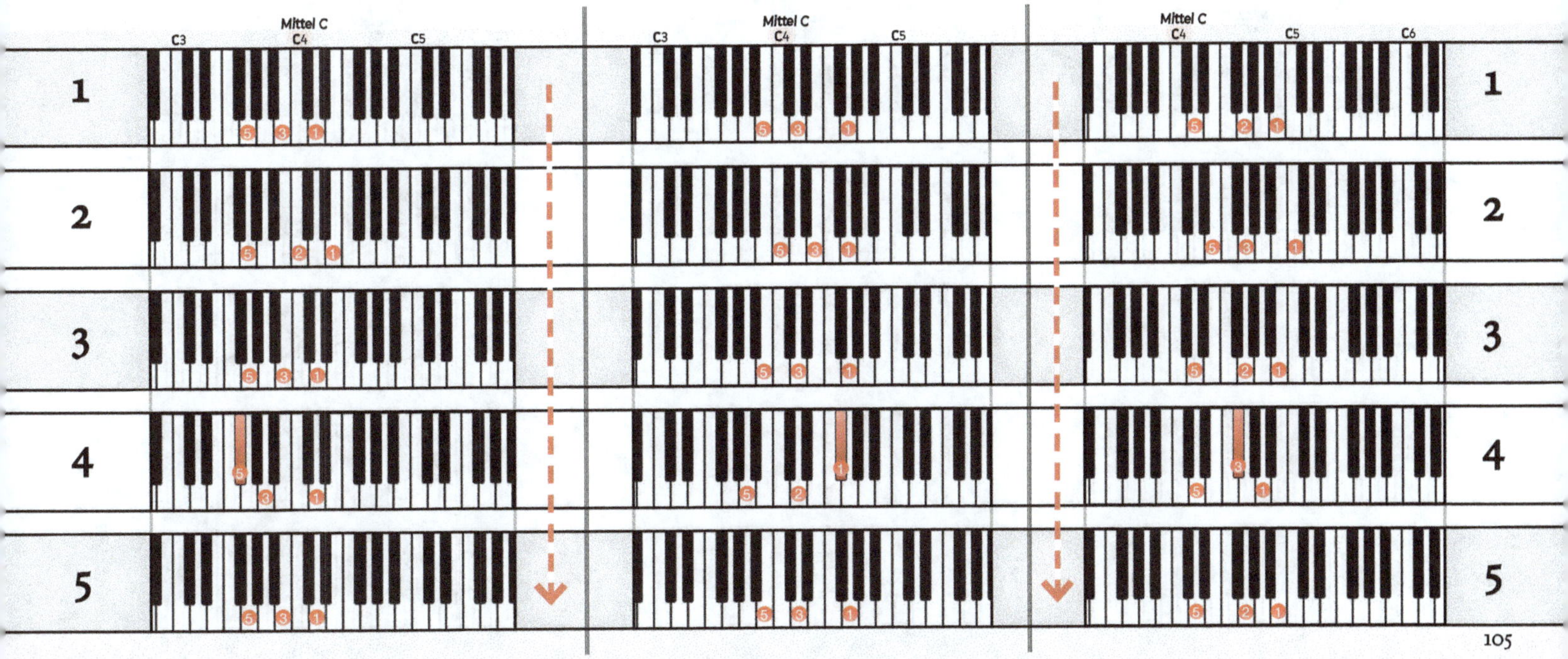

Mittel C
C4   C5   C6

Mittel C
C3   C4   C5

Mittel C
C4   C5   C6

8

Noten der Tonleiter:
D, E, Fis, G, A, H, Cis

D -Dur
Kadenzmuster

Tonart
2 Kreuze (Fis, Cis)

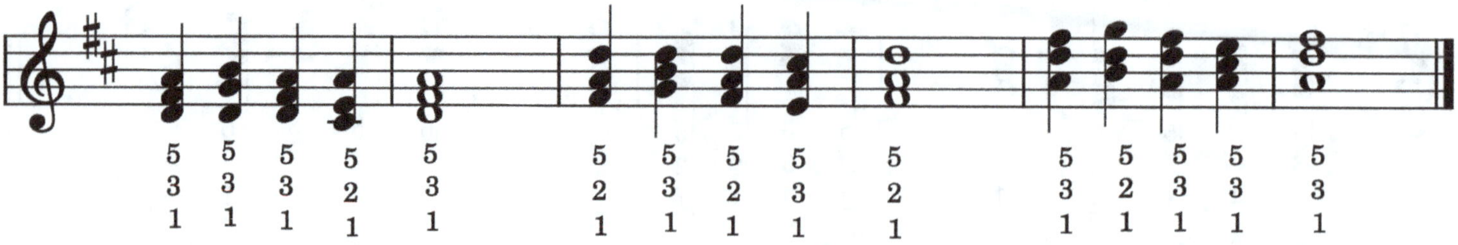

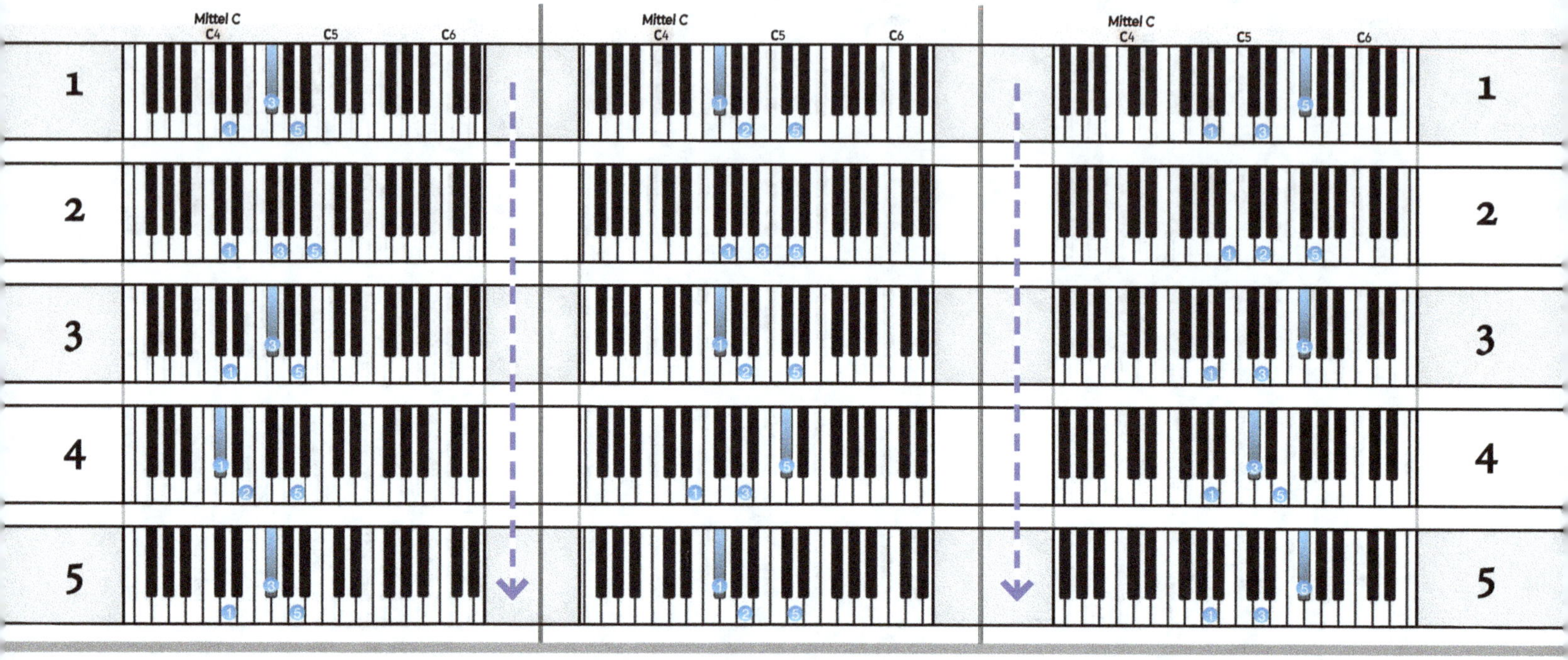

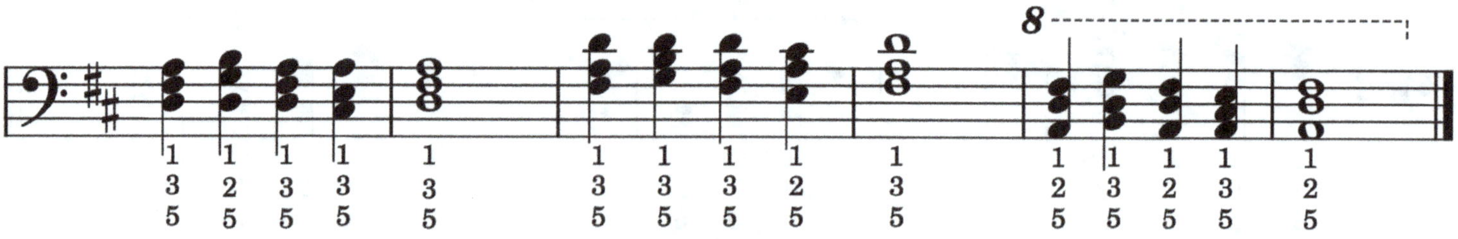

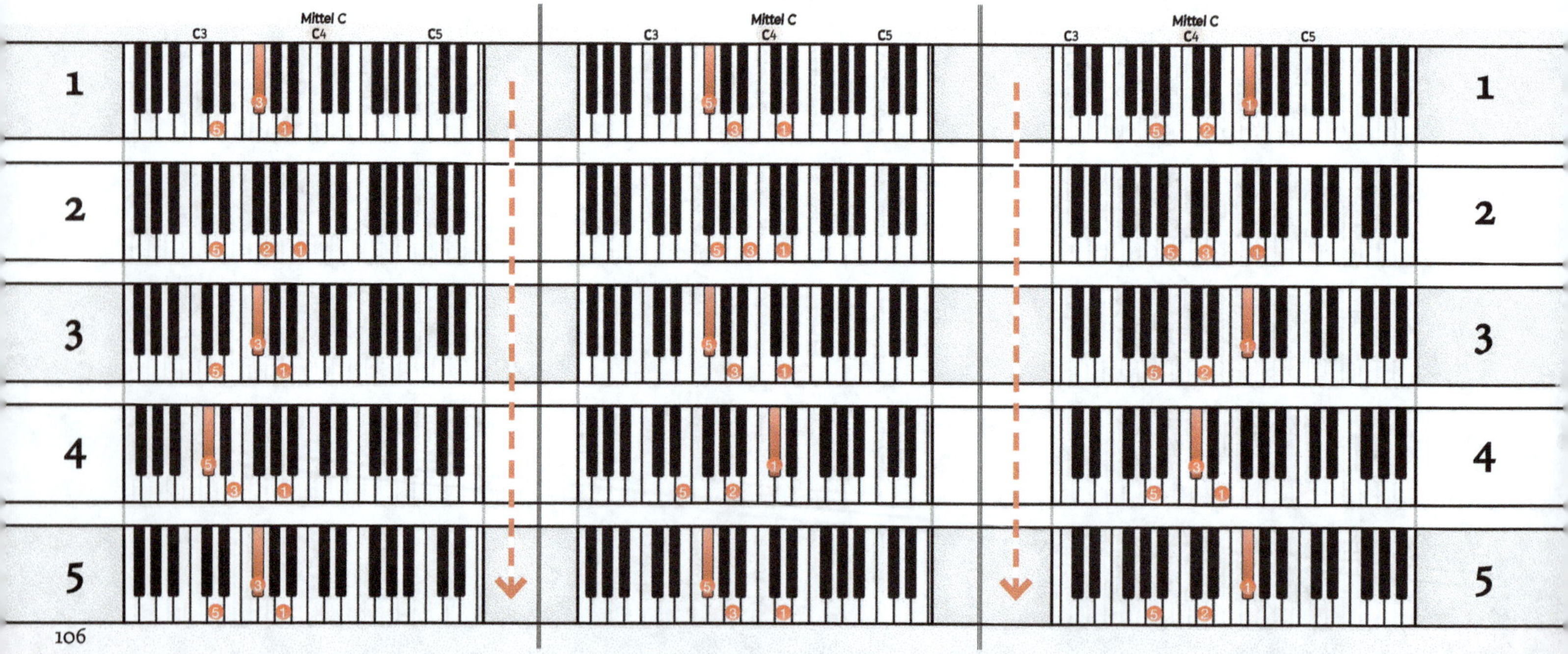

Noten der Tonleiter:
A, H, Cis, D, E, Fis, Gis
A -Dur
Kadenzmuster
Tonart:
3 Kreuze (Fis, Cis, Gis)
Mittel C
C4
C5
C6
C7
C3
107

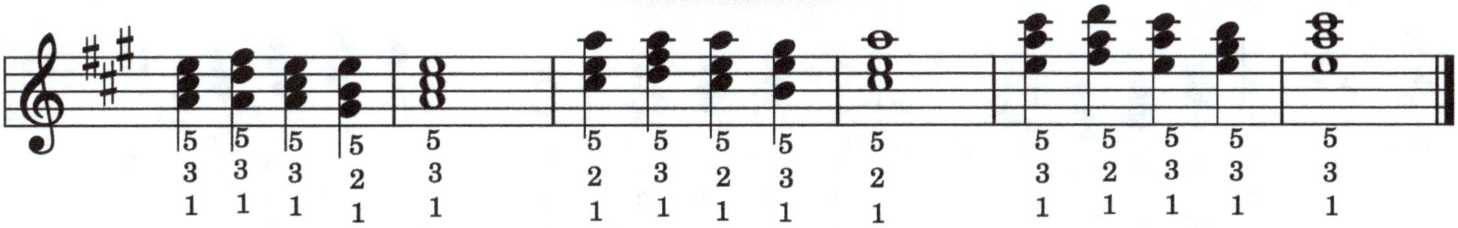

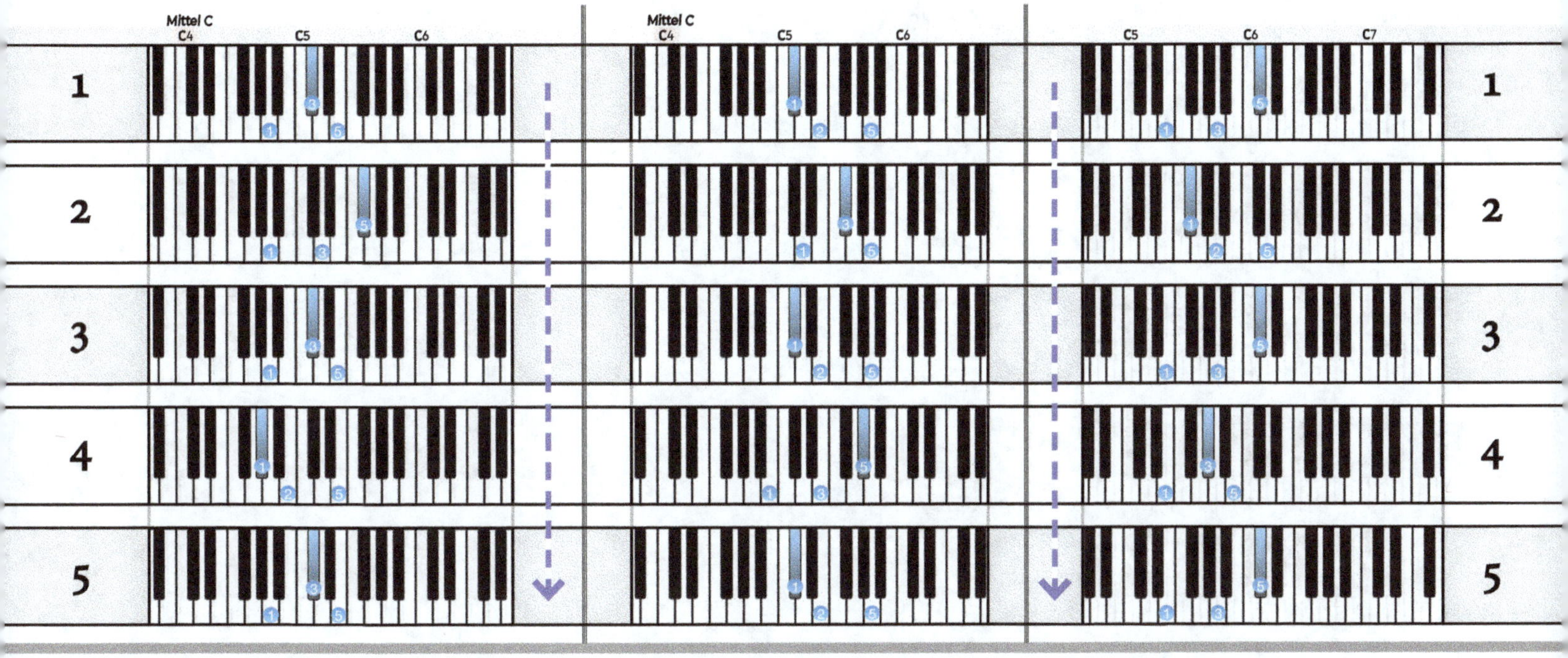

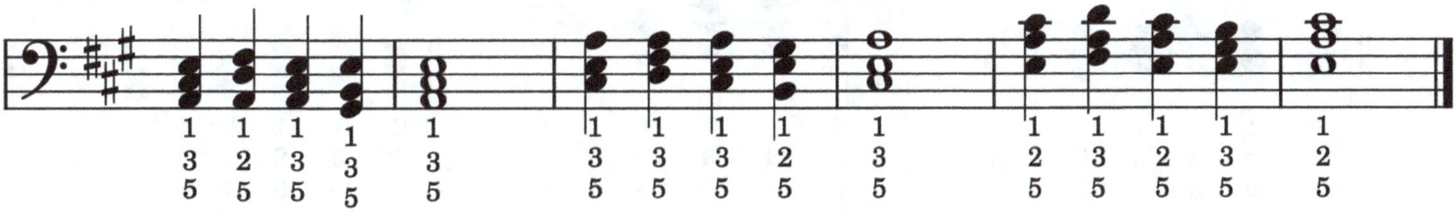

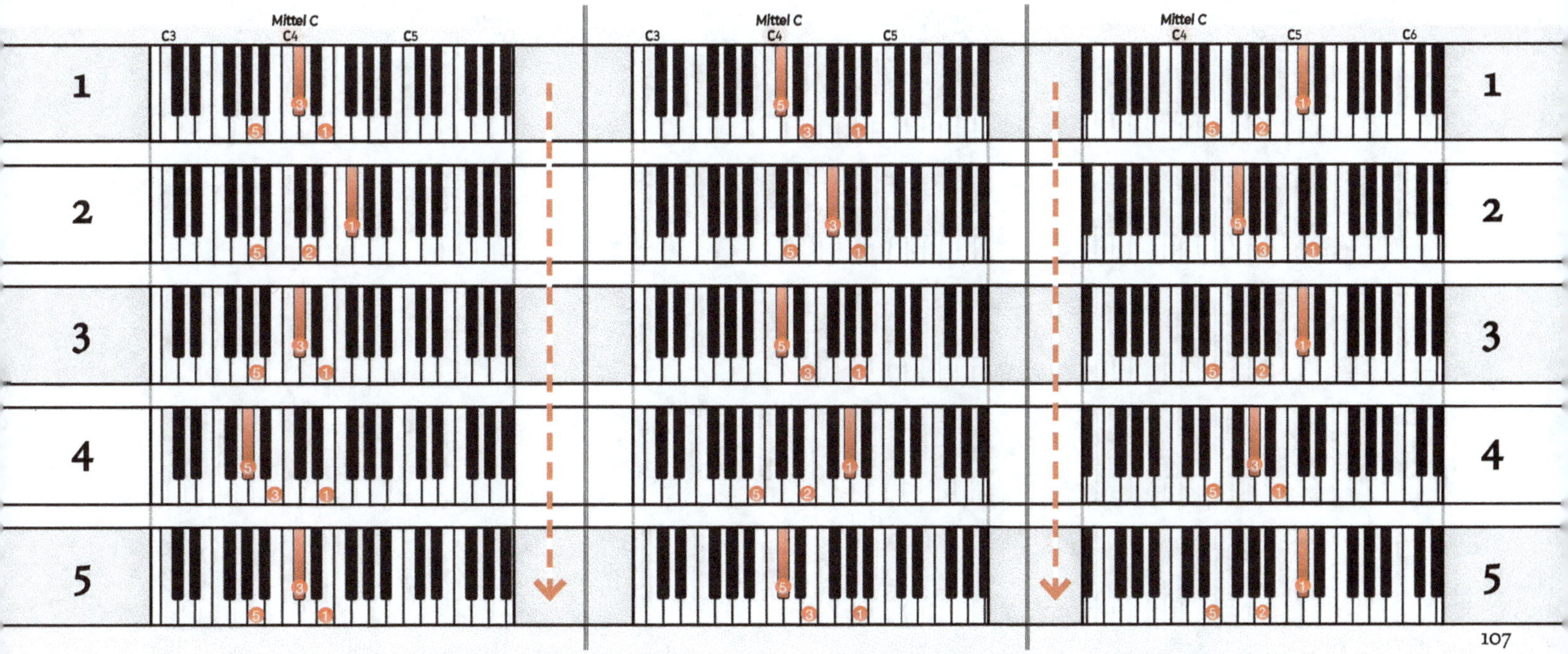

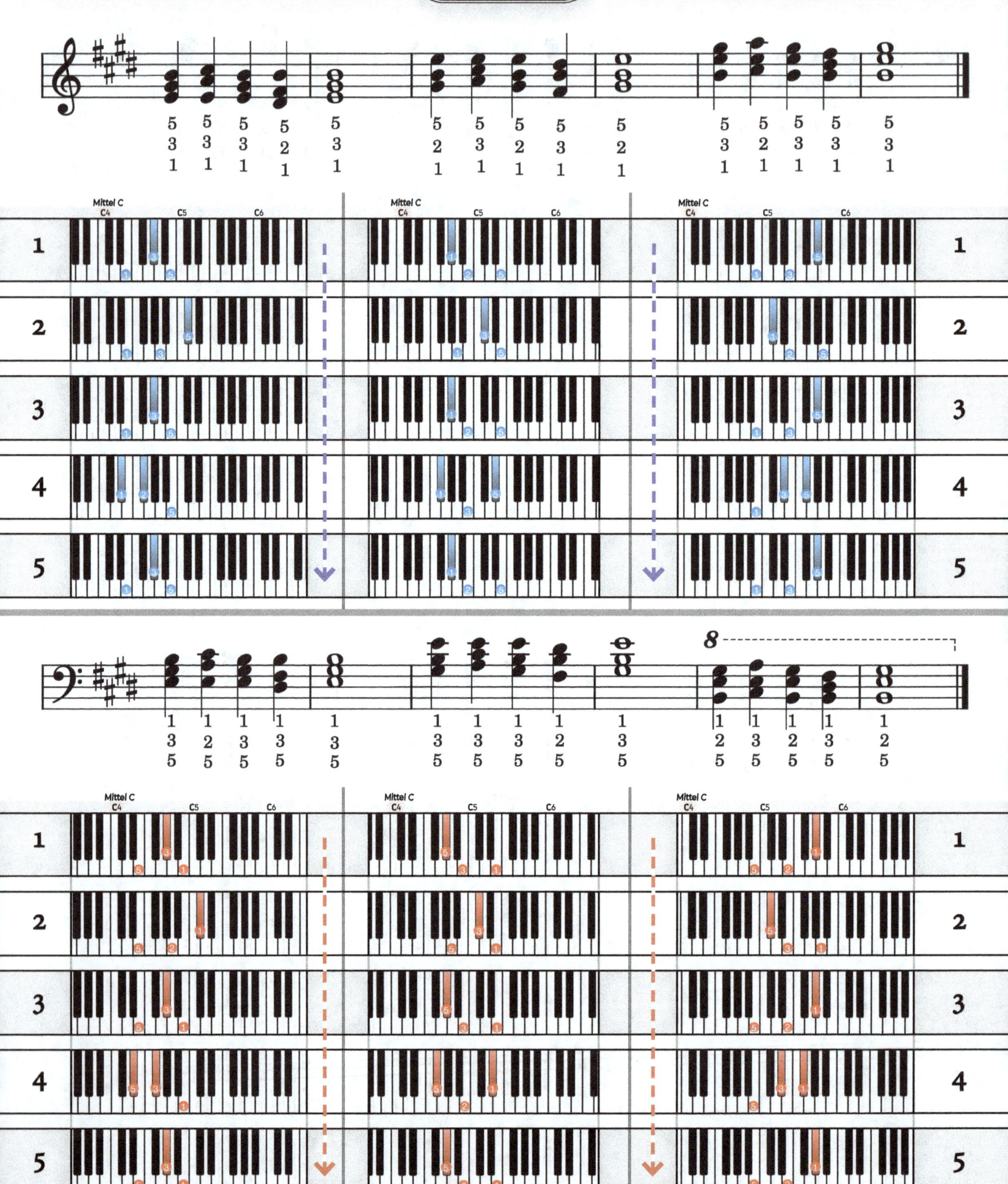

Noten der Tonleiter:
E, Fis, Gis, A, H, Cis, Dis
E -Dur
Kadenzmuster
Tonart:
4 Kreuze (Fis, Cis, Gis, Dis)
Mittel C
C4
C5
C6
108

Noten der Tonleiter:
H, Cis, Dis, E, Fis, Gis, Ais

H -Dur
Kadenzmuster

Tonart:
5 Kreuze (Fis, Cis, Gis, Dis, Ais)

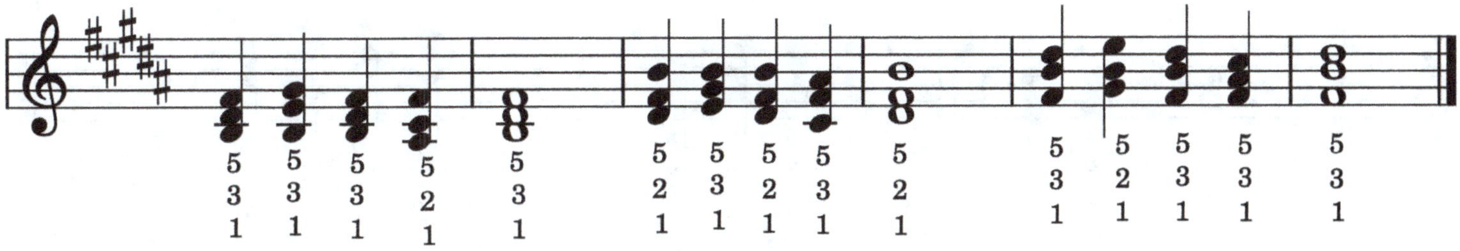

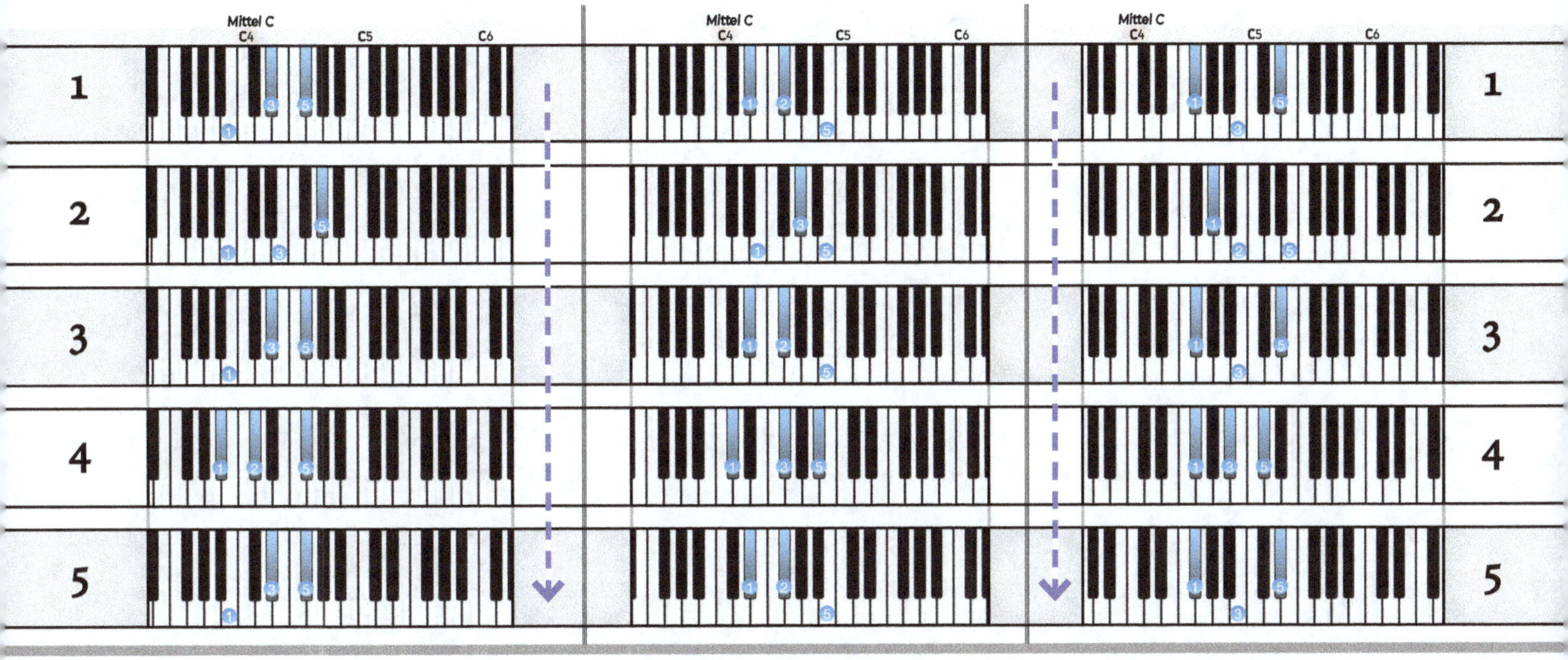

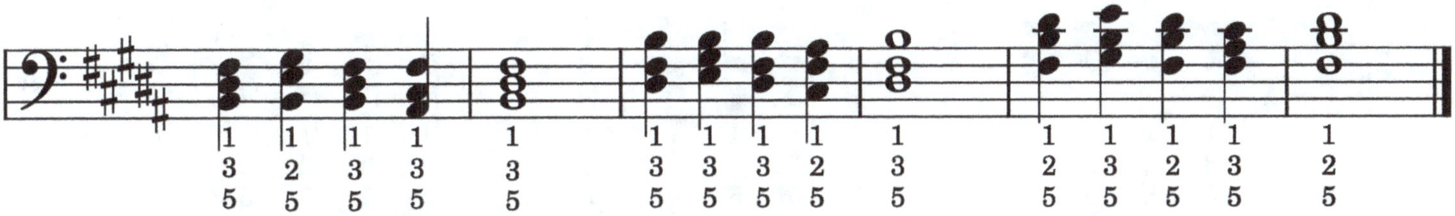

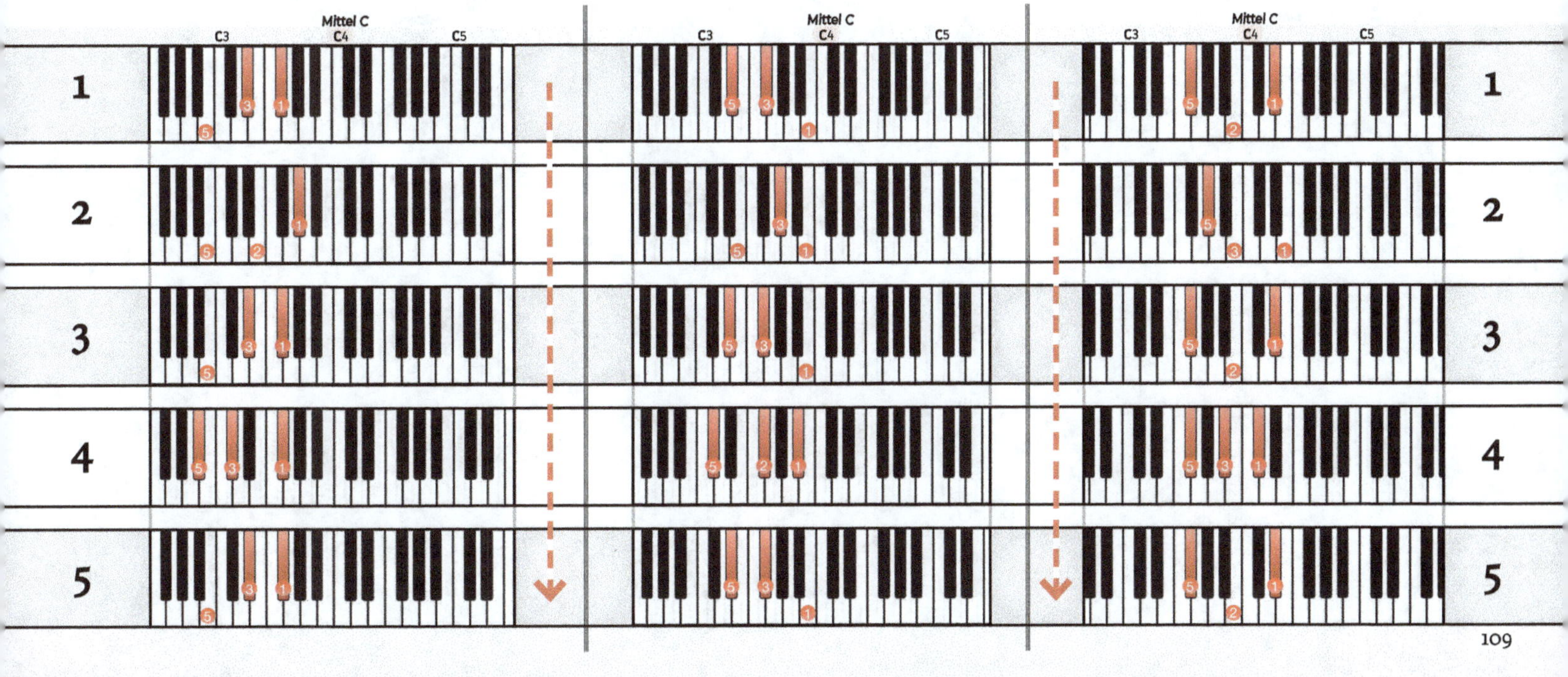

5 3 1
5 3 1
5 3 1
5 2 1
5 3 1
5 2 1
5 3 1
5 2 1
5 3 1
5 2 1
5 3 1
5 2 1
5 3 1
5 3 1
5 3 1

Mittel C
C4
C5
C6

1 2 3 4 5

Mittel C
C4
C5

1 3 5
1 2 5
1 3 5
1 3 5
1 3 5
1 3 5
1 3 5
1 2 5
1 3 5
1 2 5
1 3 5
1 2 5
1 3 5
1 2 5

C3
Mittel C
C4
C5

1 2 3 4 5

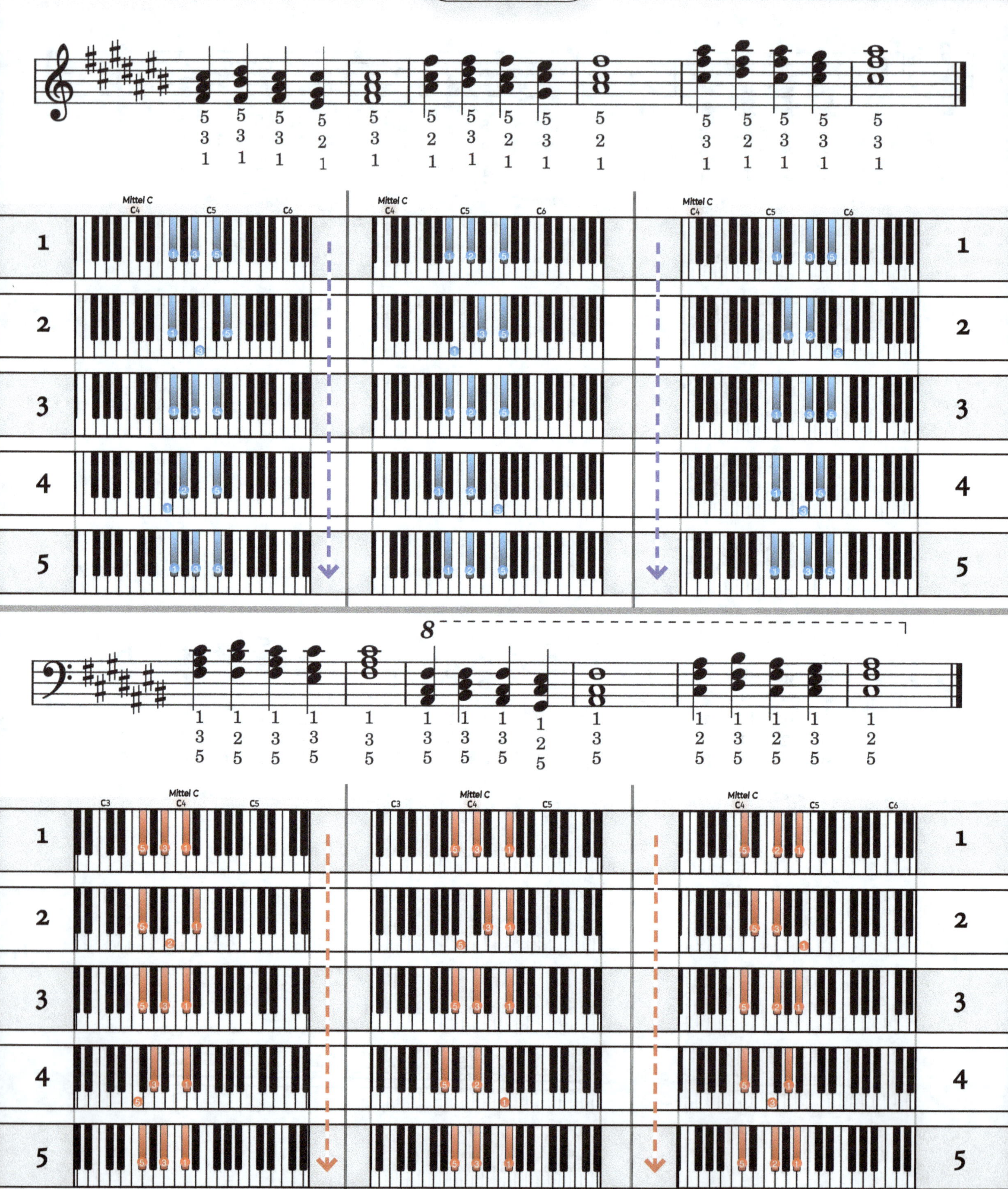

Noten der Tonleiter:
Fis, Gis, Ais, H, Cis, Dis, Eis
Fis -Dur
Kadenzmuster
Tonart:
6 Kreuze (Fis, Cis, Gis, Dis, Ais, Eis)
Mittel C
C4
C5
C6
C3
110

Noten der Tonleiter:
Des, Es, F, Ges, As, B, C
Des -Dur
Kadenzmuster
Tonart:
5 Bs (B, Es, As, Des, Ges)
Mittel C
C4
C5
C6
C3
1
2
3
4
5

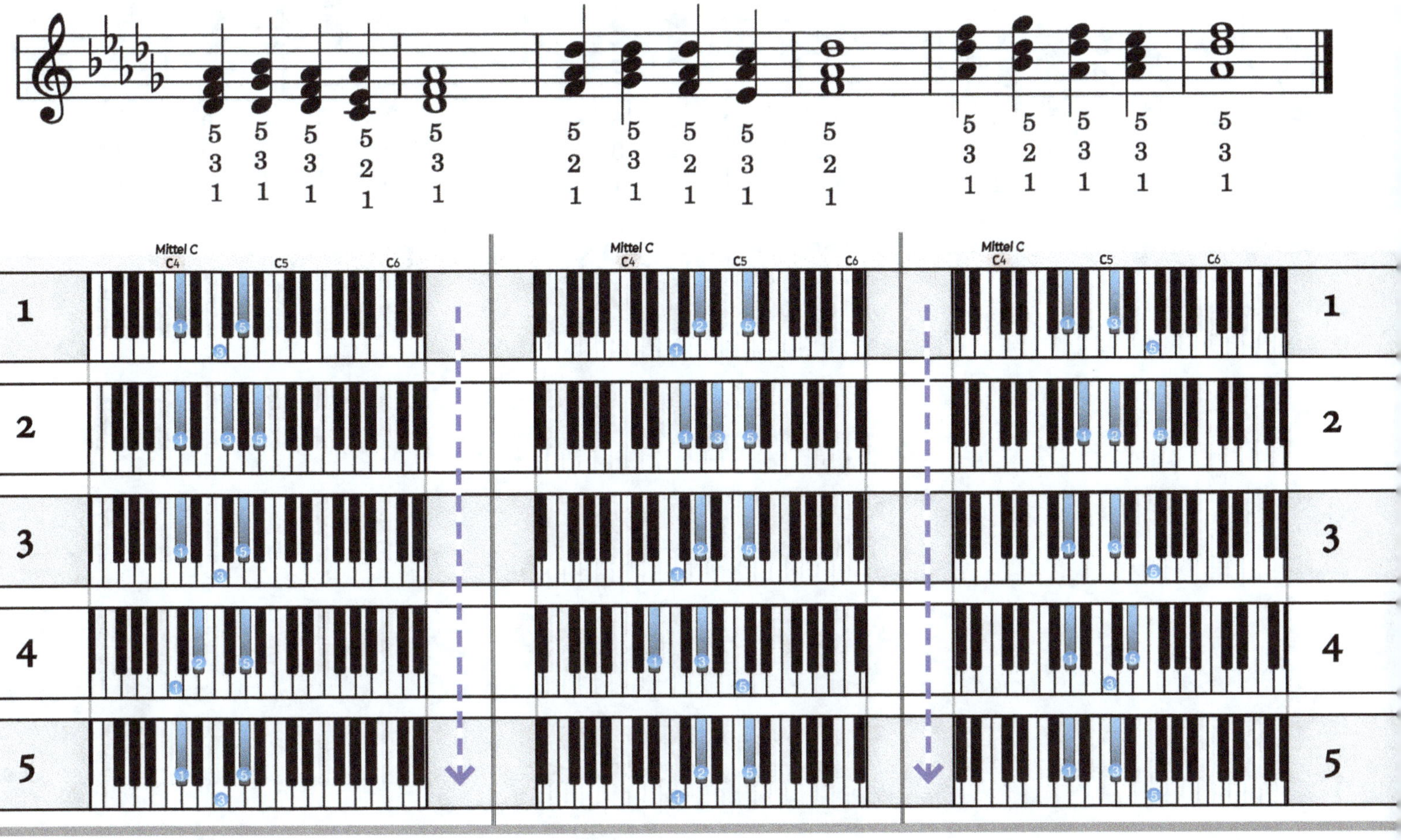

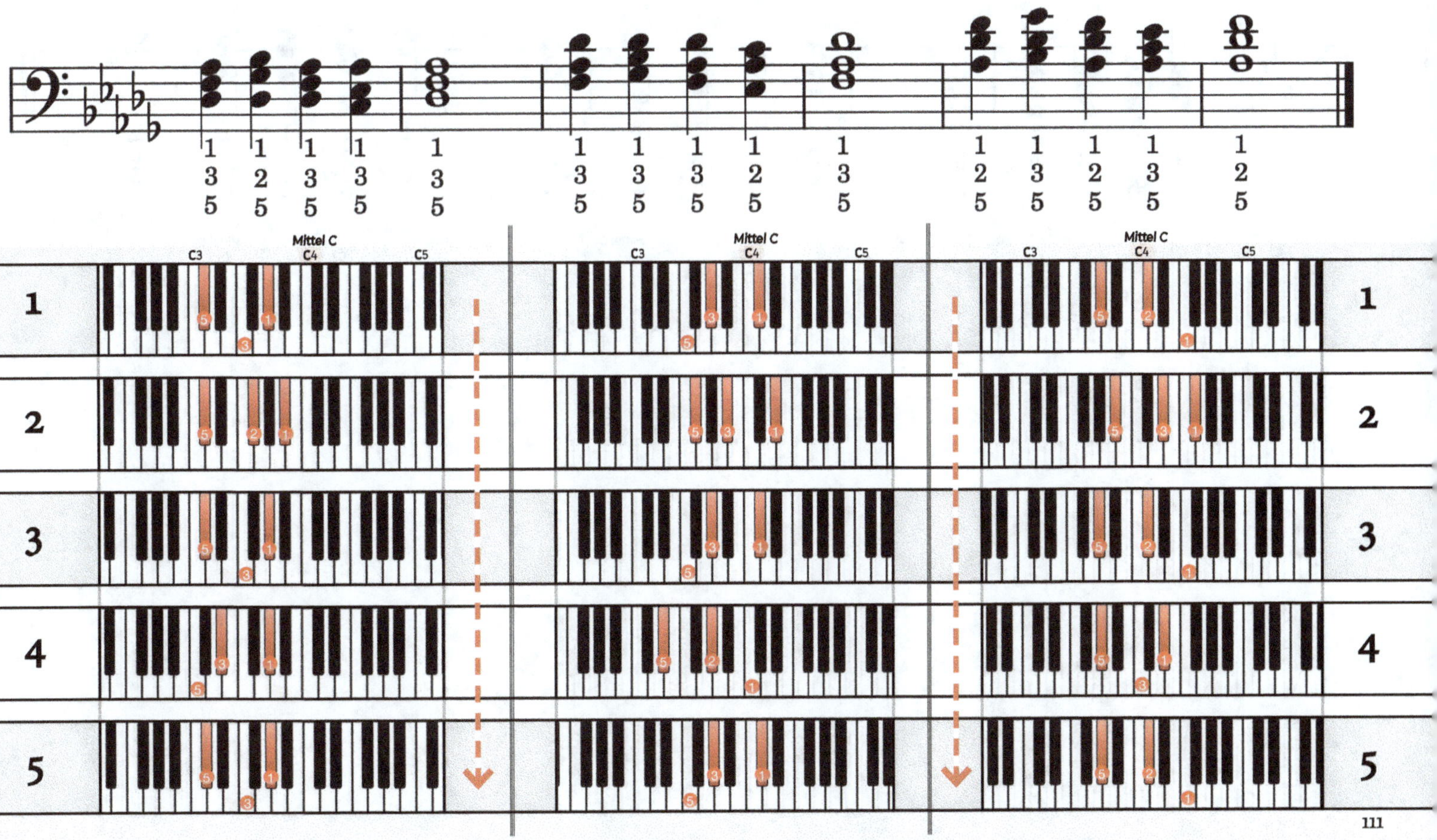

Noten der Tonleiter:
As, B, C, Des, Es, F, G
As -Dur
Kadenzmuster
Tonart:
4 Bs (B, Es ,As ,Des)
Mittel C
C4
C5
C6
Mittel C
C4
C2
C3

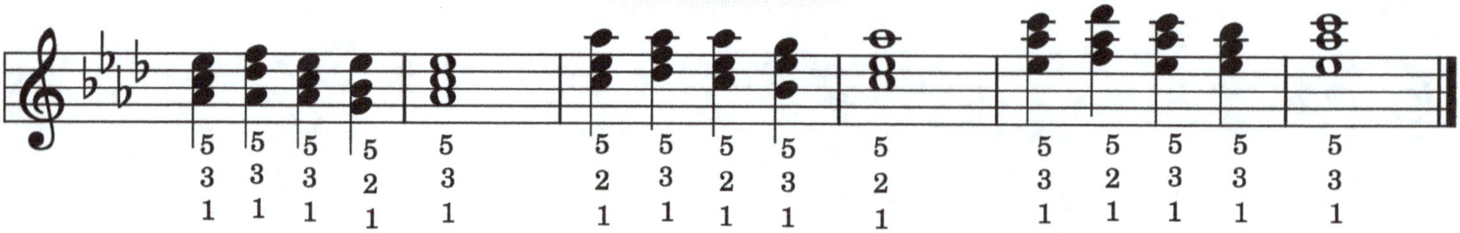

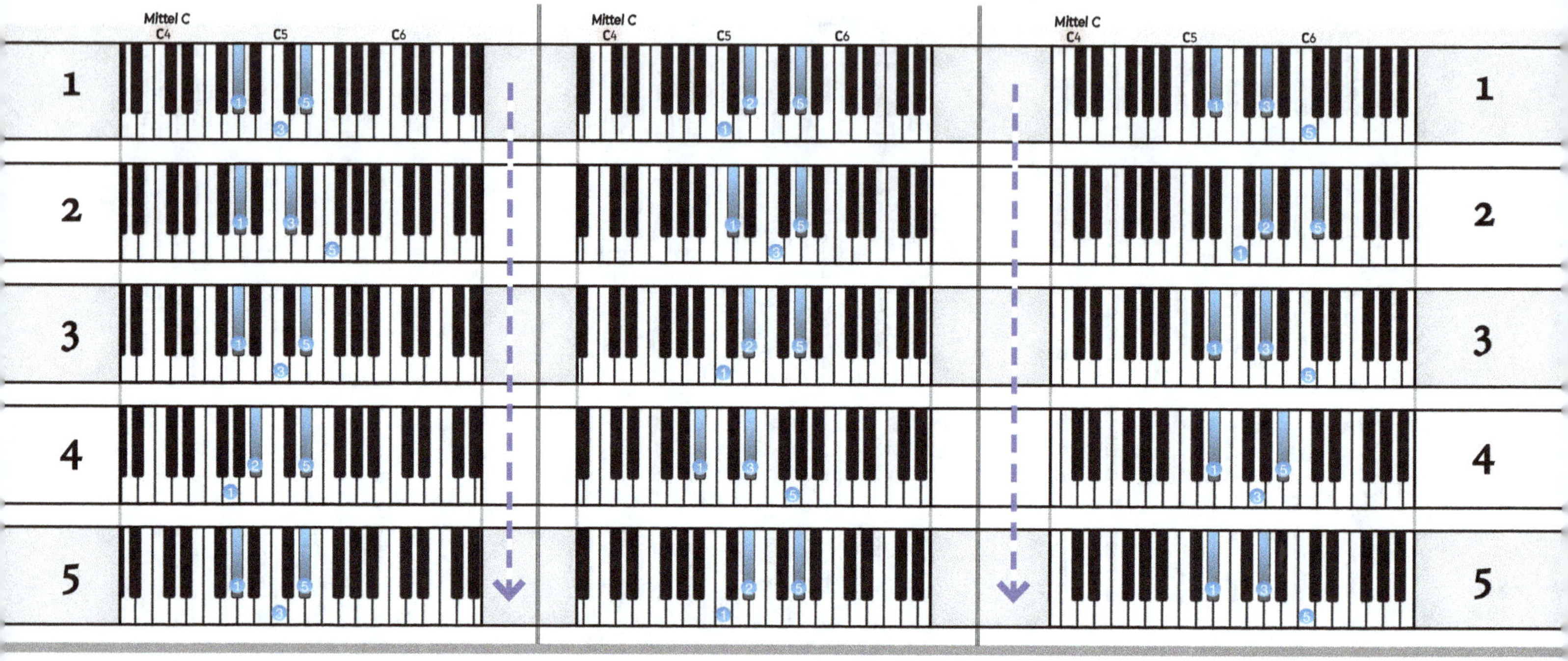

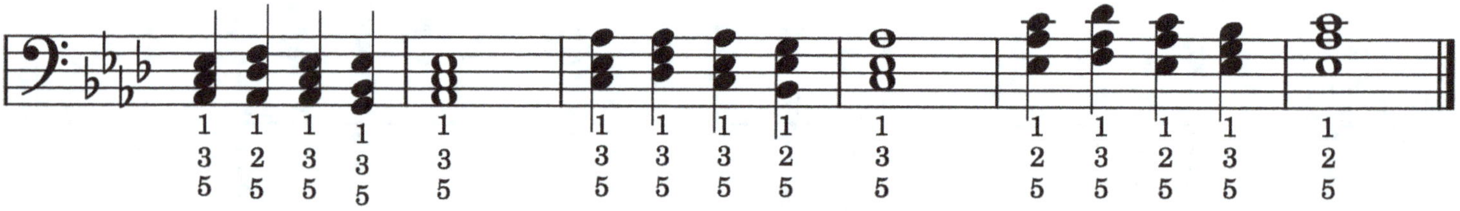

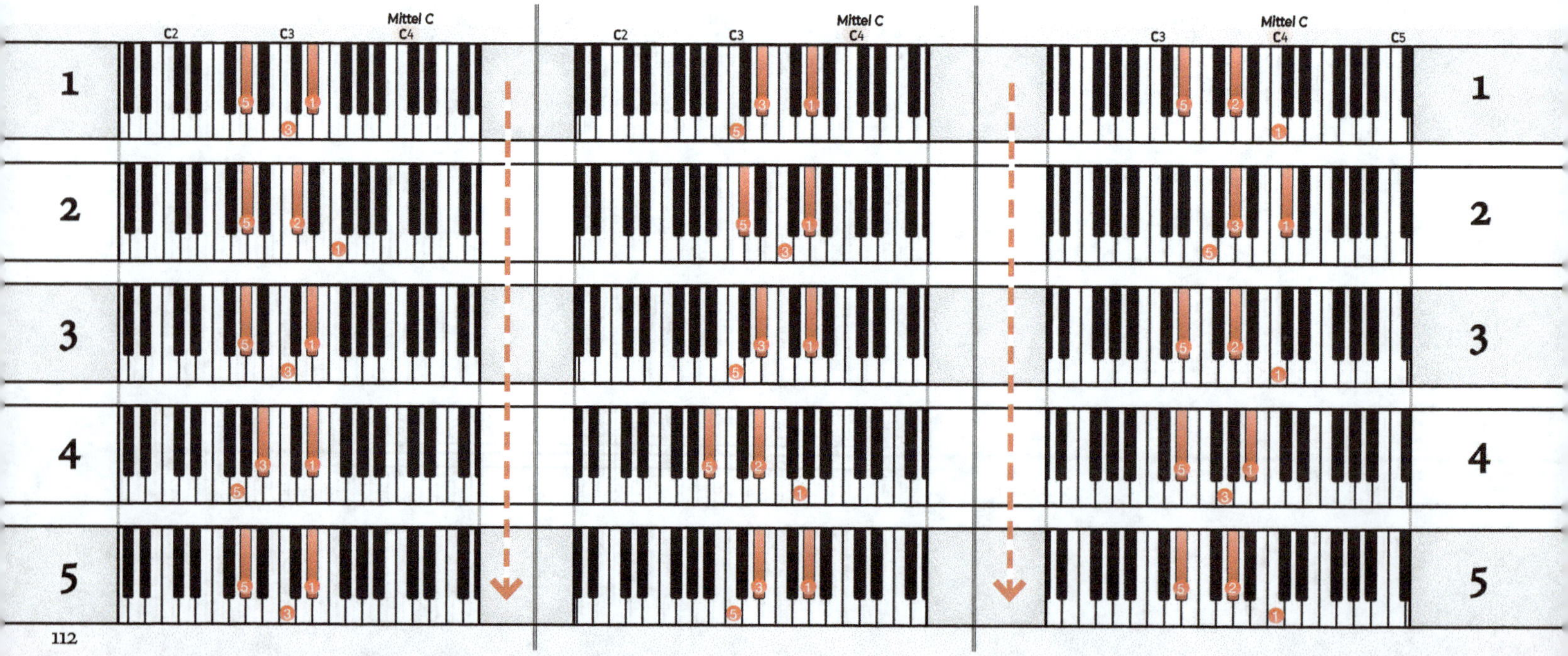

Es -Dur

Kadenzmuster

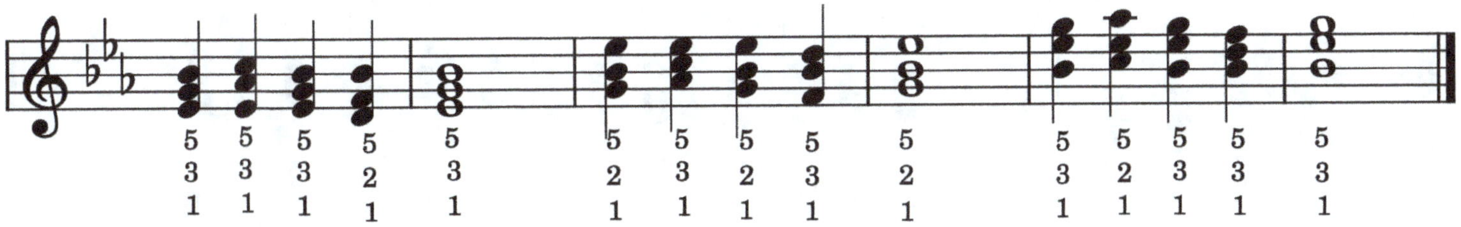

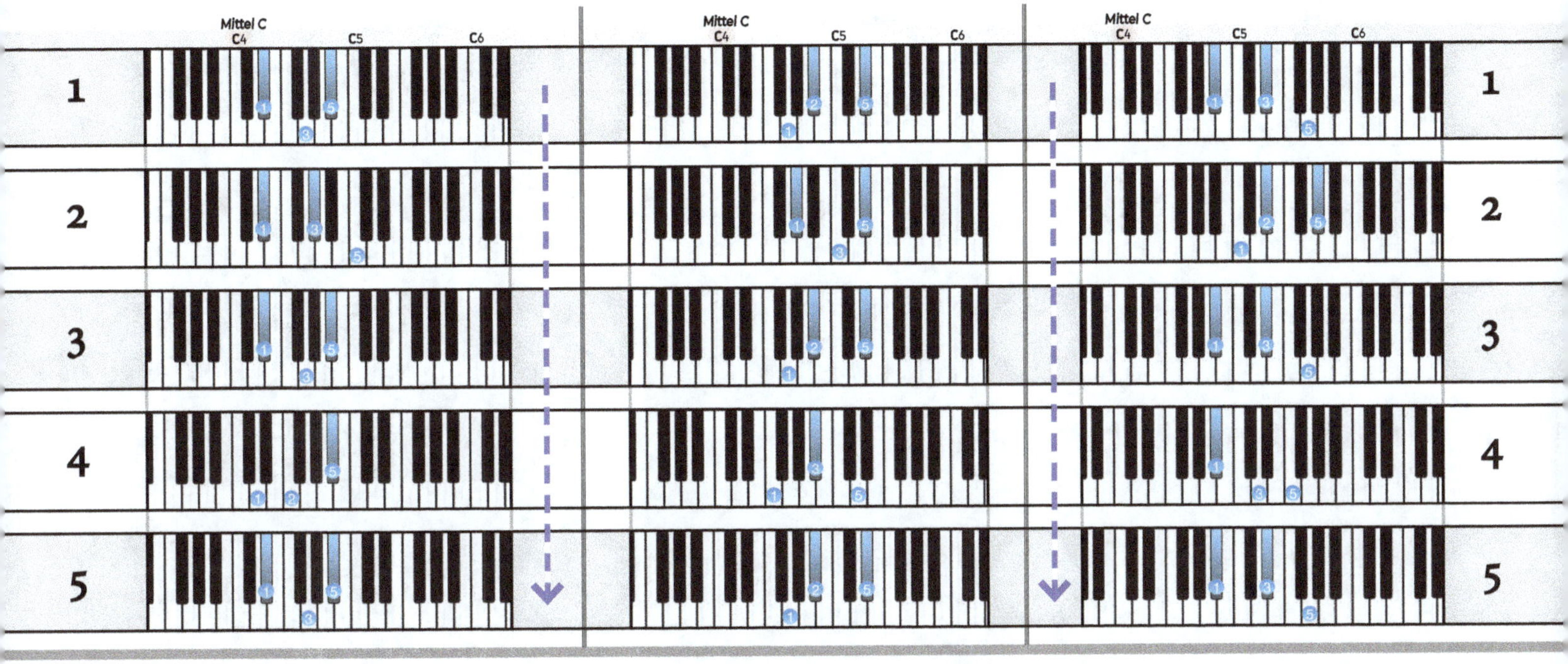

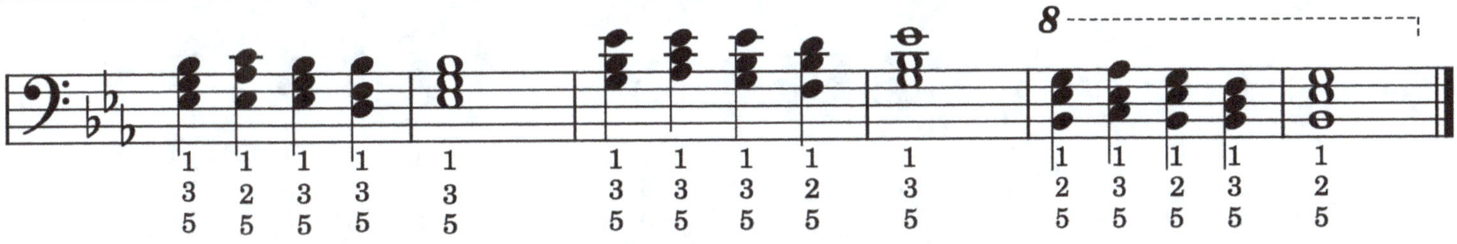

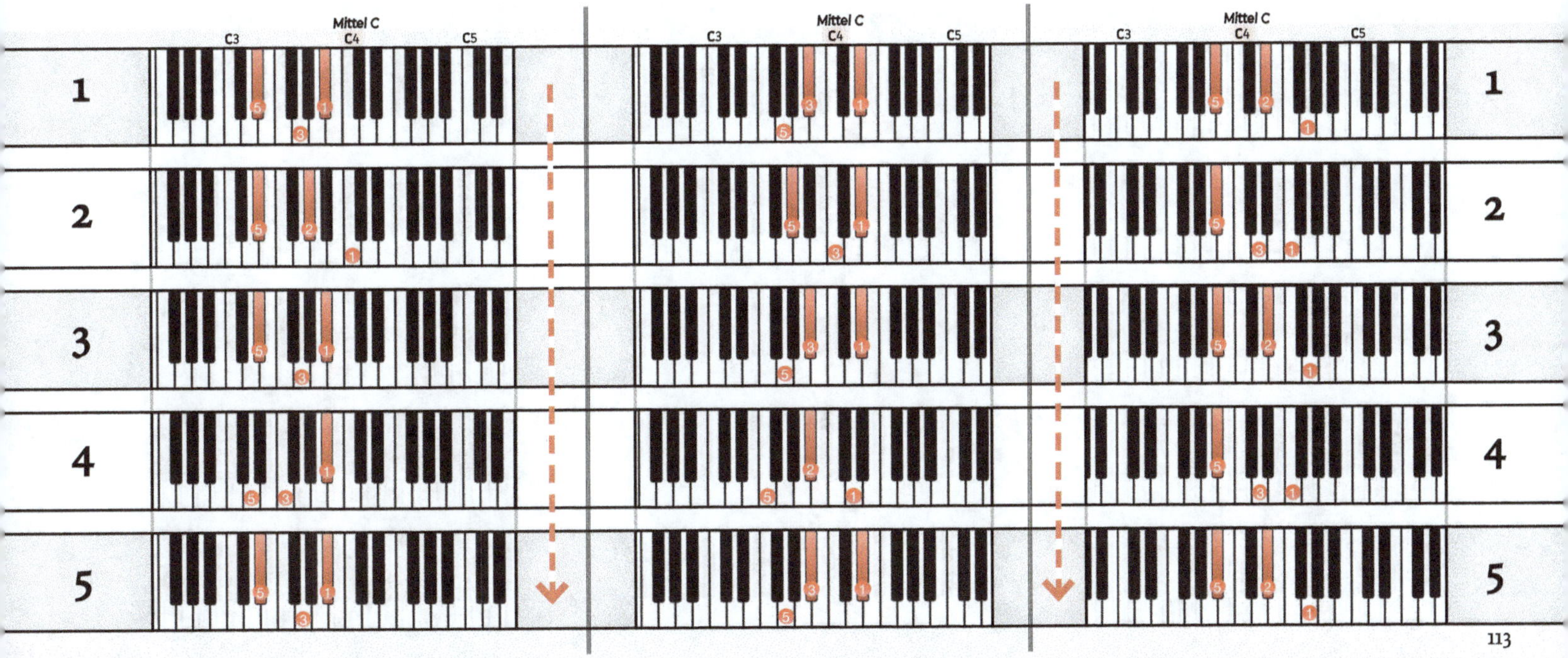

Noten der Tonleiter:
B, C, D, Es, F, G, A
B -Dur
Kadenzmuster
Tonart:
2 Bs (B ,Es)
Mittel C
C3
C4
C5
C6
C7
5 3 1
5 3 1
5 3 1
5 2 1
5 3 1
5 2 1
5 3 1
5 2 1
5 3 1
5 2 1
5 3 1
5 2 1
5 3 1
5 3 1
5 3 1
1 3 5
1 2 5
1 3 5
1 3 5
1 3 5
1 3 5
1 3 5
1 2 5
1 3 5
1 2 5
1 3 5
1 2 5
1 3 5
1 2 5

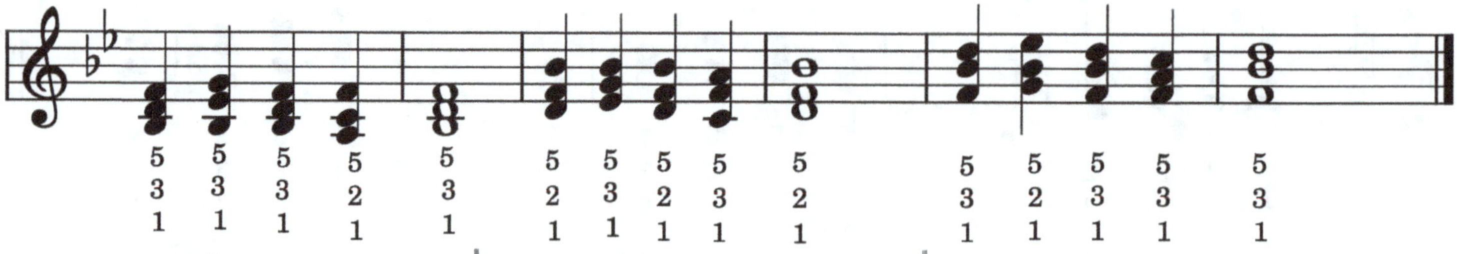

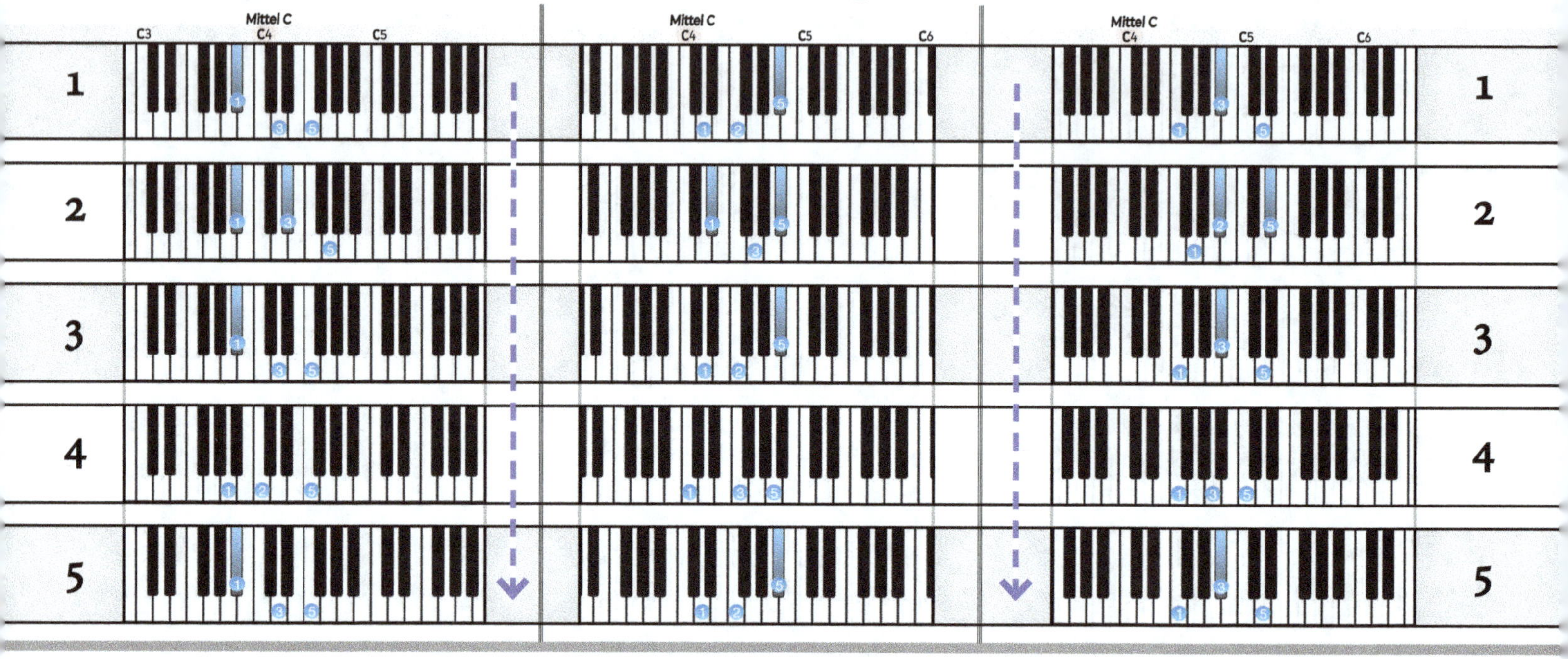

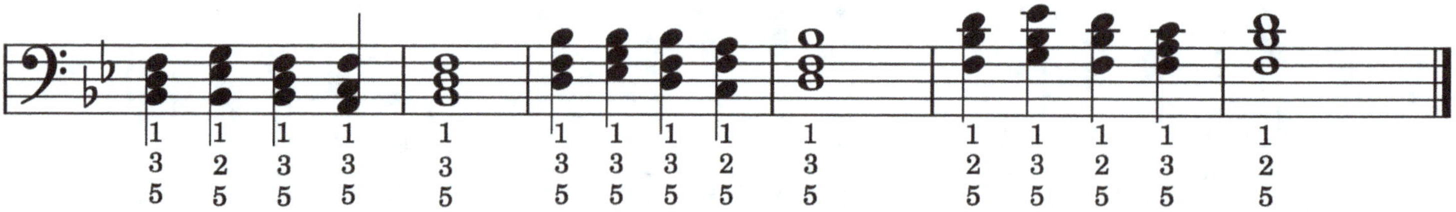

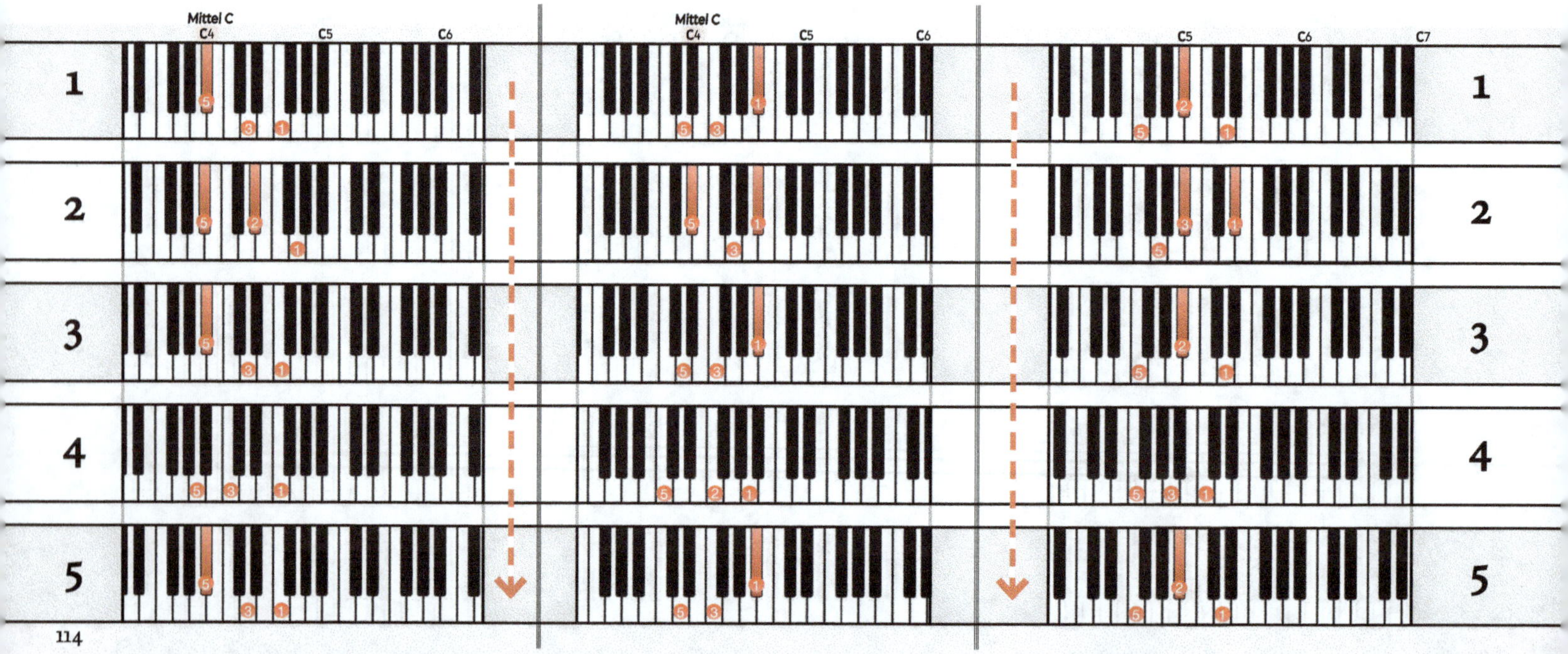

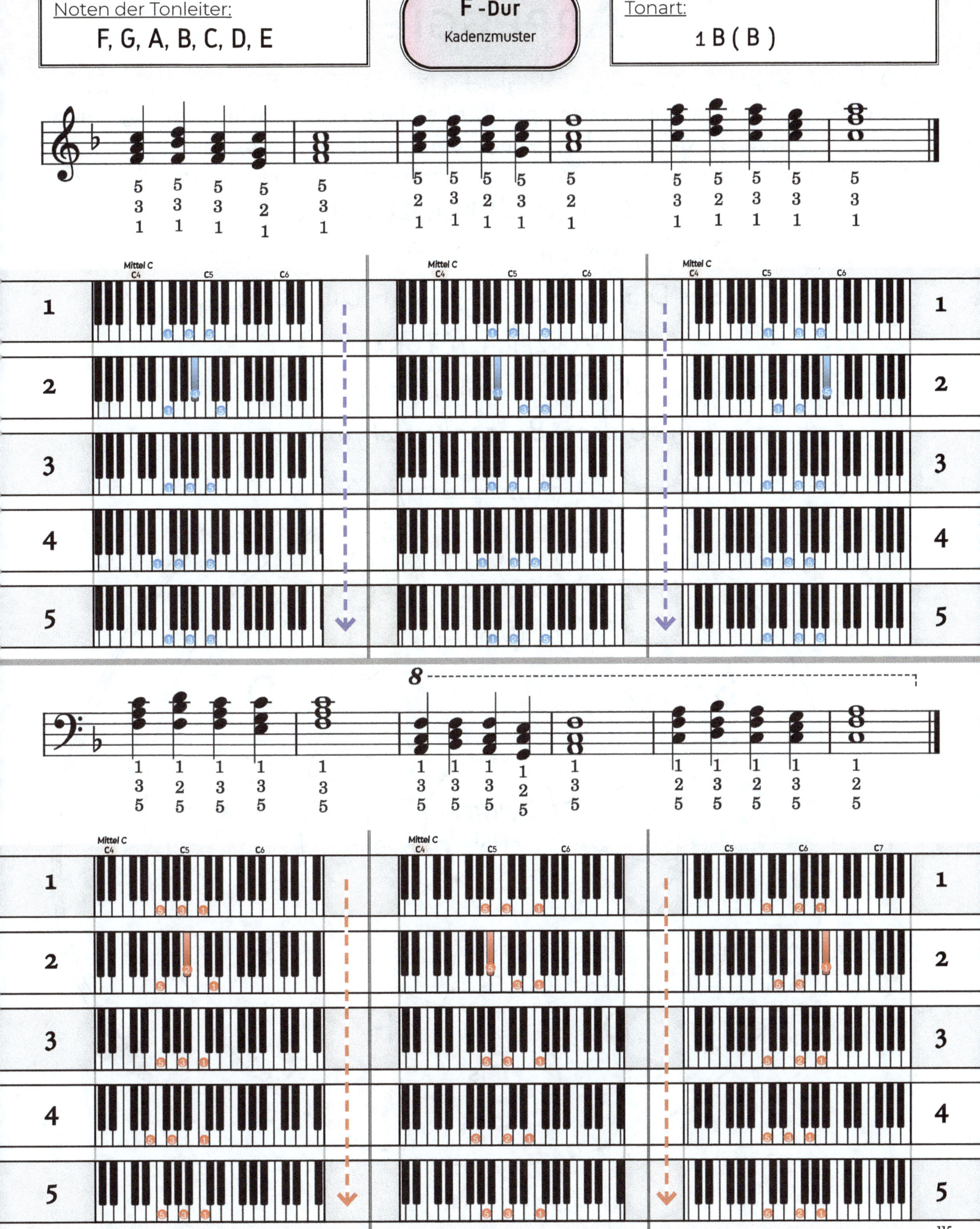

Noten der Tonleiter:
F, G, A, B, C, D, E
F -Dur
Kadenzmuster
Tonart:
1 B (B)
Mittel C
C4
C5
C6
C7

ARPEGGIEN

Wenn du die Noten eines Akkords gleichzeitig spielst, spricht man von einem 'Blockakkord. Wenn du sie einzeln spiesst, aber immer noch schnell genug spielst, dass es wie ein Akkord klingt, dann ist das ein Arpeggio.

(Italienisch, von "arpeggiare", was "die Harfe spielen" bedeutet, abgeleitet von "arpa", der "Harfe".)

MIT DEM UHRZEIGERSINN

C-Dur (kein Kreuz)   ---> Fis-Dur (6 Kreuze)

Des-Dur (5 Bs)   --->   F-Dur (1 B)

VORZEICHEN TONART

(Anzahl Kreuze, erhöht sich um # +1)

(Anzahl an Bs, senkt sich um ♭-1)

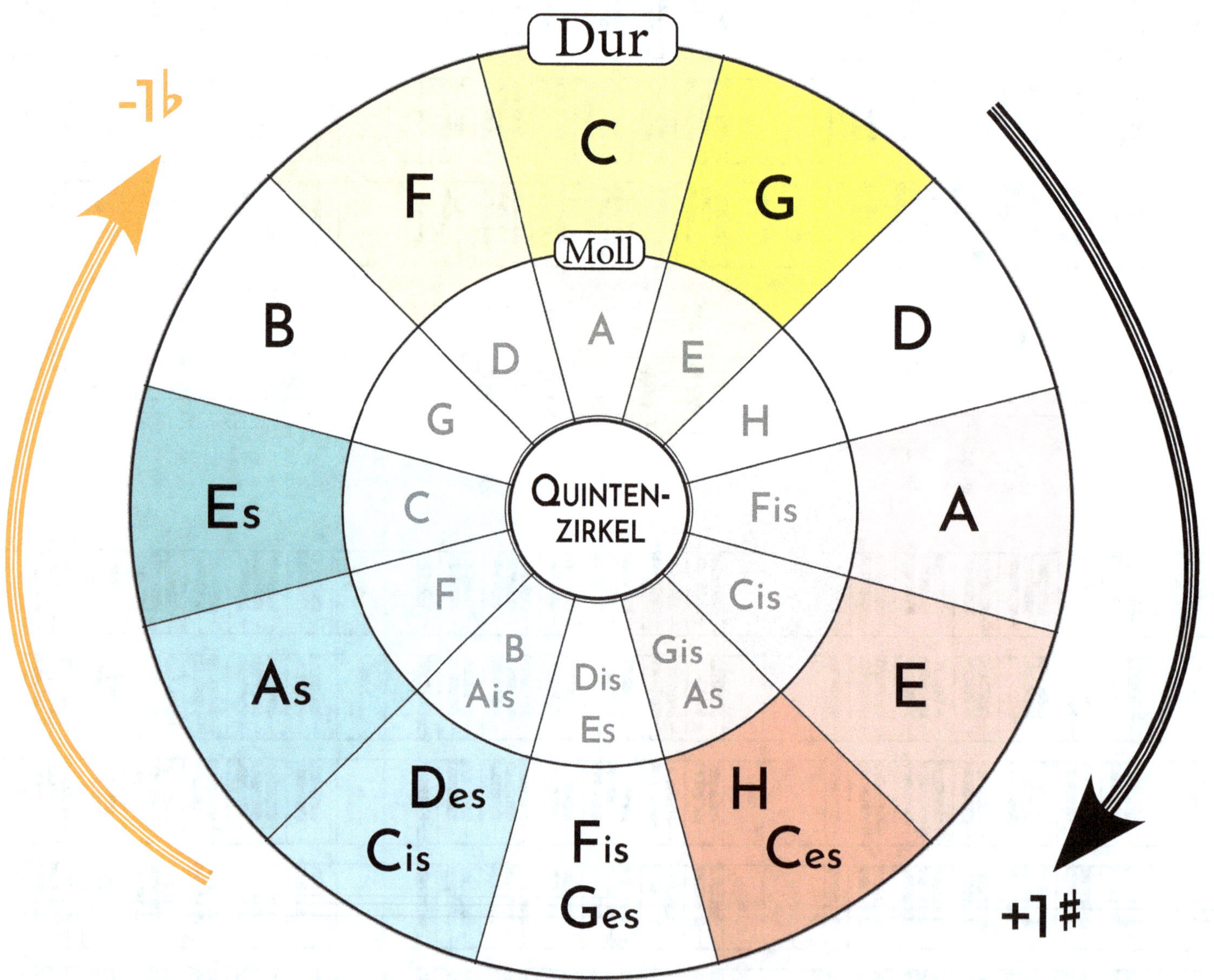

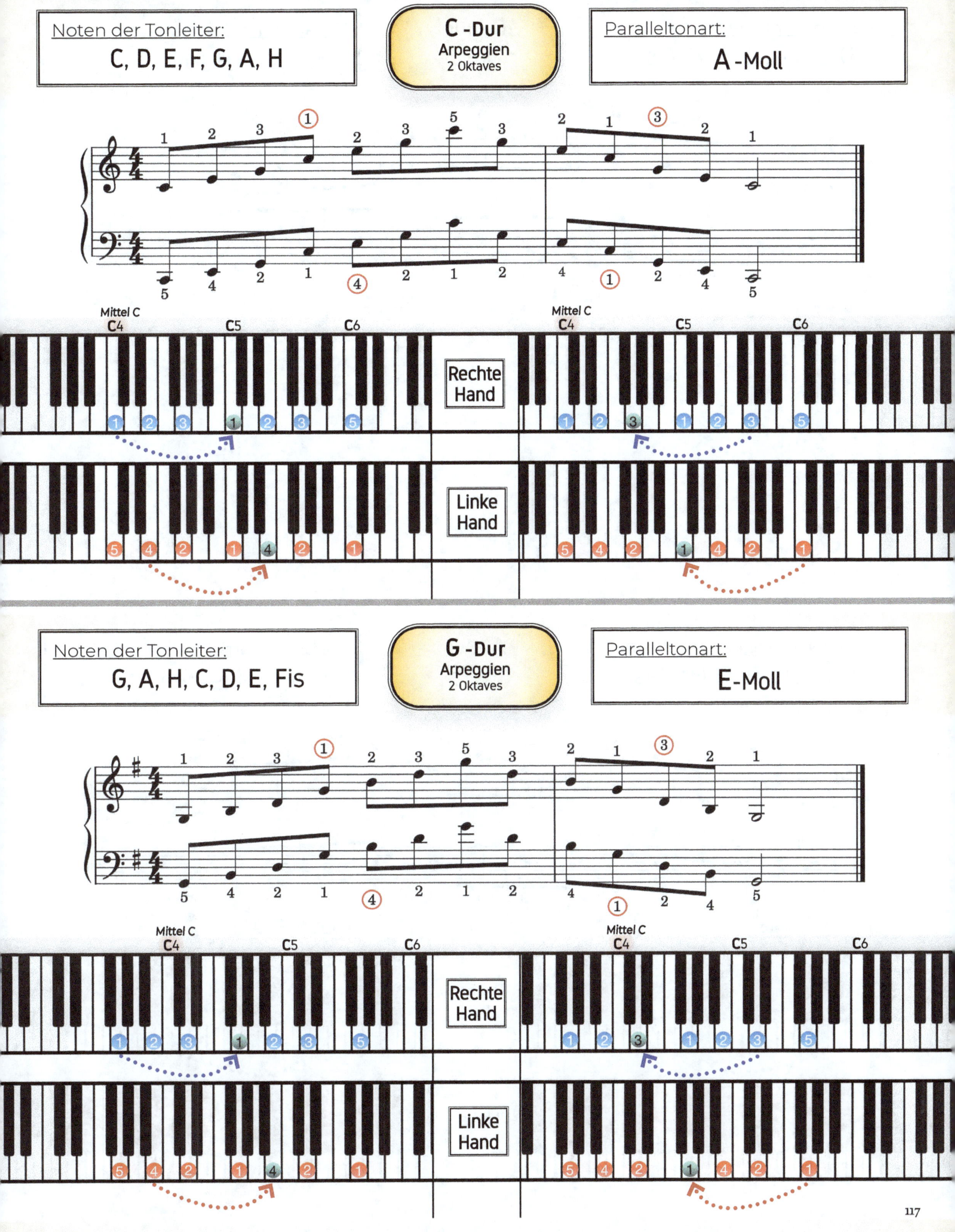

Noten der Tonleiter:
C, D, E, F, G, A, H
C -Dur
Arpeggien
2 Oktaves
Paralleltonart:
A -Moll
Mittel C
C4
C5
C6
Rechte Hand
Linke Hand
Noten der Tonleiter:
G, A, H, C, D, E, Fis
G -Dur
Arpeggien
2 Oktaves
Paralleltonart:
E-Moll
117

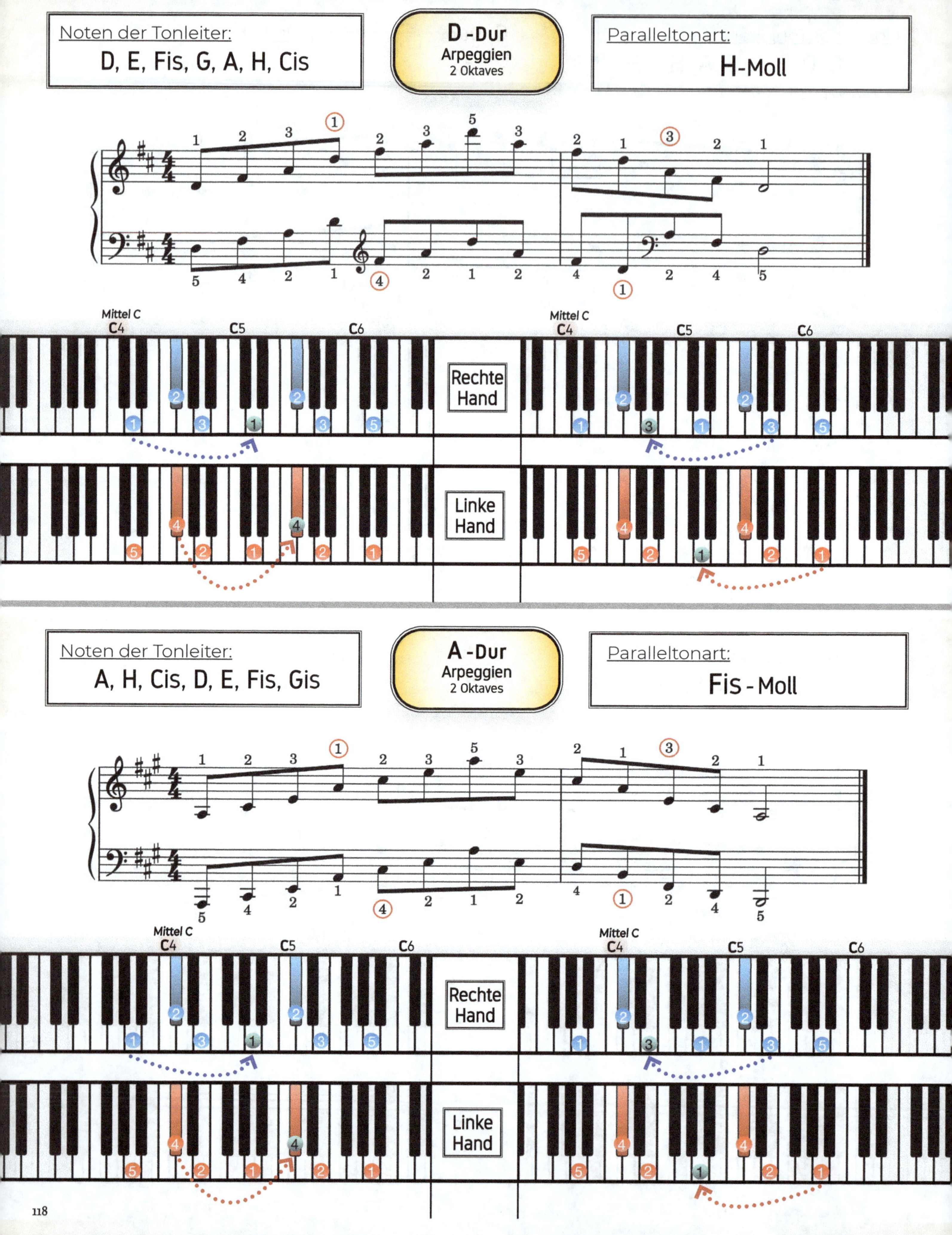

Noten der Tonleiter:
D, E, Fis, G, A, H, Cis
D -Dur
Arpeggien
2 Oktaves
Paralleltonart:
H-Moll
Mittel C
C4
C5
C6
Rechte Hand
Linke Hand
Noten der Tonleiter:
A, H, Cis, D, E, Fis, Gis
A -Dur
Arpeggien
2 Oktaves
Paralleltonart:
Fis -Moll
Mittel C
C4
C5
C6
Rechte Hand
Linke Hand
118

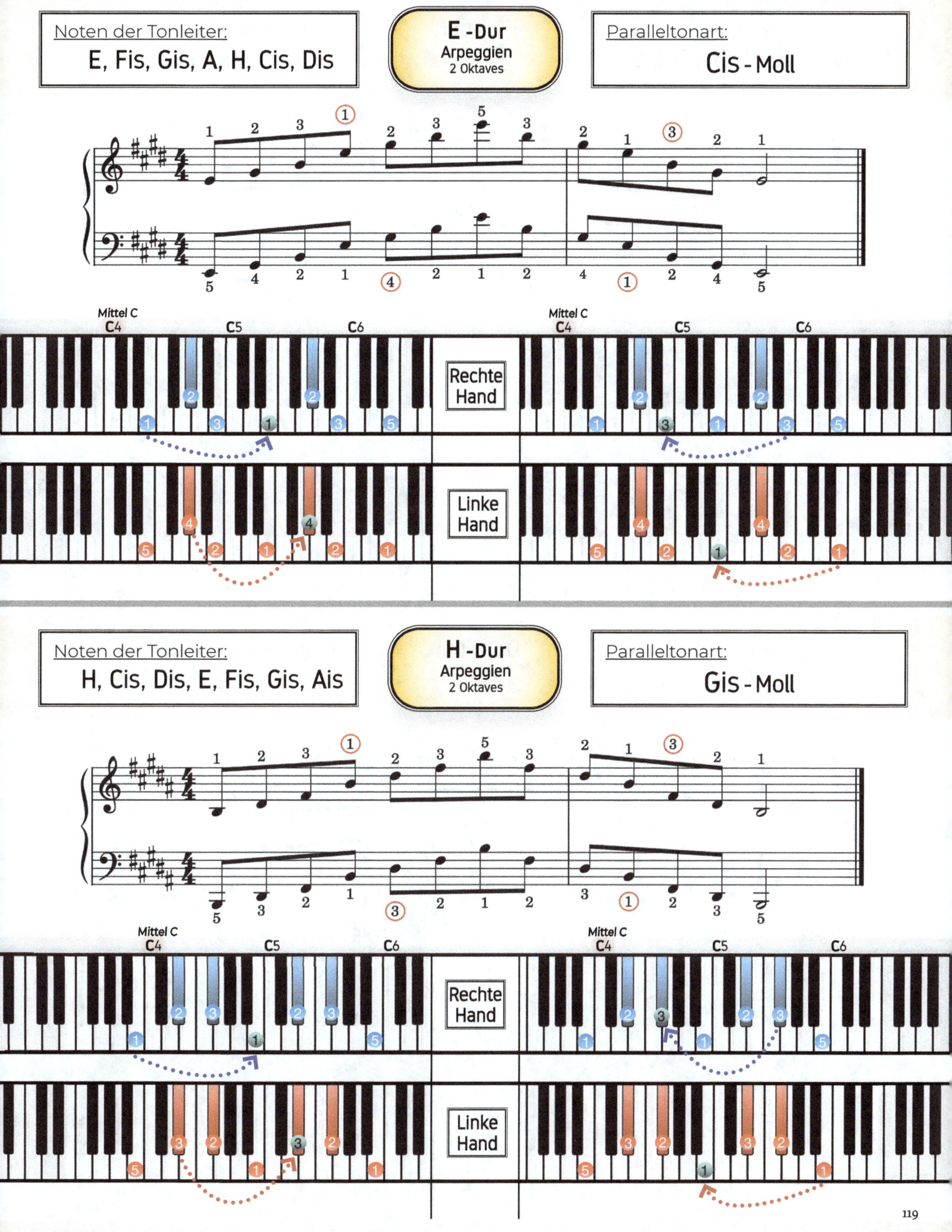

Noten der Tonleiter:
E, Fis, Gis, A, H, Cis, Dis
E -Dur
Arpeggien
2 Oktaves
Paralleltonart:
Cis - Moll
Mittel C
C4
C5
C6
Rechte Hand
Linke Hand
Noten der Tonleiter:
H, Cis, Dis, E, Fis, Gis, Ais
H -Dur
Arpeggien
2 Oktaves
Paralleltonart:
Gis - Moll
Mittel C
C4
C5
C6
Rechte Hand
Linke Hand
119

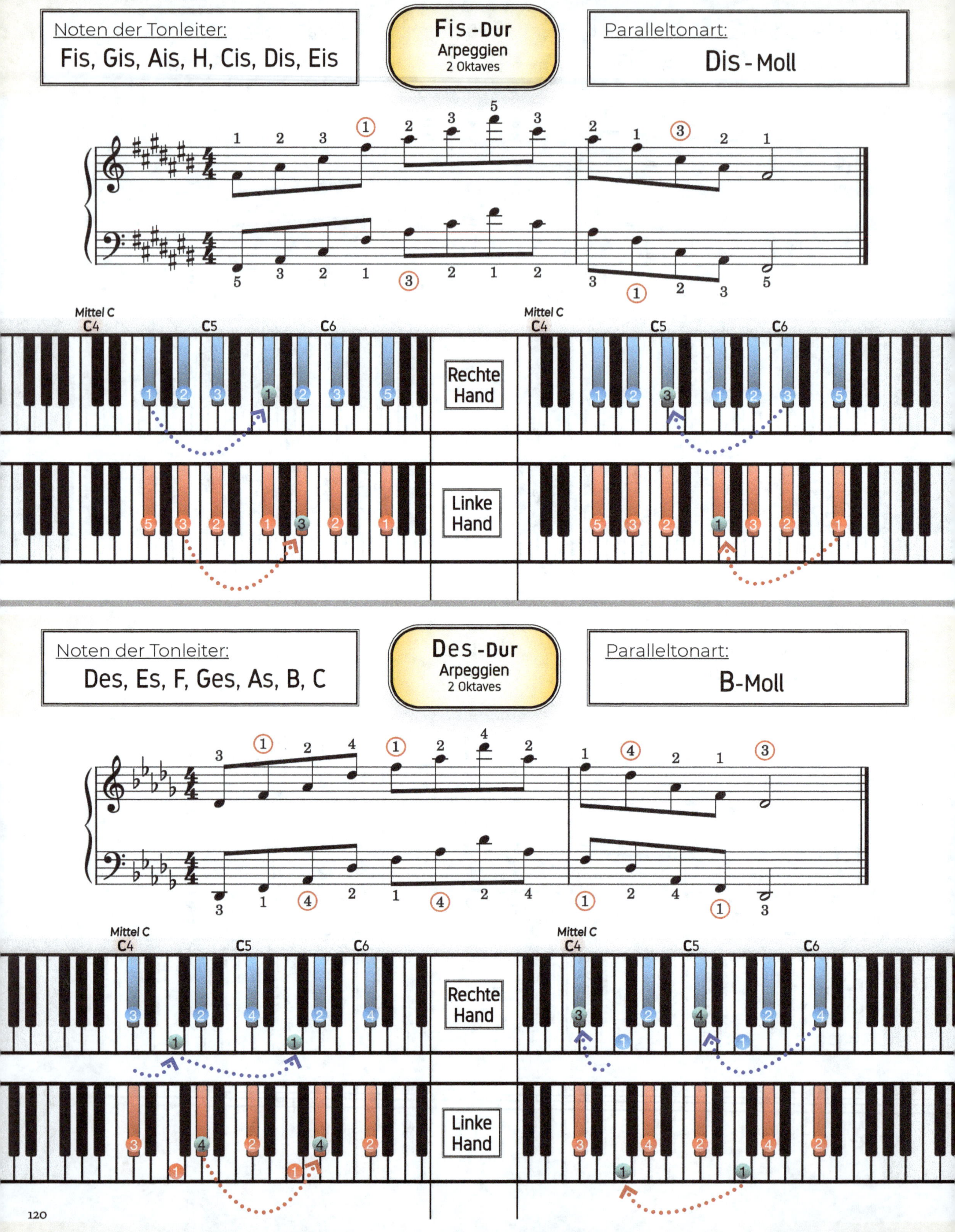

Noten der Tonleiter:
Fis, Gis, Ais, H, Cis, Dis, Eis
Fis-Dur
Arpeggien
2 Oktaves
Paralleltonart:
Dis-Moll
Mittel C
C4
C5
C6
Rechte Hand
Linke Hand
Noten der Tonleiter:
Des, Es, F, Ges, As, B, C
Des-Dur
Arpeggien
2 Oktaves
Paralleltonart:
B-Moll
Mittel C
C4
C5
C6
Rechte Hand
Linke Hand
120

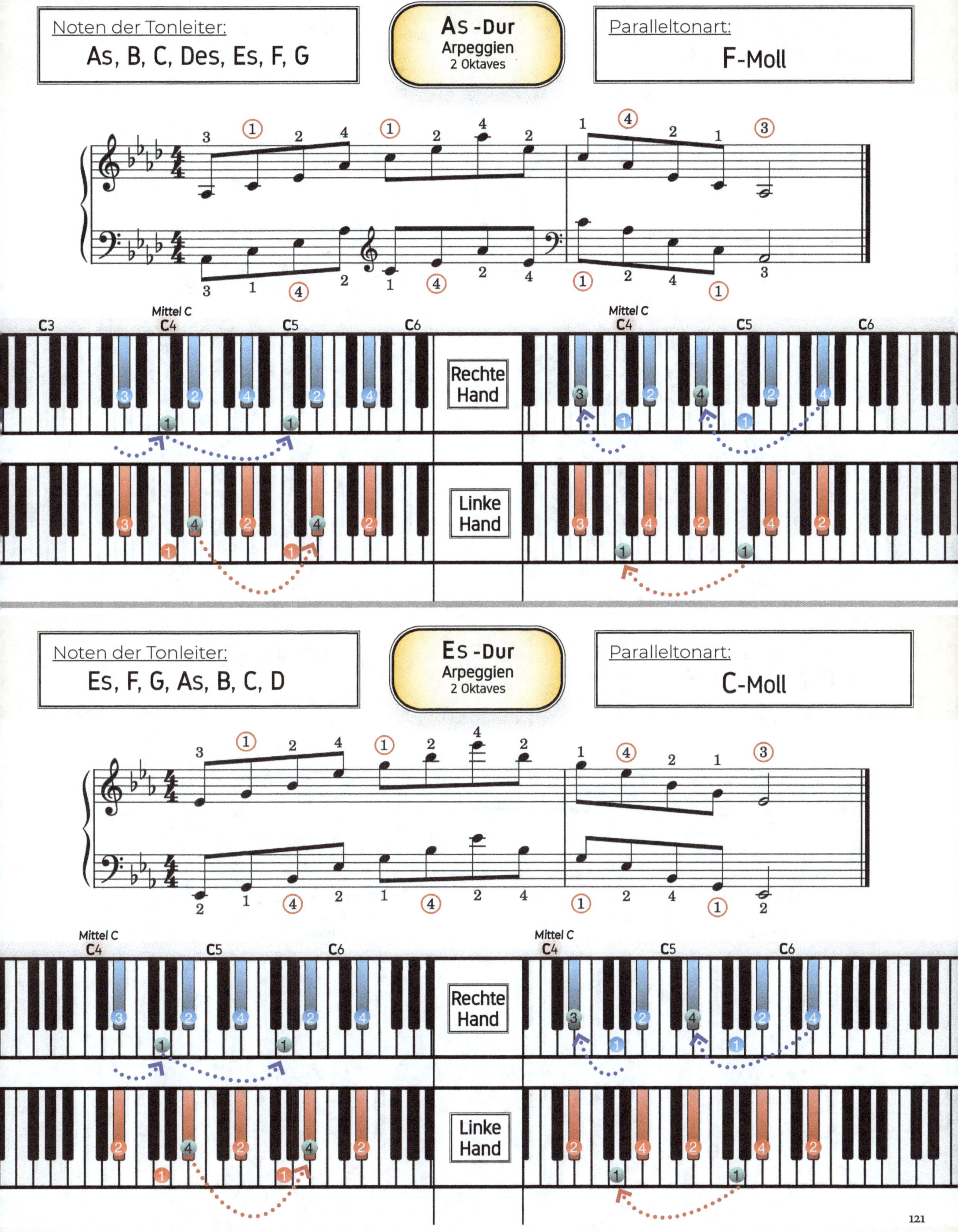

Noten der Tonleiter:
As, B, C, Des, Es, F, G
As -Dur
Arpeggien
2 Oktaves
Paralleltonart:
F-Moll
Mittel C
C3   C4   C5   C6
Rechte Hand
Linke Hand
Noten der Tonleiter:
Es, F, G, As, B, C, D
Es -Dur
Arpeggien
2 Oktaves
Paralleltonart:
C-Moll
Mittel C
C4   C5   C6
Rechte Hand
Linke Hand
121

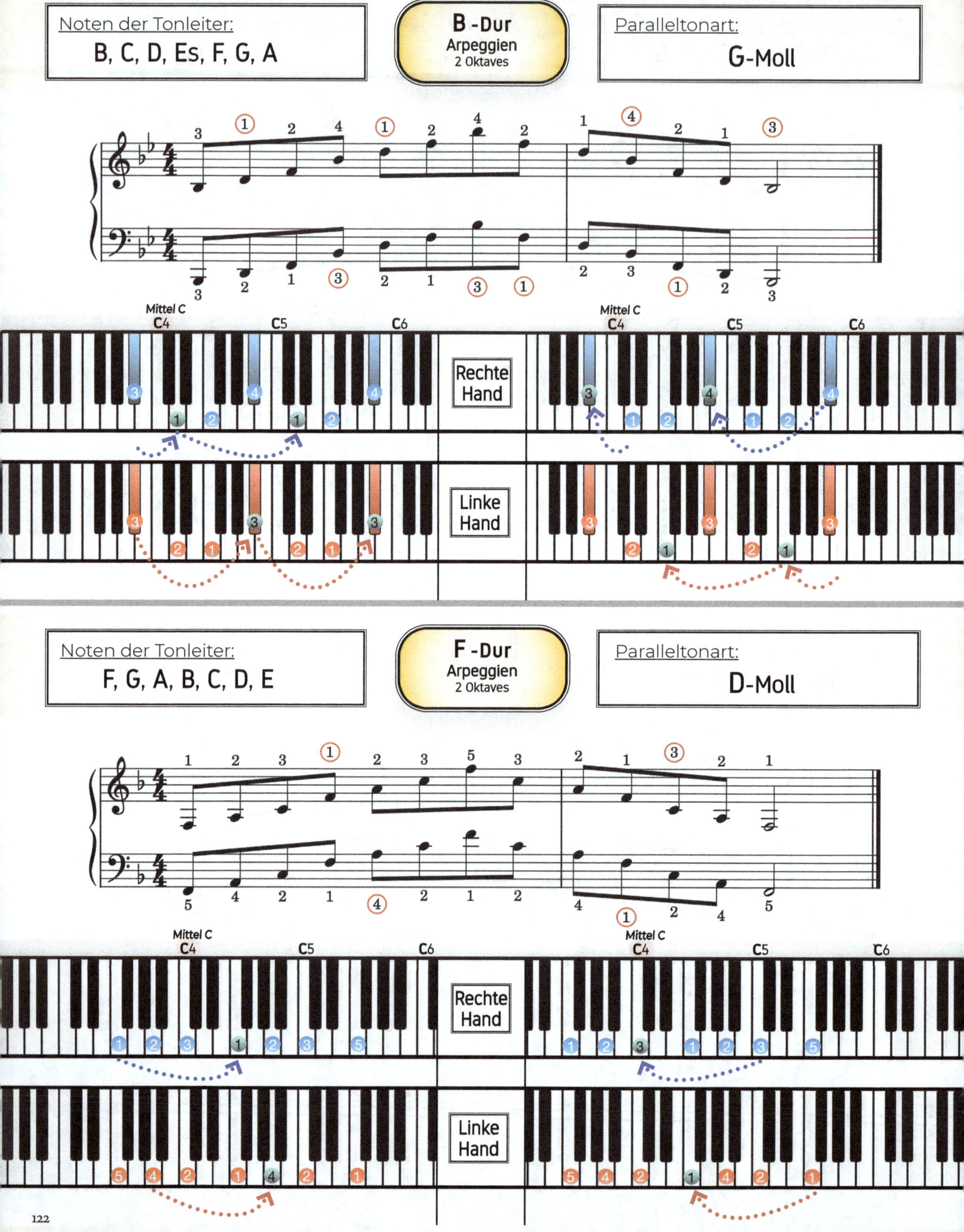
Noten der Tonleiter:
B, C, D, Es, F, G, A
B -Dur
Arpeggien
2 Oktaves
Paralleltonart:
G-Moll
Mittel C
C4
C5
C6
Mittel C
C4
C5
C6
Rechte Hand
Linke Hand
Noten der Tonleiter:
F, G, A, B, C, D, E
F -Dur
Arpeggien
2 Oktaves
Paralleltonart:
D-Moll
Mittel C
C4
C5
C6
Mittel C
C4
C5
C6
Rechte Hand
Linke Hand

Großes Notensystem

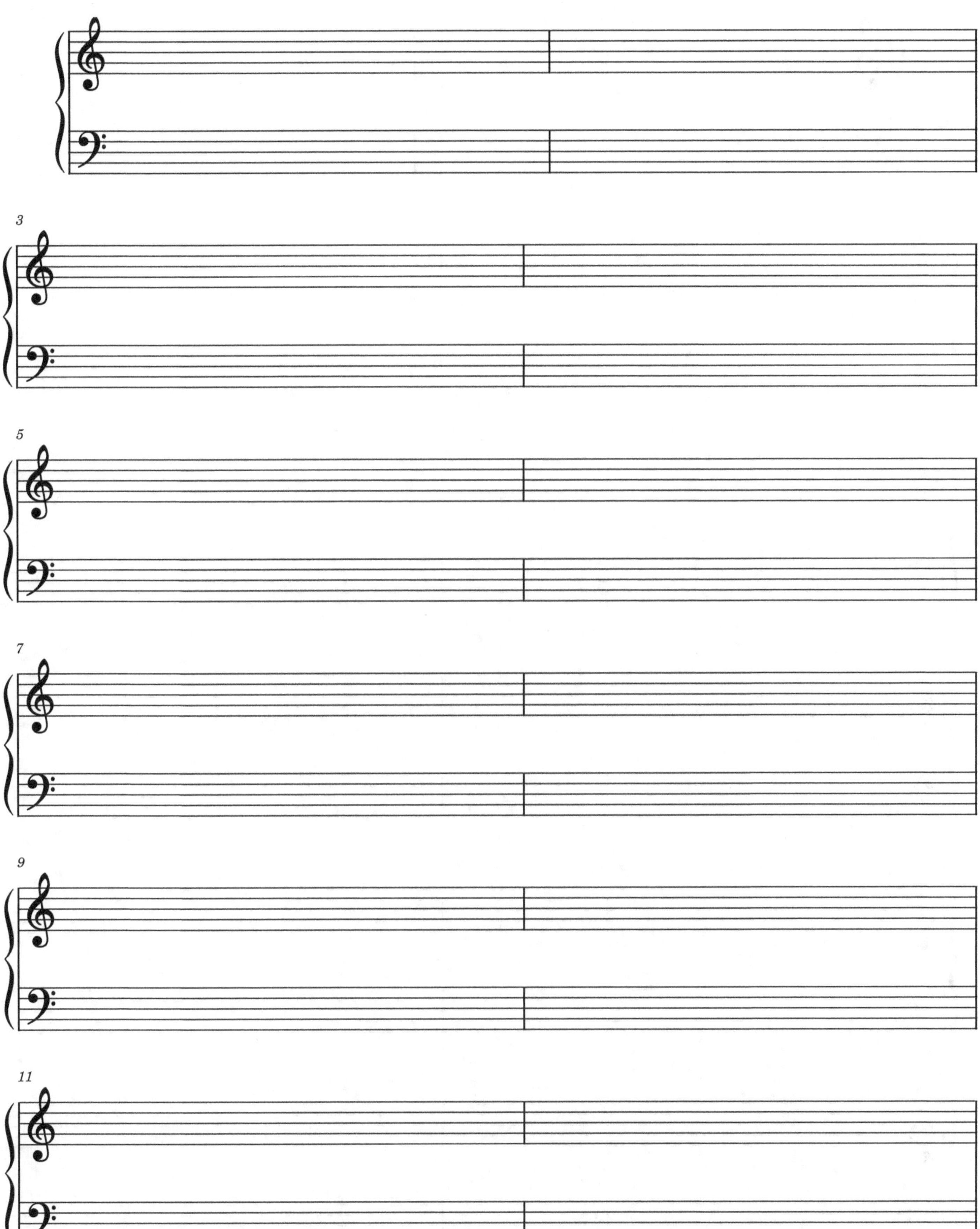

Großes Notensystem

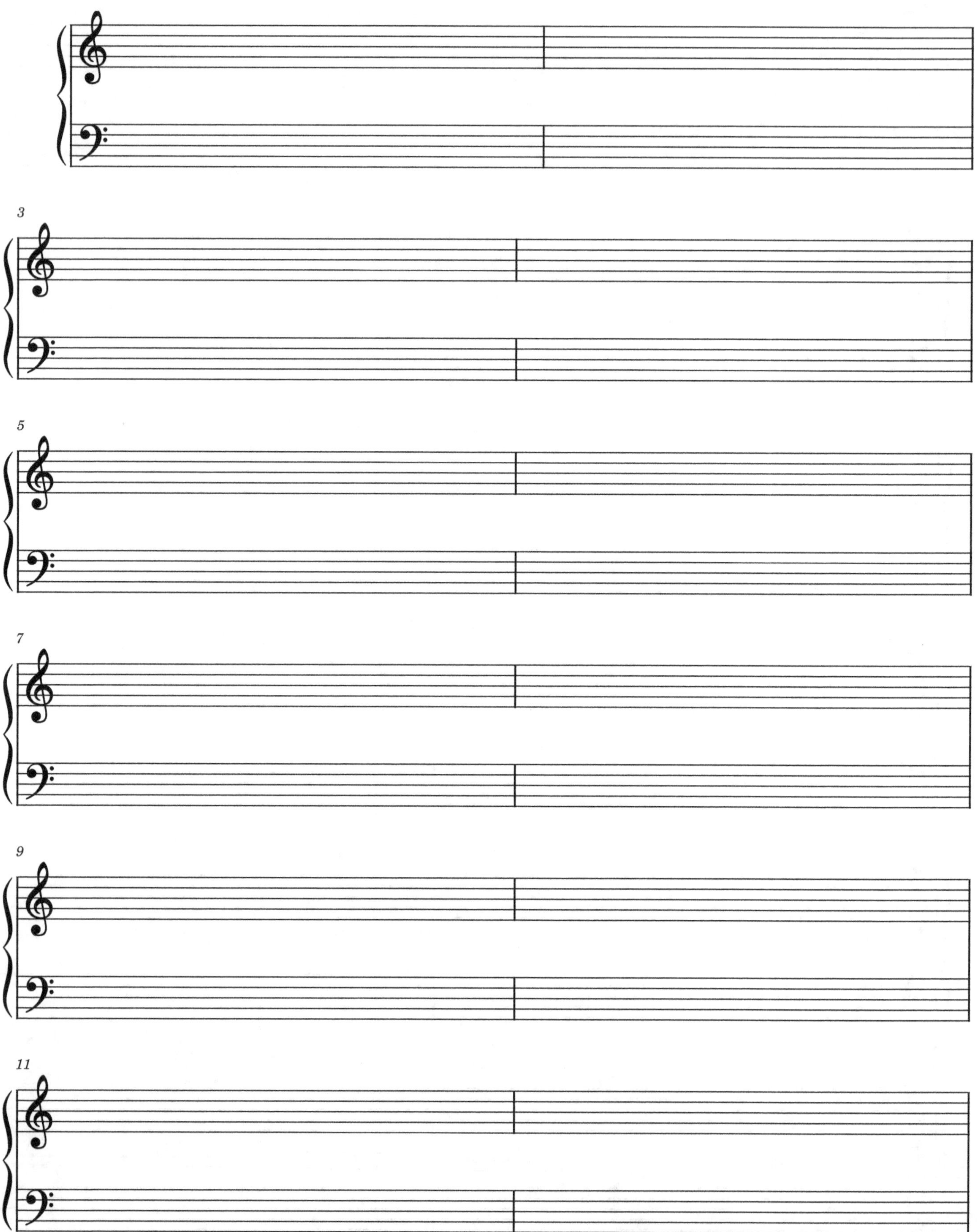

LÖSUNG ZU ÜBUNGEN

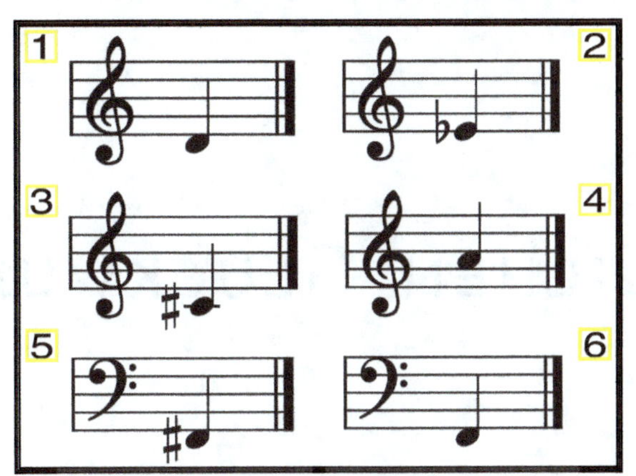

Übung I

Schreibe jede Tonleiter aus dem Bild als <u>aufsteigende</u> und <u>absteigende</u>, *melodische* Moll- Skala.

Übung II

Schreibe jede Tonleiter aus dem Bild als <u>aufsteigende</u>, *harmonische* Moll- Tonleiter.

Lösungen:

Man kann entweder die Vorzeichen vor jede Note setzen (siehe unten), oder die Tonart nach dem Schlüsselsymbol eintragen, wie auf unseren Seiten für die Tonleitern gezeigt.

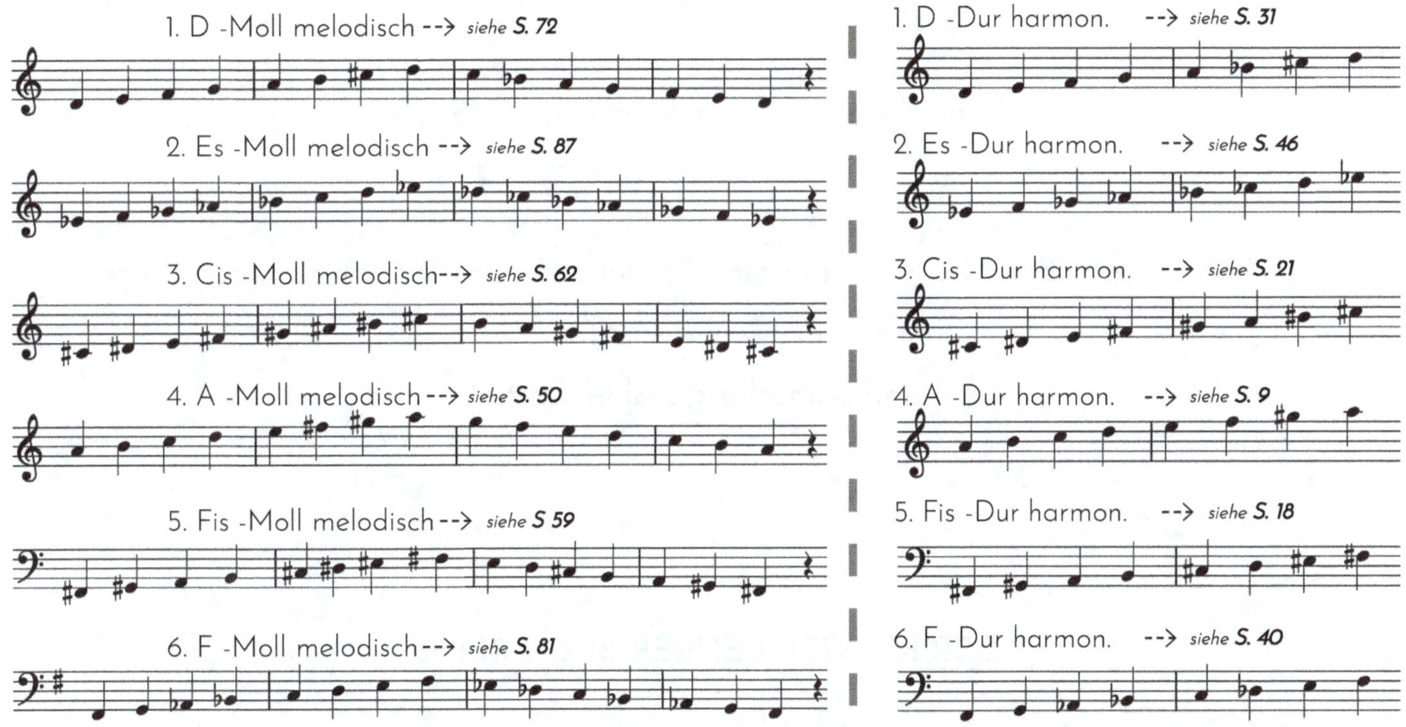

Eine Tonart ist wichtig, da sie dir Informationen gibt über die Musik, verwandten Noten und wie sie klingen könnte. Sie liefert dir ausserdem eine Richtlinie beim Komponieren, da der Quintenzirkel dir eng verwandte Tonarten angibt. Die Tonart wird üblicherweise am Anfang notiert.

Hier sind Beispiele von Tonleitern mit Besonderheiten in Schreibweise.

Gis -Moll harmonisch
Hier führen wir 'Doppelkreuze' ein. Die Tonart enthält "Fis". Wenn die siebte Note um einen Halbton erhöht wird, wird aus 'Fis' --> 'Fisis' (Doppelkreuz).
(Denn die Tonleiter enthält bereits ein 'G')

Dis -Moll harmonisch
Selbe Vorgehensweise wie oben, aus 'Cis' wird ein Doppelkreuz.
Cis --> Cisis

Fis -Moll harmonisch
Eine Note der Tonleiter ist 'Eis' (eine weisse Taste 'F'). Um Doppelbuchstaben zu vermeiden wird deshalb aus E ->Eis.

Cis -Moll harmonisch
'His' (*eine weisse Taste 'C'*), wird umbenannt zu 'His' aus selbigem Grund wie oben erwähnt.

G -Moll harmonisch
Die Tonart hat zwei Bs, die harmonische Tonleiter führt zusätzlich ein Kreuz ein und somit wird die Tonleiter mit beiden gebildet. Die Tonart bleibt jedoch immer gleich.
(siehe S. 6 Quintenzirkel)

HERZLICHEN GLÜCKWUNSCH!

Du hast es bis zum Ende dieses Buches geschafft.

Denke daran "Übung macht den Meister".

Ich hoffe dieses Buch ist weiterhin ein hilfreicher Leitfaden für dich auf deiner
Reise hin zu wundervoller Musik,
und wünsche dir alles Beste.

DER KLAVIER LEHRER BUCH REIHE:

www.HermannPress.com